新时代诉讼法学创新文库（12）

总主编　卞建林

教育部人文社会科学研究项目结项成果

民事纠纷的诉讼解决机制研究

——以构建和谐社会为背景的分析

乔　欣　主　编
谭秋桂　副主编

中国人民公安大学出版社
群　众　出　版　社
·北　京·

图书在版编目（CIP）数据

民事纠纷的诉讼解决机制研究：以构建和谐社会为背景的分析／乔欣主编．—北京：中国人民公安大学出版社，2018.6

（新时代诉讼法学创新文库）

ISBN 978-7-5653-3262-3

Ⅰ.①民… Ⅱ.①乔… Ⅲ.①民事诉讼—研究—中国
Ⅳ.①D925.04

中国版本图书馆 CIP 数据核字（2018）第 068879 号

新时代诉讼法学创新文库

民事纠纷的诉讼解决机制研究

——以构建和谐社会为背景的分析

乔 欣 主 编

谭秋桂 副主编

出版发行：中国人民公安大学出版社
地　　址：北京市西城区木樨地南里
邮政编码：100038
经　　销：新华书店
印　　刷：北京市泰锐印刷有限责任公司

版　　次：2018 年 6 月第 1 版
印　　次：2018 年 6 月第 1 次
印　　张：13.625
开　　本：880 毫米×1230 毫米　1/32
字　　数：367 千字

书　　号：ISBN 978-7-5653-3262-3
定　　价：50.00 元

网　　址：www.cppsup.com.cn　www.porclub.com.cn
电子邮箱：zbs@cppsup.com　zbs@cppsu.edu.cn

营销中心电话：010-83903254
读者服务部电话（门市）：010-83903257
警官读者俱乐部电话（网购、邮购）：010-83903253
法律图书分社电话：010-83905745

总 序

党的十九大作出了中国特色社会主义进入新时代、我国社会主要矛盾转化为人民日益增长的美好生活需要和不平衡不充分的发展之间的矛盾等重大政治论断，深刻阐述了新时代中国共产党的历史使命，确定了全面建成小康社会、全面建设社会主义现代化国家的奋斗目标，对新时代推进中国特色社会主义伟大事业和党的建设新的伟大工程作出了全面部署。

全面依法治国是新时代中国特色社会主义的本质要求和重要保障，而法学研究是社会主义法治建设的重要组成部分，肩负着为法治建设提供理性解读与智识支撑的重要任务。诉讼法学作为与法治实践密切相关的应用性学科，面对新时代法治建设的新任务，更需要深入自觉地回应实践发展需求。只有建立能够适应我国国情、符合社会发展趋势的诉讼法学理论学说与制度体系，才能满足司法实践的需要。新时代推进中国特色社会主义法治建设面临的新问题，为诉讼法学研究提供了新的机遇，也使诉讼法学研究面临前所未有的挑战与压力。面对这种挑战与压力，我们有必要重点强调“创新”二字。创新是学术研究与理论发展之魂，是推动诉讼法学研究不断发展的最大动力。创新诉讼法学研究，可以从以下几个方面理解：

首先是学术研究领域的创新。研究领域的创新并不意味着否定、抛弃过去的研究成果，而是在此基础上往更广、更深、更符合实践需要的方向拓展。这不仅需要我们在今后的研究中进一步加强基础性研究，争取在原有研究范畴上获得更高层次、更有深度的学术成果，并不断挖掘、开发新的理论研究范畴，同时也需要我们进一步加强应用性研究，特别是法律实施问题的研究，从而使得诉讼法学理论研究的成果能够顺利转化到实践中去，能够真正引导国家司法制度的变革与发展。此外，社会的发展是一个系统工程，各个部分、环节与层面的发展都是相互影响与相互制约的，这种影响与制约的关系越来越紧密，因此，诉讼法学的发展要想跟上社会发展的步伐并充分发挥其作用，也必须加强对社会科学及自然科学中相关研究成果的吸收、借鉴，进一步开展跨学科、交叉学科、边缘学科的探索研究。

其次是学术研究思路的创新。过去，诉讼法学研究存在较明显的功利化倾向，同时也难以摆脱条文的限制，从而缺乏研究的深度和新意。从规范诉讼法学走向理论诉讼法学，是诉讼法学发展的必然趋势。加强对诉讼原理、诉讼规律的研究，有助于诉讼立法的科学化，也对正确开展司法活动具有重要的指导作用。在这个过程中，不仅需要我们积极借鉴法制发达国家丰富的研究成果和宝贵的实践经验，也需要我们深刻解读、准确把握中国法治实践与法治道路的客观规律，重点解决国际司法准则的本土化问题，努力打造具有中国特色的诉讼法治话语体系。

再次是学术研究方法的创新。长期以来，我国学者在诉讼法学研究方法的运用上偏重于采用概念推理、理论辨析等传统方法，缺乏实践调查与数据分析，以致产生理论设想与实践操作之间的偏离与脱节。面对新时代司法实践中出现的诸多问题，我们有必要进一步加强探索实证研究方法，积极开展各种形式的实践调查和试点实验，加强数据采集与定量分析，不断总结、推广试点经验与实证成果，回答和检验理论研究中的特定问题。实证研究方法的运用有利于实现理论法学与应用法学的衔接、法学理论与司法实践的衔接，也有助于将法学研究成果及时地投入到司法实践中加以检验和修正。

最后是学术研究队伍的创新。以往，诉讼法学研究大都局限于自身学科领域，在研究队伍的组建上存在成员单一、结构固定等普遍问题。在中国特色社会主义新时代，面对不同性质、不同诉求的社会矛盾相互交织、共同作用的现实情况，突破学科壁垒与部门围墙，实现多学科、多部门之间的协同创新势在必行。协同创新理念的实施，要求诉讼法学科在自身优势与特色的基础上紧密联系其他学科，在学术研究队伍的搭建与研究项目的设计上努力实现高校、科研院所、司法实务部门以及企事业单位等不同学科、不同主体之间的资源集成与共享，以此消除诉讼法学科与其他学科、理论研究与司法实践之间的脱节现象。

中国政法大学诉讼法学研究院是从事诉讼法学研究的新型综合性研究机构。2000 年 10 月，诉讼法学研究院入选教育部普通高等学校人文社会科学百所重点研究基地，成为全国法学专业九个重点研究基地之一。诉讼法学研究院以中国政法大学雄厚的法学专业为基础，以国家级重点学科诉讼法学科为依托，集中开展诉讼法学、证据法学与司法制度研究，下设刑事诉讼法学研究所、民事诉讼法学研究所、行政诉讼法学研究所和证据法学研究所。自成立以来，诉讼法学研究院坚持以科研为立院之本，积极承担多个国家级、省部级重大攻关项目，注重人才培养与团队建设，广泛开展多层次学术交流与合作，为国家立法完善作出重要贡献，很好地发挥了重点研究基地的引领与示范作用。

面对新时代涌现的诸多研究课题，在学术研究方面不断创新，积极进取，充分展现重点研究基地的学术影响力，是诉讼法学研究院长期建设、发展的主要目标。为了达此目标，诉讼法学研究院专门创办了“新时代诉讼法学创新文库”这一系列著作项目，用以汇集、总结和展示研究院各位研究人员围绕新时代中国特色社会主义诉讼法治理论与实践中的热点、重点、难点问题而形成的各项学术研究成果。这一文库的出版领域涵盖刑事诉讼法学、民事诉讼法学、行政诉讼法学、证据法学、司法制度等多个方面，以有新意、有深度、有分量的专著、译著为主要形式。我们希望能通过这个文库鼓励学术创新，积累学术成果，并为繁荣、深化和开拓诉讼法领域的学术研究积极贡献力量。

中国政法大学诉讼法学研究院院长

卞建林

2018 年 3 月于北京

前　言

只要存在财产私有制，民事纠纷就不可避免。民事纠纷得不到及时、有效的解决，社会就难得安宁与稳定，严重起来可能会引发刑事案件，甚至危及政权稳定。因此，预防和妥善处理民事纠纷，是执政者必须优先考虑的问题之一。或许正是由于这个原因，随着人类社会的不断发展尤其是文明程度的不断提高，民事纠纷的预防和解决机制日益丰富和完善。但是，在不同的时期或者阶段，由于治国理念和纠纷特质不同，民事纠纷的预防和解决机制各有特色。中华人民共和国成立以来，尤其是改革开放以来，我国基本形成了以公证、人民调解、仲裁、民事诉讼、民事执行等为基本手段的多元化民事纠纷预防和解决体系。这一体系不但与民事纠纷的多元性、私权的可处分性特征相适应，而且与中国传统文化相协调，具有明显的中国特色。

随着我国经济社会的不断发展，中国特色社会主义的总体布局，从社会主义经济、政治、文化建设的“三位一体”到社会主义经济、政治、文化、社会建设的“四位一体”，再发展成为社会主义经济、政治、文化、社会、生态文明建设的“五位一体”，社会建设的作用越来越受到重视。为了适应这一变化，党中央提出了构建社会主义和谐社会的目标和任务，指出构建社会主义和谐社会是深入贯彻落实科学发展观的基本要求，社会和谐是中国特色社会主义的本质属性。构建社会主义和谐社会是贯穿中国特色社会主义事业全过程的长期历史任务，是在发展的基础上正确处理各种社会矛盾的历史过程和社会结果。不但要通过发展增加社会物质财富、不断改善人民生活，也要通过发展保障社会公平正义、不断促进社会和谐。中国共产党第十八次全国代表大会报告再次指出，必须促进社会和谐，要把保障和改善民生放在更加突出的位置，加强和创新社会管理，正确处理改革发展稳定关系，团结一切可以团结的力量，最大限度增加和谐因素，增强社会创造活力，确保人民安居乐业、社会安定有序、国家长治久安。

和谐社会是对人类社会发展理想状态的一种描绘，是古今中外人们梦寐以求的理想。和谐意味着统一与协调发展，和谐社会应当是民主法治、公平正义、诚信友爱、充满活力、安定有序、人与人及人与自然和谐相处的社会。因此，要构建和谐社会，就必须建立公正、高效、权威的纠纷预防和解决机制，形成完善的民事纠纷预防和解决体系，实现社会公平正义，维护法律权威与尊严。

近年来，由于民商事活动的扩大化以及民众权利意识的增强，我国民事纠纷呈现出在数量上快速增加、类型上日益多样化、涉及的矛盾更加复杂化的趋势。在这样的背景下，人民法院受案压力逐年增加，有的法院甚至已经达到极限；解决纠纷的难度不断增大，当事人不服裁判反复申诉、不断上访的现象频发，民事纠纷演变为刑事案件的事例也不在少数。现实表明，我国现有民事纠纷预防和解决机制仍存在这样或者那样的问题，民事纠纷预防和解决体系尚不能完全满足构建和谐社会的需要。根据构建和谐社会的现实要求，对我国现有民事纠纷的预防和解决机制进行系统研究，分析每种民事纠纷预防和解决机制的优劣得失，探求它们之间相互补充、协同作用的可能性，在此基础上构建完善的、具有中国特色的多元化民事纠纷预防和解决机制体系，既是完善民事诉讼法学理论的需要，也是社会主义法治建设的重要内容，具有重大的理论和实践意义。

本书与《民事纠纷的诉讼外解决机制研究》共同构成教育部人文社会科学重点研究基地重大项目《民事纠纷的多元化解决机制与构建和谐社会的理论与实证研究》的结项成果，以构建和谐社会为主线，以多元化纠纷解决机制为内容，从和谐社会的基本原理出发，探讨了民事诉讼、仲裁、调解、执行、公证等在构建和谐社会中的意义和价值，以及多元化纠纷解决机制的理论与实务问题及其完善。因出版的需要，本成果分为两部分，分别从民事纠纷的诉讼解决机制和诉讼外解决机制两个视角探讨多元化纠纷解决机制的相关问题。基于“和谐社会思想”部分的一致性，故在两本书中作重复使用。

本研究成果的特点在于：

研究领域的跨学科性。本课题研究以构建和谐社会为背景，跨越公证、诉讼外调解、仲裁、民事诉讼和民事执行等多个学科领域。

构建多元化的民事纠纷预防和解决机制体系。本课题研究的目标是构建多元化的民事纠纷预防和解决体系，对公证、诉讼外调解、仲裁、民事诉讼、民事执行等民事纠纷预防和解决机制进行集中研究并探寻其内在联系，形成预防和解决民事纠纷的法治系统工程，创立完善的民事程序法学科体系。

探讨和谐社会“社会公平正义”的内涵或者标准。作为和谐社会的重要特征，“社会公平正义”的确切内涵或者具体标准以及在民事程序法中的具体体现是本课题研究的一条主线，和谐社会的标准应与“社会公平正义”的内涵与标准相统一。

本课题经历了《民事诉讼法》的修改，经历了《最高人民法院关于适用〈中华人民共和国民事诉讼法〉的解释》的出台，跨越数年倾注了课题组成员及作者的心血。期待大家的批评指正！

作　者

2017 年 11 月

目　录

和谐社会的思想与民事诉讼纠纷解决机制

民事诉讼纠纷解决机制的理论与实践

公证的屏障作用与民事执行的保证功能

和谐社会的思想与民事诉讼纠纷解决机制

第一章　和谐社会理论的历史考察

一、中国古代思想家的和谐理论

（一）先秦诸子关于和谐社会的描述

从春秋战国时期开始，思想家们就把“和”作为一个哲学的抽象范畴加以研究，揭示了和谐的本质，指出了“和”与“同”的区别。在《国语·郑语》中记载了史伯之言：“夫和实生物，同则不继。以他平他谓之和，故能丰长而物归之。若以同裨同，尽乃弃矣。”在这里，史伯认为，“和”就是一种元素与另外一种元素相配合，求得矛盾的均衡和统一，也即多种因素构成的矛盾统一体，这些相互对立的因素相互补充、相互协调从而形成新的事物，即多样性的统一。而“同”则是指相同的因素相加而求得绝对的等同，即无差别的统一，在这种情况下，不产生新的状态、新的事物。春秋战国时期正处于一个大冲突、大动荡、大分化时期，是政治、经济、社会等各种矛盾激化时期。强凌弱、富欺贫、贫富极端悬殊、礼崩乐坏，是一个极不和谐的时期，但也是一个思想创新、百家争鸣的时期，诸子百家都从各自的理论出发，论述了自己心目中的和谐社会。

儒家方面，“和”是其思想中的重要范畴。“和而不同”“中和”“和为贵”，都是其具体表现；儒家强调以礼乐制度维系人与人之间的和谐，主张天人合一，追求人与自然的和合，甚至还描绘了一个理想的社会状态，在孔子、孟子的思想中都有丰富的构建和谐社会的论说。在人与自然的关系方面，儒家认为天地万物只有

"和"才能生长繁育，孔子说"子钓而不纲，弋不射宿"[1]，万物和人一样，都由天地而生，因此人应和自然相通，作为万物之灵，人不仅要认识到与万物一体，而且要泽及万物，所谓"万物并立而不相害，道并行而不悖"。[2] 儒家主张与自然和谐，更主张人世的和谐。孔子提出诚、仁爱、忠恕、中庸、"君子和而不同，小人同而不和"等维持人际和谐关系的基本原则，孔子主张"礼之用，和为贵，先王之道斯为美"。[3] 礼的作用和目的从根本上说是协调上下左右各种关系，使社会各安其分，协调有序，以达到社会整体的和谐。同时，"和"也是有原则的，不是俗谓的"一团和气"，孔子提出"君子和而不同，小人同而不和"，也就是承认"不同"，在不同的基础上形成"和"。孔子也提出了构建和谐社会的理想。有一次，孔子要颜回与子路两个学生讲述各自的志向，谈完之后，子路要老师也谈谈，孔子说："老者安之，朋友信之，少者怀之。"建立"大同社会"是儒家的理想，是儒家设计的和谐社会的最高阶段，有关的论述，以《礼运》中托名孔子的话最为有名：

"大道之行也，天下为公，选贤与能，讲信修睦。故人不独亲其亲，不独子其子，使老有所终，壮有所用，幼有所长，鳏寡孤独废疾者皆有所养。男有分，女有归。货恶其弃于地也，不必藏于己；力恶其不出于身也，不必为己。是故谋闭而不兴，盗窃乱贼而不作，故外户而不闭。是谓大同。"

儒家经典《大学》将个人修养、家庭和谐、治理天下视为一个有机的系统，提出所谓"八目"，即格物、致知、诚意、正心、修身、齐家、治国、平天下。这是一个由内向外推展的顺序，是从内修于己到外施于人的过程，是从"内圣"到"外王"的过程。

孟子继承了孔子的思想又有所发展。他对贫富悬殊问题相当关

---

① 《论语·述而》。

② 《礼记·中庸》。

③ 《论语·学而》。

注，对没有协调好贫富关系的统治者予以尖锐批评，他说“富人庖有肥肉，厩有肥马，而穷人则民有饥色，野有饿殍”，“此率兽而食人也。兽相食，且人恶之。为民父母，行政不免于率兽而食人。恶在其为民父母也？”① 他提出施王道、行仁政的理想，其中与和谐社会相关的有：

其一，天人和谐。具体地说，要不违农时，农民在各种不同的季节干不同的农活，不要去干扰他，则五谷丰饶；禁止用过于细密的渔网捕鱼，则大鱼捕，小鱼留，鱼鳖的资源也就源源不断，永不枯竭；到山林里砍柴要适时，秋冬草木零落时可以砍伐，春夏草木生长之时不宜砍伐，这样伐养得当，则树木茂盛，取之不尽。

其二，君民和谐，以民为贵。“乐民之乐者，民亦乐其乐。忧民之忧者，民亦忧其忧。乐以天下，忧以天下，然而不王者，未之有也。”② 他的名言，“民为贵，社稷次之，君为轻”，是中国传统民本思想的重要组成部分。

其三，尊重国人，重民从众。“国君进贤，如不得已，将使卑逾尊，疏逾戚，可不慎与？左右皆曰贤，未可也；诸大夫皆曰贤，未可也；国人皆曰贤，然后察之，见贤焉，然后用之。左右皆曰不可，勿听；诸大夫皆曰不可，勿听；国人皆曰不可，然后察之，见不可焉，然后去之。左右皆曰可杀，勿听；诸大夫皆曰可杀，勿听；国人皆曰可杀，然后察之，见可杀焉，然后杀之，故曰国人杀之也。”③ 尽管用人、去人与杀人的最后决定权仍操之君主，但在决策过程中，国人的意见比左右、诸大夫的意见更为重要。这与民本、民主思想有相通之处。

其四，强弱和谐，善待弱势群体。孟子认为要实行仁政，就要照顾那些鳏寡孤独等贫困无告者。“老而无妻曰鳏，老而无夫曰

---

① 《孟子·梁惠王上》。
② 《孟子·梁惠王上》。
③ 《孟子·梁惠王上》。

寡，老而无子曰独，幼而无父曰孤。此四者天下之穷民而无告者，文王发施仁政，必先斯四者。”①

墨家思想的代表人物是墨子，《墨子·非乐上》中说：“今人与此（动物）异者也，赖其力者生，不赖其力者不生。”即人要参加劳动，不参加劳动生产就不能生存。由此可见，他的思想主要代表的是劳动阶级的主张。墨子关于和谐社会的理想主要有：

其一，兼爱。墨子主张“兼相爱、交相利”“非攻”。墨子认为，当时对社会最不利的是国与国之间的战争和人与人之间的利益争夺，因此要“兼相爱”，他希望人与人之间要相互热爱，并且要做到“爱无等差”。要“兼相爱”必须做到“交相利”，他提出“有力者疾以助人，有财者勉以分人，有道者劝以教人。若此，则饥者得食，寒者得衣，乱者得治”。②

其二，尚贤。墨子认为，尚贤是为政之本，主持国家事务的王公大人，无不希望国家富裕、人口众多、政治清明，但是其结果往往相反，不得富而得贫，不得众而得寡，不得治而得乱。为什么呢？关键在于这些王公大人在治理国家时，都是依靠自己的骨肉之亲，使其既富且贵，不能“尚贤”，不能任人唯贤。他主张举贤不分门第，“不党父兄，不偏富贵，不嬖颜色”。他还说：“官无常贵，民无终贱，有能则举之，无能则下之。”这些思想都有利于社会阶层的上下流动。

道家方面，老子认为，和谐的机理在于事物之间，相互对立、斗争而又相互依存、统一，即依“道”而行。老子以道为其哲学的最高范畴，他提出：“道生一，一生二，二生三，三生万物。万物负阴以抱阳，冲气以为和。”③ 即和谐是阴阳二气相互激荡而产生的状态，而阴阳二气则是和谐状态的内在机制。阴阳二气尽管相

---

① 《孟子·梁惠王上》。

② 《墨子·尚贤下》。

③ 《老子·四十二章》。

互对立、冲撞、激荡，却始终和谐地处在“道”的统一体之中。在对社会的构想上，老子反对占有私有财产，反对压迫，反对战争，反对开启民智，追求平等，倡导损有余而补不足，向往的是小国寡民的社会。在这种社会里，民愚、事简、结绳而治、清静无为，虽有舟舆无所乘之，虽有甲兵无所陈之，人民甘其食、美其服、安其居、乐其俗，邻国相望，鸡犬之声相闻，民至老死不相往来。在这里，老子向人们展开了一幅“甘其食，乐其俗，美其服，乐其俗，安其居”的画卷，他为人们设想的是“邻国相望，鸡犬之声相闻，民至老死不相往来”的切断了社会交往关系的“和谐社会”。在老子设想的和谐社会里，人们固守在自己的园地里，不使用先进的科学技术，复古到原始的、没有一切先进文化印记的“和谐社会”状态。这是“和谐社会”的一个种类，虽然它更像没有人活动的自然界，但在劳动异化、科学技术异化严重的当今社会，他也提供了某种借鉴意义：合理利用科学技术、诚信交往、人与自然和谐相处、社会安定等。

老子在处理人与人、人与社会、国家治理方面的主张是“无为而治”，他指出：“不尚贤，使民不争；不贵难得之货，使民不为盗；不见可欲，使民不乱。是以圣人之治也。虚其心，实其腹，弱其志，强其骨，恒使民无知、无欲也。使夫知不敢、弗为而已，则无不治矣。”也就是要减少差别，以实现社会安定和谐。

在处理人与自然的关系上，老子也主张“无为而无不为”，人与自然统一，强调人对自然的服从，他主张“天道自然”，强调自然的决定作用，否定了人的主观能动性，这种意义上的和谐不是真正意义上的和谐，真正意义上的和谐是具有差异的多样性的统一。但是道家思想中的和谐关系，有其深刻之处，至少它在人与自然的和谐思想方面，对我们构建和谐社会，处理好人与自然的关系，指导自然对人类的报复降到最低限度，提供了一定的借鉴。

庄子将其理想社会称为“至德之世”。在《庄子》中他表述了一个和谐的“圣治”理想：“官施而不失其宜，拔举而不失其能，毕见其情事而行其所为，行自为而天下化，手挠顾指，四方之民莫不俱至。”意思是说，官职的配置符合需要，选拔官员不会埋没才能，完全弄清楚情况再采取行动，大家言行无须顾忌而天下自然太平，圣人一个手势，一个眼神，大家会一齐赶到。按照他的描述，生活在这样社会中的人丰衣足食、无忧无虑、相当富庶，但是这些财富并不是人们刻意创造出来的，而是靠大自然的赐予，“财有余而不知所自来，饮食取足而不知其所从”。人们没有私有财产的概念，共同占用、共同享用。人与人之间，不尚贤，不使能，聪明人不看低愚蠢人，能力强的不欺侮能力弱的，和睦相处、自由自在。在与大自然的关系方面，清淡寡欲，回归自然，“不知悦生，不知恶死”，完全与自然界融为一体。人们可以牵着野兽游玩，人兽相安，可以爬到树上窥探鸟巢，人禽共处。“彼民有常性，织而衣，耕而食，是谓同德。一而不党，命曰天放。故至德之世，其行填填，其视颠颠。当是时也，山无蹊隧，泽无舟梁，万物群生，连属其乡，禽兽成群，草木遂长。是故禽兽可系羁而游，鸟鹊之巢可攀援而窥。夫至德之世，同与禽兽居，族与万物并，恶乎知君子小人哉？同乎无知，其德不离；同乎无欲，是谓素朴，素朴而民性得矣”①。

《庄子》中这类涉及社会和谐理想的议论不多，而且有较多的幻想色彩，不切实际。它对现实的看法比老子更悲观，它在老子思想的基础上，对文明异化破坏社会和谐的问题有更深刻的描述，更加强调顺应自然，看重个体生命的价值，尤其注重对精神自由的追求。

在社会和谐的思想方面，老庄道家远不如儒家丰富和全面，他们过分强调一致，对和谐关系中作为发展动力的差异与矛盾缺乏积极态度。老庄对社会文明进步过分抵制，对原始的自然状态过分推崇，对主动的斗争精神过分否定，使他们理想中的社会和谐只能与

① 《庄子·马蹄》。

低度发展的社会相适应，是缺乏现实意义的。但是其中包含的片面的深刻，仍然具有不可忽视的意义与价值。他们对文明异化问题的揭示，对个体生命价值的张扬，对人际平等问题的思想，对人与自然关系的独特理解，都给后人思考社会和谐问题提供了重要的启发。

（二）秦汉以后的和谐社会理想

秦汉以后，中国社会进入中央集权的君主专制时代，思想上“罢黜百家、独尊儒术”，远不如先前活跃，但是关于构建和谐社会的思想仍有许多表现，儒家、道家、佛家均有。

西汉时期，内容庞杂的《淮南子》一书，有对黄帝时期和谐社会状态的想象性描述：

“昔者黄帝治天下，而力牧、太山稽辅之，以治日月之行律，治阴阳之气；节四时之度，正律历之数；别男女，异雌雄；明上下，等贵贱；使强不掩弱，众不暴寡，人民保命而不夭，岁时孰而不凶；百官正而无私，上下调而无尤；法令明而不暗，辅佐公而不阿；田者不侵畔，渔者不争隈；道不拾遗，市不豫贾；城郭不关，邑无盗贼；鄙旅之人，相让以财；狗彘吐菽粟于路，而无忿争之心。于是日月精明，星辰不失其行；风雨时节，五谷登孰；虎狼不妄噬，鸷鸟不妄搏；凤凰翔于庭，麒麟游于郊；青龙进驾，飞黄伏皁；诸北、儋耳之国，莫不献其贡职。”①

这是一幅政治清明、经济繁荣、人民安康、社会稳定、周边安宁、天人和谐的盛世图画。从中既可以看到道家庄子的影响，也可以看到《礼运》中大同社会的影子。

东汉时问世的道教经典《太平经》，对和谐社会也有许多描述，特别是公平、均平方面。书中将社会分为太平、中平、不平三种，认为人生的理想就是去不平，求太平。书中对太平的解释是“太者大也，平者正也”，太平就是大正，太平世界就是公正、安

① 《淮南鸿烈解·览冥训》。

宁的世界。本着平等的观念，书中对于协调智愚、强弱、后生与老者的关系，提出了独到的看法："智者当苞养愚者，反欺之，一逆也；力强当养力弱者，反欺之，二逆也；后生当养老者，反欺之，三逆也。"

从魏晋到清代，许多思想家都抒发过对和谐社会的理想，包括嵇康、阮籍、陶渊明、鲍敬言、张载、邓牧等，小说《水浒传》《镜花缘》中也有这方面的生动描写。

东晋鲍敬言对上古淳朴和谐社会的描述，吸收了《庄子》《淮南子》中对至德之世的描写，对国家出现以后的不平等、不和谐状况的描写，言辞之尖锐、批评之激烈更甚于庄子：

"曩古之世，无君无臣，穿井而饮，耕田而食，日出而作，日入而息。泛然不系，恢尔自得，不竞不营，无荣无辱。山无蹊径，泽无舟梁，川谷不通则不相并兼，士众不聚则不相攻伐。是高巢不探，深渊不漉，凤鸾栖息于庭宇，成鳞群游于园池，饥虎可履，虺蛇可执。涉泽而鸥鸟不飞，入林而狐兔不惊。势利不萌，祸乱不作，干戈不用，城池不设。万物玄同，相忘于道……其言不华，其行不饰。

降及叔季，智用巧生。道德既衰，尊卑有序。繁升降损益之礼，饰绂冕玄黄之服……弩恐不劲，甲恐不坚，矛恐不利，盾恐不厚，若无凌暴此皆可弃也。"①

东晋陶渊明在《桃花源记》《桃花源诗》中，描述了桃花源里的景致，那里土地平旷、风光秀丽，没有帝王、没有官僚、没有田赋劳役，人们日出而作、日落而息，完全依循天时办事，自由自在、和谐相处、彬彬有礼、风俗淳厚：

"有良田美池桑竹之属。阡陌交通，鸡犬相闻。其中往来种作，男女衣着，悉如外人。黄发垂髫，并怡然自乐。

见渔人，乃大惊，问所从来。具答之。便要还家，设酒杀鸡作

① 《抱朴子·诘鲍篇》。

食。村中闻有此人，咸来问讯。自云先世避秦时乱，率妻子邑人来此绝境，不复出焉，遂与外人间隔。问今是何世，乃不知有汉，无论魏晋。此人一一为具言所闻，皆叹惋。余人各复延至其家，皆出酒食……”①

“相命肆农耕，日入从所憩。桑竹垂余荫，菽稷随时艺。春蚕收长丝，秋熟靡王税。路荒暖交通，鸡犬互鸣吠。俎豆犹古法，衣裳无新制。单孺纵行歌，斑白欢游诣。草荣识节和，木衰知风厉。虽无纪历志，四时自成岁。怡然有余乐，于何劳智慧？”②

陶渊明描述的景致，并不是在无法查考的三代，也不是在虚无缥缈的天堂，而是就在现实当中。这段诗文脍炙人口、影响深远，“世外桃源”由此成为不受帝王管辖、自由自在的代名词。在陶渊明的观念中，这个理想国度存在的前提就是与世隔绝，只有与世隔绝，社会才没有纷争，人们才能和睦相处，才能怡然自乐，但这种意义上的理想国，只是想象和逃避现实的产物。

宋代思想家张载关于和谐社会的构想有两大突出之处：其一，提出了著名的“民胞物与”的论点。他从人类万物都是天地所生的观点出发，提出“民吾同胞，物吾与也”，认为人类都是我的同胞、万物都是我的朋友。这在实质上提出了人我、物我应该和谐相处的思想。其二，在缓解贫富矛盾方面，他曾提出均田的主张。他说：“贫富不均，教养无法，虽欲言治，皆苟而已。世之病难行者，未始不以亟夺富人之田为辞，然兹法之行，悦之者众，苟处之有术，期以数年，不刑一人而可复所病者。”③

他提出一整套方案，主张对土地所有权进行重新分配，建立一个公平、合理的社会。均贫富、均田的口号在一些农民起义领袖那里出现过，那往往是出于号召民众的需要，很少有人像张载这样认

① 《桃花源记》。

② 《桃花源诗》。

③ 《横渠易说·横渠先生行状》。

真地想过，也很少有像他这样系统的理论。

生活在明清交替时期的黄宗羲和顾炎武也对社会发展提出了自己的理想模式，并对后世产生了一定的影响。黄宗羲提出的理想社会主要包括以下几个方面：第一，黄宗羲认为，君主和官员的存在主要是为民。在《明夷待访录》中，黄宗羲写道："有人者出，不以一己之利为利，而使天下受其利，不以一己之害，而使天下释其害，此其人之勤劳必千万于天下之人，而又不享其利。"可见，在黄宗羲看来，作为社会统治者的君主，应该一心为民，而不享其利。同时，他又以同样的道德操守要求官员，认为"我之出而仕也，为天下，非为君也；为万民，非为一姓也"。在他看来，做官也是为了社会和全民利益，而非为君主一姓利益。第二，黄宗羲认为，理想社会应该平均分配土地，他非常崇尚井田制，认为"先王之制井田，所以遂民之生，使其繁庶也"。第三，黄宗羲认为，理想社会要有法令，并且他强调这种法令需要从民众的根本利益出发，这样才可以真正做到"无法之法"，成为最为理想的法规。第四，黄宗羲非常重视教育，认为学校能培养人才，同时能纠正政事得失，引导社会风气。黄宗羲的这一理想社会模式，虽然是在封建时期"家天下"的背景下，充满了乌托邦式的空想，但是，在当时还是有一定的社会批判和启蒙意义的。与黄宗羲相比，顾炎武的理想社会更充分反映了民主启蒙精神，他不是为封建统治者设计理想社会模式，而是在一定程度上超越了一姓之"家天下"的封建统治。首先，顾炎武区分了国家与天下的区别，认为亡国与亡天下有一定的区别，国是一家一姓的王朝，而天下则为普天下的人民共同所有，因此，亡国不可怕，但"天下兴亡，匹夫有责"。其次，顾炎武认为的理想社会首先是一个讲人道、明人伦的社会，顾炎武认为这样才会妻子合，兄弟合，而父母顺。最后，顾炎武非常注重风俗教化，他认为"礼义廉耻"非常重要。可以认为，顾炎武的社会思想带有一定的近代民主主义的色彩。

儒家的大同理想被近代以来的许多资产阶级代表人物用来表达

自己的社会理想，最著名的有康有为和孙中山的大同理想。康有为写了《大同书》，设想未来的大同社会是一种以生产资料公有制为基础，没有剥削的社会，生产力高度发达，人们物质文化生活水平很高；国界消失，全世界统一于一个“公政府”之下，没有战争纷扰；政治上实行资产阶级民主共和国制度，没有贵贱等级；男女完全平等，家庭消灭，不存在父权、夫权压迫。康有为认为，人们苦的根源就在于存在“九界”，要彻底脱离苦，就要脱离“九界”：“知病即药，破除其界，解其缠缚。超然飞度，摩天戾渊，浩然自在，悠然至乐，太平大同，长生永觉。吾救苦之道，即在破除九界而已。

第一曰：去国界，合大地也；

第二曰：去级界，平民族也；

第三曰：去种界，同人类也；

第四曰：去形界，保独立也；

第五曰：去家界，为天民也；

第六曰：去产界，公生业也；

第七曰：去乱界，治太平也；

第八曰：去类界，爱众生也；

第九曰：去苦界，至极乐也。”

孙中山大同理想的主要内容是土地国有，大企业国营，但生产资料私有制仍然存在，资本家和雇佣劳动者两个阶级继续存在；生产力高度发展，人们生活普遍改善；国家举办教育、文化、医疗保健等公共福利事业，供公民享用。

康有为和孙中山都对当时国家存在的外来侵略、垄断压迫、贫富分化、阶级对立、危机、失业等现象有所批评，但他们的大同理想基本上还是对资本主义制度的理想化，脱离不了当时西方资本主义制度的影响。康有为的现实主张是通过自上而下的改革逐步走上资本主义发展道路，因而对自己的大同理想不愿立即实行，主张通过逐步的改良在遥远的未来实现大同世界。孙中山则要求在资产阶级民主革命阶段之后建立大同世界。

二、西方思想家的和谐理论

(一) 柏拉图《理想国》中的和谐社会

柏拉图是古希腊著名哲学家，是早期西方国家理论的重要代表人物。柏拉图以他的老师苏格拉底和一些辩士对话的形式著述了《理想国》。在《理想国》中，柏拉图提出了对后世影响很大的国家建设理论，这个理论蕴含了丰富的和谐社会思想，表明柏拉图希望古希腊城邦国按照他所设想的理想模式，建立能促进经济社会和谐发展的"理想国"：

第一，《理想国》中要求协作的和谐思想。柏拉图要建立的理想国家，是一个全体国民分工协作、以货币互相交换劳动成果的国家。他指出，因为每个人能力有限，不可能一个人把各种职业都做好，"农夫似乎造不出他用的犁头——如果要的是一张好犁的话，也不能制造他的锄头和其他耕田的工具。建筑工人也是这样，他也需要其他人的。织布工人、鞋匠都不例外"。[①] 不同的人有不同的能力和不同的社会职能，那就应该互相分工以互相补充所需要的自然物，"鞋匠总是鞋匠，并不在做鞋匠以外，还做舵工；农夫总是农夫，并不在做农夫以外，还做法官；兵士总是兵士，并不在做兵士以外，还做商人，如此类推"。[②] 即使有人非常聪明，能够模仿一切，大显身手，按照城邦中的法律和规定，也不能给其以地位。在一个良好的和谐社会中，每个人都从事他最有能力胜任的工作。人与人之间的禀赋是有差别的，那么他所处的位置也就以禀赋差别为基础而不同。据此，各阶级间就会按照社会分工和社会分层而达到相互之间的和谐相处。

第二，《理想国》中要求通过教育实现社会和谐的思想。柏拉

① 柏拉图：《理想国》，商务印书馆 1986 年版，第 60 页。

② 柏拉图：《理想国》，商务印书馆 1986 年版，第 102 页。

图在《理想国》中用了很大的篇幅来强调他的理想教育体系，通过合理的教育实现他所认为的理想国，且理想国中的人民能按照自己的位置和分工履行职责，以实现社会的安定和谐发展。

柏拉图的理想教育观点是：教育属国家管辖之事，要平等对待所有儿童，不管他们的出身和性别。所有学生从10~20岁时都接受相同的教育，“你知道，凡事开头最重要。特别是生物。在幼小柔嫩的阶段，最容易接受陶冶，你要把它塑成什么型式，就能塑成什么型式”。[①] 教育的主要科目是体操、音乐和宗教，对年轻人来说，学习的目标是有一个强壮和协调性好的身体，以及对美的鉴赏力和具有服从、自我牺牲和忠诚的素养。[②] 通过教育分出三个阶级：一是充满智慧的哲学王做统治者，他们有能力和权威；二是参加管理者和军事防御的人；三是生产社会所需产品的人，即生产者。他们各司其职、和谐相处，就达到了理想的社会状态。

柏拉图尤其重视通过音乐教育来陶冶人们的心灵，通过体操教育来训练人们的身体，使受教育者忠于职守、忠于国家。“那么，这个教育究竟是什么呢？似乎确实很难找到比我们早已发现的那种教育更好的了。这种教育就是用体操来训练身体，用音乐来陶冶心灵。”[③] 通过音乐的熏陶来达到人们对美和爱的向往，这是社会的需要，也是音乐的目的，“音乐教育的最后目的在于达到对美的爱”。[④] 在今天看来，柏拉图对教育的重要性认识很深刻，我们也正通过各种方式来实现国民教育、平等教育，培养国家所需的各种德才兼备的人才，为构建社会主义和谐社会作贡献。而柏拉图教育思想中对美的追求，显然也蕴含社会和谐美好的思想。

第三，《理想国》中要求通过道德法律实现社会和谐的思想。

---

① 柏拉图：《理想国》，商务印书馆1986年版，第71页。

② 参见G. 希尔贝克、N. 伊耶：《西方哲学史》，上海译文出版社2004年版，第61页。

③ 柏拉图：《理想国》，商务印书馆1986年版，第70页。

④ 柏拉图：《理想国》，商务印书馆1986年版，第110页。

世界上大多数国家基本上都要制定有关的法律，倡导适合于本国国情的道德，要么通过以法律为主、以道德为主以及两者并重的方式，实现对国家的统治和管理。柏拉图的“理想国”也不例外，他也强调道德和法律，他认为利己主义是一种道德上的错误，而且使人误解了成为一个人意味着什么；利己主义者不明白自我利益和共同利益是相同的，社会不是外在于个人的，个人总是社会这个共同体中的一员，他也反对不诚实的讲假话者，对讲假话者应施以惩罚。他说：“在城邦里治理者遇上任何人，不管是预言者、医生还是木工，或任何工匠在讲假话，就要惩办他。因为他的行为像水手颠覆毁灭船只一样，足以毁灭一个城邦。”① 柏拉图还重视培养年轻人的守法精神，不希望这些未来公民将来成为一个道德、品行不端的人，“我们的孩子必须参加符合法律精神的正当游戏。因为，如果游戏是不符合法律的游戏，孩子们也会成为违反法律的孩子，他们就不可能成为品行端正的守法公民了”。② 但柏拉图认为，在政治秩序不好的国家或者政治秩序良好的国家里，真正的立法家不应当把精力花在法律和宪法上面，因为在秩序不良的国家里，宪法和法律是无济于事的，在秩序良好的国家里，宪法和法律又可以承袭以前的国家的宪法和法律，即使重新设计宪法和法律也不是难事。这说明，理想的国度必然是一个有序的、法制的国度，是一个和谐的国度。

第四，《理想国》中要求通过哲学王的统治实现社会和谐的思想。柏拉图所要构建的理想国，以哲学王作为最高统治者。因为哲学王是智慧的使者，只有具有最高智慧的人才有能力治理好国家，才可以使国家处于一种秩序良好的、充满公平正义的理想和谐社会状态。他说：“除非哲学家成为我们这些国家的国王，或者我们称之为国王和统治者的那些人物，能严肃认真地追求智慧，使政治权

① 柏拉图：《理想国》，商务印书馆 1986 年版，第 88 页。

② 柏拉图：《理想国》，商务印书馆 1986 年版，第 140 页。

力与聪明才智合二为一；那些得此失彼，不能兼有的庸庸碌碌之徒，必须排除出去。”① 他认为如果不这样做，对国家和对全人类都十分有害，就不能实现他所描述的法律体制，也不可能给个人和公众以幸福，自然也不可能使国家处于分工明确、市场秩序良好的和谐状态。

总之，柏拉图所设计的人们相互关系和谐的“理想国”，是以具有高度智慧的哲学王统治的、能够实现男女平等的、充满正义、具有智慧和知识的幸福国家。在这个理想国家里，能够实现分工和协作，有通过货币为媒介的流通市场，人们过着既不过于富有又不过于贫困的理想生活，能够通过教育实现社会分工，稳定和谐。

（二）社会契约理论与社会和谐

在十七八世纪的西方社会思想中，占主导地位的思想是社会契约理论，社会应当是一个正义与秩序的社会，但遵循正义与秩序的依据何在，对此作出典型解释的是社会契约理论。在社会契约理论中，契约被解释为社会和国家的起源的合理依据，被解释为政治权威的合法基础。社会契约论的基点在于，如果不先假定社会成员之间的契约关系，就无法解释公民社会的存在，因为如果这些成员是自由的和平等的独立个体，那么只有他们之间的一致同意才能解释加诸于他们的种种限制以及相互依赖的形式。在社会契约理论发展史上，霍布斯、洛克与卢梭是具有代表性的思想家。

第一，霍布斯与国家权力。对自然状态的描述是社会契约理论的重要前提，目的是将人的天赋权利放在首要的地位。因而，霍布斯首先描述了人的自然状态，他的出发点是人性本恶。在霍布斯看来，有三大自然原因——竞争、猜疑以及荣誉感引起人们之间的纷争，使自然的状态真正成了战争状态，这种战争是一切人反对一切人的战争。在这种状态下，每个人都只想保全自己而不顾他人。而为了保全自己的生命，人就得吃、喝，即必须消耗某物或占有某

① 柏拉图：《理想国》，商务印书馆 1986 年版，第 214~215 页。

物，在物少人多的情况下，人们不免发生争吵，每个人为了达到自己的目的，就企图伤害他人，你争我夺就必然导致你死我活，由于缺乏一种公共权力来调节人与人之间的利益矛盾，因此，人与人之间的争斗永无终止，总是处在连续不断的斗争之中。

然而，人不应该在这个被后人称为 Hobbes jungle 的丛林战争中毁掉，理性告诉我们，人类必须寻找一种方式保存自己从而实现最大的利益。使人团结在一起的这个“理性的箴言”就是伟大的自然法。自然法的第一条规则是“自然律是理性所发现的戒条或一般法则。这种戒条或一般法则禁止人们去做损毁自己的生命或剥夺保全自己生命的手段的事情，并禁止人们不去做自己认为最有利于生命保全的事情”。[①] 自然法的另外一条规则是“在别人也愿意这样做的条件下，当一个人为了和平与自卫的目的认为必要时，会自愿放弃这种对一切事物的权利；而在对他人的自由权方面满足于相当于自己让他人对自己所具有的自由权利”。[②] 权利的互相转让便形成了人们所谓的契约。但是，几个人之间小范围的权利转让是经常发生的事情；只是有些人总是不愿意遵守自己当初的承诺，契约常常归于无效，“每个人对每个人的战争”还是不能灭绝，人与人之间还是要在无休止的战争状态中生活。

这就需要一个新的契约，即全体人民互相签订契约，“指定一个人或一个由多人组成的集体来代表他们的人格，每一个人都承认授权如此承当本身人格的人在有关公共和平或安全方面所采取的任何行为，或命令他人做出的行为，在这种行为中，大家都把自己的意志服从于他的意志，把自己的判断服从于他的判断”。[③] 为了确保契约的长期有效性而不重蹈先前那些契约的覆辙，这个人格并不参与契约的形成过程，同时，契约的签订者除非这个伟大的人格放

① 霍布斯：《利维坦》，商务印书馆 1985 年版，第 97 页。
② 霍布斯：《利维坦》，商务印书馆 1985 年版，第 98 页。
③ 霍布斯：《利维坦》，商务印书馆 1985 年版，第 131 页。

弃了自己保护契约签订者的神圣职能，否则契约就永远有效，人们便不能单方面退出这个契约。订立社会契约的结果是一个伟大的共同体人格——“利维坦”（Leviathan）的诞生，而霍布斯由此发现了保障人类和平与安宁的一条最伟大的途径：通过社会契约保障臣民安全。

关于自然状态的看法对霍布斯的国家学说产生了重要影响，正因为人性的恶劣状况，在对人的基本权利的保障中，生命的安全被看作自由的基础与核心。恐惧和自由是如此兼容。在霍布斯国家学说中，因为恐惧，需要一个强大的国家政权来保障臣民的自由与安全；国家形成靠的是契约，臣民将全部权利转让给利维坦；高高在上的利维坦品行节制，忠诚地履行着维护臣民自由权利的义务，这样社会才会脱离混乱，而处于和谐有序的状态。

第二，洛克与公权思想。与霍布斯的凶残、仇杀的战争状态截然不同，在洛克的笔下所展现的自然状态，是一种完美无缺的自由状态，也是一种平等的状态，自然的自由得自自然的平等。洛克的契约理论正是建立在这种“完全自由和完全平等的状态”之上的。他设定人人平等，天生地被自然赋予了不可由外力剥夺、侵犯的自然权利；人们相互独立，不依附于任何权威；任何人都不应该伤害他人的生命、健康、自由和财产；每一个人都有为了保护自己的自然权利而单独执行自然法的权力（利）。但这种完全自由的状态也存在着许多缺陷：没有明文规定的法律，仅有的自然法只是一种道德约束，不足以裁判人们之间发生的纠纷；缺少一个有权依照法律去裁判一切争执的公正裁判者；缺乏保证判决执行的权力，从而使得纠纷无法彻底解决。这种天然的缺陷和不和谐，使每个个体所享有的自然权利又处在很不安全的状态，并促使人们相互达成一种契约，即每一个人都自愿地放弃一部分权利（每一个人在自然状态所享有的去单独执行自然法的权利），将其交给社会，由社会委托给立法机关或指定的专门人员，再由他们按照社会全体成员的共同意志来行使。通过订立这种契约，逻辑地形成了国家或政治的权力，并在此基础上设计和组建政府、建立公共权力和法律，达到一种暂时和谐状态。但是，如果执政者违背契约，破坏公意，损害人民的公共利益和公共幸福时，特别是当人民的自由、财产被暴力夺去时，人民就有权取消契约，将自由与财产再夺回来。

在对人的自然权利——自由与生命的关注中，如果说霍布斯强调的是生命的安全，洛克则更多关注了人的自由权利，这自然影响到他对人性的看法。因而，与霍布斯对国家权力的强调相对照，洛克注意到的则是国家或政府权力对社会成员的个体权利产生侵犯和伤害，并在此基础上提出对国家和政府的权力进行限制。洛克认为，权力对于人类的弱点有极大的诱惑，权力集中会促使主权者去攫取权力，以使自己不受法律的限制，并在立法和执行法律时只考虑自己的权益，因此在契约基础上形成的国家和政府，要加强对执掌国家公共政治权力的执政者手中所拥有的权力限制，否则，人们的境遇将比在自然状态下更为恶劣。为此，洛克在主张主权不可分割的情况下，提出国家主权分为立法权、行政权和对外权。立法权是国家的最高权力，由议会来掌握；行政权和对外权由君主根据议会所颁布的法律来执行。这样，既限制了君权，又保留了君权，由议会主权代替了君主主权。

洛克的分权思想，在孟德斯鸠那里发展为著名的“三权分立”学说。孟德斯鸠认为，“一切有权力的人都滥用权力，这是万古不易的一条经验”；“从事物的性质来说，要防止滥用权力，就必须以权力约束权力”，立法权、行政权和司法权中任何两者不能同时集中在一个人或同一个机关（无论是贵族或人民的机构）之手，否则，自由将不复存在；三权不仅要分立，更为重要的是要通过分权防止权力的滥用，“以权力制约权力”。孟德斯鸠的“三权分立”与制约学说，被称为人类政治生活中的“牛顿定理”，并被美国宪法的制定者们加以应用和完善，形成美国现实政治生活中的“权力制衡”，打破了政府各部门对权力的垄断，使国家权力运行的和谐在理论上成为可能。

第三，卢梭与人民主权。在社会契约论中，作为启蒙思想家的卢梭对自然的看法有自己鲜明的特色。霍布斯认为人性本恶，自然状态首先充满恐怖与不安全，洛克将自然状态的核心与人的自由相联系，而在卢梭的思想中，自然状态中的人不仅是自由的，更重要的是他们是平等的。因而，卢梭从人性本善的观点出发，把自然状态描述成怡然自得的“世外桃源”。他认为，自然人按其本能无忧无虑地生活，他们的理性尚未发展，野心、贪婪心、嫉妒心、虚荣心等也不存在，他们有年龄、健康、体力、智力等的不同，但这样并不具有道德的意义，不会因此而造成精神的或政治的不平等，在自然状态中找不到任何社会不平等的基础。总之，自然人孤独、幸福、善良、自然地为自己安排了简单淳朴孤独的生活方式，没有种种欲望的枷锁，所以他们又是健康和幸福的。

然而，“自从一个人需要另一个人的帮助的时候，自从人们觉察到一个人据有两个人食粮的好处的时候起，平等就消失了，广大的森林就变成了须用人的血汗来灌溉的欣欣向荣的田野；不久便看到奴役和贫困伴随着农作物在田野中萌芽和生长”。[①] 因此，人们必须相互依赖、相互合作、共同发展，形成一种克服困难和障碍的总体力量，使自己生活得更好，于是人们便通过社会契约建立起国家政府。

社会契约的中心问题是解释社会的产生，霍布斯通过契约使人摆脱自然状态进入社会，洛克通过契约建立社会来保证人天赋的权利，即自然状态中的实际权利。卢梭社会契约论的特殊之处则在于，他虽是社会契约的思想家，却不以社会契约观念来解释人类社会的起源，他所解释的是一个政治性社会的起源。卢梭认为社会的实际起源是一个自发的过程，是由私有财产的确立所产生的一个不平等的社会。人类最初处于“自然状态”时人人是自由平等的，这是天赋的权利，只有私有财产的确立才导致不平等的产生，那么

---

① 卢梭:《论人类不平等的起源和基础》，商务印书馆 1994 年版，第 121 页。

一个政治的、平等的社会通过怎样的方式才能产生呢？由于卢梭意识到当时社会各种弊端和压迫正是由于私有制造成的，为了消灭这种以个人为中心的制度，卢梭将公意作为他的社会契约的基础。用一句话表达出来即“我们每个人都以其自身及其全部的力量共同置于公意的最高指导之下，并且我们在共同中接纳每一个成员作为全体之不可分割的一部分”。他认为一个人只有完全把自己纳入共同体中，并且消灭自己的私有性，这个社会才是完善的。

为了突出公意，卢梭还进一步区分了公意和众意。他认为公意只着眼于公共的利益，而众意则着眼于私人的利益，是个别意志的总和。在体现众意的国家，是投票者的数目决定着共同的意志，而在体现公意的国家中，则是共同的利益使人民结合在一起。在论述其成立的具体方式时，卢梭提到了三个方面：第一，转让，如此才可以做到对于所有人的条件是同等的；第二，毫无保留地转让，这样才能使“联合体”完美。如果一些人转让全部权利，而另一些人只转让部分，那么就可能使社会或者国家变成另一些人推行暴政的工具；第三，只有全部转让，才能做到没有任何人奉献出自己，而人们可以从社会得到同样的权利，并增加社会的力量以及保护自己的利益。他认为只有通过这种方式建立的集合体才能体现人民最高的共同意志。而他之谓国家或者社会也正是在这样一种严格规定的方式下通过协议而产生的。

总而言之，国家的产生是基于公意的。正是如此，所以国家的立法权也只能属于人民，即主权在民。因而政府的产生，并不是契约的内容或契约本身的目的。政府只是人民为执行契约而创设的。他认为“公共力量就必须有一个适当的代理人把它结合在一起，并使它按照公意的指示而活动；他可以充当国家与主权者之间的联系，他对公共人格所起的作用很有点像是灵魂与肉体的结合对一个人所起的作用那样。这就是国家之中所以要有政府的理由；政府和主权者往往被人混淆，其政府只不过是主权者的执行人。”政府就是在臣民与主权者之间所建立的中间体，它的职能就是使二者相互适应，它负责执行法律并维护社会的以及政治的自由。

(三) 空想社会主义的“和谐社会”

把建立和谐社会作为社会发展目标，在空想社会主义者的理论体系中很早就有表述，特别是在19世纪空想社会主义者的未来社会构建模式中，和谐社会成为一个共同的价值追求，傅立叶把他的理想社会制度叫作“和谐制度”，欧文把他在美国的共产主义实验称作“新和谐公社”，魏特林写下了他的大著《和谐与自由的保证》。

1. 圣西门空想社会主义中的和谐社会思想

圣西门在其著作中，首先特别强调他关心“人数多和最贫穷的阶级”。[①] 圣西门认为，一切人都应当劳动，但是，资产阶级的恐怖统治使群众丧失了财产，造成了饥荒、市民和无财产者之间的阶级斗争。他还认为经济状况是政治制度的基础，在将来的社会中，对人的政治统治应当变为对物的管理和生产过程的领导，也就是要废除国家。

圣西门主要是通过其所设计的“实业制度”来表达他对理想社会的追求，这个制度的目的是使一切人得到最大限度的自由和社会能够得到最大的安定和谐。圣西门未来的“实业制度”中，实业家和学者是真正的民族骨干，他们在智力方面超过其他一切阶级，以自己的创造性劳动为人类作出了积极贡献。圣西门就是通过这样一个“实业制度”，来构想一个人人都应该参加劳动、没有任何阶级特权、个人收入按才能和贡献成正比分配、人人都能获得极大自由的和谐社会。[②]

2. 傅立叶空想社会主义中的和谐社会思想

傅立叶是一个辛辣的批评家和讽刺家，他看到由于资产阶级的残酷统治，人民极端贫困，巧妙地揭露了资产阶级社会在物质上和

---

① 转引自《马克思恩格斯选集》第3卷，第410页。

② 费英秋：《社会主义：从理想到现实》，红旗出版社1999年版，第10页。

道德上的贫困；他看到妇女在资产阶级社会中的地位极低，巧妙地批判了两性关系的资产阶级形式。在此基点之上，傅立叶提出了自己的和谐社会构想。

傅立叶在他的主要著作《全世界的和谐》中设想了一个叫作“和谐社会”的未来组织，认为当时不合理、不公正的现存制度将为“和谐制度”所取代。在他设想的“和谐社会”里，最基本的单位是生产——消费协作社“法郎吉”。他认为，在这个“和谐社会”里，从政治上来说，国家政权将不复存在；从经济上来说，没有城乡差别、工农差别，人们在“法郎吉”中可以根据自己的爱好和兴趣选择工作方式和工作种类，可以充分发挥自己的聪明才智，满足自己的创造欲望，能够极大地发展生产力；在社会生活中，妇女已经摆脱了家庭的束缚，可以与男子平等地参加劳动，社会提供完善的公共事业，重视教育。尽管傅立叶的和谐社会构想还不能成为现实，但是，他提出的和谐社会思想中包含了许多解放人类、实现人的全面发展、实现社会公平的合理因素。

3. 欧文空想社会主义中的和谐社会思想

欧文是空想社会主义的杰出代表，他不仅提出了自己的理想社会的设想，而且在实践上中做了试验。虽然他的空想社会主义与圣西门、傅立叶一样也都未能完全变成现实，但他的思想给人以启迪，他的行动给人以激励。

欧文的空想社会主义思想，有着独特的产生背景。当革命的风暴席卷整个法国的时候，英国正在进行一场深刻的工业革命。到了工业革命后期，社会秩序恶化，无家可归的人拥挤在大城市的贫民窟里，人们的生活毫无保障可言。历史的发展要求变革现实，提出理想的社会思想就成为必要。正是在这种背景下，欧文的空想社会主义诞生了。

欧文认为，人的性格是先天组织和人所处环境的产物，工业革命是运用这个理论并把混乱化为秩序的好机会。于是，他在曼彻斯特领导一个有500多名工人的工厂的时候，就实行了这个理论，并且获得了成功。1800~1829 年，他在苏格兰的新拉纳克大棉纺厂，进行空想社会主义试验。他给工人以更大的自由，试验获得成功，而且使他闻名全国。那里的人口增加了，原来的堕落分子居住的区域变成了文明社区。他还创办了幼儿园，减少工人工作时间，就是在工厂被迫歇业时，停工的工人继续领到全部工资。即使如此，他的企业还是增加了一倍的产值。欧文逐渐领悟，工人生产出的财富比工人消费的多得多，二者的差额就是利润，全部落到了工厂主手里，他设想将工人创造的财富全部归还工人。

社会上存在的一切罪恶都是由社会不合理的制度产生的，要消灭罪恶感就应当消灭其赖以产生的这种不合理的社会制度，就要用理想的社会制度代替现存的制度。劳动公社就是欧文依据“环境决定人的性格”的理论为出发点规划的“理想制度”。

在劳动公社中，经济上实行生产资料公有制，人民自给自足，消费资料实行按需分配原则；思想上进行道德教育，他希望人民诚实、勤奋、爱劳动、追求知识；政治上最高领导机构是执行理事会，负责经济事务，实行选举制，由社员大会直接选举产生，下设农业部、工业部、经济部、科学教育部。欧文设想的社会，是一个没有剥削、贫富平均、运行协调、文明高尚的社会。但是，这样的理想社会只能是空想，只能在封闭的土壤、气候条件下生存，缺乏广泛、持久的生命力。

（四）当代自由主义与社会和谐

近代西方社会学说的主流是自由主义，当代西方社会学说继承了这一传统，并根据所处的不同环境、所面对的不同问题，对自由主义作了进一步的阐释与发展。在诸多流派当中，比较活跃的有三种：罗尔斯的“分配主义”理论、诺齐克的“持有正义”理论以及波普尔的“开放社会”理论。

第一，罗尔斯与分配主义论。罗尔斯的新自由主义思想主要体现在他的《正义论》之中。他继承了传统的正义观念，并把它与以往自由主义的民主、市场经济和财富再分配的福利国家结合起来，综合成为一个系统而完整的、用于实现社会和谐的分配正义理论。

正义总是意味着某种公正，而公正在很大程度上与对社会财富和社会利益的分配联系在一起。亚里士多德就曾指出，“正义以公共利益为依归”“是某些事物的‘平等’观念”，它寓于“某种平等”之中，它要求按照以尚优和以贡献为尺度的平等原则，把这个世界上的事物和利益公平地分配给社会成员。罗尔斯也把“正义”作为自己学说的基础，并通过程序设计提出用以规范和约束国家制度设计和社会组织安排，从而实现社会正义的两条原则：

第一原则：每个人都有权利拥有最广泛的自由，且大家拥有的自由在程度上是相等的；一个人所拥有的自由要与他人拥有的同样的自由能够相容。

第二原则：要允许社会与经济方面的不平等存在，须以满足以下两个条件为前提：（1）必须使那些社会处境最差者从这种不平等中获得最大的利益；（2）在机会公正平等的条件下，保证所有的公职和职位向所有的人开放。

第一原则被称为“最大的平等自由原则”或“自由原则”，适用于社会结构中确定与保障公民的平等自由方面。大致来说，罗尔斯所肯定的公民基本自由包括：思想自由、信仰自由、政治自由、结社自由、由个人的完整性和个人的权利所界定的权利与自由、受法律规则保护的各项权利与自由等。这些内容在很大程度上继承的是古典政治自由主义所倡导的那些天赋权利与自由。第二原则被称为“平等原则”，适用于社会结构中规定和建立社会经济的不平等方面，它继承的是新自由主义所倡导的福利国家思想，但又有条件地允许社会经济方面的“不平等”存在。这在一定程度上保留了古典经济自由主义所追求的效率和生产社会财富所必不可少的竞争动力。在设计国家制度和安排社会组织的时候须遵循两个优先：第一原则国家不变地优先于第二原则；第二原则中的（2）不变地优先于（1）。这就是说，一方面，不能用牺牲公民政治自由为代价换取社会经济方面的增长或补偿，这种自由永远优先社会经济收益的排列，由此而克服了此前的新自由主义仍没有彻底摆脱功利主义束缚的弊端。另一方面，人与人之间毕竟存在着多方面的差异，(2) 固定不变地优先于 (1) 的设计充分考虑到了这一点，它确保让每一个人站在公正、平等的起跑线上的同时，承认结果上不平等，既考虑了对弱势群体的关怀，又不失让有能力的人更进一步地去发展。

如何获得正义二原则的正当性呢？对正义二原则的论证，罗尔斯继承的也是西方历史上的契约传统。他设想出一种人们还没有立下任何规章或立国原则的社会“原初状态”来为自己的学说提供论据。当然，与所面临的问题相关，罗尔斯的自然状态亦有自己的特点。他认为，处在这种状态中的立约者们，对于各自将来在所要设计出的社会中可能面对的一切状况和境遇都是不能确定的：他(她) 所处的社会位置高下、阶层的贵贱、自然财富拥有量的多寡、能力的高低、才智的优劣、体魄的强弱、性别种族的差异、老少幼壮等。作为立约者来说，他们不可能未卜先知，不可能对自己的未来和命运有多大的把握和胜算。在这种情况下，他们充当的角色无异于那位“最后一个才能选取蛋糕的蛋糕切分者”，会尽可能地选出一条能保证每个人将来都既不会太好也不会太差的公正原则来。在反复权衡利弊得失之后，理性的立约者们最后达成共识，选择公平正义二原则作为他们用于构建和谐社会的立国建制之本。

既然这两条原则是理性契约者的选择，那么它们就高于国家，先于宪法。国家基本结构的设计、宪法的制定、具体法律的颁行以及经济制度的实施，均应当以它们为指导。罗尔斯认为，只有在正义原则的基础之上，社会的全面和谐才会成为可能。

第二，诺齐克与持有正义论。新古典自由主义是古典自由主义在 20 世纪的再现，主要代表人物有密塞斯、哈耶克、弗利德曼等。他们严守捍卫个人自由的观点，对于新自由主义的平等转向深为不满；主张回归市场机能的运作，反对政府扮演积极介入财富重分配的角色。对新古典自由主义进行严格哲学论证的是诺齐克的《无政府、国家和乌托邦》，其主题是用现代市场理论推究国家的起源、政府的合法功能、最佳国家形态等。

诺齐克的学说与罗尔斯论针锋相对。他反对罗尔斯的分配正义论，并提出了作为他的现代市场理论之核心的“权利原则”。在诺齐克的学说中，这种权利，比较侧重在经济领域，目的在于维护“个人权利的神圣性和绝对性”。那么，在经济领域中的“个人权利”，究竟意味着什么呢？它意味着个人对经济利益“持有的权利”或“持有资格”，因为“持有”比分配更具中性。这种“持有”的“权利”或“资格”又来源于何处呢？也就是说，“个人权利的正义性”如何从对经济利益的“持有”中来呢？显然，如果从“持有”中来，那么要保证个人权利的正义性，就必须使“持有”具有“正义性”。这就是诺齐克的“持有正义原则”。这个原则包括三个主要论点：第一个论点是说持有的最初获得，或对无主物的获取。这是个人对财富和利益持有的最初“运动”。如果这个持有完全是通过“合法”手段实现的，那么这个持有就是政府的。这可以叫作“获取的正义原则”。第二个论点是说利益从一个人的持有到另一个人的持有的转让。如果个人之间的转让是通过合法的自愿交换、馈赠等方式完成的，那么，这种转让就是正义或正当的。这就是“转让正义原则”。个人按照这两个持有正义原则而持有，个人同时也就对持有具有了权利。诺齐克归纳说：

“（1）一个符合获取的正义原则获得一个持有的人，对那个持有是有权利的。（2）一个符合转让的正义原则，从别的对持有拥有权利的人那里获得一个持有的人，对这个持有是有权利的。除非是通过上述（1）与（2）的（重复）应用，无人对一个持有拥有权利。分配正义的整个原则只是说：如果所有人对分配在其份下的持有资格都是有权利的，那么这个分配就是公正的。”① 但是，现实中个人对经济利益的持有并非都符合上述两个持有正义原则，通过非法或不正当手段（如偷窃、欺诈、强夺、腐败性的受贿等）而获取或转让的持有，则是非正义的。第三个论点是说为了使整体的持有都具有正义性，就必须对这种非正义的持有进行矫正，即“矫正正义原则”。

既然个人通过持有正义获得的经济利益是正当的，是个人所拥有的不可侵犯的权利或资格，那么，怎么才能最大限度地保障这种权利或资格呢？这就是诺齐克的国家理论所要解决的问题。在诺齐克那里，国家理论与他的人权或权利理论密切相连，他所希望的国家类型，是以是否能够维护个人的神圣不可侵犯权利作为尺度的。对他来说，个人主义的无政府状态，当然不能维护个人的权利，但“强功能”的国家，又容易侵犯个人的权利。因此，只有一种“最弱意义的国家”，才最适合对个人权利的保护。所谓最弱意义的国家，就是管事最少、除了保护性功能之外再无其他功能的最低限度的类似于“守夜人”式的国家。

“最低限度国家”的合法性职责在于“仅仅承担制止暴力、盗窃、诈骗和契约的履行等十分有限的职能”，国家不管在什么情况下都不能从事任何经济再分配的活动。任何政府如果拥有比“守夜人”更多的权力的话，则一定会侵犯到公民个人的自然权利，并因此而违反了道德原则。诺齐克以此重树公民自由（权）的中心地位，重提极小政府和国家非干涉的原则，认为如果要防止国家成为一部分人中饱的私囊，却采取强化国家、扩大其功能范围的做法，只会给腐败制造更多的机会，使国家成为官员们捞取各种好处的更为诱人的目标。

在诺齐克的最低限度国家的基础之上，他描绘出一个真正的、

① 诺齐克：《无政府、国家与乌托邦》，中国社会科学出版社 1991 年版，第 157 页。

理想的乌托邦架构：这是一种“追求各种乌托邦的架构”，即任由人们自由、自愿地结合，尝试寻求在一个理想的社群中，去实现他们自己美好的生活观，不容任何人将他自己的乌托邦观点强加于他人之上。理想的最低限度国家是一个中立性的国家、一个尊重多元价值的自由国家。在这个理想的国度中，宗教与道德价值多样性，诸多善的观点互相竞存；在这个国度中，人们是被当作不容侵犯的个人看待的，任何个人都不会被他人以某种方式当作手段或工具，而是被视为拥有权利与尊严的个体。

第三，波普尔与开放社会。波普尔学说的主旨是乌托邦主义和完美主义的虚妄和危害，这以他的批判理性主义的认识论和试错法的方法论为基础。在波普尔看来，人的认识和知识是可错的，因为人们的知识不是从纯粹的观察开始，而是从猜想开始。人们对事物的观察或感知不是被动地“被给予的”，而是主动探求的结果。因此，人的认识所遵循的方法是试错法，即从问题开始，经过尝试性解决，消除错误，然后又提出新问题，人们通过尝试和消错，通过猜想和反驳来取得知识的进步。这就是“从错误中学习”的方法，它要求人们宽容异己，通过不断地批评来认识真理。这也正是一种批判的理性态度。波普尔的试错法和批判理性主义的观点为其关于开放社会的理论奠定了基础。波普尔自称是一位自由主义者，但这是指以批判理性主义为基础的新自由主义，而不是以古典时代的理性主义为基础的旧自由主义，他的开放社会的基础正是这种批判理性主义。他以此来反对一切权威主义，提倡批评主义，提倡对一切批评开放，反对压制批评，屈从于迷信、神话、权威和教条的。一概压制批评的社会都是封闭社会，与此相对立，开放社会是人民自由并对批评开放的社会。开放社会提倡理性，反对巫术和盲从，尊重个人和民众的自由，让人人都有判定是非和批判权力的权利。权威向人民的批判开放，国家答复人民的批判。

这一开放的社会也使波普尔主张所谓的逐步社会工程，他极力反对乌托邦主义，排除关于理想国家和美好国家的计划，排除对整个社会进行大规模长期改造的计划。波普尔提出，与其追求不切实际的“最大幸福”的理想主义原则，倒不如提倡“所有人最少的可以避免的疾苦”。因此，逐步社会工程的主要任务不是像柏拉图那样“无所不知”的理性，而是以“最少疾苦”作为其公共政策的基本原则，即尽可能地消除各种社会弊端，消除最迫切而又可以避免的苦难。比如，失业、贫穷和改革教育、扫除文盲等，这一切是既看得见，也容易办得到的。

逐步社会工程主张零星地逐步改进。它用试错法逐步消除点滴的错误，这样的社会零星改造，即使错了，损失也不会太大。特别是逐步社会工程不像乌托邦主义那样采用暴力的手段，而是采用温和的改良的方法。因为温和的改良的方法社会阻力小，容易被人接受，它先建设后破坏，不致推翻历史文化传统，它以一种批判理性主义的态度切实地为社会消除祸害，通过民主协商取得公众的赞同。因而，逐步社会工程是与乌托邦主义相比较起来是更为切实可靠的合理的社会改造方案。

像在论述逐步社会工程理论时一样，波普尔不是用肯定的方式来论证国家的目的是至善或最大幸福，而是用否定的方式来说明国家只是为了防止人们的自由受到侵犯。在波普尔看来，一切政治问题都是制度问题、法律结构问题，而不是由谁来统治的问题、寄希望于品德高尚的好人统治的问题。与其迷信某个统治阶级的优秀品质，倒不如建立好的控制统治者的制度，使之难以干坏事，滥用权力。再好的统治者都可能走向腐败和滥用职权，而有了好的政治和法律制度，即由被统治者对统治者施加某种有效的控制，就可能迫使坏的统治者不得不做些符合民众利益的事情。所以波普尔坚持这样一种基本原则：“国家是一种必要的罪恶：如无必要，它的权力不应增加。”他把此原则称为“自由主义剃刀”。① 波普尔在此继承并发展了洛克、孟德斯鸠等政治思想家的权力分立和制衡的学说，

① 波普尔：《猜想与反驳》，上海译文出版社 1986 年版，第 499 页。

所不同的是，这些思想家主张政府不同权力部门之间的分权，而波普尔则强调政府与人民、统治者与被统治者之间的权力分立与制约，但他们的目的都是防止政府滥用权力，侵害人民的自由。

总之，西方政治、社会思想的核心是正义，正义与秩序相关联。从社会契约理论到三权分立，从你死我活的自由竞争到全民保障的福利社会，从积极自由到正义二原则的提出，自由主义经历了从古典到现代，从新自由主义到当代自由主义等重大变迁，其间有各种思想观点，从不同的角度为实现社会的秩序做着各种各样的思想试验和理论设计。当一个社会在各个领域都符合正义与秩序的时候，和谐社会也就建构起来了。

第二章　当代中国和谐社会的新内涵

一、社会主义和谐社会的内涵

（一）民主法治

充分发扬社会主义民主，建设社会主义政治文明，是构建社会主义和谐社会的目标和保证。社会主义制度的建立，否定了以往等级压迫的政治制度，实现了最大多数人的政治主体地位，确立了无产阶级和劳动人民的政治统治，为人民当家做主提供了根本的保证。社会主义民主政治要求社会管理者始终坚持代表最广大人民的根本利益，寻求妥善处理社会矛盾的方式，构建权力运作的良性制度，扩大人民群众的有序政治参与，推进人民群众依法实行民主选举、民主决策、民主管理和民主监督，保证人民群众依法享有广泛的权利和自由，在全社会形成一种既有统一意志又有个人心情舒畅的生动活泼的政治局面。

依法治国就是广大人民群众在党的领导下，依照宪法和法律的规定，通过各种途径和形式管理国家事务，管理经济和文化事业，管理社会事务，保证国家的各项工作都依法进行，逐步实现社会主义民主的制度化、法律化，是建设中国特色社会主义政治文明的根本保障，是党领导人民治理国家的基本方略，也是构建和谐社会的必然要求。社会主义和谐社会必然有法治作保障，法治是社会和谐的基础。民主和法治紧密联系不可分割。民主政治必须通过法治才能建立起来，民主政治的发展过程，同时是法制健全的过程。法治主张法律至上，通过民主程序产生的立法机构制定出完备的法律，来管理和规范国家事务，保障社会成员的利益，调节各种利益关系，维护社会稳定和社会秩序，保证各项事业的发展。法治是对人治的否定，法治是党主要依靠政策向主要依靠法律的转变。实现依法治国，是现代法治的必然要求，是社会文明和进步的重要标志。把坚持党的领导、人民当家做主和依法治国有机统一起来，是社会稳定有序与协调的根本保证。

（二）公平正义

公平正义是人类千百年来追求的社会理想，是社会进步的重要标志，是现代社会制度安排和创新的重要价值取向，是协调社会各阶层关系的基本准则，是一个社会具有凝聚力和一个政权具有合理性的重要体现。社会公平是立足于人的全面发展、有利于社会生产力的发展和社会进步的公平观念。首先要求权利公平，承认社会中的每一个成员都具有平等的生存权、发展权，这种权利公平的范围涵盖了社会的各个领域，受到法律制度的强制性保护和社会道德的非强制性维护。其次要求机会公平，由于不同阶层不同利益集团对社会资源的占有量不同，因此导致就业、竞争机会的不公平，需要政府在制度安排中消除影响社会公平的因素，为不同阶层、不同层次、不同需要的人，提供平等的机会。公平还包含着规则公平和分配公平等方面的要求。社会公平并非结果均等，而是一个权利、机会、过程公正平等的要求。人们所获得的利益，应当与他们所承担的责任和作出的贡献相一致。正义是社会制度的首要价值，其原则是确定人们的基本权利和义务，以及相互合作的基本条件，包括实质正义、形式正义和程序正义。实质正义包括社会的实体目标和个人的实体权利和义务的正义，包括政治正义、经济正义和个人正义；形式正义是作为规则的正义，要求法律适用的公开性和一致性；程序正义介于前两者之间，是指在制定和适用规则、规范时的程序所具有的正当性，主要体现在程序的运作过程中，有赖于程序规则制定过程中的公正立法和正义程度执行过程中的公正司法。

社会主义和谐社会应当是维护公平和正义的社会，社会公平和正义应当成为全体人民普遍接受的价值观念，能够为整合社会各种关系提供精神动力。维护和实现社会公平和正义，必须妥善协调各方面利益关系，正确处理人民内部矛盾。公平正义归根到底要通过利益的实现而表现出来，分配不公成为影响人们对社会公平正义认识的最突出问题。政府应当高度重视解决分配不公、收入差距过大的问题，通过对一次分配后的利益进行调整，使各方面的利益关系切实得到协调，使社会发展的成果能够为最大多数人民群众享有，使人民群众的生活水平和生活质量都能够不断提高，从而和谐相处，共同发展。

（三）诚信友爱

和谐社会是一个需要诚信的社会，诚信是人与人之间相互接纳、共同相处的思想道德基础和纽带。社会主义制度的建立，使人与人之间的关系建立在平等互助的基础之上，为诚实守信的道德建设提供了前提。社会主义社会的诚信体现在人际关系方面，集中表现为相互信任、相互尊重、宽容谦让、平等交往，因而形成和谐相处的人际环境。诚信在发展社会主义市场经济中作用更为突出。在市场经济初级阶段，市场交易活动中的造假、欺诈手段层出不穷，破坏正常的市场秩序，失信者虽得计于一时但最终会受到市场经济规律的惩罚。市场经济必须讲信誉、守信用。健全社会信用，培养公民的诚信品德，关系到市场经济体制的建立健全，关系到经济的健康发展，也关系到社会生活的正常秩序。

社会主义和谐社会要求社会成员友爱相处。社会主义社会成员之间根本利益的一致性，决定了人际关系的平等友爱。在发展社会主义市场经济的过程中，我国阶级阶层结构发生了重大变化。新的阶层和利益集团不断产生，出现了先富阶层和弱势群体，这是在共同富裕过程中出现的不平衡和重大差别。党和政府在政策上引导先富阶层帮助未富阶层，特别是帮助弱势群体，这不仅是社会主义社会本质的要求，也是中华民族传统美德的体现。

（四）充满活力

社会活力是推动社会前进的现实力量和动力源泉。社会主义和谐社会的活力来自社会基本矛盾运动，来自社会主体能够自觉地认识和把握社会基本矛盾运动规律，适时调节不适应生产力发展和经济基础要求的生产关系和上层建筑的相关部分，为生产力的发展开辟道路。社会主义和谐社会的活力，集中地体现在社会主体即全体人民的主动性、积极性、创造性的充分发挥和切实保障上。在全社会贯彻“尊重劳动、尊重知识、尊重人才、尊重创造”的方针，是增强社会活力的重要条件。“四个尊重”首先是尊重劳动，核心也是尊重劳动。马克思说：“任何一个民族，如果停止劳动，不用说一年，就是几个星期，也要灭亡，这是每一个小孩都知道的。”① 劳动创造了人本身，劳动群众创造了物质财富、精神文化财富。“人们首先必须吃、喝、住、穿，就是说首先必须劳动，然后才能争取统治，从事政治、宗教、和哲学……”② 因此，尊重劳动实质上是历史唯物主义的基本观点。不论是体力劳动还是脑力劳动，不论是简单劳动还是复杂劳动，一切为社会主义现代化建设做出贡献的劳动，都是光荣的，都应当得到尊重。工人农民的劳动是基础性劳动，知识分子的脑力劳动是更具有创造性的劳动，新的社会阶层中的广大人员的劳动，也是为建设中国特色社会主义事业作贡献的劳动，都应当得到尊重。

（五）安定有序

社会安定是相对于社会动荡而言的。一般地说社会动荡是由社会矛盾激化、社会群体冲突引起的，这样的局面是与和谐相对立的。社会主义社会的矛盾主要表现为非对抗性的人民内部矛盾，可以通过非对抗性方式来解决，因而可以保持社会安定。社会安定的内涵主要指政治安定、经济安定和人心安定。其中政治安定是社会安定的核心，经济安定是社会安定的基础，人心安定是社会安定的前提。

---

① 《马克思恩格斯选集》第4卷，人民出版社1995年版，第580页。

② 《马克思恩格斯选集》第3卷，人民出版社1995年版，第335~336页。

社会有序是相对于社会混乱而言的。社会混乱是社会管理无序的表现形态，或者是无章可循，或者是有章不循，造成社会秩序混乱。我国人民代表大会的政体，反映了最广大人民群众的意愿，党领导人民发展社会主义民主政治，坚持党的领导、人民当家做主和依法治国的有机统一，从根本上保证了社会生活的有序。在我国社会转型期，各种社会问题错综复杂，人们心中焦虑、浮躁、不安因素增加，社会矛盾和冲突容易积累，有可能在社会结构的某一薄弱环节释放出来，影响社会稳定。因此，要想维护社会安定有序，必须正确处理好改革、发展、稳定的关系，妥善处理各种社会矛盾，疏导社会心理。特别要重视完善社会管理制度和机制。一方面要发挥法令、条例、规章、纪律等硬性社会规范的调节约束作用；另一方面要发挥风俗、道德、宗教等软性社会规范的调节约束作用。形成畅通的民意表达渠道，对于社会安定有序有重要意义。社会转型的急剧变化，使人们的价值取向、心理状态、道德标准出现不适应的情况，产生了困惑、不满情绪，要有通畅的渠道可以释放和表达，从而使人们以理性的合法的形式反映自己的利益诉求，心理上从不平衡向平衡转化，为社会安定有序创造思想基础。

（六）人与自然和谐相处

人与自然和谐相处，是和谐社会的客观基础。在人类社会的早期，由于生产力水平低下，人与自然是依附关系，随着生产力水平提高，人类开始征服自然，自然界也开始反征服并报复人类，现代工业的发展，一方面创造了空前的财富，另一方面也严重破坏了资源环境，造成了生态环境难题。现代工业文明实际上同人与人、人与自然关系的异化是共生的。目前，我国的生态环境形势相当严峻，一些地方环境污染相当严重。随着人口增多和人们生活水平的提高，经济社会发展与资源环境的矛盾更加突出。如果不能有效地保护生态环境，不仅无法实现经济社会可持续发展，而且由此必然会引起严重的社会问题，必然影响人与人的关系、人与社会的关系，难以实现人与人的和谐、人与社会的和谐。

科学发展观是我国经济社会发展的指导思想，也是建设社会主义和谐社会的指导思想，贯彻科学发展观，坚持“五个统筹”，是实现人与自然和谐相处的根本途径。统筹人与自然的和谐发展，就要坚持计划生育、环境保护和保护资源的基本国策；坚持经济社会发展与环境保护、生态建设相统一；坚持资源开发与节约并举，把节约放在首位；坚持依法保护环境和生态，有步骤地进行环境治理和建设；坚持增强全民族的环境保护意识，在全社会形成爱护环境、保护环境的良好风尚；坚持尊重自然，按照自然规律谋求发展，推动整个社会走上生产发展、生活富裕、生态良好的文明发展之路。

二、和谐社会的法治理念：以人为本

和谐社会主张的提出，要求在新的时代背景下，重新审视我们现有的法治理念。和谐社会的前提和基础是尊重每一个个体，无论是人与人之间，还是人与自然的相处，其立基点乃是人类自身，和谐社会的建构，从终极意义上来讲，是关照人自身，尊重人的价值与尊严的体现。可以说，和谐社会的建构源于人类对于幸福生活的憧憬与期待，并最终落脚于人类幸福的实现。我们构建和谐社会，必须要坚持“以人为本”的法治理念。

（一）“以人为本”的法治理念

适应社会主义和谐社会需要的“以人为本”的法治理念的内涵极其广泛，它的定义亦应从诸多方面来理解和阐释。

第一，“以人为本”的秩序观念。秩序体现了在自然进程和社会进程中存在着某种程度的一致性、连续性和确定性。秩序与和谐之间有着紧密的关联。秩序虽然不能与和谐等同，但秩序总是有秩序的和谐。社会秩序是人类社会生存与发展的基本条件，其意义在于消除混乱、维护安全，从而避免社会失序而崩溃。只有在有序的社会里，生产力才能顺利地发展，精神文明才能更快地进步。即使是从个体角度出发，社会的有序性亦有助于人们对自我与他人的行为做出预测，产生交往的安全感。西方中世纪的神学主义者奥古斯丁都承认："无论天国还是地上之国，也无论社会还是个人，一个共同的目标是追求和平与秩序，以便获得社会和个人的心灵安宁，法律正是维护和平和秩序的必要工具。"① 秩序是法律产生的初始动因和直接的价值追求。换言之，一种法律或法律制度可能并不追求所有的法律价值，但它不能不追求秩序，法律在维护秩序方面有着不可替代的重要意义。

在现代法治社会中，秩序的维护应着眼于作为个体的"人"的不断解放与全面发展，而不是为了某个（某些）阶层、政党、团体的既得利益服务，否则这样的秩序只能视为一种家长主义、权威主义或者极权主义的秩序。就中国而言，在社会主义发展的不同的历史阶段可能存在着破坏或者颠覆秩序的不同因素。但是，在维护社会法律秩序方面，应当遵循"依法惩治秩序破坏者与尊重其基本人权并重；保障秩序与弘扬人的自由相统一"的"以人为本"的原则。只有这样的法律秩序，方能真正为社会主义和谐社会的形成奠定牢固的基础。

第二，"个人权利"的观念。法治观念包含权利的观念、守法观念、良法观念、秩序观念等，"以人为本"的发展观，客观上要求对个人的权利观念予以特别的关注和培育，因为法治常态下的社会主义和谐社会需要的不仅仅是一系列良法，更要有能够正确理解法的精神的人文基础和权利观念。诚如亚里士多德所言，"要是城邦订立了平民法制，而公民却缺乏平民情绪，这终究是不行的"。② 这说明，公民对法治精神的理解并内化于日常行为和思考之中，对于法治建设和社会的和谐秩序具有关键性的意义。个人权利意识包括公民个体对自身及他人权利的认知，强调个人权利的目的主要针对的是"义务""权利"以及于集体权利而言的优先性。法治观念

① 转引自王哲：《西方政治法律思想史》，北京大学出版社 1988 年版，第 66 页。

② 亚里士多德：《政治学》，商务印书馆 1965 年版，第 275 页。

之所以在中国难以形成固然存在着多方面的因素，但是个人权利观念的薄弱无疑是不可忽视的主要原因之一。在一个强调集体本位、国家本位的政治环境和文化传统中，个人无法真正复归自我，为个人权利而斗争的观念难以形成。事实证明，法治状态的形成在一定意义上正是源于社会中的各个个体为争取个人合法的权益而不懈斗争的合力。在中国社会中，为了使自己的权利或他人的权利得以维护而在司法救济和政治救济的漫漫长路上的求索者，正是中国“依法治国”方略得以实现、“社会主义和谐社会”得以形成的社会脊梁。

第三，“主体性”的观念。主体观念是公民现代法治理念的重要方面。在法治社会中，人首先要认识自己是有着独立的人格尊严的人，是主体的存在；同时，要尊重他人作为人的这种主体性。日本著名法学家川岛武宜指出，“近代法意识的最根本的基础因素是主体性的意识”。其内容包括：“第一，人要认识自己作为人的价值，是具有独立价值的存在，是不隶属于任何人的独立存在者；第二，这种意识在社会范围内，同时是‘社会性’的存在，大家互相将他人也作为这种主体人来意识并尊重其主体性。”① 公民的主体意识表现在政治经济领域，就是对政治生活、经济生活的广泛参与。在很大程度上说，正是因为公民参与意识的提高，才奠定了现代法治国家“以限定政府权力、保护公民权利”为宗旨的宪政基础。如美国学者詹姆斯·李所言，“正是在公民这一层次上，而不是在精英层次上，决定着民主自治政府的最终潜能是否存在”。② 马克思也曾指出，“在所有国家，政府不过是人民教养程度的另外一种表现而已”。③ 该论断的蕴意是，公民通过参与国家政治而获得的体验和积累，有利于提高公民的宪政素养；而法治国家又需要

① 川岛武宜：《现代化与法》，中国政法大学出版社 1994 年版，第 53 页。

② 魏建馨：《论公民、公民意识与法治国家》，载《政治与法律》2004 年第 1 期。

③ 《马克思恩格斯选集》第 1 卷，第 687 页。

通过广大公民的各种参与，达到其成员的心理认同，维持政治系统的良性运作。正是在此意义上，“最大多数人的利益和全社会、全民族的积极性和创造性，对党和国家事业的发展始终都是具有决定因素的……把一切积极因素充分调动起来，至关重要”。①

（二）“以人为本”的立法精神

社会主义法治的实现以及和谐社会的形成固然需要良法，但“以人为本”的人文精神的奠基和弘扬，无疑是法治得以顺利实施并达至社会和谐目标的关键。只有当“法治”之法能保障和促进人的自由、体现人的尊严、实现人的价值并使这种立法精神和价值取向获得公众的情感认同时，法治才能将客观的行为标准转化为人们主观的行为模式，从而获得社会大众的信仰和自觉遵循。诚如哈贝马斯所言，“合法性意味着一个合法的制度赢得承认。合法性就是承认一个政治制度的尊严性”。“任何一种政治制度，如果它抓不住合法性，那么它就不可能永久地保持住群众的忠诚心。也就是说，就无法永久地保持住它的成员们紧紧地跟它前进。”② 如果说社会主义和谐社会是民众自觉实践的产物，那么运行于这个社会中的法律必然是人们乐于遵循的法律，这种社会秩序也必然是人们愿意遵守的秩序。

正是在此意义上，目前中国的立法，应当着眼于尊重人的自由与政治权益。我国正在大力深化社会主义经济改革并逐步推行政治体制的改革，如何在通过立法保障公民经济自由的同时，又逐渐扩大并保障公民的政治自由是摆在我们面前的重大课题，也是执政党的执政能力所面临的最大挑战。到目前为止，我国已签署或加入了二十多个国际公约，其中的《经济、社会和文化权利国际公约》和《公民权利和政治权利国际公约》都明确规定：对人类家庭所

① 江泽民：《全面建设小康社会，开创中国特色社会主义事业新局面》，载《人民日报》2002 年 11 月 18 日第一版。

② 欧力同：《法兰克福学派研究》，重庆出版社 1993 年版，第 339 页。

有成员的固有尊严及其平等的、不可移转的权利的承认，乃是世界自由、正义与和平的基础。“国家尊重和保障人权”先后出现在执政党的十五大、十六大报告中，并于2004年载入宪法修正案中。与此同时，宪法还正式赋予合法的私有财产以和公有财产同等的保障地位。2003年《行政许可法》的制定与实施的宗旨是更好地保证行政相对人的权利和利益，避免行政权的滥用。2005年通过的《治安管理处罚法》在制度上更加完备、更加具有现实针对性，与此同时，也进一步严格规范了公安机关实施治安管理处罚的执法行为和执法程序，尊重和保障人权、防止警察滥用职权。我国三大诉讼法的修改也将保障人权作为重要原则。中华人民共和国第一部《物权法》明确规定私有财产权是公民的基本权利，其宗旨在于构建完善的私有财产保护法律制度，依法保护私有财产，最终促使一切创造社会财富的源泉充分涌流。

所有这些变化都意味着国家立法正在实现由“政府本位”立法向“个人本位”立法、由“义务本位”立法向“权利本位”立法的转型。这标志着国家权力的运作、执政党的执政理念，正朝着“信守国际人权公约”“以人为本”和构建社会主义和谐社会方向迈进。

（三）“以人为本”的执法和司法理念

执法是法治实现的关键环节。孙中山在总结中外法治建设的经验时曾深刻指出：“国人性习，多以定章成为办事，章程定而万事必，以是事多不举。异日制定宪法，万不可导此覆辙。英国无成文宪法，然有实行之精神，吾人如不能实行，则宪法尤废纸也。”①尽管近年来国家执法机关在执法工作中取得的成效有目共睹，但也存在许多严重的问题。例如，上访问题的严重性日益凸显，无不与地方政府“违法拆迁”大搞形象工程、为了“净化”市容而在对行政相对人无正当救济保障的前提下肆意武断执法和野蛮执法，执

① 严存生：《法的理念探索》，中国政法大学出版社2001年版，第259页。

法“应作为”而“不作为”，执法权力寻租，滥用刑事强制措施，蔑视犯罪嫌疑人的合法权益，行政执法重实体轻程序等问题密切相关。这说明，“以人为本”的执法理念欲在行动中得以体现，仍然任重道远。这一环节的错位必然成为社会矛盾和冲突之源、社会不和谐之源。

司法权是化解社会纠纷和平息社会矛盾的最后一道关口。如果说在任何一个国家，行政权的滥用本质上难以避免，那么最终的救济渠道——司法救济如果不能担当起“纠枉扶正”“保障人权、尊重人权”“弘扬社会正义”之职责，则这些矛盾、冲突以及不和谐的因素将很难应对。这些本源于社会经济生活中的问题和矛盾，在法治社会中本应当通过法定的程序由司法机关来作出权威性的判定，“定分止争”以维护社会正常秩序。但是，司法实践中存在的腐败现象，行政机关横加干预现象，司法与行政职能混同的尴尬局面，以及很多的裁判文书“执行难”的现象等，使得本应解决的矛盾和冲突冲破了司法救济这道安全防线，延伸至政治领域并成为影响社会稳定与和谐的“政治问题”。而政治救济手段所固有的随意性、非常态性、非程序性、易受社会舆论影响的不确定性，以及中国传统的盼望“清官为民做主”的崇拜权威的“人治”情结，更使得矛盾愈演愈烈：中央政府疲于应付，而各级基层政府则花大力气做“防漏堵塞”的工作。这种恶性循环局面的出现纵然有多种原因，但是缺乏一个建立在“以人为本”的执法理念下的整体与部分相互协调、相互独立与监督、运行有序和稳定的法律制度构架，则是问题症结之所在。

如果说“效率优先，兼顾公平”是现阶段的社会经济方针，那么“公正优先，保障人权”的社会和谐发展和“以司法正义为本位”的司法审判则应当成为法律适用过程中的核心理念，社会主义法治国家的建立和社会主义和谐社会的形成是社会各成员“合力”的结果。体制欲变，旧体制中人的观念和行为模式首先得变。这里的“人”既包括立法者、政府官员、法官、执政党成员，也必然包括参与社会实践的所有其他角色。行政执法相对人和司法审判的当事人之“权利意识”“主体意识”“尊严意识”的缺乏，使执法和司法理念的真正转变并“生根发芽”是不可能的。正是在此意义上，“以人为本”的法治精神的“启蒙”是一个不竭的永恒过程；启蒙的对象也必然包括被启蒙者和启蒙者本身，否则又会落入空想主义和谐社会思潮所构建的整体主义的樊篱。

美国当代杰出法官伦尼德·汉德说：“我常想，我们是否不应当将我们的期盼过多地依赖于宪法、法律和法院。这些希望都是虚假的梦幻……‘自由’存在于男人和女人的心里。内心的自由枯竭殆尽，任何宪法、法律或法庭都将无法挽救它、扶持它。如果人民选择了某条不归路，没有什么宪法、法律或法院能真正挽救自由权利和丧失。”① 归根结底，“以人为本”乃是本于人心，和谐社会源于人心的和谐。人同此心，心同此理，才是建设“以人为本”的社会主义和谐社会的可靠保证。

① 转引自吕世伦：《“以人为本”与社会主义法治》，中国大百科全书出版社2006年版，第217页。

第三章　和谐社会的利益关系与民事诉讼纠纷解决机制

一、当前我国社会利益关系的特点

总体说来，改革开放近四十年来，我国经济建设取得了巨大的成就，社会各项事业得到长足进步。但是也要看到，我国现在正在进入矛盾凸显期，社会矛盾大量表现为利益矛盾和冲突，这些矛盾和冲突有的已经相当严重，如果不及时处理，将直接影响经济发展和社会稳定。当前我国的利益关系表现为以下几个特点：

第一，利益关系的不公平性。我国的城乡差别、地区差别、收入差别之大，已是众所周知的事实。但通常人们只注意这些差别本身有多大，却不注意这些差别的含义和作用。应该看到，随着这些差别逐渐形成固定化的结构，其对人们的利益关系产生着近乎强制性的影响。越是发达的地区、越是处于强势地位的群体，在利益分配格局中就越有利。例如，越是发达的地区、越是大的城市，地价越高，土地收益对当地财政的贡献就越多，高的地方可以占到50%，现在东西部地区土地的价格之差，要比改革开放初期高出几十倍、上百倍甚至更多；同样，越是处于强势地位的群体，越容易获得信息、资本等各种资源，越容易在竞争中处于有利地位。可见，不公平的利益关系一旦形成，它就会自发地复制和强化不公平。这就不难理解，近几年一再强调缩小地区差距、城乡差距和收入差距，而这些差距仍在扩大。尽管政府采取了一系列政策和措施，有些看起来是强有力的，但仍不足以扭转差距拉大的趋势。有些明明是扶助弱势一方的举措，最后的利益却拐弯抹角地流向了强势的一方。

第二，利益矛盾的复合性。当前的利益矛盾大量涉及的是经济利益，但也往往会牵扯到政治利益、文化利益，甚至会引出历史旧账等。许多上访事件，如农村征地和城市拆迁引发的矛盾，就不仅仅是经济补偿问题，还涉及当事人的职业生计、产权归属、生活环境，背后往往与官商勾结、权钱交易有关。强制拆迁房屋和征用土地，无视当事人的知情权和参与权，由此引发的干群矛盾往往与利益矛盾相纠缠。随着改革的深入和城市化、工业化的加速，人们之间利益关系的调整，最终都会落到政治经济地位和社会身份的改变，牵扯到的利益纠葛就会越来越多，如不及时化解，矛盾就会积累和叠加，由单一性转变为复合性。

第三，利益诉求的联动性。由于利益矛盾具有复合性，利益诉求就容易具有联动性。一些群体、一些性质的利益诉求，容易引发另一些群体、另一些性质的利益诉求。一些人的利益诉求得到了满足，往往会引发更多的人要求满足类似的诉求。有些群体事件的参与者，并不是冲突的直接相关方，他们只是趁机想表达自己的利益诉求。这是近年来群体事件增多的一个原因。在过去的那种单位制下，各自的诉求在各自的单位内解决，不容易扩散到社会上。现在的问题是利益的关联性增强了，在基层和地方没有形成较强的化解矛盾的能力、群众利益表达渠道又不通畅的情况下，群体事件和越级上访事件就容易增多。

第四，利益获取的即期性。在改革开放前期，绝大多数人都对未来的利益有美好的预期，即使一时少数人利益受损，但看到多数人获益，也想象自己的损失不久就可以获得补偿。但在那种几乎所有人都获益（所谓帕累托最优）的阶段过去以后，改革进入攻坚阶段，难免会出现一部分人获益、一部分人受损的情况。而经过一个较长的过程，不同阶层的社会经济地位趋于固定，强势者获益能力恒强，弱势者获益能力恒低，利益受损者就难以建立起对未来获得补偿的预期，而要求即期补偿。同时，即便是受益者也抓住现实利益不放。这就造成改革越深入，改革的现实成本就越高的情况。

二、和谐社会法治的特征

在构建社会主义和谐社会的历史条件下，社会主义法治的重要表征就是和谐，社会主义法治的发展趋势是走向和谐，社会主义法治建设的方向是建设和谐法治。和谐社会建设的目标，就是要消除社会中不和谐、不安定的因素，主要是消除社会中的不平等、不公正和非正义。和谐社会的构建必须借助于法律制度的推动和保障，法治社会是社会主义和谐社会的内在要求。构建社会主义和谐社会，必须探究公权力行使的界限与方式，探索私权利保障的途径与程序。和谐社会以法治精神为基本理念，政府在行使公权力的过程中，应该强调个体在社会生活中的核心地位，并以个体的生活幸福为终极目标。

（一）法治价值的和谐

法治的理念是适应社会利益多元与社会需求多样而产生的，它建立在价值冲突的逻辑之上，没有价值冲突就无须法治。法治的价值可分为实体价值和形式价值。就实体价值而言，法治就是借助其规则理性，在正义与利益、公平与效率、自由与秩序、人权与自律、生存与发展等冲突着的价值中建立平衡。就形式价值而言，法治则是借助其技术理性，实现规则的普遍性、一致性、至上性、稳定性与公开性的统一。法治价值的和谐体现在形式价值与实体价值的和谐之中。因此，形式法治与实体法治的统一，才是真正意义上的法治。

（二）法治关系的和谐

1. 权利和义务之间的和谐

法以权利和义务为机制调整人的行为和社会关系。权利和义务贯穿于各个法律现象、各个法律部门和法治运行的各个环节之中。在法治状态下，每一个法律主体都应具有平等的法律人格，既享有法律赋予的权利，也履行法律规定的义务；不允许只享有权利而不履行义务的特殊主体存在，也不允许只履行义务而不享有权利的主体存在。权利和义务的和谐状态可以表现出一个社会的平等状况。各个社会主体承担义务与其享有的权利的统一是法治和谐的基础。用马克思的话说就是“没有无权利的义务，也没有无义务的权利”。有多少权利一定对应着多少义务，如果行使了权利没有履行义务的话，那么，它的义务就一定由别的主体代行了。

2. 权利和权力之间的和谐

法治社会和法治国家就是通过法律调控而实现的公共权力与公民权利之间的和谐状态，我们现在大量的社会矛盾就产生于权利与权力的不和谐之中。法治国家的本质就是公民权利与国家权力之间的关系。任何国家的利益资源都是恒定的，如果一个社会内的所有利益都必然属于人民而又可用法律方式转化为公民权利的话，那么，任何国家都必须遵循“权利守恒定律”，即人民转移多少权利给国家、给社会，自己留用多少，此间有一个比例关系，在总量不变的前提下，这个比例关系必定是反比例的。国家权力越多越集中，社会权利、公民权利就越少。当公民的一切利益全部交由国家去代表的时候，公民就不再有权利和自由了。反之，公民如果享用了国家的全部利益资源，则国家权力也就等于零了。所以如何确立一个合理的权利与权力的比值是法治国家的核心问题。“公民权利”“社会权利”“国家权力”，这种“三权分立”关系是现代法治不同于传统法治的本质特征。通过权利对权力的制约而形成的“三权和谐”，是法治的理想状态。“权利守恒定律”是确立权利转化比值的基本理论依据。由此权力所获得的解释是：它来源于权利，目的仅在于为权利服务，只是保障权利实现的手段。在这个意义上，法治国家所表明的，是权力服从于权利的国家，这就是法治社会的本质问题。

3. 公共权力和公共权力的和谐

公权力之间的和谐，指的是各公权力部门各司其职又相互监督，在国家政治体制内行使公权力，确保充分实现国家的政治、经济和社会目标。我国宪法规定，全国人大是最高国家权力机关，国家行政机关、审判机关、检察机关都由其产生，对其负责，受其监督，以保证国家权力的统一和行使效率。这一目的的实现有赖于宪法规定的权力分工与监督原则的贯彻。公权体系不和谐的根本原因在于各权力部门间利益与利害关系交叉，职权与职责交叉。公共权力如果分工不明、权责不清就会导致两方面的问题：多个公共权力部门会争权去责，或为共同利益而选择不利于公众的行为；各部门因责任不清，相互推诿，难以追究失职责任。公权力和谐的要义既不是指一个部门无原则地妥协于另一个部门，也不是仅指各部门间的相互配合，而是各公权力均忠诚于宪法和法律，在此基础上最大限度地发挥本部门的效能。

4. 公民权利和公民权利之间的和谐

要消除权利主体之间的二元化状态，私权利间的和谐有赖于个体自由自治、群己权利界限明晰、人人权利平等三大要素的有机统一。机会的平等、权利的平等、规则的平等在法治状态下最终都可归结为立法平等。立法平等的基本要求是不以身份而以法定人格作为权利与义务配置的基础。

（三）法治运行的和谐

法治的统一是静态的和谐，法治的良好运行则是动态的和谐。法治的运行包括立法、执法、司法、守法和法律监督五个环节。这五个环节均是围绕公民权利展开的。立法是以法律的形式分配权利，这是法治的前提环节；执法是通过政府作为，落实公民权利，这是法治的关键环节；守法是鼓励人们积极享受、行使权利，这是法治的基础环节；司法是当公民的权利受到侵害时恢复、救济公民的权利，这是法治的调节环节；法律监督是通过对公权力的监控督察来保护人们的权利，这是法治的保障环节。五个环节的和谐最终体现为公民权利保障的制度化。

建设和谐法治，将和谐精神导入法律制度和法律实践之中，并且统领、协调和升华各种法律价值，必将使中国社会主义法治超越西方传统法治而走向善治。我们要以和谐作为当代中国法的精神，并根据构建社会主义和谐社会的要求进行法律的制定、修改或废止。应确立以人为本和尊重人权的立法理念，克服以物为本、权力本位、忽视人权的立法弊端；对立法重点和利益协调方式进行相应的调整，实现立法与社会发展的和谐统一；应高度重视推进社会事业、健全社会保障、规范社会组织、加强社会管理、增强公共服务等方面的法律法规，以及环境保护、资源利用和生态维护方面的立法；高度重视关于人民群众关注的热点、难点问题的立法，特别应加强关于民生问题的立法，如应对各种突发事件、保障农民利益和农民工权利、促进就业的立法，以及规范动迁拆迁、土地征用、商品房建设和买卖、惩治腐败行为等方面的立法。要在法律规范体系和法律运行过程中实现权利与义务的和谐，权利与权力的和谐，实体法与程序法的和谐，不同法律部门之间、法律规范之间、法律机制之间的协调。同时，还要进行以构建社会主义和谐社会为目标的法律改革，清除法律体系中与民主法治、公平正义、诚信友爱、充满活力、安定有序、人与自然和谐相处不协调、不兼容的法律原则、规则和概念。

除了立法要和谐化，执法和司法也要充分体现和谐精神，实现和谐执法、和谐司法。行政执法是最常规、最普遍的执法形式。执法的实质是国家行政机关将体现在法律中的国家意志和人民意志落实到社会生活之中。在全部国家工作中，执法是最大量、最繁重、最经常的工作，是实现国家职能和法律价值的决定性环节。执法有两项基本内容：一是组织实施宪法和法律，这是行政执法活动的中心环节。二是采取行政强制措施，排除执法过程中的阻力和违反法律、破坏法律秩序的行为。无论何种执法方式都必须树立和谐的法治理念，从有利于社会和谐出发，采取有利于社会和谐的方式进行执法活动，既要严格执法，又要文明执法，促进全社会和谐局面的形成、巩固和发展。要建立民主、科学、公正、高效的执法程序，保证行政机关依照法定程序行使执法权力，要健全行政执法责任追究制度，完善行政复议、行政申诉、行政赔偿制度，使行政机关切实做到有权必有责、有权受监督、违法要追究、侵权要赔偿。

司法是处理和裁判社会矛盾和纠纷的法律适用活动，因而更应当把和谐的理念融入社会主义司法理念之中，并使之统领公正和效率。司法和谐，第一是司法职责要和谐。司法机关内部要在分工明确的基础上，相互配合，通过履行各自的职责，共同促进法律得到正确实施。第二是司法过程各个主体之间要和谐。特别是法官要切实尊重并维护当事人的诉讼权利及选择。当事人享有自主实施诉讼行为的自由，即诉讼权利的行使与放弃依据当事人的自愿；在符合法律规定的条件下，有权自主选择有利于自己诉讼利益的诉讼手段，对此法官应予准许；在不违反法律规定的情况下，当事人之间形成的纠纷解决合意应得到法官的确认和支持。第三是司法活动要和谐。司法活动要立足和谐，促进和谐，减少、化解社会矛盾和纠纷对正常社会秩序的冲击。当前，有必要在发挥司法机关主导作用的前提下，正确处理好判决与调解的关系，使社会矛盾与纠纷能够以一种更为和谐的方式得到解决。第四是司法与社会和谐。努力达到司法与舆论和谐，司法与民意和谐，司法与社会发展和谐，通过司法与社会的和谐促进全社会的和谐。

三、和谐社会的多元化纠纷解决机制：民事诉讼纠纷解决机制

（一）和谐社会多元化纠纷解决机制的构成

中共十六大报告第一次将“社会和谐”作为重要目标提出，我们所要建设的社会主义和谐社会，应该是民主法治、公平正义、诚信友爱、充满活力、安定有序、人与自然和谐相处的社会。和谐社会是一种有层次的和谐，我们可以从大、中、小三个层次理解和谐社会。“大和谐社会”涵盖整个社会领域，包括经济、政治、文化、社会生活等各个方面，是这些方面的有机统一。“中和谐社会”涵盖的范围是相对于经济、政治、文化而言的社会生活领域，

主要是指社会建设和社会管理，包括社会事业、社会保障等。“小和谐社会”是指社会领域中社会关系的和谐，主要是社会阶层关系的和谐，以及微观意义上的和谐社会建设，如社区、村镇、企业、学校、家庭的和谐。

目前，我国已经进入经济发展的新常态，新常态虽然不意味着社会转型的结束，但在治理方式上会逐步倾向于常规化、制度化，以往运动化、应急式的建构会逐步减少，需要加强顶层设计、立法和制度建构。中共十六届六中全会提出了构建社会主义和谐社会的战略任务。和谐社会不是没有矛盾的社会，而是社会矛盾纠纷得到及时妥善化解、人民权益得到及时有效维护、社会公平正义得到及时有力弘扬的社会。及时妥善化解社会矛盾纠纷，就必须建立一套科学有效的矛盾纠纷解决机制。当前，由于冲突的性质、形式、对抗程度不同，解决纠纷的手段、方式也必然是多样的。建立和完善多元化纠纷解决机制，对维护社会稳定，构建和谐社会具有重要意义。中共十八届四中全会决定进一步提出：健全社会矛盾纠纷预防化解机制，完善调解、仲裁、行政裁决、行政复议、诉讼等有机衔接、相互协调的多元化纠纷解决机制。第一次分别使用这两个概念，这表明纠纷解决和社会治理进一步向精细化发展。

2016 年 6 月，最高人民法院公布了《最高人民法院关于人民法院进一步深化多元化纠纷解决机制改革的意见》，明确提出深入推进多元化纠纷解决机制改革，是人民法院深化司法改革、实现司法为民公正司法的重要举措，是实现国家治理体系和治理能力现代化的重要内容，是促进社会公平正义、维护社会和谐稳定的必然要求。在此基础上，我国的多元化纠纷解决机制的构建必将进入一个新的历史时期。

无论从哪个角度理解“和谐”，和谐社会核心层都是人与人之间关系的和谐，即人与人的和睦相处。然而现实社会中到处充满各种纠纷，特别是民商事纠纷。纠纷可以简单地理解为主体之间的某种利益冲突，如何协调特别是利用法律手段来协调这种利益冲突对于建设社会主义和谐社会有着积极的作用。

20世纪以来，我国经历了人治社会向法治社会、自治社会的转型，政治国家和市民社会分离，二元社会结构基本形成。随着市民社会的确立和发展，个体利益受到充分尊重，权利观念和法治理念不断增强，这些都对我国民商事争议的解决方式提出了更高的要求。一方面，新的利益冲突和新的纠纷类型层出不穷，社会主体和价值观呈现出多元化的趋势，面对这样的社会变迁，我国现有的纠纷解决机制逐渐暴露出诸多弊端，显得力不从心。另一方面，纠纷数量的增加，使原有的纠纷解决方式面临困境。因此，一个以多元化作为制度设计的目标，将各种纠纷解决方式融合为一个统一协调的纠纷解决系统亟待建立。

多元化纠纷解决机制，是指一个社会中多样的纠纷解决方式（包括诉讼与非诉讼两大类型）以其特定的功能相互协调、共同存在，所构成的一种满足社会主体多种需求的程序体系和动态调整系统。所谓多元化是相对于单一性而言的，其意义在于避免把纠纷的解决单纯系于某一种程序，如诉讼，并将其绝对化，主张以人类社会价值和手段的多元化为基本理念，不排除来自民间和社会的各种自发的或组织的力量在纠纷解决中的作用，目的在于为人们提供多种选择的可能性。①

在现代法治国家，多元化纠纷解决机制一般都是以司法诉讼为核心构建的，是多种纠纷解决方式的有机结合及相互补充。建立多元化纠纷解决机制必须考虑以下几个要素：一是纠纷解决的机构，即纠纷解决主体，是指作为解决纠纷的第三方机构或组织，包括私力救济、社会救济、公力救济中各种国家机关、社会组织、共同体或民间力量。二是纠纷解决的依据，是指纠纷解决所依据的规范，包括法律法规、传统习惯等民间社会规范。三是纠纷解决的方式，

① 范愉：《纠纷解决的理论与实践》，清华大学出版社2007年版，第80、81、221、232页。

主要包括协商、调解和裁判。从世界各国的纠纷解决机制来看，依靠司法方式解决纠纷无疑是大多数国家的共同选择，而司法在解决纠纷、维护社会稳定方面确实发挥了很大作用。但是，司法本身存在的问题也逐渐显露出来，包括司法资源的紧缺性、诉讼本身所具有的局限性等。因而，构建和完善更加公正、高效的民事诉讼纠纷解决机制是构建和谐社会的重要课题。

（二）民事诉讼的特征及其在纠纷解决体系中的地位

民事诉讼与其他民事纠纷解决方式相比，具有以下特征：

第一，民事诉讼具有国家公权性。人民法院是国家的审判机关，代表国家行使审判权。审判权是国家公权力的一部分，因此，民事诉讼具有国家公权性质。

第二，民事诉讼具有程序性。民事诉讼法对民事诉讼规定了严格的程序和方式，人民法院、当事人及其他诉讼参与人在诉讼过程中都必须严格遵守法定的程序和方式，否则不产生法律上的效力或将产生一定的程序制裁。

第三，民事诉讼具有强制性、终局性和权威性。民事诉讼是以国家公权力解决纠纷的方式，其解决纠纷的过程与结果具有强制性，以国家强制力为后盾，其生效裁判具有终局性地确定当事人之间权利义务关系的效力。与其他纠纷解决方式不同的是，无论当事人是否同意，都必须接受人民法院的裁判结果。

民事诉讼在民事纠纷解决体系中处于主导性地位。一方面，民事诉讼根据纠纷性质的不同提供了相应的救济程序和各种不同的救济手段。另一方面，民事诉讼作为民事纠纷的司法最终解决机制，具有支撑、维持其他纠纷解决方式的作用。这体现在：首先，当事人选择非讼方式解决纠纷仍不能得到妥善解决时，民事诉讼即成为民事纠纷最终的同时也是最权威的解决方式。其次，当事人根据需要选择非讼方式解决纠纷时，民事诉讼在制度上为诉讼外纠纷解决方式提供保障，赋予诉讼外纠纷解决结果以相应的法律效力，同时也赋予诉讼外纠纷解决方式更大的活力。

（三）对民事诉讼纠纷解决方式的实证分析

1. 调研情况

笔者曾围绕当代民众纠纷解决路径的选择取向，开展问卷调查。问卷填写人来自北京、天津、上海、重庆、四川、新疆、浙江、山西、山东、陕西、青海、内蒙古、黑龙江、辽宁、吉林、江西、江苏、湖南、湖北、河南、河北、海南、广西、贵阳、福建、安徽等地。问卷填写人的社会身份涵盖学生、教师、政府文秘、律所助理、注册会计师、法律工作者、检察院工作人员、自由职业者、企业法务、政府公务员、银行职员、公司职员等界别。绝大多数接受问卷调查的问卷填写者具有大学本科及本科以上学历或者正在大学三、四年级就读。

此次问卷调查共发放问卷500份，收回问卷326份。326份问卷中对询问信息的回答的有效性存在差异。常住地信息有效数为269，年龄信息有效数为270，职业信息有效数为250，在读大学阶段信息有效数为134，对民事诉讼顾虑问项回答的有效数为265。与问卷调查相结合，笔者还进行了访谈类实证调查，先后进行了出租车司机口头访谈和企业管理人员的书面访谈。出租车司机群体是一个具有复合社会界别身份特征的群体，他们中间既有城市化过程中进城从事出租车营运的农民，也有在城市中成长的市民。对出租车群体的访谈可以大致反映城市——乡村二元化社会结构中普通劳动者对于纠纷解决方式的通常认识。[①] 此外，笔者还选择了一个大型国企的管理人员群体作为书面访谈对象，这个群体的文化素质与收入水平较高，具有丰富的企业经营管理与企业纠纷解决的经验。对他们的访谈，大致可以反映企业在纠纷解决过程中的认识与选择。不同群体对纠纷解决方式的选择，实际上是对不同纠纷解决方

① 在此对硕士研究生曹建军在问卷调查统计数据的整理与出租车司机访谈录音的整理方面所做工作表示感谢。

式运行状态的反馈。①

本次实证调查分析，以具有普遍意义的问卷调查中形成的问题为线索，展示并剖析当代中国社会公众对纠纷解决方式选择的倾向，结合问卷调查结果与访谈结果来分析当代中国主要的民事纠纷解决方式运行的现实状态及因由，并尝试探寻未来完善之道。

本次问卷的第一个问题是：发生民事纠纷，您先想到的纠纷解决方式是什么，作为选项的是常见的民事纠纷解决方式：民事诉讼、尝试和解、寻求调解、武力解决、找行政机关解决、仲裁。对回收问卷的统计显示，选择尝试和解的问卷填写者占绝对优势，共计 232 人，占全部问卷填写者的 71.2%；选择寻求调解的问卷填写者与选择民事诉讼的问卷填写者在人数上处于与上一位阶形成鲜明落差的第二位阶，选择寻求调解的问卷填写者为 27 人，占全部问卷填写者的 8.3%，而选择民事诉讼的问卷填写者为 23 人，占全部问卷填写者的 7.1%；令人诧异的是，选择武力解决的问卷填写者为 14 人，占全部问卷填写者的 4.3%；选择找行政机关解决的问卷填写者为 8 人，占全部问卷填写者的 2.5%；选择仲裁的问卷填写者为 1 人，占全部问卷调查填写者的 0.3%。从此次调查中的问卷调查者的年龄判断，他们可以统称为年轻市民的代表，从上述问卷调查统计结果大致可以勾勒出我国当代年轻市民的纠纷解决的选择取向镜像。值得注意的是，与调解相比较，为什么民事诉讼并未体现出对社会公众更强的吸引力？

按照通常的认识，民事诉讼更“时尚”一些，而调解更“传统”一点儿，民事诉讼应该对年轻市民体现出更强的吸引力。然而，本次调查统计结果却给出了相反的答案。笔者认为，原因是多方面的。一方面，前述和文化传统的影响对此现象也有解释力。因

① 2013 年在中国政法大学继续教育学院组织的国企干部培训课程中笔者开展了此次书面访谈，在此向培训组织者与接受访谈者表示感谢。为保护受访者隐私，以受访者姓名拼音的首字母大写代称受访者。

为在不能和解的状况下，找接近的中间组织来调解，也是与和文化传统相吻合的自然选择；另一方面，民事诉讼弊端与问题的显现，以及调解“落伍”的消极形象的消解，特别是调解在组织建设、方式方法上的改革以及相应的宣传使之积极形象正在树立。

在所有的访谈个案中，只有以下出租车司机访谈的受访者体现出自然、果断的对民事诉讼的优先选择倾向。受访司机作为被执行人被动地接触过民事诉讼。在此过程中被动地体验到法院的威慑力。这种威慑力也构成民事诉讼对这位受访者的吸引力。也有一位出租车司机亲自接触过民事诉讼，对一起相邻权纠纷，他在从村委会到大队的干部调解无效的情况下，选择了去法院起诉。这个首次诉讼的经历是令这位受访者感到愉悦和满意的。法院工作人员尽责（到现场勘验）、公平（判决解决了通行问题、对案件受理费进行了合理的决定）、讲效率的良好形象给这位受访者留下深刻的印象。这也提示我们，法院的“好作为”“好形象”是法院吸引力的关键所在；另外，如果关于诉讼的一些负面评价持续“发酵”，如个别受访者提出或暗示关系对案件公正性存在一定影响，或者耗费时间长的负面评价持续发挥影响，这些因素将影响到公众对民事诉讼的优先选择权。

出租车司机访谈

问：你透支了一万块钱，当时怎么找你让你还？

答：打电话了。

问：你告诉他慢慢还，然后呢？

答：然后就直接上法院了。

问：你拖了多长时间？

答：还了五千，前两年又还了六千九。

问：透支有罚款？

答：一万多还清了，那些都是要还的利息。

问：有一千多利息是吗？

答：我那都五六千利息了。我招行还了三千九百多。我还有两家，广发的两万四，民生的五千。

……

问：那法院判了，你就马上履行了，还是强制执行了？

答：没理我，我就还一半，其他的又隔了一年，我又挣上钱还上了。法院也没找我，那给钱谁还找啊。我媳妇前两天把人剐了，那人腿摔伤了，害得我昨天晚上没工作。

问：你媳妇把人家腿剐了？

答：下雨天，那人带着孩子，还没工作，来找我。随后告到法院了，法院要我们给她八千块钱。

问：这剐一下就八千？

答：腿折了。来找我们要钱，我说没钱，你腿折了拉倒，她没工作嘛，什么都没有。

问：是你爱人剐的，她没工作啊？

答：来找我啊。

问：这事麻烦了啊。

答：没事，就是给了点儿钱。上法院了，行了，给钱。

问：她花了多少钱啊？

答：石膏打上了，骨头折了最省钱，不用吃药。

问：那你为什么不自动履行呢，该给别人多少就给多少呢？

答：她一个人都没工作，骑个破电动车，自己不好好注意怪谁……

问：那你也不能跑啊，跑了万一出点儿啥事。

……

答：我是想别被她讹着，她是没经验，电动车你剐一下，谁知道有事。

问：那她要的可能不是八千吧？要的可能多吧？

答：就要八千。

问：你们全给，是吗？

……

答：我妈那会儿被车剐了，八十六岁了，胯骨骨折了，也上法院了。

问：那你对法院很熟了。

答：我妹妹打的官司，赔了一万六。

问：你妹妹代理你妈去的？

答：对，她认识人……

在调解与诉讼之间，企业干部书面访谈录中展现出三种选择径向，即调解倾向型、调解铺垫型、诉讼倾向型。

调解铺垫型的受访者会将和解与调解作为首选，无法解决时再提起民事诉讼。

LGQ 访谈记录

结合自己的经验和有限的法律知识，发生民事纠纷时的解决策略和原因如下：

第一，我会对民事行为从法律的角度进行分析，看此民事行为属于哪个部门法所调整的范围，侵犯了哪种民事权利。是哪一方存在过错，相关的证据是否完整等，只有弄清了这些，我才能作出采取哪种解决方式的决定，预估自己能得到什么样的救济。也就是说，做到心中有数。

第二，基于上述判断后，我会先采取自行救济方式与对方进行协商，把在此民事行为中的谁对谁错的道理和对方讲清楚，该谁负什么样的责任，谈清楚，在彼此都能接受的范围内协商一致解决。如果达不成一致意见，我会找个双方都熟悉的第三人从中协调，争取能达成一致意见。以上两种方式的出发点都是基于不伤和气的情况下，和气地解决双方发生的民事纠纷。

第三，如果在以上两种方式都无法解决的情况下，我会选择法律诉讼解决。首先找一个专业律师作为代理人，然后让律师从法律的角度，最大化地提出我的诉讼请求。至于在诉讼程序需要怎样操作，全交由律师进行办理。在诉讼时对方提出调解，我也同意。之所以采用法律诉讼方式，是因为采取其他方式解决都已行不通了。法律诉讼救济的终裁性也是我最终的选择方式。

CHD 访谈记录

我个人认为，由国家指定机构解决民事纠纷应是最后的选择，也是最终的选择，先不说能不能公正解决，就是从程序和时间上，耗费太多的精力，不仅劳民伤财，而且失去了一团和气。因此，纠纷解决最好的办法是进行和解，可以自行调解也可以请中间人调解，因为产生纠纷的原因大致可以概括为利益纠纷、误解产生的纠纷和医患纠纷，日常生活中大多数纠纷是因为利益产生的。按照中国几千年积累的文化精髓，化解利益纠纷不是难事，如道家倡导的以柔克刚，儒家倡导的中庸，佛家倡导的善，现代倡导的双赢，用老百姓最通俗的话讲就是退一步海阔天空，纠纷双方拿出诚意，各自退让，没有解决不了的纠纷。

需要通过法律解决的纠纷，应该有三种情况：一是涉及触犯刑法附带民事纠纷，必须由法院作出裁决。二是国有企业受规章制度限制，需要裁决书界定责任。三是涉及巨大经济利益，贪心战胜理智，必须由法律部门解决。

诉讼倾向型的表现为：

LQ 访谈记录

我公司是一个以房屋租代为主的公司，2007 年 4 月与我公司签订租代合同的某公司应缴纳租金 42 万元，但该公司在缴纳了 14 万元后，一直未缴剩余租金。在此期间，我公司发通知进行催缴，但无一点儿音讯，到 8 月该公司的 42 万元又未支付，此时共计欠租 70 万元，我前去该公司追讨，发现该公司内部出现了重大问题，为防止出现重大损失，我们向法院提起诉讼，在此期间，该公司一直未付租金及水电费，后在法院的调解下，双方同意签订补充协议，约定乙方于2008年10月15日前将拖欠甲方的租金及水电费进行确认，在签订协议后支付100万元欠款，并约定乙方可继续执行原协议……综上所述，在今后的工作生活中，我会根据不同情况选择不同方式解决，以获得最佳效果。

LGY 访谈记录

出现纠纷，应通过法律程序进行解决。以我公司的经营活动，我们主要针对的是社会自然人，由于客观式突发事件引起的纠纷，鉴于目前维权过度和自然人的从众心理以及当前维稳的要求，通过司法程序解决纠纷比较合适，一是考虑法律的权威性，解决纠纷比较彻底，避免反复，以防影响公司正常经营。二是避免群体性事件发生。三是通过司法解决树立一个正确的解决方式，明确是非，使之成为一个标准，为今后经营和纠纷的处理创建一个可操作的模式。

ZYN 访谈记录

由于我在公司的法务部门工作，主要负责部分货物运输合同的起草和审查，针对争议条款，我们通常选择诉讼方式解决争议，而非仲裁，主要原因是我公司为铁路企业，如果遇到必须以诉讼方式来解决纠纷的情况，可以选择到铁路运输法院起诉，在诉讼过程中具备一些优势，而如果以调解方式结案，此优势也是同样具备的。

就纠纷解决策略而言，本次对企业干部书面访谈的结果基本上呈现出枣核式样态。单纯的诉讼倾向型与调解倾向型受访者都处于低比例状态，而调和铺垫型受访者处于高比例状态。受访者LQ通过亲历个案阐述了自己对于“更好地拿起法律的武器，更好地维护企业的权益”的体会，也表达出自己对诉讼价值的认同；受访者 LGY 则更为细致地从权威、秩序（群体性事件的避免）、行为标准方面阐述了自己对诉讼价值的认识，尽管其没有深入阐释权威、秩序、行为标准在诉讼场域的内在联系，但这种认识很可能转化为诉讼倾向型的行为动机；受访者 ZYN 则从诉讼便利角度阐述了自己倾向于诉讼的行为选择立场。社会公众优先选择哪种纠纷解决方式无对错可言。这种选择本身就是主客观相结合的产物。社会公众的纠纷解决策略的理想状态是，人们不选择诉讼，是因为存在有效且更便捷的可选性纠纷解决方式；人们选择诉讼，是因为诉讼能够更充分、更彻底地维护权益。如果社会公众选择诉讼是因为别无选择，不选择诉讼是因为诉讼丧失了功能，就说明这个国家的纠纷解决体系陷入病态。问卷调查统计结果和访谈记录，不能得出我国纠纷解决体系深陷病态的结论，不过，也不能得出我国纠纷解决体系完全“健康”的结论。直接、优先选择诉讼的问卷填写者、受访者虽然少，但是，绝大多数受访者认同诉讼的终极保障价值。少部分受访者也倾吐了对于诉讼成本、执行有效性、诉讼公正性的顾虑。部分受访者表达了对可选性纠纷解决机制局部失调的不满。总体来看，审判终极的协力纠纷解决机制在我国已经渐成雏形。审判终极性的建构与夯实，可选性纠纷解决方式的调整与完善还任重道远。

2. 什么因素在阻碍公众选择民事诉讼

在对选择民事诉讼的顾虑的问项中，设置的顾虑因素有案件受理费、律师代理费、需要找关系、调查证据有困难、耗费时间太长、判决效力不确定、没面子（熟人的说三道四）。

对回收问卷的统计显示，选耗费时间太长因素的为 162 人，占有效答项的 49.7%，是占绝对优势的因素；选调查证据有困难因素的为 33 人，占有效答项的 10.1%；选需要找关系因素的为 28 人，占有效答项的 8.6%；选判决效力不确定因素的为 15 人，占有效答项的 4.6%；选律师代理费因素的为 14 人，占有效答项的 4.3%；选没面子（熟人的说三道四）因素的为 8 人，占有效答项的2.5%；选案件受理费因素的为5人，占有效答项的1.5%。

就上述调查统计结果，笔者认为有以下几个问题需探讨：

（1）关于耗费时间太长因素的多种原因。这一因素成为选择民事诉讼的首要顾虑，多少有点出乎意料。综观世界各国审案时间，我国民事诉讼用时是比较少的。然而，这一因素为何横亘而出成为选择民事诉讼的突出障碍呢？笔者认为，这与选择者的制度预期与实践的强烈反差密切相关。我国民事诉讼用时少，很大程度上是因为我国《民事诉讼法》规定了较为严格的审限制度。不过，诉讼实践常常背离人们对审限制度的制度预期。其中，曾经比较突出的问题有：随意的简易程序转普通程序、二审中反复进行的发回重审等。这些因素使得本来有预期的审限制度变得不可预期。不可预期的时间比漫长的时间更容易使人产生心理倦怠。2012年8月31日全国人大常委法律工作委员会《关于修改民事诉讼法的决定》（以下简称《决定》）对这些突出问题都有针对性的回应。依据《决定》，法院依职权将简易程序转普通程序需要用裁定书。既然作出裁定书，就需要送达当事人。结合最高人民法院《关于适用简易程序审理民事案件的若干规定》（以下简称《简易程序规定》）中要求简易程序转普通程序需要在简易程序的审限内完成的规定，简易程序转普通程序的随意性基本趋于可控；依据《决定》，二审发回重审仅限一次且限于事实不清与严重程序错误事由。发回重审的低效率、高成本现象基本能够得到遏制；依据《决定》，再审事由中的管辖错误及其他程序性错误的概括性事由被删除。这些变化可能对降低再审造成的时间不确定性产生一定作用。不过，法院再审后的申请检察院抗诉、检察建议程序，却有可能带来新的时间不确定性。总之，新《民事诉讼法》的实施在减少审限制度运行不确定性方面的积极效果是值得期待的。

（2）关于证据调查收集难。调查统计结果的这方面信息与笔者在诉讼实践中的观察基本吻合。直到现在，社会上的单位、个人对于当事人、律师的调查取证要求一般都是态度冷淡、拒绝配合的。没有证据，诉讼就丧失了足以支撑躯体的脊梁。这方面的障碍，实实在在地影响着当事人对诉讼的接近。

（3）关于“打官司就是打关系”。不知从何时起，诉讼逐渐被“抹黑”。亲历诉讼的人们口耳相传着关系的无上威力。调查统计结果显示的这方面信息可能被涉世未深的年轻市民的理想主义色彩所淡化，另外也预示着超越关系传说的力量的兴起。

（4）关于费用。在所有选项中，障碍性最小的是案件受理费。这表明经 2007 年的诉讼收费改革后，案件受理费对于普通案件（尤其是小案件）当事人已经不再成为接近诉讼的障碍。从理论上推断，以大案件当事人的资金实力与运筹能力，案件受理费也不应成为启动诉讼的障碍。律师代理费是当事人选择诉讼的一个较明显的障碍。2012 年 8 月 31 日全国人大常委法律工作委员会《决定》对公民代理的严格限制，必将促使当事人更多地选择律师代理。另外，律师收费制度方面的营业税改增值税改革及配套制度，导致律师的代理费提成显著降低（如由原来约 80%降低至 50%），这将直接推高律师代理费。请律师难、请律师贵的障碍将在一段时间内严重影响着民事诉讼的运行。

（5）关于面子。传统诉讼文化的研究成果之一是告诉我们，中国人很好面子，相当多的人认为打官司是非常“丢人”的事。这种心理影响到人们对诉讼的选择。本次调查统计结果传达的信息却是，进行诉讼与“面子”、与熟人们的说三道四没有什么过于密切的联系了。大多数人认为，民事诉讼是无伤大雅的，甚至完全可以理直气壮地进行。原因大体有两个方面，一方面是填写本次问卷的大都是城市年轻人，他们所在的社会已经不再是传统意义上的熟人社会，熟人社会的解释理论很难适用于他们的行为与选择；另一方面是市场经济发展的三十余年来，我们社会成员的利益观念、诉讼观念逐渐在挣脱传统观念的羁绊。不过，也需注意，对于部分调查接受者，这个因素还是会产生一定的影响，有时甚至会产生具有决定性的影响。

表 3-1① 民事诉讼的顾虑

		频率	百分比	有效百分比	累积百分比
有效	案件受理费	5	1.5	1.9	1.9
	律师代理费	14	4.3	5.3	7.2
	需要找关系	28	8.6	10.6	17.7
	调查证据有困难	33	10.1	12.5	30.2
	耗费时间太长	162	49.7	61.1	91.3
	判决效力不确定	15	4.6	5.7	97.0
	没面子（熟人的说三道四）	8	2.5	3.0	100.0
	合计	265	81.3	100.0	
缺失		61	18.7		
合计		326	100.0		

① 其他受访者信息参见《民事纠纷的诉讼外解决机制研究》。

民事诉讼纠纷解决机制的理论与实践

第四章　民事诉讼理论与制度的探讨

传统观点认为，程序只是实体的工具，在以往的民事案件审理活动中，顾及较多的是程序的工具价值，对其自身的独立价值并没有一个深刻的认知。随着法治理念的确立和司法文明的进步，理论研究、立法和司法界越来越认识到程序正义的独立价值。

关于程序正义的含义，学者们众说纷纭。范愉教授认为，相对于法律规范中体现的“实体正义”，它强调的是法律适用中的操作规程的公平；相对于审判所达到的“结果的正义”，它强调的是审判过程的严格和平等；相对于纠纷解决中情理与规则的综合平衡所追求的“实质正义”，它强调的是规则所体现的形式合理性。[①] 该种解说比较准确地界定了程序正义的内涵。概括地讲，程序正义就是要求严格按照法定程序适用法律，保障当事人及其他诉讼参与人充分行使诉讼权利，使法律得到良好适用。

回顾我国民事诉讼的发展历程，主要经过了1982年试行《民事诉讼法》的制定、1991年《民事诉讼法》制定和2007年《民事诉讼法》修改，以及现行《民事诉讼法》实施的历程。在此期间，民事诉讼的研究既有学术理念上对“重实体、轻程序”“重刑轻民”等传统思维的突破，也有以建立符合科学发展观、社会主义法治理念和社会主义市场经济和谐社会需要的民事诉讼程序价值观的实践过程，取得了显著的成绩。然而，由于种种原因，与其他相关法学学科比较而言，我国的民事诉讼法学仍然显得稚嫩而有欠成熟。具体主要体现在以下几个方面：首先，从严格意义上讲，我国

① 范愉：《非诉讼程序（ADR）教程》，中国人民大学出版社2002年版，第4页。

的民事诉讼法学的学科体系尚未能够真正建立；其次，我国的民事诉讼法学仍然未能摆脱单纯注释法学的樊篱；最后，由于研究心态不够开放，对西方国家的民事诉讼理论缺乏必要的了解、研究与借鉴，因此在相当程度上阻碍了我国的民事诉讼法学向纵深拓展。[①]同时，也阻碍了《民事诉讼法》的立法进程。展望未来，我国民事诉讼法学的发展方向首先应当以《宪法》为根据，统率和指导《民事诉讼法》的再修改，将我国《宪法》的立法与理论成就所彰显的宪法精神准确地体现在《民事诉讼法》中。其次应当结合我国民事审判工作经验，摒弃落后的不符合司法规律要求的民事司法的实践做法，将经过民事审判实践反复证明的成功经验上升为《民事诉讼法》规定的内容。最后应当结合我国国情，立足我国实际，继承与发扬人民司法的优良传统，对社会主义市场经济建设中民事诉讼实践出现的新情况、新问题进行及时、有针对性的论证，以实现我国民事诉讼程序规则的设计，充分满足我国社会发展状况和社会民众对民事诉讼程序广泛需求的国情需要。[②]

一、民事诉讼价值论

公正与效率是民事诉讼的基本价值取向。司法公正与效率是一个世纪性主题，也是一个世界性主题。在不同历史时期，不同社会制度的国家，社会公众都迫切要求司法公正与高效。如果裁判不公，是非颠倒，审判就会成为违法者获得非法利益的工具，合法利益得不到保护，社会正义就无法得到实现，社会就难以前进和发展。[③] 诉讼公正与效率是一个矛盾的统一体。诉讼公正是诉讼效率

① 赵钢：《回顾、反思与展望（之二）——对二十世纪下半叶我国民事诉讼法学研究状况之检讨》，载中国民商法律网，2002 年 8 月 15 日。

② 常怡、黄宣：《新中国民事诉讼法学 60 年的回顾与展望》，载《河北大学学报》（哲学社会科学版）2009 年第 4 期。

③ 肖扬："公正与效率世纪主题论坛"的致辞，载曹建明主编：《公正与效率的法理研究》，人民法院出版社 2002 年版，第 8 页。

的目标，诉讼效率是实现诉讼公正的保障。我国《民事诉讼法》实施以来，对促进司法公正、提高诉讼效率发挥了重要作用。但同时，程序设计上的缺陷以及司法实践中存在的问题，也越来越不能适应现实的需要。因此，为更好地实现司法公正与效率，迫切需要改革和完善现行民事诉讼制度，使诉讼程序和制度的设计趋于规范化、合理化，达到公正与效率的最佳结合，以最大限度地实现公正与效率的价值目标。

（一）诉讼公正

任何司法制度的确立都必须以一定的价值观念作为基本依据和取向。保障诉讼公正，是诉讼法永恒的出发点和归宿。公正作为诉讼制度得以存在的不变基础，历来都是人类社会追求和崇尚的理想目标。自诉讼制度产生以来，人类社会为追求诉讼公正做出了不懈努力，也付出了沉重的代价。那么，什么是公正？如何实现公正？只有弄清这些看似浅显的基本问题，才能更好地指导司法实践和促进司法制度的完善。

1. 公正的含义

英语的 justice 一词具有公正、正义、公平等意思。在一般意义上，三个意思可以通用，没有实质区别。但在专业意义上，三者之间仍然存在差异。正义含有平等，即公平和公正的意思，公平和公正是正义的基本内涵，但公平和公正不完全等同于正义，它们更多地强调正义的某个方面。公平侧重于强调人们在法律面前的平等地位或者当事人双方在审判过程中的机会、待遇同等，其核心内涵是平等。公正侧重于强调法官对待双方当事人和适用法律不偏不倚的品质，即居间者中立无私，不受外界压力、当事人身份和自身情绪的影响，其核心内涵是无私。因此，严格地说，公平、公正、正义三者并不完全等同，正义一词包容了公正和公平。[①] 而且，正义

① 吴明童、张婷：《诉讼公正与效率之关系研究》，中国诉讼法学研究会 2001 年年会论文。

是一个涉及政治学、哲学、法学、伦理学等多方面的开放性概念。对此，美国著名思想家庞德明确指出："在伦理上，我们可以把它看成是一种个人美德，或是对人类的需要或者要求的一种合理、公平的满足。在经济和政治上，我们可以把社会正义说成是一种与社会理想相符合，足以保证人们的利益和愿望的制度。在法学上，我们所讲的实现正义（执行法律）是指在有组织的社会中，通过这一社会和法律来调整人与人之间的关系及安排人们的行为。现代法哲学的著作家们也一直把它解释为人与人之间的理想关系。"① 事实上，这种理想一直处于不固定的动态发展过程之中。相反，公正却是一个相对确定的、易于把握的概念。一项具体的诉讼结果是否公正，人们至少在主观上容易得出一个明确的结论。因此，司法实践中如果过分强调完全正义，势必导致凡事必究、讼争不止，司法裁判缺乏既判力和确定性，即缺乏程序的时限性和终结性。② 这样一来，不仅原本追求的正义目的未能达到，反而破坏了稳定的社会秩序，使当事人的生活和利益一直处于不安定的状态，因而是非正义的。显然，与正义这一概念相比较，公平、公正这两个概念相对明确、固定，具有程序上的可操作性。公平的含义相对较窄，因而，将公正作为保障诉讼的价值取向最为适宜。

2. 公正的相对性

绝对的、完全的公正无疑是人们崇尚和孜孜追求的目标，但司法审判本身具有特殊的运行规律和制度要求，不同于人们基于一般的道德情操和朴素的伦理标准作出的价值判断。因而，司法公正只能是相对而言的。③ 司法公正的相对性主要体现在以下三个方面：

---

① ［美］罗斯科·庞德：《通过法律的社会控制》，商务印书馆 1984 年版，第 73 页。

② 陈桂明、李仕春：《程序正义论——以民事诉讼为对象的分析》，载《政法论坛》1999 年第 5 期。程序的时限性不仅指诉讼过程的每一个环节都有时间上的需要，而且指诉讼进程的及时性。程序的终结性是指民事诉讼程序通过产生一项最终裁判而宣告终结。从诉讼效率的要求出发，必须明确诉讼程序的时限性和终结性。

③ 杨浙京、彭海鹏：《论司法公正的相对性》，载《人民司法》2001 年第 11 期。

第一，法律真实与客观真实具有相对性。客观真实一度成为我国司法审判实践的判案标准，给司法实践带来了很大困难。实际上，由于司法活动的后天性，认识能力的有限性和诉讼规则的确定性，法院运用证据查明的事实只能是法律事实，并不是案件的客观事实。结果，法律真实与客观真实可能是一致的，但在多数情况下可能不一致，甚至存在冲突，由此实现的司法公正只能是相对的。

第二，实体公正与程序公正具有相对性。日本法学家谷口安平指出：程序正义的观念即使不是赋予审判正当性的唯一根据，也应当被认为是重要根据之一。[①] 程序公正与实体公正是构筑司法公正的重要内容，两者相辅相成，缺一不可。一方面，程序公正是实体公正的前提条件和客观基点，实体公正是程序公正的反映和体现。社会公众判断裁判结果的正当性，虽然并非完全建立在程序公正的基础上，但在很大程度上说，仍然是从制度上评价司法程序是否得到了严格的遵守。另一方面，程序公正尽管与实体公正关系密切，但程序公正并不是实体公正的唯一前提或者充分必要条件，在有些情况下，程序公正并不一定必然导致实体公正。程序公正可以是绝对的、独立的，实体公正则是相对的、主观的，具有依附性。

第三，判决结果具有相对性。我国传统法学理论认为，法院对同一案件的裁判结果应当是确定的，并且是唯一的。事实上，由于当事人举证能力的限制、法律规定的疏密程度不同和法官自由裁量权的运用，即使不受任何外界干扰，没有任何人为影响，对同一性质的案件，不同法院、法官的裁判结果也可能不一样，甚至相互矛盾。所以，判决结果也是相对的。

3. 实体公正和程序公正

司法公正包括实体公正和程序公正。所谓实体公正，是指实体法律对人们权益的规定与人们应当获得的权益相一致，法院的裁判

---

① ［日］谷口安平：《程序的正义与诉讼》，王亚新、刘荣军译，中国政法大学出版社 1996 年版，第 10~11 页。

能使每个人应当获得的权益得到完全保障。程序公正，是指在法律的具体运作过程中，通过正当程序充分保障每一个人的权益。依法学理论，实体公正重视的是“结果价值”，追求的目标是使法律程序产生好的结果；程序公正重视的是“过程价值”，追求的目标是所有受程序结果影响的人受到应得的待遇，对程序结果并不关心。实体公正与程序公正各有不同的侧重点，但两者同等重要，缺一不可。在司法实践中，一方面，程序公正是实体公正的重要保障，离开程序公正，实体公正通常难以实现；另一方面，实体公正又是检验程序公正的重要尺度。同时，程序公正具有自身的独立性。在纷繁复杂的司法实践中，可能存在衡量什么是公正的客观标准，但却很难对这种标准作出客观的判断，因此，通常只能以程序公正来推断实体公正。

（二）诉讼效率

诉讼效率是人类社会在司法过程中永远无法回避的一个难题，因为只要人类还生存在一个资源稀缺的环境中，不管是出于自觉还是被迫，为了种群的可持续发展，就不得不考虑自己的所作所为的效率性。

1. 效率的含义

效率的英语原词是 efficiency，含义是“做得又快又省又好”，翻译成汉语后，有人理解为“效率”，有人理解为“效益”。实际上，效率与效益是有区别的。效率表达的是做事的快慢速度，与活动过程中花费的时间、投入、产出相联系，强调如何优化过程，达到良好的效果，侧重于活动的过程价值。经济学上有“经济效率”之说，是指投入与产出或者成本与收益的关系，① 含有“多快好省”的意思，即多产出，快产出，好质量，省资源。效益强调行为结果的好坏，有“好”的意思，实际运用时又被赋予“快”的

① 樊纲：《市场经济与经济效率》，上海三联书店、上海人民出版社 1995 年版，第 67 页。

意思，侧重于活动的结果价值。[①]

显然，将效益与司法活动的公正、效率相提并论，可能造成两个概念在语义上的交叉和含混，因此，本书采用效率、诉讼效率的概念。既然司法实践已经普遍把公正与效率并提，包含“又快又好”的价值取向，那么，我们有理由认为，效率应当包含三层含义：一是快和迅速，二是省和多，三是充分利用。

2. 诉讼效率

诉讼效率，是指诉讼进行的快慢程度，解决纠纷数量的多少，以及诉讼过程中人们对各种资源的利用和节省程度。从理论上说，它强调的是尽可能快速地解决纠纷、多解决纠纷，尽可能地节省和充分利用各种诉讼资源。本书不赞成机械地套用经济效率的分析方法进行诉讼效率分析，因为经济效率作为一种投入—产出分析方法，主要适用于生产领域，与产品的分配无关；但诉讼产品的生产与分配是无法明显区分的，审判的过程其实也是各种权利分配的过程。因此，诉讼效率的概念体现了效率的可比性，即多、快、省以及充分利用资源。

(三) 诉讼公正与诉讼效率的关系

诉讼公正与诉讼效率如果都能完美地实现，不仅当事人满意，法院及法官的良好形象得到充分体现，受到人们的尊重，而且，法律的权威、依法治国方略也会在人民群众心中扎根，这才是最理想的诉讼。作为司法活动追求的价值目标，诉讼公正与诉讼效率可以和谐相处，但在许多情况下却处于相互对立的状况。一旦两者发生矛盾或冲突，应当如何取舍？这是法学界长期以来争论不止、无法解决的一个难题。

目前，法学界主要存在三种观点。第一种观点认为，公正是司法活动最高的、唯一的价值目标，为了追求公正，人们对法院那种不慌不忙、从容不迫的工作效率表现出相当大的宽容；为了实现公

---

① 谭世贵、黄永锋：《论诉讼效率及其实现》，中国诉讼法研究会 2001 年年会论文。

正，宁愿选择低效率，甚至牺牲效率。[①] 第二种观点认为，效率是司法的第一要素，不能只讲公正而付出司法资源的巨大代价，为保证司法过程的效率，可以考虑降低公正的标准。第三种观点认为，司法公正与司法效率是不能同时实现的两个相互冲突的目标，追求司法公正，就会损害司法效率，反之亦然。[②]

上述三种观点都有一定道理，但过于片面和绝对。诚然，效率着眼于速度，公正着眼于过程和结果，两者从不同的出发点作用于同一对象，即诉讼过程，自然会产生矛盾，但这并不表明它们是势不两立、互不相容的。公正与效率之间是密不可分的关系，没有公正，效率何益？没有效率，何谈公正？公正与效率必须协调发展，单纯追求哪一方面都是片面的，都是对整个司法价值的损害。具体来说，诉讼公正与诉讼效率的关系既体现出冲突性，也体现出一致性。

1. 冲突性

诉讼公正与诉讼效率之间很容易发生冲突。在正常情况下，审判公正性的增强会直接导致司法成本的增大，以致降低审判活动的效率，因为实现公正就要求诉讼各方的权利都得到充分保护，诉讼程序的各个琐碎细节都不容忽略，这肯定会导致审判速度降低和成本增加，而国家的司法资源总是有限的。与此相反，不适当地追求审判效率，往往会导致对公正的要求无法实现。在司法实践中，充足的司法资源不一定能够确保查明真相，以实现公正，但司法资源不足肯定不能保证司法公正的实现。因此，我们既要防止盲目追求审判速度，影响司法公正，又要使审判能够迅速及时地进行，避免不合理地拖延。公正与效率的这种内在冲突，再次佐证了人类选择

① 章剑生：《公正与效率：法院如何适应市场经济的建立和发展》，载《中国法学》1994 年第 2 期。

② 任群先：《司法公正与效率的法理思考》，载《人民司法》2001 年第 12 期。

的一个永恒的困境："你要追求阳光，就必须接受阳光投下的阴影。"① 为保证审判过程符合公正的要求，审判机关必须耗费必要的司法成本，投入必要的人力、财力和物力；为提高审判活动的经济效率，司法部门又必须使审判资源的耗费降低到最小限度。因而，审判效率与公正难免发生冲突。

2. 一致性

公正与效率也具有一致性。美国著名法官和法学家波斯纳曾经明确指出：公正在法律上的第二个意义是指效率。可见，公正与效率这两个价值目标在一定程度上是竞合的，都是诉讼追求的理想目标。

一方面，不讲公正的裁判绝对没有效率可言，因为一个案件以极快的速度审结，法庭甚至不能充分听取当事人的主张，当事人享有的诉讼权利很难得到保障，无法让当事人感到安全和可靠。这种司法审判表面上缩短了审理周期，简化了诉讼程序，似乎节约了司法资源，实际上很可能导致当事人不服判息诉，反复申诉，反而延长了审判周期，造成司法资源的浪费。更重要的是，不公正的裁判还会使人们对司法产生信任危机，损害司法的尊严。正是在这个意义上，有学者指出：只有公正的司法才是最有效率的。不公正的裁判甚至枉法的裁判不仅不能及时解决冲突和纠纷，而且会诱发社会的情绪和行为，加剧社会的无序和混乱状况，因此是最没有效率的。②

另一方面，不讲效率的司法也是不公正的司法。西方法谚曰：迟到的正义不是正义。一个案件在审限内审结，并不一定意味着有效率，因为法律规定的审限是法官审理案件的最大诉讼周期。即使如此，审判实践中还有一些案件经过一年、两年甚至更长时间都未

① 刘庆富、谷国文：《司法公正与审判效率之辩证关系》，载《人民司法》2001年第5期。

② 王利民：《司法改革研究》，法律出版社2000年版，第60页。

给出裁判结果。审判进程越迅速，证据就越会得到及时有效的收集和保全，案件事实真相也可能因为证据的流失少而得到最大限度的再现。而且，适当地快速审判，更容易获得社会公众的理解，有利于法律的实施。没有效率的司法是可怕的，如同一潭死气沉沉的水、一台锈迹斑斑的机器，没有生机与活力。

实际上，司法公正与司法效率是相辅相成的，司法过程中根本不存在绝对的公正与效率，司法公正与效率总是相互妥协，有时候为了追求公正而牺牲效率，目的是追求更高的效率；有时候为了追求效率而抑制公正，目的是追求更大的公正。在不同的历史时期，司法公正与司法效率就是这样根据社会现实利益的变化而此消彼长的。

（四）最大限度地实现诉讼公正与诉讼效率

如前所述，公正与效率的内在冲突和矛盾，使审判活动面临两难选择。如何协调好公正与效率的关系，既确保司法公正，又适当地节省诉讼成本，提高审判效率，已经成为各国立法和司法共同面临的一个重大问题。但是，公正与效率并不是时时对立的，在许多情况下，两者之间存在一致性。因此，我们既不能将公正视为唯一目标，更不宜把效率作为审判活动至高无上的价值目标。诉讼公正与效率作为民事诉讼的价值目标，既对立、矛盾，又可以协调、统一，二者同等重要，不可偏废。失去公正或者效率，对于司法正义来说都是灾难。要防止只讲效率不讲公正、只讲公正不讲效率的极端观点。司法实践需要协调好两者之间的关系，既能确保司法公正，又能适度地节约司法成本，提高审判效率。

思想家庞德曾经指出：正义并不意味着个人的德行，也并不意味着人们之间的理想关系。我们认为，它意味着一种制度，意味着一种关系的调整和行为的安排，它能使人类享有某些东西和做某些事情的要求，在最少阻碍和浪费的条件下，尽可能多地予以满足。[①] 司法公正是诉讼的最高价值目标，但不是唯一目标。公正在法律上的第二意义是指效率。审判效率的提高，目的不仅在于减少法院的审判成本，也在于减少当事人的诉讼成本，即从总量上降低诉讼成本。这体现了公正与效率的一致性。单纯地追求公正，任何诉讼支出都是值得的，但是，国家司法资源的有限性从总体上又限制了审判活动对公正的绝对追求，司法机关不可能为了满足诉讼各方对公正的追求而不惜一切代价，不可能为查明某一疑难案件的事实真相而无限期地展开法庭调查、辩论。正如古希腊思想家西塞罗所说的："绝对的正义就是绝对的不正义。"特别是，当事人为追求公正而投入的诉讼成本可能有收益，案件审结后当事人胜诉的，诉讼成本可以得到补偿。但国家的诉讼成本没有直接收益，并且司法资源是有限的。由此看来，公正与效率看似所谓鱼与熊掌不可兼得。

在这种情况下，完善诉讼制度特别是诉讼程序的最大任务，就是要采取措施，使公正与效率的目标协调一致，使审判程序的运作既能节省一定的成本，减少开支，又能节约时间，提高效率，最大限度地实现公正与效率。

诉讼公正与诉讼效率既是司法实践对司法价值的高度概括和总结，也是国家审判机关长期追求的价值目标。从 21 世纪司法发展的趋势看，不同社会制度，不同国家的司法工作者，都把公正与效率作为历史性课题进行深刻反思和广泛讨论。无论是英美法系还是大陆法系国家，都围绕公正与效率权衡各国法律制度的利弊得失，相互借鉴对方有利于实现公正与效率的成功经验。它反映出不同社会制度下社会公众对诉讼公正与效率的强烈渴求。根据外国民事诉讼发展和完善的过程和经验，从我国民事诉讼的实践和现状出发，最大限度地实现诉讼公正与诉讼效率的途径是完善我国的民事诉讼法，重点是健全民事诉讼的相关制度和程序。

---

① ［美］罗斯科·庞德：《通过法律的社会控制》，商务印书馆 1984 年版，第 35 页。

二、关于陪审制度

陪审作为一项具有悠久历史的法律制度，历史上在促进政治民主、实现司法民主、维护司法公正等方面都发挥了重要作用。但由于陪审制度自身所具有的局限性，包括拖延诉讼、成本过高、陪而不审等，导致近百年来从世界范围看处于衰落状态。我国的人民陪审制度虽然已经存在多年，2004 年全国人大常委会还专门作出完善人民陪审员制度的决定，通过立法形式两次予以肯定，但理论上对陪审员的职能、资格、选任、管理等一直争论不休，实践中人民陪审员陪而不审的现象比较普遍，导致法学理论界废除人民陪审员制度的呼声不绝于耳。民事诉讼中应当如何定位我国人民陪审员制度是我们应当深入思考的问题。

（一）陪审制度的含义与运作方式分析

1. 陪审制度含义解析

"陪审"一词，英美法称为"Jury""Acessor"，德国法称为"Geschworene""Sohoffe"。陪审制度（Jury System），是指由非法律职业者参加法庭审判，与法官共同行使审判权的制度。这一制度起源于古代奴隶制国家的雅典和罗马，被扼于封建专制社会，称颂于资产阶级革命时期，盛行于英美等资本主义国家，仿效于世界各国，实行于苏联、东欧国家，移植于我国，其进步意义和历史功绩应予肯定。但是，陪审制度的缺陷也是客观存在的，一些国家曾经尝试实行陪审制度，但最终又将其废止。[①] 这些缺陷可能让人们感到，陪审制度似乎成为司法制度的"鸡肋"，食之无味，弃之可惜。

尽管陪审制度的基本功能是一致的，但在不同的司法制度背景下，陪审制度又具有不同的含义和运作方式，具体主要包括两种情

① 李学宽：《陪审制若干问题研究》，中国法学会诉讼法研究会 1999 年年会论文，载金友成主编：《民事诉讼制度改革研究》，中国法制出版社 2001 年版，第 20 页。

形：一种是英美法系的陪审制度。按照这种制度，在民事诉讼或刑事诉讼过程中，由当事人选择若干普通公民组成一个陪审团，由陪审团负责对案件事实的判定，由法官适用法律作出最终裁决。另一种是大陆法系国家的参审制度，即作为法律外行人的参审员与职业法官一起组成合议庭，共同就法律问题和事实问题行使审判权。[①]

2. 英美法系的陪审制度

英国的陪审制度起源较早。1066 年，诺曼底公爵威廉征服英国后，将诺曼人设立陪审团的古老习惯带到英格兰。为了建立统一的中央集权国家，树立王权权威、防止地方滥用权力的行政需要，国王决定对英国的土地、人口等进行详细的调查，在调查过程中王室的调查员需要召集当地 12 名居民了解情况，这些居民对其所知情况必须如实回答，这被视为陪审制度在英国的早期形式。1164 年，亨利二世颁布《克拉灵顿诏令》，规定巡回法官在审理土地纠纷案件和重大刑事案件时，应当找 12 名了解案情的当地居民担任陪审员。[②] 1215 年，英国的《自由大宪章》进一步明确了陪审团制度。在美国，陪审制度被写入宪法是独立战争取得胜利的结果，迄今已有二百多年历史。据说，当初之所以规定陪审员人数众多，就是为了防止滋生腐败，甚至还有句名言，“收买 12 个人总比收买 1 个人困难得多”。从某种意义上说，陪审制度吸收普通民众参与司法审判，的确使司法更贴近社会、接近民众、反映民众的呼声。[③]

一般认为，英美法系的陪审制度的优点主要体现在两个方面：一方面，陪审团成员来自社会公众，了解普通民众的生活状态和基本的社会道德规范，他们不仅直接参与案件的审理，而且对案件事实独立行使裁判权，案件的裁决结果更容易获得当事人和社会公众的信任，同时通过陪审让更多的普通公众亲身参与审判，表达民

---

① 汤维建等：《民事诉讼法全面修改专题研究》，北京大学出版社 2008 年版，第 156 页。

② 何家弘：《陪审制度纵横论》，载《法学家》1999 年第 3 期。

③ 南岸：《“平民法官”，听起来很美》，载《法制日报》2009 年 6 月 19 日。

意，更能体现制度的民主性；另一方面，陪审团在设置上独立于法官，在案件审理中职责明确，负责独立地认定案件事实，不受法官影响，法官在陪审团认定案件事实的基础上负责适用法律，陪审团能够对法官形成有效的制衡，可以较好地防止法官的片面和偏私。

英美法系的陪审制度的缺点主要有：（1）诉讼成本高。从陪审员候选人的召集、陪审员的挑选，到庭审过程中陪审员的相对隔离，都需要支付相应的费用，特别是庭审时间较长的，有时可能持续数日甚至几个月，这些花费数额很大，付出的代价过高，被认为浪费了纳税人的金钱。（2）诉讼效率低。挑选陪审员，组成一个双方当事人都满意的陪审团本身就是一项复杂的工作，法庭审理又采取对抗式，以当事人和证人的口头证据为主，诉讼过程更加繁杂，而且陪审团通常需要全体一致才能作出裁决，12 位陪审员如果不能就事实问题达成一致意见，还需要另行组成陪审团重新开庭审理，因而必然会拖延诉讼进程，降低诉讼效率，甚至影响司法制度的效率。（3）陪审员易受影响。陪审员来自形形色色的普通大众，都是不懂法律的非专业人员，缺乏专业训练，比较容易被个人的族裔传统、家庭背景、社会价值观念、同情弱者的情感等因素所左右，可能被能言善辩、擅用法律技巧的律师所迷惑和操纵，从而即使保证司法过程和程序的公正，也未必能够保证审判结果的公正，结果，刑事案件容易放纵犯罪，民事案件容易判决不太切合实际的巨额赔偿。事实上，美国一些案件的判决表明，陪审团作出裁决时不同程度地受到了种族、宗教、政治偏见等因素的影响。

3. 大陆法系的参审制度

从参审制的历史渊源看，法国是大陆法系里最早采用陪审制度的国家。在法国资产阶级革命时期，陪审团制度就受到启蒙思想家们的普遍认同，甚至被誉为“民主自由的守护神”。德国也引进了英国模式的陪审团制度，但是与法国一样，陪审团在德国也没有取得预想的良好效果，因而德国转而建立参审制，1850 年德国首先在汉诺威实行参审制，随后参审制普及到普鲁士及其他各邦。德国、法国实行的参审制可以看成大陆法系参审制的典型代表。

与英美法系的陪审员不同，德国、法国的陪审员的权力与法官相同，不仅包括认定事实，还包括适用法律。但法国在民事案件中没有陪审员。德国陪审员参审制度的适用范围比法国更宽一些，初级法院审理民事案件、涉及农业的案件适用陪审制度，中级法院一审民事案件中的商务案件由陪审员参加审理。高级法院和最高法院只对法律适用进行审查，不实行陪审制度。初级行政法院审理案件，由三名法官和两名陪审员组成合议庭进行审理；社会福利法院审理案件，有两名陪审员参加审理，一名来自保险机构，另一名来自被保险方；财税法院审理案件，由三名法官和两名陪审员组成合议庭进行审理；劳动法院审理案件，由劳资双方各自挑选一名陪审员参加案件审理。①

大陆法系参审制度的优点主要体现在，一方面，陪审员参加案件的审判，既可以避免职业法官可能在长期司法实践中形成的职业偏见，又可以减少年轻法官因经验不足、缺乏对社会生活的了解而产生错误判决，从而使案件事实的判断更准确、判决更公正，客观上还可以弥补单纯依靠法官审理案件面临的案多人少的不足，减轻法官的压力；另一方面，陪审员来自社会公众，可以将民众的法律意识和正义观念反映到司法裁判中，使法院的判决更接近公众，既可以增强社会公众对司法的信赖，又能够使陪审员通过参加案件审理直接接近司法过程，切身了解司法，强化对司法的理解和信心。

参审制的缺点主要有：（1）陪审员是行政机构或司法机构按照一定的标准个别选任的，因而，担任陪审员不仅必须具备一定的条件，还需要经过特定的遴选程序，客观上必然导致能够取得陪审员资格的人员范围受到一定的限制，不符合特定条件的人员，从一开始就被排斥在陪审员的候选人范围之外，不仅容易使参加审判的

① 周道鸾主编：《外国法院组织与法官制度》，人民法院出版社 2000 年版，第 88 页。

陪审员的代表性受到合理的质疑，更重要的是有违平等原则。(2) 陪审员参加审理案件，不仅需要认定案件事实，还要参与适用法律作出判决，而陪审员绝大多数既缺乏相应的法律知识，又没有经过足够的法律训练，在适用法律上明显处于弱势，难以真正发挥作用，陪审员在一定意义上只是临时选任而暂时充当案件的裁判者，本身就可能存在应付心理，加之缺乏专业知识，容易受法官的支配和左右，使陪审流于形式。(3) 陪审员几乎与法官担负相同的职责，因此不仅选任的程序比较复杂，而且需要对陪审员进行法律知识和法律程序等方面的培训，与法官审判相比，在一定程度上也增加了诉讼费用和整个司法的成本。

4. 陪审制度与参审制度的比较分析

如前所述，英美法系的陪审制与大陆法系的参审制是陪审制度的两种不同运作模式，它们之间存在内在的渊源关系，既有联系，也有区别。不论是陪审制还是参审制，归根结底都是普通公众以陪审员身份直接参与司法审判的方式，是政治民主和司法民主的体现；从实施效果看，都可以在一定程度上弥补法官行使审判权时存在的知识、能力、生活经验等方面的不足，使司法判决更容易得到普通公众的理解和信任，同时又在一定程度上对法官行使审判权形成一定的监督和制约。这些是陪审制、参审制的共同之处。

从制度设计和运作实践看，陪审制与参审制的区别主要在于陪审员的职责不同：陪审制中陪审团的职责是认定案件事实，不参与案件适用法律作出判决；参审制中的陪审员在理论上与法官享有几乎相同的职责，既负责参与认定案件事实，又参与法律适用作出判决。这种职责的区别导致陪审员与法官的关系有所不同：英美法系的陪审员与法官各司其职，陪审团负责认定案件事实，法官负责适用法律，他们之间是对立统一的关系；大陆法系的陪审员与职业法官共同组成审判组织，法官与陪审员之间理论上的区别很小。而且，职责的不同客观上也影响审理同一案件的陪审员的人数，英美法系的陪审团人数较多，一般由 12 位陪审员组成，负责审查起诉的大陪审团则有12~23位陪审员，他们只需要全体一致地认定事实；大陆法系的参审制下，参与审理同一案件的陪审员人数比较少，一般为两位陪审员，他们如同法官一样参与认定事实与适用法律，如果人数太多，显然难以实施。

至于两大法系诉讼模式的差别与陪审模式之间也是相互影响的，英美法系采对抗式诉讼模式，使陪审团能够通过双方当事人在庭审过程中的陈述、证人的证言和双方的交叉询问认清案件事实并作出裁决，陪审团如果不能直接面对当事人和证人，就很难查清案件事实，法官就无法作出判决；而大陆法系的职权式诉讼模式更多地适应法官主导的审判方式，陪审员既然与法官享有几乎相同的权利，理论上他们同样有权通过询问当事人而调查案件事实，并与法官一起就案件事实与法律适用问题作出判决。因而，似乎可以说，诉讼模式与陪审方式是相互作用、相互适应的。

（二）陪审制度的政治价值与基本功能

1. 陪审制度的政治价值

陪审制度表现为一项具体的司法制度，但正如托克维尔在其名著《论美国的民主》里指出的，陪审制度首先是一种政治制度，应当把它看成人民主权的一种形式。实行陪审制度，就是把人民本身，或至少把一部分公民提升到法官的地位。这实质上就是把领导社会的权力置于人民或一部分公民之手。陪审制度在美国就像普遍的选举权一样，是人民掌握主权的直接且最大限度上的结果。①

现代社会中，君权神授早已退出历史舞台，人民的意愿成为政治权力合法性的唯一基础，这是现代民主政治的出发点。民主政治意味着人民的统治，人民作为国家的主人有权参与国家和社会事务的管理，国家机关政治权力的取得必须得到人民的认可，权力的运用必须接受人民的监督，这是现代民主政治的题中应有之义。那

---

① ［法］托克维尔：《论美国的民主》（上卷），董果良译，商务印书馆1988年版，第314~315页。

么，在现代民主政治的环境下，如何让普通民众的意愿以合法、有效的方式表达出来并发挥建设性作用，这就需要在制定法律规则、作出政治决策的过程中充分发扬民主，听取并尊重人民的意愿，除此之外，一个重要途径就是让民众有秩序地参与司法活动、监督司法过程，陪审制度正是民主政治引入司法领域的一个重要体现。

陪审制度的发展兴衰与民主政治的发展是密不可分的。英美法系的陪审制度在产生之初是为了增加国王收入、加强国王的集权，但经过长期斗争，最终发展成为普通民众行使司法权的重要途径，达到了人民行使司法主权的效果。在依法由陪审团参与审理的案件中，陪审团享有认定事实的排他性或决定性权利，法官只是在陪审团认定事实的基础上依法作出判决，陪审团认定被告无罪的，必须当庭释放，无须法官再作其他判决。这样的制度设计既凸显了普通民众参与司法过程的权利，也有利于保护民众不受强权的迫害。因而，英国学者、法官早就指出：由陪审团审判不仅是实现公正的手段，不仅是宪法的一个车轮，它还象征自由永存的明灯。只要这种保障仍然是神圣不可侵犯的，英国的自由就会继续存在。[①] 而陪审制度最为强势的美国，在立国之初就以宪法条文确立了普通民众的陪审制度。法国也是在发生大革命开启现代民主政治之门后，才开始建立陪审制度的。近几十年来陪审制度被认为趋于弱化，其实主要体现在陪审的案件范围有所缩小，特别是民事诉讼案件适用陪审的范围越来越小。相反，近年来，一些国家（重要的有俄罗斯、西班牙、日本、韩国等）相继重新采用或确立陪审制度，反映了政治民主的发展和陪审制度的生命力。真正废除陪审制度的国家，有些是因为出现独裁统治或军事政权（这恰好证明了陪审团制度的民主属性），有些是因为国家出现社会动乱，有些是出于民众对殖民地时期陪审团审判的种族歧视制度的反感，有些是因为多种族

① ［英］丹宁勋爵：《法律的未来》，刘庸安、张文镇译，法律出版社1999年版，第40~41页。

混居很难保证陪审团审判的公正性。①

因此，在当今时代论及陪审制度，不能单纯考察陪审运作的技术含义，而是必须首先明确其政治价值。把陪审制度首先看成民主政治的成果与体现，是实现公民政治参与的基本形式之一，在现代社会里具有重要的政治意义。

2. 陪审制度的基本功能

综观世界主要国家的陪审制度，尽管具体运作方式可能有所不同，但都在一定程度上具有强烈的政治价值，而且一般来说具有如下基本功能：

（1）有助于促进司法民主和司法公正。随着法律规定越来越细密、越来越专业化，司法亦越来越成为一种专业的技艺。面对这种趋势，陪审制度在实现司法民主方面的作用，无论怎么强调似乎都不过分。普通民众通过陪审参与司法程序，既是民众在一定程度上分享国家司法权的体现，又为民众铺设了直接表达民意的路径。可以这样认为，选举制是把人民和政府连接起来的第一座桥梁，陪审制度则是使人民和政府处在经常性的沟通状态的另一座桥梁。有了这两座桥梁，人民认为自己是介入政府中的人民，而政府则认为是存活于人民中的政府。上情得以下达，民意得以上通；人民以政府为依托，政府以人民为源泉。② 同时，司法权是国家的一项重要权力，主要由职业法官行使。法官虽然来源于民众，在一定意义上也是民意的代表，但是这种代表肯定不如民众亲身参加审判那么直接、有效。法官自身客观存在的知识、能力、经验的不足，以及长期形成的职业偏向，客观上导致有时可能对案件作出不够公正的判决，加之现实中确实存在一些被认为不公正的判决，必然使本来就不了解司法过程的普通公众对司法公正缺乏信任和信心。陪审员作

---

① 何家弘：《中国陪审制度的改革方向》，载《法学家》2006 年第 1 期。

② 汤维建等：《美国民事司法制度与民事诉讼程序》，中国法制出版社 2001 年版，第 189 页。

为普通民众的代表以独立身份参加案件审理，可以根据“普通理性人”的良知、生活常识、逻辑推理等对案件作出裁决，这不仅具体体现了司法民主，显然也有利于促进司法公正以及民众对司法公正的认知。

（2）有助于实现民众对司法的监督。目前，由于法制尚不健全、有些法官素质不高等原因，现实中存在一些司法腐败、司法不公的现象，在有些地方还比较严重，这些现象的出现，极大地打击了社会公众对司法公正的信心和对法院、法官的信赖。从目前我国的实际情况看，法官的社会公信度远没有达到应有的高度，这既有制度设计方面的原因，也存在人为因素。从制度设置的角度看，法院高高在上，案件审理呈神秘化状态，法官审理案件实际上享有很大的自由裁量权，因为法律规定还不同程度地存在原则性强、针对性弱、可操作性差等问题，甚至还有些空白地带，给法官任意解释法律提供了可能与便利，甚至留下很大的空间，导致民众要打赢官司，首先想到的就是找熟人、拉关系，接近甚至贿赂法官。人为因素主要体现在监督不到位，虽然我国法律规定的监督渠道不少，但多数是间接的，难以真正落实。而且，有些监督方式的实际效果欠佳。特别是普通民众更是缺乏直接、有效的监督手段。人民陪审员参加审判活动，直接与法官一起审理案件，不仅使案件的审理过程能够更加公开、透明，减少法官的暗箱操作，而且形成一种民众对法官的“亲密接触”和近距离监督，无疑可以降低法官接受贿赂、枉法裁判的可能性。而且，陪审员在法庭上的存在，这本身就对法官是一种不容忽视的警醒。就监督的实际效果来说，陪审员的监督显然比其他有些监督方式更有效。同时，由于陪审员是在案件审理前随机抽取的，一案一产生，滋生腐败的概率相对于法官而言要小得多。

（3）有助于弥补职业法官知识和经验的不足。法官是案件的审理者和裁决的作出者，绝大多数法官受过良好的法律专业训练，长期从事审判活动又使法官积累了比较丰富的司法实践经验，由法官对案件进行审理并作出裁决无疑是最好的选择。但同时也必须注意到，职业法官长期从事审判工作，容易形成思维定式和职业偏向；法官工作繁忙且业有专攻，可能导致法官在一定程度上与现实社会生活脱节，造成评判标准的偏差。我国对法官的任职条件要求很高，需要具有学士学位、通过国家司法考试和公务员考试。从职业法官的发展趋势看，高学历、高素质、精通法律是未来法官的突出特点。基于对法官公正司法的要求，某些隔离措施也是必要的，但同时可能会导致法官脱离社会。而且，根据我国法律规定，法官的最低任职年龄为23岁，如此年轻的法官能否真正理解复杂的现实生活，难免让人心生疑虑。目前，我国各级法院有相当数量的法官是直接从校门到法院的，一直未能深入现实的社会生活，尤其是对生活在社会底层的民生疾苦难以体察，对有些当事人的生活和心理可能难以真正理解。况且，现代社会是一个知识爆炸、信息泛滥的时代，法官不可能行行精通，对一些新出现的专业、行业，法官在一定时间内可能所知甚少。而人民陪审员参加案件审理，可以弥补这方面的不足。同时，陪审制度还有助于弥补职业法官在事实认定方面思维定式化的弱点。陪审员本身就是现实生活中的普通民众，可以根据自身的生活实践、经验、知识和常识，按照普通人的一般判断标准，对案件事实作出可能最接近实际的判断。同时，具有专业知识的陪审员参与审理特定案件，可以弥补职业法官对特定专业、行业专门知识掌握的欠缺。

与此相联系，人民陪审员参加案件的审理，还有利于社会公众法治观念的培养和法律知识的普及。因为陪审员直接参与审判活动，可以了解诉讼程序，掌握相关的法律知识，理解法律的规定，并真实地体会法律在解决纠纷中的实际意义，逐渐树立法治观念。现代英国著名法官丹宁认为，参加陪审活动培养英国人的守法习惯所起的作用要超过其他任何活动。① 深入考察美国民主状况的法学著名学者托克维尔也认为，美国人的政治常识和实践知识，主要是长期运用陪审制度中获得的。普通公民作为陪审员参与审判活动，亲身经历审判过程，正是普通公民学习法律知识、认识社会、养成权利观念、领悟法治精神的最佳途径。② 而且，随着参加陪审的民众数量的不断增多，社会公众总体上会更了解和理解法律的真谛，对法官的工作能够加深理解，对法官在案件审理中出现的某些失误能够予以更多的谅解。日本确定“裁判员制度”之初，社会上反对的呼声很高，很多人不愿意担任陪审员，主要原因之一就是“没有信心作出正确的判决”。③ 原先，案件审理和裁判的权力独由法官行使，受各种因素的制约，社会公众总是感觉裁判不公，即使法官尽心竭力，不受任何外界干扰，使出浑身解数，也难以幸免。当然这里不包括徇私舞弊、枉法裁判的法官。现在，参与案件审理和裁判的机会被赋予每个人，使每位社会公众都置身其中，从一个旁观者变成参与者，一方面可以使社会公众增强对司法的理解，另一方面也可以充分调动社会上一切可以利用的力量，化解社会矛盾，及时解决纠纷，促进社会和谐发展，使社会公众体会到，司法不是法官的司法而是社会公众的司法，这可能是设立裁判员制度的真正意义所在。

（4）有助于解决法院案多人少问题。“依法治国”是我们建设社会主义国家的一项重要国策，提升了当代中国人对法律社会功能的期待。司法最终解决是维护司法独立、树立司法权威的一个重要原则。但同时其也容易使一些人在认识和理解上出现偏差，误认为

---

① ［英］丹宁勋爵：《法律的未来》，刘庸安、张文镇译，法律出版社 1999 年版，第 39 页。

② ［法］托克维尔：《论美国的民主》（上卷），董果良译，商务印书馆 1988 年版，第 314 页。

③ 《日本法院“裁判员制度”正式实施——战后最大司法改革争议中起步》，载《法制日报》2009 年 6 月 19 日。

司法是解决纠纷的万能钥匙，似乎任何纠纷都可以、都应当、都必须通过司法途径由法官来解决。但在现实生活中不难发现，司法资源是有限的，诉讼案件的激增以及诉讼程序的日益复杂，使得司法资源不堪重负。实际上我国许多经济发达地区的法院都存在案多人少的问题。从我国的实际情况看，仅靠增加法官的数量来解决这个问题是不现实的。人民陪审员参与审判，履行陪审的职责（如认定事实），与法官共同审理案件，可以在一定程度上减轻法官的负担，可能也是现实条件下比较可行的选择。当然，解决案多人少问题，还需要确立多元化纠纷解决机制，通过不同机制以不同方式化解纠纷。但是，完善人民陪审制度，充分发挥司法审判的效能，无疑是化解纠纷的一个重要途径。

（三）我国陪审制度的存与废

1. 我国人民陪审制度的发展历程概述

我国陪审制度的名称近似于英美法系的陪审团制度，实质上更接近大陆法系的参审制，准确地说，应当界定为人民陪审制度或者人民陪审员制度。这一制度沿袭苏联经验而产生，起源于革命战争时期，1932 年中华苏维埃中央执行委员会颁布的《裁判部暂行组织与裁判条例》规定，陪审员是各级法庭的法定组成人员。中华人民共和国成立后，人民陪审制度作为一项基本的司法制度被确定下来，1951 年颁布的《人民法院暂行组织条例》第 6 条明确规定：为便于人民参与审判，人民法院应视案件性质实行人民陪审制；陪审员对于陪审的案件，有协助调查、参与审理和提出意见之权。并且首次规定，人民陪审员按选举原则产生。1954 年《宪法》把陪审制度纳入国家根本法予以规定，反映出国家对普通大众参与司法程序行使民主权利的一种重视。同年颁布的《人民法院组织法》进一步对陪审制度作出了具体规定：人民法院审理第一审案件实行人民陪审员制度，但是简单的民事案件、轻微的刑事案件和法律另有规定的案件除外。应当说，20 世纪 50 年代（解放初期）是人民陪审制度的辉煌时期。但是，从 20 世纪 50 年代末开始，人民陪审制度陷入低谷。特别是“文化大革命”期间，由军管人员代替法官办案，司法制度受到冲击，人民陪审制度名存实亡。

“文化大革命”结束后，1978年《宪法》重新规定了陪审制度，其第41条规定：实行群众代表陪审的制度。但是，此项规定在司法实践中并未受到重视，亦未真正在人民法院得到实施。1982年《宪法》没有规定陪审制度。1983年修改《人民法院组织法》时，将原来规定的第一审案件应当实行陪审制度，改为由审判员组成合议庭或者由审判员和人民陪审员组成合议庭进行审理，从而赋予法院选择适用陪审制的灵活性。1991年《民事诉讼法》第40条作了类似的规定：人民法院审理第一审民事案件，由审判员、陪审员共同组成合议庭或者由审判员组成合议庭；合议庭的成员人数必须是单数；适用简易程序审理的民事案件由审判员一人独任审理；陪审员在执行陪审职务时，与审判员有同等的权利义务。此后，人民法院在案件审理中重新适用陪审制度，吸纳陪审员组成合议庭对案件进行审理。但是，由于缺乏具体规范，陪审制度的实施总体来说不尽如人意。2012年修订的《民事诉讼法》对该项法律规定未作修改。

为进一步规范和推进人民陪审员制度，2004年8月28日十届全国人大常委会第十一次会议通过《关于完善人民陪审员制度的决定》，这是我国历史上第一部关于人民陪审员制度的单行法律，也是目前人民法院审理案件采用人民陪审员制度的重要依据。这部法律的出台，对改革和完善我国审判制度产生了重大影响。但是，从立法之初，各方面对人民陪审员的职责定位、选任办法等关键问题就存在很大争议。《关于完善人民陪审员制度的决定》虽然明确了陪审员的职责（与法官享有同等权利）和选任管理办法，而且实践几年来，不可否认，人民陪审员在案件审理过程中与法官共同认定案件事实、适用法律确实也发挥了一定作用，但是，关于人民陪审员陪而不审的问题越来越引起关注。由于陪审员的作用在制度设计和实践上都受到限制，甚至引发了专家学者对人民陪审制度的存、废之争，不少学者明确建议废除人民陪审制度。他们认为，我国的陪审制度存在重大缺陷，陪审员参审活动少，“陪”而不审，“审”而不判，陪审成“陪衬”，陪审形式化，陪审员整体素质低，在现实中发挥不了多大作用，与其如此，不如干脆废除。① 应当说，这些学者确实准确地看到了陪审制度实施中存在的突出问题，很有针对性。不过，陪审制度作为普通民众参与司法活动的一种重要方式，如有其他可供选择的办法，如通过完善陪审制度来解决实践中存在的陪而不审等主要问题，似不宜轻言废除人民陪审制度。

2. 人民陪审制度应当重构而不能废除

从目前我国的现实情况和民主政治建设的发展趋势看，应当保留人民陪审制度，通过制度重构，使其发挥应有的作用，而不宜废除人民陪审制度。具体理由如下：

（1）人民陪审制度是民主政治建设的需要。我国是人民当家做主的国家，国家的一切权力属于人民，人民可以依法行使管理国家事务的权力。国家权力包括立法权、行政权、司法权，实行人民代表大会制度畅通了使人民群众参与立法和国家政治决策的渠道，但是就司法权和行政权来说，虽然最主要的司法、行政官员是由人民代表大会选举产生的，但这并不能代替人民群众参与司法权的行使。陪审制度的确立，让普通民众参与案件的审理，并赋予陪审员一定的权力，比较容易被社会公众接受，是民主政治的体现，也是进一步发展社会主义民主政治的需要。人民陪审员参加案件的审理，使得普通公民能够普遍地直接行使审判权、监督司法，这是我国现实条件下社会公众实现直接民主与政治参与的一种好形式，具有重要的政治意蕴。② 人民陪审制度可以说是扩大公民政治参与的一条有效途径，也是人民参与司法审判、监督司法活动的一个不可

① 刘艺工、李拥军：《关于人民陪审制度难以执行根源的探讨》，载《甘肃政法学院学报》1998 年第 1 期。

② 刘计划：《我国陪审制度的功能及其实现》，载《法学家》2008 年第 6 期。

多得的重要渠道，是绝对不能废除的。而且，从目前情况来看，全世界都在追求民主，政治民主、司法民主是大势所趋，如前文所述，俄罗斯、日本、韩国、西班牙等国家充分认识到社会公众参与案件审理的价值，近几年相继采用和重新确立陪审制度，更多地让普通民众参与司法活动。在这样的现实背景和国际大趋势下，我们却要废除重新建立不久的人民陪审制度，显然是逆历史潮流而动的。

（2）人民陪审制度是实现司法公正的需要。如何妥善处理好社会转型中产生的各种矛盾，实现司法公正，是构建和谐社会必须解决的问题。目前，随着改革开放的不断深化和经济社会的快速发展，我国正处于体制转轨、社会变革、利益分化、观念更新的矛盾凸显期。利益主体多元化，社会关系复杂化，贫富差距扩大化，导致社会矛盾日趋复杂，民事纠纷日益增加，迫切需要寻求适合我国国情的纠纷解决方式来缓解社会矛盾。在现实生活中，面对上述状况，受各种条件的限制，立法、司法还不能快速地做出反应以适应社会变化的需要，加上地方保护主义、枉法裁判的现象在一些地方不同程度地存在，导致人民群众对司法公正信心不足，司法的权威不足。同时，广大人民群众缺乏参与司法、监督司法的切实有效途径和手段，一方面对人民法院的审判活动不太了解、不够信任；另一方面通常就司法问题以非理性的、难以控制的方式表达民意。例如，近年来频繁出现的群体性事件和网络炒作现象等。这些民意的体现和表达方式很容易诱导、煽动极端思想，对人民法院造成不适当的舆论压力，影响司法公正。

面对当前司法公正的状况以及社会公众对司法公正的看法，迫切需要采取有效措施使社会公众加强对司法过程的参与和监督。人民陪审制度能够让社会公众更多地进入司法过程，参与司法审判，这对于遏制司法暗箱操作，更好地实现司法公正，显然是必要的，而且在现实情况下也是十分重要的。社会公众参与案件的审理，不仅能够监督司法，防止贪赃枉法情况的出现，还能够有效地防止司法活动与社会现实脱节，使判决能够体现社会公众普遍认同的价值观。人民陪审制度是广大群众直接参与司法过程、接近法院审判活动、监督法官依法办案的最重要渠道之一，如果仅仅因为有些陪审员未能很好地发挥作用就要予以废除，不仅很容易遭到社会公众的反对，可能被看成司法民主的倒退和对司法不公的放纵，而且客观上也不利于司法公正。

（3）现行人民陪审制度存在的问题可以通过制度重构加以避免或解决。目前，从法律规定和司法实践看，现行人民陪审制度确实存在一些问题，这些问题主要可归因于人民陪审员的职责定位不准。根据《关于完善人民陪审员制度的决定》规定，人民陪审员除不能担任审判长外，与法官享有同等的权利，既负责认定事实，又负责适用法律。这样规定表面看来是充分尊重人民陪审员的权利，但陪审员作为普通民众的代表，他们实际上根本不可能同时很好地履行这两项职责，否则他们就成为法官了。由于立法给陪审员规定了他们不可能完成的任务，实践中就不可避免地会产生一些问题：一是有些陪审员明显地感到或者清楚地知道自己能力不足，只能是“陪而不审”，甘当摆设或陪衬，徒有陪审的形式；二是法律对陪审员的条件要求太高，导致人民陪审员的选择范围很小，排除了绝大部分社会公众担任陪审员的可能性，使现任陪审员的代表性大打折扣；三是法律规定人民陪审员与法官享有同等权利，使法官在审理案件时与陪审员形成了一种竞争关系，他们必须共同行使权利，没有主次之分，在这种情况下，法官为了树立和维护自己的权威，方便案件审理，自然而然地喜欢选择听话的、容易说服的陪审员参与审理案件，结果就出现了目前受到学者们指责的现象，即有些陪审员经常地参与案件的审理，成为常任陪审员或者编外法官，而有些陪审员却很少有机会参与陪审案件，这当然不是自然选择的结果。由此可见，人民陪审员陪而不审，不能有效地发挥作用，在很大程度上是由于现行制度设计的缺陷造成的，并非陪审制度配制存在问题，而制度设计的问题可以通过完善法律、重构人民陪审员制度加以解决，以此为理由取消人民陪审制度显然是不可取的。

从理论上说，陪审制度的运作出现问题，也可能与法院不喜欢适用陪审制度有很大关系。法院不愿意采用陪审员制度的原因似乎是陪审很麻烦，法院似乎认为，具有法律知识是陪审员的必要条件，由于选出有法律知识的陪审员很困难，因此这一制度就不需要那么严格地坚持。① 权力行使者当然不喜欢别人的监督，这是权力拥有者的共性，也是人类的本性。但是，权力如果不受监督就必然产生腐败，就必然会导致权力滥用。从这个意义上说，在目前阶段陪审制度也是不能取消的，道理很简单，那就是，有监督总比没有监督要好，尽管陪审员的监督功能可能发挥得不够充分、有效，但是，有人民陪审员坐在主审法官的旁边共同审理案件，终归要比法官关门审判好得多！

(4) 审判方式改革为完善陪审制度创造了良好条件。近年来推行的审判方式改革，使我国的诉讼模式逐渐由职权主义转向当事人主义，这对于完善陪审制度、发挥陪审员的作用具有重要意义。在职权主义诉讼模式下，法院在诉讼中起主导作用，可依职权推进诉讼、收集诉讼资料和证据，当事人处于次要、消极地位。在这种情况下，人民陪审员虽然从理论上说与法官享有同等权利，但在司法实践中，陪审员实际上不可能像法官一样查阅案卷、调查取证、进行询问等，这在客观上就限制了陪审员作用的发挥。在当事人主义的诉讼模式下，案件的当事人在诉讼中居于主导地位，诉讼按照当事人的意志进行，当事人对于是否请求权利保护、提出诉讼资料、如何进行诉讼等具有支配权，同时，当事人负责为其主张收集并提供证据，在法庭上依法举证、进行质证、展开辩论等，通常不需要由法官进行调查取证。因此，陪审员只要全程参与庭审活动，通过双方当事人的举证、质证、辩论等活动，就能够比较好地了解案件情况，作出正确的判决。可以说，审判方式的改革和转变，为

① 吴玉璋：《中国陪审制度的兴衰》，载中国法学网 www.ioiaw.cn“学者专栏”。

完善和重构人民陪审员制度创造了很好的条件。

总之，不论从当前的国际潮流，还是从我国民主政治建设的发展趋势，以及推进司法公正的需要来看，都不能简单地废除人民陪审员制度，而是应当通过制度重构，保证人民陪审员能够有效地发挥应有的作用。

（四）重构我国人民陪审制度的具体设想

为了使人民陪审制度更好地发挥应有的作用，以现行《关于完善人民陪审员制度的决定》确立的陪审制度为基础，重构我国的人民陪审制度，必须重新确定陪审员的职责。即以认定事实为主；并围绕如何使陪审真正有效发挥作用，调整陪审员的资格条件要求，扩大陪审员的群众基础和代表性；适当缩小并明确适用陪审的案件范围，使陪审集中于某些最需要通过陪审促进司法公正的案件；同时进一步完善相关诉讼制度，为陪审制度有效运作创造良好的制度条件。具体建议分述如下：

1. 关于陪审制度的运作模式

关于陪审模式的选择，学者们主要有以下几种观点：一种观点认为，为了改变人民陪审员成为“陪衬员”的状况，应当将现有的人民陪审制度改为英美法系的陪审团模式，由人民陪审员组成陪审团，仅就案件的事实问题作出裁决。[①] 另一种观点认为，为了保证最大限度地实现司法民主和对司法进行监督，应当保留现有的参审制模式不变，使人民陪审员享有与法官同等的权力，对案件的事实问题和法律问题作出裁决。还有一种观点认为，应当实行陪审制和参审制混合的模式，同时规定人民陪审团和人民陪审员两种制度。人民陪审员设在基层人民法院，基本保持现有的参审制模式；人民陪审团设在中级人民法院，适用于重大刑事案件的审判，只负责认定案件事实；同时，各级人民法院的审判中均可使用专家陪审

---

① 詹菊生：《论我国陪审制度的缺陷与重构》，载人民司法编辑部编：《中国司法改革十个热点问题》（论文集），人民法院出版社 2003 年版。

员，属于参审制，适用于法律明文规定的若干类案件的审判。①

上述观点各有一定的道理，同时也存在疑问。完全采用英美法系的陪审团诉讼模式明显不可取，主要是因为诉讼成本太高、诉讼效率太低。继续实行现行的参审制模式，很难解决陪审员陪而不审的问题，而这也正是诸多学者提出废止我国陪审制度的主要原因。从实践效果看，参审制下陪审员只陪不审的现象并非我国特有，苏联也曾经实行参审制，不论对事实问题还是法律问题，陪审员与审判员享有同等的表决权，然而，效果并不佳。一位同样来自参审制国家的著名比较法学家就明确地指出，事实上审判员对陪审员具有巨大的影响力，陪审员使审判员处于少数地位的情况则属例外。②因此，参审制不太可能真正解决陪而不审的问题。实行陪审制和参审制混合的模式，既不能完全解决诉讼成本太高、诉讼效率太低、陪审员陪而不审的问题，反而可能产生混合管理、实施的复杂性问题。就我国目前的法治状况和司法管理能力而言，尚不适宜采取过于复杂的陪审运作模式。从世界各国陪审制度的发展演变过程看，近年来，无论是英美法系的陪审团制度，还是大陆法系的参审制度，都曾因为制度自身存在的弊端，导致在一些国家呈现衰败趋势。但与此同时，需要引起关注的是，一些曾经废弃过陪审制度的国家又重新制定陪审法律，再次推行陪审制度并寄予厚望，如日本、俄罗斯等。针对这种完全相左的情况，很难作出孰是孰非的判断，可以视为陪审制度的一次理性回归。

近几十年来，民事诉讼制度的发展呈现出相互交汇的趋势，陪审制度的发展同样也有渐趋融合的势态。历史的经验值得借鉴，在陪审制度的发展历史上，法国曾经照搬英美法系的陪审制度，但最

① 何家弘：《中国陪审制度的改革方向》，载《法学家》2006 年第 1 期。

② ［法］勒内·达维德：《当代主要法律体系》，漆竹生译，上海译文出版社 1984 年版，第 235~236 页。

终因“水土不服”转而采用参审制度。① 相反，苏联采用参审制模式，而俄罗斯又改为陪审制。陪审制度兴衰演变的发展史表明，各个国家完全可以根据自身特点，建立适用本国法治状况和需要的陪审运作模式。因此，确定我国陪审模式，既不应以陪审制的优点贬低参审制，亦不能用参审制的长处否定陪审制。我国确定人民陪审制度的最终目的是实现司法民主，维护司法公正，陪审模式的选择必须与我国的民族传统、法律文化、制度体系和法治需要相适应，形成具有中国特色的陪审运作模式。

从目前我国的实际情况看，我们既不适合全盘引入英美法系的陪审制度，也不适合完全移植大陆法系的参审制度，应确立一种尽可能集陪审制度和参审制度优点于一体的、符合我国国情的、具有适用性的人民陪审制度。为了与现行人民陪审制度相区别，暂且称为“新人民陪审员制度”，其主要内容是，在现行人民陪审员制度的基础上，缩小陪审员的职责，修改陪审员的任职条件，增加陪审员的人数，缩小并明确陪审的案件范围，具体内容下文会分别予以论述。这种陪审模式的确立，期望既能够从根本上解决参审制导致的“陪而不审”的问题，又可以解决引入英美陪审制度可能带来的诉讼成本过高、诉讼过于拖延、诉讼效率低下的问题。

2. 关于陪审员的职责定位

准确定位人民陪审员的职责是重构人民陪审制度的核心。根据《关于完善人民陪审员制度的决定》的规定，人民陪审员依法参加审判活动，除不得担任审判长外，与法官享有同等权利。从法律规定看，人民陪审员除不能担任审判长以外，既负责案件事实的认定，又负责法律的适用。但从司法实际工作运用的状况看，两项职责都难以得到很好的履行，实际效果不佳。主要原因是陪审员欠缺法律知识，参加案件审理的陪审员少，自身自信心不足，容易受法官的控制。这也是导致目前陪审员“陪而不审”，难以发挥作用的

① 韩妍：《论陪审制度》，中国政法大学 2009 年硕士学位论文，第 22~23 页。

一个主要原因。

赋予陪审员与法官几乎相同的职权，使其对案件的各方面都能产生影响并发挥作用，这实际上对陪审员提出了与法官相同的要求。因为陪审员只有真正具有与法官基本相同的知识、能力、经验和工作条件等，才可能真正行使与法官相同的职权。这种法律规定，表面上看似乎很重视普通民众的陪审功能，尊重民众的意愿，其实是为陪审员戴上了一顶他们根本戴不起的高帽子。因为人人都知道，作为普通民众代表的陪审员与法官行使相同的职权根本是不现实的，甚至是不可能的，否则陪审员就成为职业法官了。很明显，这种制度设计本身就存在重大的矛盾和缺陷，赋予陪审员根本不可能完成的职能，其践行绩效必然难如所愿。我国有些地方的调查显示，多数陪审员在临近开庭时才被通知陪审，到了法庭对陪审的案件一点儿不知情，每次开庭就跟走过场一样，自己完全成了摆设。人民陪审员变成陪听、陪看、陪坐，只陪不审。① 正因如此，在大陆法系国家，尽管法律规定陪审员享有与专业法官平等的表决权，但陪审员的专业知识难以与法官相比，不得不接受法官的专业指导，并自然地产生一种权威趋从的心理，从而在表决时总是唯法官意愿是从，使“合议”完全流于形式。② 同样，在我国司法实践中，一方面，专业法官对人民陪审员信心不足，导致不敢、不愿让陪审员参加案件的审理；③ 另一方面，根据现行法律规定，陪审员既要负责认定案件事实又要负责适用法律，但他们并不具有专业的

---

① 林亮景：《论陪审制度的完善——以人民陪审员陪而不审为视角》，载《四川教育学院学报》2009 年 4 月。

② 罗智勇、冯浩：《对我国陪审制度的理性思考——从比较两大法系陪审制生存条件的视角》，载《时代法学》2004 年第 3 期。

③ 由于法律规定陪审制度的适用不具有强制性，目前陪审制度采用与否完全由法院控制，适用陪审的比例比较低。根据海口市中级人民法院的统计，海口市三个区法院在 1995 年前每年可以适用人民陪审员陪审的案件约有 3000 件，但真正有人民陪审员陪审的案件只有 600 件左右，只占 20%。1995 年以后三个区法院的民事、经济、行政案件几乎没有陪审员参加审判。参见《海南日报》1999 年 9 月 19 日。

法律知识，而且随着法律法规越来越多，法律分工越来越细，法律知识越来越专业化，要求人民陪审员负责适用法律实在勉为其难，大部分陪审员根本无法胜任。

归根结底，建立陪审制度的初衷，就是要由普通公民依据自己的人生经验、生活常识和基本的价值观念，从有别于职业法官的角度出发参与案件的审理。可以说，在审判活动中引入普通民众作为陪审员参与审理，显然不是为了借助于他们的法律专业知识，而是要利用他们作为与案件当事人相似的普通民众，以同类人的思维方式、生活经验、价值观念、伦理人情等，帮助职业法官作出判断。因此，要使普通公众在案件审理过程中真正发挥作用，陪审员的职责只能是认定案件事实，而不能是适用法律。如何适用法律是需要专业知识和法律技能的，绝不是普通人所能够承担的。早在 17 世纪之初，英国伟大的法学家科克就明确指出这一点，科克的这一论述几乎是法律界人所共知的。

从司法审判实践看，适用法律与认定事实是两种完全不同的审判活动。适用法律需要精深的法律知识和丰富的司法经验，而认定事实更多地取决于证据和裁判者的自由心证。在一般案件里，事实证据本身比较明确，认定事实和适用法律都比较容易。例如，对争议的事实人证、物证俱全，甚至有未经修改的影像、音像证据，认定事实和适用法律都不会有很大的困难。问题往往出在证据不足或者没有直接的、明确证据的情况下。例如，日常生活中十分常见的借款案件，双方发生借贷后，一方主张已经偿还，另一方主张没有偿还，双方都没有直接证据，只有自己的口头表述，在这种情况下，如何适用法律可能是明确的，而事实真相到底是什么，却没有明显的证据予以证明，因而最终必须依靠裁判者的自由心证。在这种情况下，让一位职业法官自由心证对事实作出认定，还是由数位与案件当事人相近的普通民众共同作出自由心证予以认定，哪一个认定更有可能接近事实真相，随着法律的日益专业化，答案越来越倾向于后者。问题的核心还在于，不仅客观上普通民众的自由心证更有可能接近事实，而且案件当事人有可能相信这些普通民众更能够理解并发现事实，或者说，当事人更相信他们自己，因为从这个意义上说，陪审员本身与案件当事人都是普通民众。

鉴于上述分析，应当把人民陪审员的主要职能定位于认定案件事实，以使他们能够很好地履行职能。这样限定陪审员的职责，使陪审员与法官分工明确，陪审员负责认定案件事实，法官负责适用法律，陪审员可以发挥社会经验丰富、体察民情、代表民意的优势，法官可以发挥法律专家的特长，优势互补，从而使陪审制度真正得到实施，解决目前陪而不审、陪而不议的问题。[①] 正如有的学者所指出的，这样设定陪审权符合人民陪审员的性质，表面看来人民陪审员的权力缩小了，但从实质看人民陪审员的权力将更落到实处，毕竟事实是审判的基础。[②] 同时，为了使法官适用法律能够更多地体现民意，陪审员可以对法律适用提出建议，借于通过陪审员表达公众对特定事实行为的态度，使司法判决能够适应普通民众的价值观念、人情伦理，不至于与现实的社会生活产生严重脱节。陪审团的建议应当是原则性的。例如，陪审员表示希望对被告从轻处罚、减轻处罚、适当减轻处罚、不予以处罚等，或者反之，重要的是反映出普通民众的态度和社会价值变化的趋势，而不是适用法律的准确意见；陪审员的建议不具有强制性，由法官酌情考虑。至于

---

① 2015年4月24日，最高人民法院、司法部以法〔2015〕100号印发了《人民陪审员制度改革试点方案》（以下简称《方案》）。《方案》分基本原则和改革目标、主要内容、方案实施、组织保障4部分。2015年5月，最高人民法院根据试点方案和全国人大常委会的授权，研究制订试点实施方案，并选择北京、河北、黑龙江、江苏、福建、山东、河南、广西、重庆、陕西10省、自治区、直辖市开展人民陪审员制度改革试点。其中，《方案》主要内容中的第5项规定：探索人民陪审员参审案件职权改革。开展试点，积累经验，逐步探索实行人民陪审员不再审理法律适用问题，只参与审理事实认定问题，充分发挥人民陪审员富有社会阅历、了解社情民意的优势，提高人民法院裁判的社会认可度。

② 李爱玲：《英美法系陪审制度对我国的借鉴价值》，载《法制与社会》2009年第5期。

陪审员认为法官适用法律不当的，是否允许陪审员提出建议要求法官改正，可以进一步研究。考虑到法官与陪审团的职责分工明确，而且案件当事人本身享有各种诉讼权利，包括上诉权，似乎没有必要再赋予陪审员此项职能和权利。

由人民陪审员负责认定案件事实，在特殊情况下也可能出现错误认定，特别是在施行新人民陪审员制度之初还缺乏实践经验，为防止出现明显错误的事实认定造成极端的不公正，可以规定，如果法官认为陪审员认定案件事实确有错误，可以提议另行选择陪审员重新审理，重新对案件事实作出认定。

3. 关于参与审理案件的陪审员人数

如果我们将陪审员的主要职责确定为认定案件事实，在具体审理案件时参加审判的陪审员的人数就应相应地有所增加。目前，根据《关于完善人民陪审员制度的决定》的规定，人民陪审员和法官组成合议庭审理案件时，合议庭中人民陪审员所占人数比例应当不少于三分之一。司法实践中有时由两名审判员和一名陪审员、有时由一名审判员和两名陪审员组成合议庭。陪审员的人数较少，既要负责认定案件事实又要负责适用法律，容易被法官控制，受法官左右。陪审员认定案件事实，如果人数较少，难以保证评判结果的准确性和公正性，也难以形成对法官的监督和制约。因此需要增加陪审员的人数。另外，总结各国陪审制度发展的经验教训，我们也必须注意到，陪审员的人数太多，又会产生英美法系陪审团制度的成本太高、拖延诉讼等弊端。根据我国目前经济、法治、文化等方面的发展现状，可以参考日本的裁判员制度，将参加每一个案件审理的陪审员的人数确定为4~6人。这样，既可以在一定程度上保证陪审员比较准确、公正地认定案件事实，而诉讼成本的投入也不至于太高；又可以使陪审员依法独立履行职责，避免法官的控制，从根本上解决目前存在的陪而不审的问题；同时还可以解决目前法院案多人少的问题，缓解法院案件审理的压力。

4. 关于陪审员的任职条件

人民陪审制度是人民通过直接参与司法审判行使自己的民主权力，管理国家事务。陪审员参加案件审理，对案件的事实问题作出决断，对法律适用问题提出建议，直接关系到当事人的切身利益，可以说陪审员重任在肩。因此，对担任人民陪审员作出任职条件的规定是必要的。按照《关于完善人民陪审员制度的决定》有关条款的规定，担任人民陪审员必须拥护宪法、品行良好、公道正派、身体健康，年满 23 岁并且一般应具有大学专科以上文化程度；人民代表大会常务委员会委员，人民法院、人民检察院、公安机关、国家安全机关、司法行政机关的工作人员和职业律师等人员，不得担任人民陪审员；因犯罪受过刑事处罚的人员，以及被开除公职的人员，不得担任人民陪审员。这些规定基本上是可行的，但也需要适当加以完善，主要是降低陪审员的文化水平要求，并根据不同情况对应当排除担任陪审员的人员予以细化。

陪审员的任职条件主要涉及三个问题，一是对陪审员的年龄要求；二是对陪审员是否应当规定条件；三是哪些人应当被排除在陪审员的范围之外或者可免于担任陪审员。下面分别进行分析，并提出具体建议。

（1）关于人民陪审员的任职年龄。根据《关于完善人民陪审员制度的决定》第 4 条规定，年满 23 岁的人可以担任人民陪审员。这可能是参照《法官法》《检察官法》对法官、检察官的年龄要求作出的规定。[①] 这一规定在陪审员与法官共同组成合议庭审理案件时，或许是可以接受的，因为陪审员只是合议庭成员之一，实际上还由法官主导审判活动，即使陪审员只能发挥树立形象的作用，法官的把关也不会对审判产生重大的不利影响。但在陪审员对案件事

① 顺便指出，“两官法”的这一规定本身也是值得研究的，在改革开放之初缺乏法律人才的情况下可能是适当的，但在目前已经没有什么实际意义了。高等法律院校（系）的毕业生在法院工作数年后才可能担任法官，此时的年龄肯定已经超过 23 岁。

实作出认定的情况下，这个年龄要求可能有些偏低，而且，原来的陪审员是推荐选任产生的，虽然法律允许年满 23 岁的人担任陪审员，但实际上很少出现这种情况。陪审员如果在符合条件的候选人中随机抽取，不同年龄的人被抽中的概率就是相同的。陪审员的年龄较低，司法实践中不利于陪审员职务的履行。因为担任人民陪审员需要具有一定的生活经验和社会阅历，陪审员过于年轻，缺乏足够的社会生活经验，对复杂的现实生活了解不深，可能对案件事实缺乏足够的判断能力，导致不敢发表意见或者发表的意见与现实生活存在较大偏差。据此而论，人民陪审员的年龄应当适当提高，建议将陪审员的最低年龄规定为年满 28 岁为宜，因为这个年龄的人一般来说已经具有一定的生活阅历、社会经验和判断能力，心智趋于成熟，有独立的见解，也有能够融合于社会的认同感。[①]

现行法律对人民陪审员任职的最高年龄未作规定，似有不妥。陪审员的工作比较辛苦，一旦被选中参与陪审，需要在一段时间内不断往来于法院履行职责，如果年龄过大，受身体条件的限制，陪审员很难承担繁重的任务，同时也不利于陪审员的身体健康。[②] 由此而言，法律在规定陪审员最低年龄的同时，还应当规定陪审员的最高年龄限制。根据我国目前社会实际情况，结合各企业、机关制定的合理退休年龄，可以考虑将人民陪审员的最高任职年龄限定为

---

① 《方案》主要内容中的第 1 项第 1 款规定：改革人民陪审员选任条件。拥护中华人民共和国宪法、品行良好、公道正派、身体健康、具有选举权和被选举权的年满 28 周岁的公民，原则上都具备担任人民陪审员的资格。担任人民陪审员一般应当具有高中以上文化学历，但是农村地区和贫困偏远地区公道正派、德高望重者不受此限。2015 年 5 月 21 日，最高人民法院、司法部印发的《人民陪审员制改革试点工作实施办法》（以下简称《实施办法》）第 1 条规定：公民担任人民陪审员，应当具备下列条件：（一）拥护中华人民共和国宪法；（二）具有选举权和被选举权；（三）年满二十八周岁；（四）品行良好，公道正派；（五）身体健康。担任人民陪审员，一般应当具有高中以上文化学历，但农村地区和贫困偏远地区德高望重者不受此限。

② 英国法律规定陪审员的最高年龄为 65 岁，美国、德国规定为 70 岁。见罗勤：《关于人民陪审制度的再思考》，武汉大学 2004 年硕士学位论文。

不超过65岁。

（2）关于人民陪审员的排除条件。《关于完善人民陪审员制度的决定》规定了一些排除条件，但排除的范围比较窄，在陪审员实行推荐选任的情况下可能不会出现太大的问题，因为实际上能够被推荐的人都是被认为适宜担任陪审员的人，许多人虽然符合条件却不会被推荐，所以排除范围的大小实质上无关紧要。但陪审员实行随机抽取，就必须认真考虑排除的范围问题，因为每一个符合条件的人都存在同样被抽出来参加案件审理的概率。根据公正审理案件的客观需要，借鉴国外有关规定，笔者认为，陪审员的排除条件可作如下考虑：一是有些国家机关工作人员本身直接从事国家立法、司法的具体运作，基于其工作职责，不便于担任人民陪审员。主要包括各级人民代表大会常务委员会代表，以及各级人民法院、人民检察院、公安机关、司法行政机关的工作人员。二是各级人大机关、政府机关直接从事立法和相关法制工作的专业工作人员，包括律师、法学院校和研究机构的法律专业人员，以及其他专业从事法制工作的人员，不适宜担任陪审员。因为他们本身以法律为专业，被认为熟知法律，因而受到普通民众的信赖，如果他们与普通民众一同担任陪审员，一方面可能基于自身的法律知识优势和法律信念将自己的意志强加于其他陪审员；另一方面其他陪审员很可能因为他们的法律专业人士身份而依赖他们的判断或者受其影响，结果会影响每一位陪审员的独立意志，使本来应当由数位陪审员共同作出的判断变成其中一个人的判断，违反陪审制度的初衷。三是有些专业人士，如消防队员、医生、护士、幼儿园教师等本身担负重要职责，可免于承担担任陪审员的义务。四是有些体障、智障人士，如盲人、聋哑人、精神病患者等存在严重身体和心智障碍，以及语言表达不清的人，没有足够的能力担任陪审员，可予以排除。五是因犯罪受过刑事处罚的人，被开除公职的人，不能担任人民陪审员。此外，有的学者甚至建议，排除从事公务的人员、接受过高等法律教育的人员、已通过司法考试的人员担任陪审员的可能性，以消除官员或精英兼任人民陪审员过多的现象，为普通公民提供更多的参与司法裁判的机会。[①] 这个意见尚可研究。[②]

需要指出的是，法律规定陪审员的任职条件和排除条件都是一个最低要求，在司法实践中，审理具体案件时还需要临时挑选具体参与案件审理的陪审员，届时双方当事人均可以排除某些他们认为不适合担任陪审员的人。

（3）关于陪审员的学历条件。《关于完善人民陪审员制度的决定》要求担任人民陪审员一般应当具有大学专科以上文化程度，由此引发了陪审员是平民陪审员还是专家陪审员之争。不难看出，这样规定的一个重要原因是，陪审员既参与认定事实，又参与适用法律，没有一定的文化基础就无法熟悉法律、理解法律规定，从而无法参与案件审理。但是，这一规定将陪审员局限于社会公众中文化水平较高的很小一部分人，将绝大多数人排除在外，不仅增大了案件审理出现某种倾向性判断的可能性（因为它只反映出小部分文化水平较高的人的意志），而且缩小了社会公众参与陪审的范围和层次，使人民陪审员缺乏代表性。[③] 法律规定人民陪审制度的目的，就是要让普通社会公众有机会参加案件审理，依法行使法律规定的民主权力和法律监督权，法律规定过高的学历要求，仅仅因为

---

① 王冬冬：《我国人民陪审制度应当走向平民化》，载《法制与社会》2009 年第 3 期。

② 《方案》主要内容中的第 1 项第 2 款规定：人民代表大会常务委员会组成人员，人民法院、人民检察院、公安机关、国家安全机关、司法行政机关的工作人员和执业律师不能担任人民陪审员。因犯罪受过刑事处罚的或者被开除公职的，以及不能正确理解和表达意思的人员，不得担任人民陪审员。《实施办法》第 3 条、第 4 条增加规定，基层法律服务工作者、被人民法院纳入失信被执行人名单者、因受惩戒被免除人民陪审员职务者等情形，不适宜担任人民陪审员。期望通过试点总结经验，进一步完善法律制度。

③ 2002 年全国人口变动情况抽样调查数据显示：大专以上文化程度的公民仅占总人口比例的 4.41%，个别省份更低。例如，甘肃为 2.85%、广西为 3.23%等。见《中国统计年鉴（2003）》，中国统计出版社 2003 年版，第 16、29 页。

文化程度的差异就剥夺了绝大部分人担任陪审员的权利，显然导致权利的不平等，不仅违背了设置陪审制度的初衷，甚至可能与权利平等的宪法精神不一致。况且，即使这个条件在当时看来是有道理的，重新将陪审员的职责定位于认定事实之后，这一条件也是完全没有必要的。因为对事实的判断只需要普通民众的生活经验、正常的理性和一般的判断力，这些与文化程度的高低没有必要联系。一位普通农民就一件普通的家庭纠纷所做的事实认定，不一定会比一位“海归”博士差。因此，陪审员的任职条件应当取消有关学历的要求，真正使绝大部分普通民众能够参与陪审。

5. 关于设立专业陪审员

近几十年来，随着科学技术突飞猛进，新技术、新行业、新领域不断出现，使案件涉及的领域越来越广，争议的问题越来越专业，使案件的审理需要越来越多的相关专业技术知识。法官可能是法律专家，但不是也不可能成为所有领域里的专家，特别是涉及新技术、新行业、新领域的专业性案件，法官和普通民众可能都缺乏必要的专业知识，甚至不能很好地理解案情，因而难以作出准确的判断和裁决。这类案件由法官和普通民众陪审员审理，不仅可能因为需要深入了解专业技术问题、进行技术鉴定甚至反复鉴定等，导致审理期限长、效率低、费用高，而且，案件的当事人很可能是该领域的专业人士，他们对法官的判决可能缺乏信任感。①

为解决这个难题，一些地方法院通过司法实践的探索，在审理一些专业性较强的案件时，邀请相关的专业技术人员作为人民陪审员参与陪审案件，取得了很好的效果。而且，这些实践探索在制度层面也有所反映。例如，1991 年最高人民法院在《关于聘请技术专家担任陪审员审理专利案件的复函》中指出：人民法院审理第一审专利案件时，可以根据案件涉及的技术领域，聘请有关技术专

① 刘晴辉：《关于专家在民事诉讼中地位的思考》，载《社会科学研究》2009 年第 1 期。

家担任陪审员。2005 年 7 月 7 日，最高人民法院院长肖扬接见全国基层法院院长培训班学员时进一步指出：一些基层法院聘请各个领域的专家做陪审员的做法是成功的，要结合新的规定，加以完善并大力推广。① 实践表明，聘请专业陪审员参与审理是顺利解决某些专业性案件的一个有效途径。

因而，总结这些实践经验，可以在普通民众陪审员之外，设置专业陪审员。需要注意的是，这里的专业陪审员不是指具有法律知识或受过法律专业培训的人员，而是指具有其他特定专业知识的人员。根据各地的司法实践和当前的技术发展，建议目前设立下述领域的专业陪审员：（1）计算机和软件工程领域；（2）证券、信托等金融领域里专业性较强的行业；（3）商标权、著作权、专利权等知识产权领域。今后随着科学技术的发展，可以适当调整设立专业陪审员的领域。

对涉及上述专业领域的案件，由具有相关专业知识的专业陪审员参与审理，负责认定案件事实，由法官负责适用法律，可以弥补法官在专业知识方面的不足，同时也可以保证案件审理的公正性，并获得当事人的认可。不过，担任陪审员的专业人士应当具有独立地位，有利益关系的专业人员应当排除在陪审员的范围之外，实践中可由当事人自行申请排除。

根据目前人民法院分级审理案件的实际情况，可以适当扩大上述专业领域里适用专业陪审员的审级范围，除基层人民法院审理上述专业领域的案件适用专业陪审员以外，中级人民法院、高级人民法院审理这些领域的一审案件，在法院认为必要时，也可以适用专业陪审员参与审理。

6. 关于陪审案件的范围

瞿同祖先生认为，如果只关注条文而不注意实施情况，只能是

① 肖扬：《树立科学的司法观，扩大民主，促进司法公正》，载《人民法院报》2005 年 7 月 8 日。

条文的形式的、表面的研究，而不是活动的、功能的研究。我们应该知道法律在社会上的实施情况是否有效、推行的程度如何、对民众生活有什么影响等。[①] 确定陪审案件的范围，必须考虑到陪审的必要性和可操作性。从司法实际情况看，并非所有的案件都需要陪审员参加审理，这是显而易见的。因而，让所有案件均可以适用陪审员审理肯定是不必要的。

根据《关于完善人民陪审员制度的决定》，目前我国人民陪审制度主要适用于社会影响较大以及原告、被告申请由人民陪审员参加合议庭审判的案件。[②] 这一规定存在两个问题：一是“社会影响较大”的规定过于原则，没有明确的判断标准，缺乏可操作性，事实上由法院根据情况自行掌握，自由裁量性过强，这种高度灵活的规定给人一种可以随心所欲的感觉，难以体现出“认真对待陪审制度”的态度。二是范围过宽，只要原告、被告提出陪审的申请，就应当由陪审员参与审理。目前西方国家对适用陪审制度审理的案件范围已有所限制，主要适用比较严重的刑事案件和少数特殊的民事案件，对简单、轻微的刑事案件和大部分民事案件，一般很少适用陪审制度。例如，英国通过陪审制审理的刑事案件不到全部刑事案件的 4%，美国通过正式审理程序审理的案件不到 10%。[③] 2009 年，日本正式实施裁判员制度，适用的案件类型主要限于重大刑事案件。

---

① 瞿同祖：《中国法律与中国社会》，中华书局 2005 年版，导论。

② 《办法》重要内容中的第 3 项规定：扩大人民陪审员参审范围。合理界定并适当扩大人民陪审员参审案件范围，充分发扬司法民主，提高司法公信力。涉及群体利益、社会公共利益的，人民群众广泛关注或者其他社会影响较大的第一审刑事、民事、行政案件，以及可能判处十年以上有期徒刑、无期徒刑的第一审刑事案件，原则上实行人民陪审制审理。第一审刑事案件被告人、民事案件当事人、行政案件原告申请由人民陪审员参加合议庭审判的，可以实行人民陪审制审理。上述规定，保留了当事人申请制度。同时，可以看出，虽然列举部分案件，但是案件适用范围的规定相对还是比较原则，法官自由裁量权明显过大。

③ 罗勤：《关于人民陪审制度的再思考》，武汉大学 2004 年硕士学位论文。

为了使人民陪审员制度真正发挥作用，同时避免因为陪审带来严重的增加诉讼成本、拖延诉讼、降低司法效率等问题，目前我国适用人民陪审员审理的案件范围不宜过宽。具体来说，首先，应当明确，只有基层人民法院和中级人民法院审理的一审案件，才适用人民陪审员参加审理。当然，适用专业陪审员例外。其次，就民事案件来说，主要是涉及侵犯名誉权的案件以及涉及邻里、亲情纠纷的案件，包括婚姻家庭、相邻关系、继承纠纷等案件。当事人的行为、言辞等是否侵犯了他人的名誉权，他人的名誉是否因此受到贬损，最适合由当地的普通民众作为陪审员作出判断。而邻里、亲情案件往往情况复杂，涉及人情世故、风俗习惯，甚至涉及家族历史、家庭隐私等情况，由陪审员参与审理，更有可能作出符合实际的事实认定。

7. 关于陪审员的选择与管理

人民陪审员的选任是实行陪审的第一步。根据现行法律规定，我国人民陪审员的选任程序是，符合条件的公民，可由所在单位或户籍所在地的基层组织向基层人民法院推荐，或者本人提出申请，由基层人民法院会同同级人民政府司法行政机关进行审查，并由基层人民法院院长提出人民陪审员人选，报同级人民代表大会常务委员会任命，任期 5 年。人民法院审判案件依法应由陪审员参加合议庭的，应在人民陪审员名单中随机抽取确定。这些规定是与人民陪审员承担认定事实、适用法律双重职责相适应的，由人民法院会同司法机关审查确定人民陪审员人选，可以在一定程度上保证陪审员具有相应的参与审判的能力。

但是，这样规定的缺陷是显而易见的。从这些规定不难看出，人民法院对于人民陪审员的选任具有决定性作用和实际的权力。人民法院负责对推荐、申请的候选人进行审查，提出人民陪审员的人选名单，虽然表面上要报同级人大常委会正式任命，但从我国的现实运作情况看，任命更多的是一种程序和形式，实际上都是由人民法院操作和控制的。这样选择出来的人民陪审员名单，无论是陪审员的代表性还是可信度，都很难让人信服。而且，具体审理案件时选择陪审员参加合议庭时，虽然规定应当随机抽取，但是，一方面案件当事人对于陪审员的选择没有任何限制，完全由法院运作，主观随意性较大；另一方面对被抽中又因故或无故不参加审判的陪审员并没有严格的处罚措施，担任陪审员更多的是一种荣誉和权利而不是严格的法律义务，加上审判程序复杂，确实有些陪审员因各种原因不能随时参与审判，这就给法官随意操作留下了很大的空间，不排除有些主审法官根据自己的好恶决定参与审判的陪审员，尽量选择熟悉的、听话的、容易"沟通"的陪审员审理案件，而排斥一些认真行使权利、严格履行监督职责的陪审员，结果，有些陪审员可能经常被抽取参与陪审案件，有些陪审员可能长期不被抽中，因而无案可审。目前专家学者普遍批评的部分陪审员常任化，成为陪审专业户或者编外法官的现象，足以表明这种担心并非多余，而是已经不幸地变成了现实。

事实上，一些地方法院经过实践已经认识到这些问题，并探索进行相应的改革尝试。例如，2008 年年初南京下关区人民法院就进行了"海选"人民陪审员的尝试，由参与海选的人自愿报名，经过几轮复试、面试的环节，在全社会范围内选出人民陪审员。[①]通过海选的方式产生人民陪审员，可以说是陪审员产生方式的一次良性实验，海选产生的陪审员都是自愿加入人民陪审员行列的，工作积极性比较高，民众代表性更强，同时也有利于社会公众对人民陪审员进行监督。不过，现行陪审员选任制度的其他弊端仍然存在。例如，由于陪审员的名额限制以及主审法官在抽取参加合议庭的陪审员方面的实际主导权，陪审员可能仍然是一个相对固定的团体，一部分陪审员仍然可能成为常任陪审员，另一部分陪审员参与陪审的机会同样可能比较少。

---

① 李克诚：《海选人民陪审员观察：司法改革的"鲶鱼"试验》，载《东方早报》2008 年 1 月 14 日。

为此，根据人民陪审员认定事实的职责定位，应当适当调整和完善人民陪审员的产生方式。具体建议：（1）确定陪审员名单与抽取参与审理案件的陪审员可以考虑实行分离制，即由不同的单位分别负责。例如，可由司法行政管理部门根据上一次地方人民代表大会代表选举时本地区有选举权的选民册，按照前述年龄要求和应当排除在陪审员之外的规定，确定当地的人民陪审员名册，供审理案件时抽取确定参与审理案件的陪审员。专业陪审员可由行业协会、专业协会推荐，由司法行政管理部门以此为根据确定专业陪审员名单。(2）人民法院审理依法应当有陪审员参与审理的案件时，从陪审员名册中随机抽取一定数量的候选陪审员，开庭前，在主审法官的主持下，依次询问候选陪审员的基本情况和特定事项，由双方当事人依据一定的理由排除某些不适宜审理该案件的候选人，最终确定 4~6 位陪审员参与案件审理，负责认定案件事实。当事人可依据哪些理由排除候选陪审员可另作统一规定，同时允许当事人根据案件的特定情形以特殊理由提出排除某位候选陪审员的意见，但需由法官决定是否应当排除。（3）通过立法明确规定列入陪审员名单的社会公众担任人民陪审员，既是一项权利，也是一种义务，是每一位社会公众的职责。一旦被列入陪审员名册，并被随机选中参加案件审理，除非有正当理由（如因本人或关系密切的近亲属患有疾病，不能履行陪审职责），否则必须参加案件的审理，依法履行法定职责。同时，建立责任处罚制度，即规定被选中的人民陪审员如果无故拒绝或懈怠履行法定职责，依法给予罚款、拘留等处罚。

在实践中，为防止某些陪审员总是被抽中参加案件审理，确保列入名单的陪审员有均等的机会被抽中，可以在一定时间内（如一年内）将曾被选中参与案件审理的陪审员，排除在被抽取的范围之外，或者限定每一年陪审员在一定时间里参加案件陪审的次数(如每年不超过 3 次)。这样规定有两方面好处：一方面可以减轻陪审员的负担，因为担任陪审员是每个符合法定条件的公民的权利和义务，是必须履行的职责，某一位陪审员参加陪审的次数过多，可能加重其负担；另一方面可以避免出现常任陪审员，实现陪审员机会均等，并且可以降低产生陪审腐败的可能性。①

三、调解优先原则

（一）调解优先原则的含义与历史演变

调解优先原则的基本含义是：当纠纷产生时，鼓励当事人首先选择调解而非诉讼；即使纠纷诉讼到法院，也鼓励当事人尽量选择司法调解。

调解优先原则在一些国家和地区的法律规定或司法实践中都有体现。美国法院就明确鼓励当事人选择调解和 ADR 解决纠纷。例如，在美国加利福尼亚州北区法院，法院在受理每一起经济纠纷案件后，都会给当事人发送一份《同意 ADR 程序或需要举行 ADR 电话会议通知》，要求当事人在参加案件管理的早期会议前，要么同意一个 ADR 程序，要么参加一次 ADR 电话会议。法院在发出通知时，还给当事人寄送《加利福尼亚北区法院的 ADR 宣传品》，以使当事人对 ADR 有更深入的了解。② 日本调解制度的设计也体现了尽量鼓励当事人首先利用调解来解决纠纷的精神，并作出了一些引导当事人选择调解的程序规定。例如，申请调解需要缴纳的申请

① 《办法》主要内容中的第 4 项、第 6 项，对完善人民陪审员参审案件机制、完善人民陪审员的退出和惩戒机制等提出了改革探索的设想。《实施办法》中也作出了相关细化的规定，包括基层人民法院根据本辖区案件数量和陪审工作实际，确定不低于本院法官员额数 3 倍的人民陪审员名额，陪审案件数量较多的法院也可以将人民陪审员名额设定为本院法官员额数的 5 倍以上。中级人民法院根据陪审案件数量等实际情况，合理确定本院人民陪审员名额。人民法院每五年从符合条件的选民或者常住居民名单中，随机抽选本院法官员额数 5 倍以上的人员作为人民陪审员候选人，建立人民陪审员候选人信息库等。期望最高人民法院通过试点，能尽快总结出实践经验，完善立法，指导司法实践。

② 章武生：《ADR 与我国大调解的产生和发展》，载上海市高级人民法院、上海市司法局、上海市法学会编：《纠纷解决多元调解的方法与策略》，中国法制出版社 2008 年版，第 10 页。

费只是起诉时缴纳的诉讼费用的一半。并且，当事人又在两周内起诉的，已缴纳的调解申请费可以折抵诉讼费。[①] 我国台湾地区的调解优先原则表现得更为突出，其“民事诉讼法”规定了 11 类应当调解的案件，还作出了一些类似日本法鼓励当事人选择调解程序的规定，并通过一些宣传措施动员当事人使用调解程序。在学术研究方面，国外不少学者也对各种纠纷解决方式进行了深层次研究。[②] 而在我国，直到最近才明确提出调解优先原则，一些地方的司法实践开始施行，虽然有一些实践经验，但在立法上尚无直接的明确规定，理论研究也处于摸索和探讨阶段，可以说还是一个研究空白。

调解是在第三方的主持下由当事人自主协商解决纠纷的活动。[③] 从诉讼调解制度的发展进程看，调解优先原则的产生主要经历了以下几个阶段：

1. “调解为主”阶段

这一阶段主要指，中华人民共和国成立后至 1982 年《中华人民共和国民事诉讼法（试行）》颁布施行时期。1963 年，最高人民法院召开了第一次全国民事审判工作会议。在会议上，总结了新民主主义革命时期的司法实践和中华人民共和国成立以来的审判工作经验，制定了《关于民事审判工作若干问题的意见》，提出了

---

① 石川明、梔村太市编：《注释民事调解法》（改订版），青林书院 1993 年版，第 597 页。

② 章武生：《ADR 与我国大调解的产生和发展》，载上海市高级人民法院、上海市司法局、上海市法学会编：《纠纷解决多元调解的方法与策略》，中国法制出版社 2008 年版，第 10~11 页。

③ 从某种意义上说，调解是谈判的延伸。两者的区别在于中立第三方的参与。调解作为一种纠纷解决方式，在世界各国被广泛应用。但是，由于存在形式和运用方式不同，各国的调解制度亦存在一定的差异。例如，有些国家的调解是构成司法体系的一个重要组成部分；有些国家的调解是作为非正式的民间性组织或活动存在；有些国家的调解应用广泛，区分为民间调解、行政调解、法院调解等不同形式。有些国家则把调解作为一系列替代性纠纷解决方式的总称。见范愉：《非诉讼纠纷解决机制研究》，中国人民大学出版社 2000 年版，第 176~177 页。

“调查研究，就地解决，调解为主”的民事审判工作十二字方针。

1964年又将该方针发展为“依靠群众，调查研究，调解为主，就地解决”的十六字方针。所谓“调解为主”，是指法院审理民事案件应当尽量采用调解方式，以调解结案。这一审判工作方针，对我国民事审判活动产生了重大的影响。在以后的几十年里，民事审判工作的开展均依此方针，此方针对以后的民事诉讼立法也产生了深远的影响。“文化大革命”期间，我国民事诉讼立法基本处于停滞状态，直至1978年，民事诉讼立法活动才进入了全面恢复和发展阶段。在此期间，1979年2月，最高人民法院发布的《人民法院审判民事案件程序制度的规定（试行）》中再一次明确规定：处理民事案件应坚持调解为主，凡是可以调解的，就不用判决，需要判决的，一般也要先进行调解。处理离婚案件，必须经过调解。调解要尽量就地进行。在当时社会生活高度政治化、法律控制手段极为薄弱的历史背景下，强调调解的做法适应了形势的需要，取得了很好的社会效果。

2. “着重调解”阶段

这一阶段主要指，1982年《中华人民共和国民事诉讼法（试行）》颁布施行至1991年《中华人民共和国民事诉讼法》颁布实施时期。20世纪80年代初期，当国家从“文化大革命”的浩劫中逐渐苏醒，并意识到只有建立完善的社会主义民主和法制，国家才能长治久安时，一味强调调解的思路就显得不合时宜了。为了提高民事诉讼中审判的地位，避免造成审判与调解的对立，1982年《中华人民共和国民事诉讼法（试行）》将“调解为主”的提法改为“着重调解”，并作为民事诉讼的一项基本原则加以规定。《中华人民共和国民事诉讼法（试行）》第6条规定：“人民法院审理民事案件，应当着重调解；调解无效的，应当及时判决。”法律这样规定，具有两方面的益处，一方面可以避免调解和判决的对立，另一方面亦可以突出法院审判机关的性质。因为“调解为主”的提法在司法实践中容易使人在理解上产生片面性，即一般认为，

"为主"是相对于"为辅"而言，既然强调"调解为主"，那么，是否意味着法院审判"为辅"呢？然而，从人民法院是审判机关的性质看，人民法院的审判不可能"为辅"，因此，"调解为主"的提法缺乏相对性，需要改变。

从我国调解制度的历史发展来看，调解不仅是中华民族的优良传统，也是解决纠纷的一种行之有效的方式，如果案件能够调解而当事人也愿意调解的，人民法院应当尽量用调解方式结案。因此，立法规定应当"着重调解"。但是，应当看到，在《中华人民共和国民事诉讼法（试行）》施行的过程中，虽然"着重调解"的法律规定在用语上避免了调解与判决的对立，但实质上仍然保持着调解优先的倾向性。虽然对司法实践中的强制调解、变相调解以及强制达成调解协议的情况有所改变，但是，并没有从根本上解决问题，强制调解、变相调解等问题依然存在，需要法律纠正与调整。

3. "自愿合法调解"阶段

这一阶段主要指，1991 年《中华人民共和国民事诉讼法》颁布施行至今。为了适应我国社会政治、经济、文化的发展，为了提高民事诉讼中人民法院审判地位，纠正强制调解的弊病，1991 年《中华人民共和国民事诉讼法》又将"着重调解"改为"根据自愿和合法的原则进行调解"。《中华人民共和国民事诉讼法》第 9 条规定："人民法院审理民事案件，应当根据自愿和合法的原则进行调解；调解不成的，应当及时判决。"法律修改的原因主要是纠正个别人认为"着重调解"就是"着轻判决"的思想意识；也是为了解决法院在调解过程中存在的强迫调解、违法调解、片面追求调解率以及久调不决等问题。这些问题的产生，从根本上说都是由于违反自愿和合法原则造成的。因此，立法者意识到，调解的关键不是能不能够调解，而是愿不愿意调解。所以，修改后的《中华人民共和国民事诉讼法》把当事人自愿调解作为首要原则确定下来。根据此项原则，即使是能够调解结案的案件，如果当事人不愿意通过调解的方式结案，法院就不能强行调解。立法修改的目的，不是否认法院调解，而是把法院调解纳入法制的轨道，使其能够健康地发展。①

4. “调判结合”阶段

2005 年 3 月 9 日，最高人民法院院长肖扬在第十届全国人大会第三次会议作的《最高人民法院工作报告》中首次提出了“能调则调、当判则判、调判结合、案结事了”的十六字方针。2005 年 4 月 1 日，最高人民法院发布的《关于增强司法能力提高司法水平的若干意见》中，要求大力加强诉讼调解工作，坚持“能调则调、当判则判、调判结合、案结事了”的要求，尽量通过诉讼调解达到平息纠纷的目的。2005 年 9 月 19 日，最高人民法院发布的《关于全面加强人民法庭工作的规定》第 17 条规定：人民法庭审理案件，应当将调解贯穿案件审理的全过程，做到“能调则调、当判则判、调判结合、案结事了”。2005 年 11 月 4 日，最高人民法院发布的《法官行为规范（试行）》第 37 条规定：法官应当增强调解意识，坚持将调解贯穿于民事诉讼的全过程，充分发挥诉讼调解在解决纠纷中的作用；坚持自愿、合法，能调则调、当判则判、调判结合、案结事了。2007 年 3 月 7 日，最高人民法院发布的《关于进一步发挥诉讼调解在构建社会主义和谐社会中积极作用的若干意见》中，重申了“能调则调、当判则判、调判结合、案结了事”作为当前民事审判工作的指导方针，要求各级人民法院大力推动诉讼调解工作。

5. “调解优先”阶段

2009 年 2 月中旬，最高人民法院下发《关于进一步做好 2009 年人民法庭工作的通知》，明确提出法院要贯彻“调解优先，调判结合”的司法原则。2009 年 3 月 10 日，最高人民法院院长王胜俊在十一届全国人大二次会议上作的最高人民法院工作报告中指出，

---

① 杨荣馨主编：《民事诉讼原理》，法律出版社 2003 年版，第 501～502 页。2007 年我国修改《民事诉讼法》，对诉讼调解制度的法律规定未作改变。

人民法院高度重视运用调解手段化解矛盾和纠纷，着眼于促进社会和谐，转变审判观念，坚持“调解优先，调判结合”原则，把调解贯穿立案、审判、执行的全过程，全面推进民商事案件调解工作。

2009年7月29日，在全国法院调解工作经验交流会上，最高人民法院常务副院长沈德咏代表最高人民法院第一次提出了“三全调解”，即“全面、全程、全员”调解。“三全调解”的提法实际上是对“调解优先”原则的进一步强调与细化。所谓“三全调解”，是指全面调解、全程调解和全员调解。“全面调解”是指把调解作为化解矛盾纠纷的优先选择，从单一的民事审判领域向刑事审判、行政审判和执行工作全面拓展。“全程调解”是指把调解工作贯穿于立案、审判、执行的各个环节，贯穿于一审、二审、再审、信访的全过程，实现调解工作的无缝隙。“全员调解”是指法院系统内全体员工都要参与调解。在调解过程中，通过院长、庭长示范调解，审判长指导调解，老法官传授调解等方式，提升全体法官调解工作的实战能力。对于“三全调解”的提法，有学者提出了质疑，认为这种提法过于极端，不够科学。因为并非所有的案件都适合调解，并非诉讼的任何阶段都适合调解。“三全调解”虽然能够满足诉讼纠纷的解决功能，但却弱化了诉讼的判断是非功能、权利保护功能、形成规则功能，且容易导致强制调解。因此，应当摒弃“三全调解”的提法。①

需要注意的是，我国2012年新修订的《民事诉讼法》第122条规定：当事人起诉到人民法院的民事纠纷，适宜调解的，先行调解，但当事人拒绝调解的除外。该项法律规定体现了诉讼中的调解优先。但是，其只是作为第一审普通程序的操作规则被规定，并不属于贯穿于民事诉讼始终的调解优先原则，不具有普适性。

---

① 郭晓光：《对人民法院“三全”调解的冷思考》，载《中国政法大学民商经济法学院2009秋季论坛论文集》，第159页。

总之，从调解制度发展和实践的历史演变进程看，调解制度在适用过程中一直受到学者们的高度关注，同时，对于调解制度的存废，特别是如何完善调解制度，学者们也一直争论不休。从我国调解制度的历史发展进程看，调解制度的适用经历了从强化到有所弱化、再到强化的发展过程，虽然道路曲折，但是足以表明调解制度具有赖以生存的顽强生命力。究其原因，不是法律理论和法律制度设计不能没有调解制度，而是现代社会纠纷的解决离不开调解制度，构建和谐社会更离不开调解制度。虽然在调解制度适用过程中也出现了这样或那样的问题，实施的效果不能完全令人满意，但是，必须承认，调解制度在及时、有效地解决民事纠纷、化解社会矛盾方面发挥的作用是占主导地位的。而且，不论是学术界还是政府有关机构，都在积极进行理论研究和实践探索，试图完善相关制度，避免调解制度在实践中可能产生的弊端，寻找确立符合我国基本国情、文化传统和经济社会发展现实需要的调解法律制度。因此，从目前情况来看，如何完善调解制度，正确理解和适用调解优先原则，厘清调解与判决的关系，搞好调解与判决的衔接，同时注意和避免调解制度适用过程中可能出现的问题，更好地发挥调解的作用，应当说是当务之急。

（二）确立调解优先原则的必要性

美国学者柯恩曾说：“中国法律制度最引人注目的一个方面是调解在解决纠纷中不寻常的重要地位。”① 调解制度被称为东方经验而为西方法学界所推崇和借鉴。但在我国司法制度发展过程中，却曾经一度出现废除调解制度的呼声，究其原因，其中一个重要因素是，有些学者认为，调解制度与现代法治相悖。然而，随着经济发展和社会变革，纠纷显著增加，导致法院的案件数量激增，许多地方的法院超负荷运转。而且，由于立法的滞后和法律的不够完

① 强世功：《调解、法治与现代性：中国调解制度研究》，中国法制出版社2001年版，第88页。

善，随着新事物和新型纠纷的不断出现，法院的判决越来越不容易得到当事人和社会公众的认可和信任，案结事未了，反而可能造成当事人反复申诉、信访，引发更多的社会矛盾和纠纷。由此，调解制度以其形式灵活、简捷快速、便于执行等优点，重新受到了人们的青睐，并明确提出了调解优先的原则，一些地方法院也从实际出发，大力推进调解，应当说是符合当前我国经济社会发展需要的。基于我国目前经济、社会发展的现实，基于我国的传统文化，基于我国法律体系建设和司法实践的现状，在当前和今后一个阶段里应当特别强调发挥调解的作用，倡导调解优先原则，更好地通过调解来解决民事纠纷。其理由如下：

第一，从我国的法律体系和立法制度来看，我国的法律体系被普遍认为属于大陆法系，法律的基本渊源是全国人大及其常委会通过的宪法和法律，人民法院和法官不像英美法系那样具有“造法功能”，只能严格遵守法律的规定作出判决。目前，我国的立法一般采取“从特殊到一般”的立法技术，就是根据纷繁复杂的现实情况，研究、归纳、抽象出一些法律规则，通过法律条文反映出来。由于我国国土幅员辽阔，全国不同地区的经济地理环境、资源状况、风俗习惯、文化传统以及经济、社会发展水平的差异，国家的立法甚至制定地方性法规通常只能作出抽象、原则的规定，才能具有普适性。加上多年来我国的立法实践一直坚持“宜粗不宜细”的原则，遇到有争议的问题或者难以作出明确规定的，通常就会回避矛盾，在立法中只作出原则性的、模糊的规定。而法官审理民事纠纷，则必须从“一般到特殊”，就是将高度抽象的、原则性的规定，具体运用于现实生活中面临的各种各样的案件。与英美法系法官根据“遵循先例”的原则，直接按照上级法官在类似事实的案件中所作的先例判决作出自己的判决相比，对我国的法官无疑提出了更高的要求。一方面，我们很容易出现不同地区、不同法官针对同一事实作出不同判决的现象；另一方面，法官作出“错误”判决的可能性客观上就要比英美法系更大，因为英美法系的法官寻找，更准确地说是确认（因为事实上通常是由当事人的律师负责寻找）一个与本案事实相近的先例判决，显然要比我国的法官把抽象的、原则性规定适用于特定的案件更容易得多，而且，当事人判断法官的判决是“正确”还是“错误”的标准也更明确得多。所以，人民法院依法作出的判决越多，当事人认为出现“错误”判决的概率就越大。比较而言，通过调解解决纠纷，当事人认为“错误”的概率显然就会大大降低。

第二，从我国立法现状看，基层人民法院依法判决也面临一些实际困难。一是随着我国经济快速发展，特别是体制转轨过程中出现的两极分化，社会的分化日益明显，不同的社会阶层、不同的利益集团逐渐形成。理论上说，立法应当协调并充分反映各阶层的利益，但客观上，法律作为上层建筑归根结底是经济基础的反映，在社会利益的冲突面前，不同利益集团在立法过程中的参与和表达能力显然不同，基层民众参与立法的机会与能力无疑受到限制，他们的利益和要求、他们的生活在法律中的反映受到影响。因此，法官将法律运用于他们之中出现的纠纷，其适宜性或适用性难免受到影响。二是某些立法越来越形式主义，越来越抽象，离基层民众的现实生活越来越远。许多民商事法律对社会大众的民事活动提出了越来越多的形式要件，倾向于要用统一的法律规则来规范、限制复杂的现实生活，而不是针对现实生活中发生的复杂现象和问题规定法律上的规则和救济措施。在现实生活中，基层人民法院面对的当事人，许多都是在不知道、不注意法律规定的形式要件的情况下从事民事活动的，法律本来应当承认他们的行为（只要不侵犯国家、集体的利益和他人的合法权益），如果他们出现纠纷，法律就应当根据他们的争议情况，为他们提供相应的救济，但却试图以严格的形式要件来规范、解释当事人的行为。立法形式化的趋势日益明显，与此相比，基层民众的社会、经济生活和思想观念适应这种趋势却相对比较缓慢。因此，基层人民法院如果单纯按照法律规定的形式要件进行审判，当事人显然难以服判息诉。三是民事立法对民事习俗和传统关注不够。一个地方的习惯、习俗和传统，是当地民众在长期的社会生活中形成的，客观上成为民众的思想观念和行为准则，应当得到法律的尊重。但是，我们制定的民事法律，并没有十分关注民事习惯、习俗和传统。因此，在一些地方，特别是具有特殊民事习惯、传统的地方，人民法院在基层适用某些民事法律依法作出判决，就比较容易招致当事人的疑问甚至责难。

第三，从我国经济社会发展所处的阶段来看，我国正处于经济发展、体制转轨、社会变革、矛盾凸显的转折时期，随着改革的深化，社会主义市场经济体制逐渐取代计划经济体制，整个社会发生了天翻地覆的变化，人民法院依法审理民事纠纷作出判决，也因此面临一些困难。一是在经济飞速发展、社会急剧变革的同时，新问题、新事物、新矛盾也不断出现，而立法本身总是滞后的，而且我国立法的通常做法是，先有一段时间的实践经验，再总结经验制定部门规章、行政法规，然后再上升为法律。因此，法律对社会现实特别是对新事物的反应一直比较缓慢，立法滞后的问题就更显得突出。新闻媒体不时报道“某某方面无法可依”，“是制定法律加以规范的时候了”等，就正好反映了人民法院在审理某些纠纷（包括民事纠纷）时遭遇的缺乏法律依据的尴尬，人民法院如果非要作出判决，当事人就可能难以接受，更难以信服。二是由于经济、社会发展的不平衡，社会分化日趋严重，特别是城乡二元结构的长期影响。一方面，高楼林立、五彩斑斓的城市社会日益现代化甚至全球化，人们的思想观念、文化水平、法律素质和生活水平、生活方式等都发生了显著变化；另一方面，广大的农村地区的发展步伐显然落后，固守在农村而没有进城打工的农民，他们仍然在很大程度上坚守着传统的文化和生活方式，为人处世仍然遵循传统的观念和规矩，加之普法不够深入，他们的法律知识有限，法律观念淡薄，在他们的心目中，对公平、正义自有一套可能与法律并不一致的看法，即所谓对于天理、人情，对于公平、正义，百姓心里有杆秤。由于前述原因，法律很容易更多地照顾现代化的城市社会。在这种情况下，基层人民法院作出的判决，就很有可能与当地民众对公平、正义的观念产生分歧。当前，上诉上访案件越来越多，在一定程度上反映了社会公众的公正观念与法律的差异。2004 年国家信访局局长指出：80%的上访案件是“有道理的”，是应当解决也可以解决的。[①] 而人民法院对上诉案件的改判率通常只有 10%左右。由于统计数字的不全面，我们难以准确地计算信访案件中有多少涉法涉诉案件，其中“有道理的”是多少。但是，两个数字之间的巨大反差足以说明，至少有相当一部分案件经人民法院多次审理后被认定属于依法作出的正确判决，而当事人继续上诉、申诉被认为是“有道理的”。

第四，从构建和谐社会的要求来看，人民法院应当树立新的司法观念。一是要进一步明确人民法院在构建和谐社会中的责任。建设社会主义和谐社会，是广大人民群众的愿望，符合全体人民的利益，是新时期、新阶段我们国家的重大战略任务。人民法院作为国家机器的一个组成部分，不能脱离整个国家当前和今后一个时期的战略任务单纯地谈人民法院的审判工作；不能简单地把人民法院的审判工作技术化，人民法院不是电气化工厂，法官不是计算机。相反，人民法院应当依法充分发挥各项审判职能，解决纠纷，化解矛盾，消除可能造成社会不和谐的隐患，减少社会不和谐的因素，促进社会和谐，为完成构建和谐社会的战略任务作出应有的贡献。[②]

---

① 《法制日报》2004 年 4 月 4 日。

② 如前所述，全国法院受理各类案件突破了一千万件，最高人民法院也突破了一万件，这是前所未有的。每一起案件至少有两方当事人，这就涉及几千万个家庭和企业。个人或企业有官司，就会牵扯整个家庭甚至亲戚朋友的精力、牵扯大量企业员工的精力，所以，1000 多万件案件要牵扯亿万人。十个人中就要有一个人为官司牵扯精力。从争议解决的数额看，去年全国法院解决争议的标的额是 7954.88 亿元、财政收入是 5300 多亿元。法院解决争议的标的额可以比得上一个中等发达省份的国民生产总值，超过一个发达省份的财政收入。由此可见这些案件的处理对经济社会发展和社会和谐稳定的影响有多大。参见《受理案件破千万法院如何突围》，载《法制日报》2009 年 3 月 13 日。

二是要进一步明确审判工作的目标。按照构建和谐社会的要求，人民法院的审判工作不能简单地要求“依法判决”，而是应当在依法判决的基础上，努力实现“定分止争、案结事了”的目标。人民法院审理民事案件，当然应当审理、依法作出判决，但在此基础上还应当提出更高的要求。人民法院审理民事案件，应当有利于和谐社会建设，而不应当影响、阻碍和谐社会建设。具体来说，人民法院审理民事案件，应当尽可能彻底地解决当事人之间的争议，使他们服判息诉，而不应当简单地作出判决，不仅没有解决争议，反而导致当事人反复上诉、长期申诉，甚至因此产生更严重的争议；应当尽可能地解决社会矛盾，促进社会稳定，而不应当因此制造新的甚至更大的矛盾，影响社会稳定；应当尽可能使当事人成为信仰法律、维护社会的公民，而不应当使当事人变成不相信法律、敌视社会的人。只有这样，人民法院才能更好地履行自己的职责。人民法院特别是基层人民法院要达到这些要求，通过调解使双方当事人自主、自愿地解决纠纷，服判息诉，显然是一个较好的办法。

第五，从我国人民法院法官的情况来看，一方面，基层法官可能面对的是社会公众中文化程度最低、法律素养最差、传统观念最强、生活方式和思想观念最落后的一部分民众；需要解决的争议既有鸡毛蒜皮的家庭琐事，又有价值较大的交易纠纷和各种情形的侵权案件，即使有些案件价值不大、损害不重，但也可能对当事人来说是至关重要的，甚至直接影响到当事人的家庭生活。总之，基层法院各种案件五花八门，甚至千奇百怪，要让大部分案件的当事人服判息诉，对法官解决纠纷的要求很高。法官不仅要具有丰富的法律知识，有高度的责任心和耐心，而且还必须具有超乎寻常的智慧。另一方面，基层法官的待遇不高，随着民众法律意识的增强，民事纠纷案件越来越多，大部分地方基层法官的工作负担都比较重，同时缺乏系统的、有计划的培训，基层法官的业务素质无疑受到影响。特别是国家加强立法工作，每年都有 10 多部法律（包括制定新的法律和修改现有法律）通过实施，甚至大学里的法律教授都戏称自己快要成为法盲了，基层法官如果未定期接受专门的培训，要真正掌握相关法律的精神实质和条文的准确含义，真正做到依法判决，并且让当事人服判决息诉，谈何容易！

基于上述原因，笔者认为，在当前我国经济体制转轨、社会转型时期，国家应当大力倡导调解优先原则。纠纷产生后，对于能够调解结案的案件，首先应当考虑在诉讼外调解解决。即使案件诉讼到法院，法院也应当鼓励、劝导当事人，在开庭审理前通过调解的方式解决。事实上，近年来全国各地基层人民法院涌现出的优秀法官，大都以擅长调解而著称，这一现象是值得深思的。人民法院在司法实践中适用调解优先原则时，也进行了一系列改革探索的尝试。例如，实践中施行的“三调联动”纠纷解决方式，取得了较好的成效。[①] 成功的经验，值得完善立法参考借鉴。综上所述，通过立法的形式确立纠纷解决的调解优先原则，既具有必要性也具有可行性，已经成为当务之急。

（三）调解优先原则的具体运用

所谓诉讼调解，也称法院调解，是指在人民法院审判人员的主持下，双方当事人就争议的实体权利、义务自愿协商，达成协议，解决纠纷的活动。[②] 诉讼调解是民事诉讼的一项基本原则，是人民法院依法解决纠纷的一种重要方式，具有独特的功能和作用。我国几十年的实践表明，调解是一种具有中国特色的诉讼制度，在解决民事纠纷、化解社会矛盾，维护社会稳定、构建和谐社会等方面，发挥了不可替代的重要作用。

1. 诉讼调解制度的法律规定与理论争议

在我国，有关诉讼调解制度的法律规定，主要见于《民事诉讼法》和相关的司法解释。我国《民事诉讼法》第 9 条规定：人

---

① 所谓“三调联动”，是指人民调解、行政调解、司法调解相互衔接、相互协调的纠纷解决机制。

② 杨荣馨主编：《民事诉讼原理》，法律出版社 2003 年版，第 496 页。

民法院审理民事案件，应当根据自愿、合法的原则进行调解，调解不成的，应当及时判决。同时单列一章规定了调解制度的具体内容。[①] 根据《民事诉讼法》的规定，我国诉讼调解制度主要具有以下几个方面的特点：一是调解制度的适用贯穿民事诉讼的始终，即立案阶段、案件审理阶段、判决阶段法官都可以对案件进行调解；二是调解法官与审判法官不分，一身兼二职；三是法官在调解中居于主导地位；四是法官进行调解应当根据当事人自愿原则，在查明事实、分清是非的基础上进行。这就是我国现行法律规定的“调审合一”的诉讼调解制度。

从司法实践看，“调审合一”诉讼调解制度的适用主要产生了以下诸多弊端：一是法官在调解过程中的权力过分集中，并且缺乏必要的监督。我国法官集调解权与审判权于一身，这对提高调解效率具有重要作用，但是，同时也会导致在调解中法官的权力行使缺乏监督，使调解公正性的保障依赖法官的个人素质。一旦不能胜任，后果相当严重。法官在调解中扮演双重身份难以体现调解的公正性。二是“事实清楚、分清是非”原则的运用，限制了当事人

---

① 我国《民事诉讼法》第 93 条规定：人民法院审理民事案件，根据当事人自愿的原则，在事实清楚的基础上，分清是非，进行调解。第 94 条规定：人民法院进行调解，可以由审判员一人主持，也可以由合议庭主持，并尽可能就地进行。人民法院进行调解，可以用简便方式通知当事人、证人到庭。2003 年最高人民法院发布的《关于适用简易程序审理民事案件的若干规定》第 14 条规定：下列民事案件，人民法院在开庭审理时应当先行调解：（一）婚姻家庭纠纷和继承纠纷；（二）劳务合同纠纷；（三）交通事故和工伤事故引起的权利义务关系较为明确的损害赔偿纠纷；（四）宅基地和相邻关系纠纷；（五）合伙协议纠纷；（六）诉讼标的额较小的纠纷。但是根据案件的性质和当事人的实际情况不能调解或者显然没有调解必要的除外。第 15 条规定：调解达成协议并经审判人员审核后，双方当事人同意该调解协议经双方签名或者捺印生效的，该调解协议自双方签名或者捺印之日起发生法律效力。当事人要求摘录或者复制该调解协议的，应予准许。调解协议符合前款规定的，人民法院应当另行制作民事调解书。调解协议生效后一方拒不履行的，另一方可以持民事调解书申请强制执行。2004 年最高人民法院发布的《关于人民法院民事调解工作若干问题的规定》，以 24 条的篇幅对调解的时间、范围、方式等内容作出了明确规定。

的处分权。调解与审判是两种不同的纠纷解决方式，现行的民事诉讼法对调解与判决设置了同样的前提条件，即调解必须在查明事实、分清是非的基础上进行，变相扭曲了调解的本质，势必会对调解的灵活性与自愿性造成损害。三是调解具有任意性。主要表现为：启动程序具有任意性，即在整个诉讼进行中，法官征得当事人的同意，就可以进行调解；调解进行的任意性，即调解不具有固定的程序，具有较大的流动性；调解的结束具有任意性，即只要双方当事人达成合意，就可以达成调解协议。①

针对以上存在的问题，近年来，学者们对诉讼调解制度不断进行研究并取得了积极成果，也形成了不同学说。有的学者提出，应当实行调审分离，即把法院调解程序从审判程序中分离出来，作为法院处理民事纠纷的另一种方式，以解决部分法官偏好调解、片面追求调解结案率的问题；② 有的学者建议实行调审分立，把人民法院的调解纳入独立于诉讼程序外的调解程序，与审判并立，避免或减少以调解代替审判的现象；③ 还有的学者认为，应当以审前和解取代调解，避免调解的强制性，保障当事人意志的真正体现；④ 还有一些学者直接对诉讼调解提出了批评意见。这些意见对于完善诉讼调解制度及相关的法律规定，保障和促进调解制度更好地发挥应有的作用，无疑具有积极的指导意义。

2. 诉讼中调解优先原则的具体适用

从上述法律规定可以看出，虽然法律没有明确规定调解优先原则，但是，调解不成应当及时判决的提法亦是将调解放在第一位，司法实践中更是极力倡导调解。笔者认为，调解产生的弊端，原因

---

① 林艺芳：《由 ADR 制度谈我国法院调解制度的改革》，载《法制与社会》2008 年第 7 期。

② 章武生、张其山：《我国法院调解制度的改革》，载江伟、杨荣新主编：《民事诉讼机制的变革》，人民法院出版社 1998 年版，第 369 页。

③ 王红岩：《论民事诉讼中的调审分立》，载《法学评论》1999 年第 3 期。

④ 张晋红：《法院调解的立法价值探究》，载《法学研究》1998 年第 5 期。

不在于立法确立了调解原则，而在于实践中的调审合一。因此，在诉讼调解制度的具体应用中，应当采取以下措施来保证诉讼调解制度的顺利实施，避免实践中产生的一些弊端。

（1）确立调解优先原则，实行调审分离。① 一旦谈及诉讼调解，总会使人想到诉讼调解可能带来的“久调不绝”“以判压调”等弊端，有学者因此认为，诉讼调解就是以牺牲当事人利益为前提的，应当取消调解作为基本原则的地位。现在再提出将调解优先确定为民事诉讼的基本原则，这些学者很可能认为夸大了调解，忽视了判决。如前文所述，上述弊端的产生是与调审合一紧密相连的，而本书提出将调解优先作为原则的同时，还附着了调审分离制度，将调解与判决分离，就能较好地解决“以判压调”的问题。规定审前调解的期限，就可以解决“久调不绝”的问题。明确适用调解案件的类型，就可以防止调解优先原则扩大适用的问题。使调解法官与审判法官相分离，就可以防止法官在后续的判案中先入为主，有效避免司法不公的问题。解决好调解与诉讼的衔接问题，就可以解决诉讼拖延的问题。总之，制度设置合理化，确立调解优先原则，实行调审分离，不仅不会为纠纷解决带来弊端，反而有利于调解制度的具体适用，达到节约诉讼成本，实现司法公正，提高诉讼效率的功效。

（2）建立诉前调解与审前调解相结合的调解制度。所谓诉前调解，又称附设在法院的 ADR 或司法 ADR，是指以法院为主持机

---

① 理论界对“调审分离”存在两种观点：一种观点认为，应当实行“诉讼内的调审分离”，即在保留法院调解制度的前提下实行调审分离。具体运作方式是，在法院内部对调解的运用方法进行改革，调解仍然是法官主持下的诉讼内调解，但是由不同的法官分别在审前准备程序和庭审程序中各负责对同一案件调解和审判，达到调审分离的目的。见江伟：《民事诉讼法专论》，法律出版社 2005 年版，第 311 页。另一种观点认为，应当实行“诉讼外的调审分离”，即将法院调解从民事诉讼程序中分离出去，构建非讼化的民事调解制度，建立法院附设的调解委员会。见李浩：《民事调解中的调审分离》，载《法学评论》1996 年第 4 期。本书所说的调审分离既包括附设司法 ADR 的调解，也包括诉讼中的审前调解。与一些学者阐述的调审分离的含义不完全相同。

构或者受法院指导，但与诉讼程序截然不同的具有准司法性质的诉讼外解决纠纷的程序。[①] 司法 ADR 实质是国家将部分司法权附条件地委托给某些地方性或者专门性 ADR 机构进行处理，同时保留法院对他们的司法审查权，它是一种直接辅助诉讼程序的替代性纠纷解决方式。司法 ADR 综合了诉讼与当事人自行和解的优点，是介于两者之间的纠纷解决模式。诉讼由于过于强调国家强制力的作用，往往不利于纠纷的解决，也不利于执行。当事人自行和解则更多地强调当事人自身的意志，缺乏约束力。司法 ADR 体现国家司法权的介入，在不剥夺当事人诉权的前提下，使当事人运用 ADR 解决纠纷，并通过法定程序使当事人遵守所作出的决定。[②] 审前调解，是指诉讼中的调解限于审前准备阶段，在法院立案后至开庭审理前，设置审前法官对案件进行调解，使双方当事人达成和解协议，解决纠纷。我国 1991 年施行的《民事诉讼法》没有规定审前准备程序，只规定了审前准备阶段，不能起到通过证据交换整理争点、分流案件、促进和解的作用。2012 年新修订的《民事诉讼法》，确立了审前准备程序，期望审前准备程序真正发挥应有的功能，使案件尽早得到解决。除在上述两个阶段可以对案件进行调解外，案件一旦进入庭审不允许法院再对案件进行调解。但是，在此后的诉讼阶段，应当允许当事人庭外自行和解。

（3）明确调解案件适用范围，实行强制调解。明确调解案件的适用范围，是为了防止调解优先原则适用的扩大化，借鉴我国台

① 章武生：《民事简易程序研究》，中国人民大学出版社 2002 年版，第 293 页。

② 我国新修订的《民事诉讼法》中规定了确认调解协议案件的特别程序，但是法律规定比较原则，主要是为了配合《人民调解法》的施行。关于司法确认的性质，众说纷纭，尚无定论，施行效果也有待实践检验。

湾地区的实践经验,[①] 笔者认为，涉及调解案件的适用范围应当包括以下几类：一是当事人双方合意调解的案件；二是诉讼标的额较小的案件；三是涉及亲情、邻里和合作关系的案件，如婚姻家庭纠纷、继承纠纷、宅基地和相邻关系纠纷等;[②] 四是权利义务关系较为明显的损害赔偿案件；五是目前法律尚未明文规定产生纠纷的案件，如房屋买卖合同、医疗纠纷等领域出现的新型案件。

规定某些案件在诉前强制调解，目的是保障调解制度的贯彻落实。因为在制度设置之初，当事人可能不太了解某些类型案件强制适用诉前调解，可以帮助或引导当事人具体运用这项制度，并从中受益。因此，应当在法律中明确规定，对某些类型的民事案件实行诉前强制调解，案件没有经过诉前调解，不能进入诉讼程序。如果调解不成，转入诉讼程序由法庭对案件进行审理。具体强制调解的适用范围同前文所述调解案件的适用范围。[③]

---

① 我国台湾地区修订“民事诉讼法”时，进一步充实和完善了诉前调解制度，根据案件的性质、当事人之间的关系、居住的环境、非讼色彩及争议金额等因素扩大了诉前调解的范围，主要包括两类案件适用诉前调解：一是实行诉前强制调解的案件，如不动产的相邻、共有、租赁争议，雇佣契约争议，交通事故争议，医疗纠纷，亲属财产争议，离婚及同居，抚养争议，财产争议金额在 10 万台币以下等案件；二是当事人双方合意调解的案件，不论诉讼事件之种类，也不问诉讼标的之金额的多少，当事人均可以在起诉前向法院申请调解。参见张黎华：《法院诉前调解若干问题浅析》，载上海市高级人民法院、上海市司法局、上海市法学会编：《纠纷解决多元调解的方法与策略》，中国法制出版社 2008 年版，第 470~471 页。

② 最高人民法院 2003 年 9 月颁发的《关于适用简易程序审理民事案件的若干问题》第 14 条规定，下列案件在开庭审理前应当先行调解，具体包括：（1）婚姻家庭纠纷和继承纠纷；（2）劳务合同纠纷；（3）交通事故和工伤事故引起的权利义务关系较为明确的损害赔偿纠纷；（4）宅基地和相邻关系纠纷；（5）合伙协议纠纷；（6）诉讼标的额较小的纠纷。

③ 我国台湾地区“民事诉讼法”第 403 条就规定了 11 种情形的案件，以及离婚之诉、夫妻同居之诉和终止收养关系之诉，都应在起诉前向法院申请强制调解，否则不能进行诉讼。参见陈荣宗、林庆苗：《民事诉讼法》（下），三民书局 2001 年版，第 1057 页。

（4）实行调解法官与审判法官相分离制度。调解与判决正当性的基础不同，调解更多地依赖当事人的合意，而审判的正当性来源于程序的保障，更多地体现裁判者的意愿。目前，根据我国现行《民事诉讼法》的规定，调解法官与审判法官重合，调解人具有双重身份，在调解中占主导地位，容易导致“以判压调”的情况出现。修改《民事诉讼法》，在法律中规定调解优先原则，与之相配套的措施是，实行调审分离，使审者不调，调者不审。该项法律制度的施行，将有利于更好地发挥调解的功能。①

（5）建立调解激励机制与当事人恶意利用调解惩罚机制。为了鼓励当事人利用诉讼调解，可以建立诉讼费用的补偿机制，即对通过调解达成协议解决纠纷的案件，可以少收诉讼费用。目前，根据我国法律规定，对于通过调解结案的案件，诉讼费用减半收取。在此基础上，可否考虑进一步规定，对于调解占用时间较短的，还可以适当少收诉讼费用。确立当事人恶意调解的惩戒机制，主要是指针对司法实践中存在的当事人恶意串通达成调解协议的情形，确立具体的惩罚措施和惩罚办法。同时，适用《民事诉讼法》第198条的规定，启动再审程序查清事实后作出公正的处理。②

---

① 2009年7月24日，最高人民法院发布施行的《关于建立健全诉讼与非诉讼相衔接的矛盾纠纷解决机制的若干意见》第16条第2款规定：开庭前从事调解的法官原则上不参与同一案件的开庭审理，当事人同意的除外。建议法律修改时，将该项司法解释的内容纳入民事诉讼法。

② 我国新修订的《民事诉讼法》第56条第3款增加规定，第三人因不能归责于本人的事由未参加诉讼，但有证据证明发生法律效力的判决、裁定、调解书的部分或者全部内容错误，损害其民事权益的，可以自知道或者应当知道其民事权益受到损害之日起六个月内，向作出该判决、裁定、调解书的人民法院提起诉讼。人民法院经审理，诉讼请求成立的，应当改变或者撤销原判决、裁定、调解书；诉讼请求不成立的，驳回诉讼请求。该项法律规定，完善了对第三人的救济程序，对保护第三人的合法权益，遏制恶意调解协议的达成具有重要作用。第112条规定：当事人之间恶意串通，企图通过诉讼、调解等方式侵害他人合法权益的，人民法院应当驳回其请求，并根据情节轻重予以罚款、拘留；构成犯罪的，依法追究刑事责任。

3. 适用调解优先应当注意的问题

从我国目前情况来看，调解优先原则虽然没有在立法中作出明确的规定，但是被司法机关积极倡导，并在司法实践中具体适用。由于制度适用没有相关的法律规定配套措施，属于新瓶装旧酒，因此，在实际运用中出现了一些问题，受到社会各界的声讨与抨击。历史的经验值得注意，将调解优先作为原则在立法中明确作出规定，即使实行了调审分离，也应当注意制度适用过程中可能出现的问题，即过度适用调解优先原则，忽视判决。

在现有《民事诉讼法》规定的框架内，如何理顺调解与判决的关系，一直是民事诉讼理论界争议不休的问题。确定调解优先原则，实行调审分离同样需要理顺调解与判决的关系，过度适用调解优先原则，将会穿新鞋走老路，重蹈覆辙。

从前述调解优先原则演变的历史进程看，诉讼调解制度经历了由强盛到衰败，再由衰败到强盛的过程，这说明“以和为贵”的调解诉讼文化在我国根深蒂固，深入人心，通过调解的方式解决纠纷，比较容易被当事人接受。因为通过调解的方式解决纠纷比较柔和，当事人之间平等、自愿、友好协商，纠纷解决气氛和谐，不伤和气，达成的协议也容易执行。因此，这种纠纷方式才比较受推崇。但需要注意的是，强调调解优先，并不意味着忽视判决。调解与判决在纠纷解决中处于同等重要的地位。

实际上，重调轻判同样会产生社会弊端。在最高人民法院将调解优先作为一种办案方针在全国推行的过程中，实际上已经出现了问题的苗头。例如，我们在报纸上见到的报道某法院工作业绩时，说某些法院在某一时间段内调解结案率达 90% 以上，有些法院甚至出现了零判决。[①] 有学者抨击说：如果每个法院都是零判决，所有的案件都是调解结案，那么，法院就应当改成调解院了。这种批评意见可谓一针见血。

众所周知，诉讼是使国家法治具体化、生活化的主要方式，也是使社会法律化的基本途径，作为一种存在已久的纠纷解决机制，社会对其寄予厚望。因此，在目前我国社会矛盾、冲突呈现激烈化和复杂化的情况下，应当进一步发挥诉讼的作用，以保障公民的诉讼权利得以实现，纠纷得到解决。由于社会政治和经济的原因，以往我们偏重通过调解的方式解决纠纷，忽视判决。之后，随着政治体制和经济体制的改革完善，以及社会的发展，社会导向又趋于重判决结案，轻诉讼调解，导致诉讼调解制度逐渐衰弱。历史的经验值得注意，确立调解优先原则，应当协调好调解与判决的关系，切不可重蹈覆辙，轻此重彼，应当统筹兼顾、协调发展。从前述制度设置看，实行调审分离，会避免“以判压调”的情形出现。确定调解案件适用范围，会防止调解范围扩大化问题。但是，需要注意的是，本书所说的调解优先，仅指调解在纠纷解决中的程序优先，而且，适用的决定权在当事人，如果当事人不愿意通过采用调解的方式解决纠纷，案件应当进入审判程序，法院应当在查清事实的基础上，依法作出判决。在司法实践中，切忌将调解与法院的结案率结合，否则，即使实行了调审分离，也会在诉前调解和审前调解中出现久调不决、强制调解的现象。

总之，诉讼调解制度的适用符合我国国情，当纠纷产生时，应当倡导适用调解优先原则，鼓励当事人利用调解机制解决纠纷。同时，也应当充分尊重当事人的处分权和选择权，厘清调解与判决的

---

① 2004 年至 2008 年，福建省漳州市法院民商事案件调撤率分别为 57%、65%、68%、71%、77%，2009 年上半年高达 86%。参见《调解成人民法院最重要司法符号》，载《法制日报》2009 年 8 月 24 日。有记者对湖北某地法院进行了实地调研，吃惊地发现：其调解结案率竟然高达 99%。参见朱雨晨：《法院高调解率背后的隐忧》，载法制网 2009 年 6 月 11 日。

关系，搞好调解与判决的衔接，注意实践中可能出现的过度适用调解优先原则产生的问题，使调解优先原则真正发挥应有的作用。

四、管辖权异议制度

管辖权异议是我国《民事诉讼法》赋予当事人的一项诉讼权利。这项权利的赋予，既有利于解除当事人的思想顾虑，维护当事人的合法权利；又有利于保障人民法院各司其职，正确裁判，及时解决当事人之间的纠纷。但从目前情况来看，法律对管辖权异议制度的规定显得比较笼统，适用过程中存在诸多问题，迫切需要完善相关立法，从根本上解决问题。本书拟根据现行法律规定，针对司法实践中存在的问题，结合管辖权异议制度的理论研究成果，对管辖权异议制度的立法完善提出一些粗浅的看法，建议通过修改现行《民事诉讼法》有关规定，拓宽管辖权异议主体的范围，明确管辖权异议涉及的管辖种类，并确立附带诉讼模式的争议解决机制。

（一）拓宽管辖权异议主体的范围

民事诉讼中的管辖权异议，是指民事诉讼当事人提出的认为受理案件的人民法院对案件没有管辖权的意见或主张。提出管辖权异议，是我国《民事诉讼法》赋予当事人的一项重要的诉讼权利。但在司法实践中，由于地方保护主义和司法腐败的影响，一些当事人把管辖权异议当成“争管辖权”的一种手段，把管辖权和管辖法院的确定当成诉讼胜负的关键。因此，什么人在什么情况下有权提出管辖权异议，即谁应当是管辖权异议的主体，不仅在理论界争议很大，而且也是司法实践面临的一个亟待解决的重要问题。

所谓管辖权异议的主体，是指民事诉讼中有权提出管辖权异议的人。我国《民事诉讼法》第 127 条规定，人民法院受理案件后，当事人对管辖权有异议的，应当在提交答辩状期间提出。据此，管辖权异议的主体应当是民事诉讼的当事人，即以自己的名义请求人民法院保护其民事权益，并由此引起民事诉讼程序发生、变更或消灭的人及其相对人。[①] 从理论上说，民事诉讼的当事人有狭义与广义之分。狭义的当事人仅指原告和被告；广义的当事人除原告、被告外，还包括诉讼代表人、第三人等。由于上述规定比较原则，法学理论界和司法实践中对管辖权异议主体一直存在不同认识。有的学者认为，管辖权异议只能由案件的被告提出，其他人不享有这项权利。[②] 有的学者认为，在一般情况下，提出管辖权异议的当事人是被告和受诉法院通知参加诉讼的有独立请求权的第三人；在极少数情况下，可由原告提出管辖权异议等。[③]

确立管辖权异议的主体应当遵循两个原则：一是公平原则，通过管辖异议权的行使，使当事人真正处于平等地位，以公平地保护各方当事人的利益；二是当事人意思自治原则，法院管辖权的确定应当充分尊重当事人的诉讼权利，体现当事人依法自主选择。因此，对诉讼当事人能否作为管辖权异议的主体，不能抽象地一概而论，而应当根据具体情况进行具体分析。下面分别探讨各当事人在什么情况下可以作为管辖权异议的主体。

1. 原告

民事诉讼的原告为维护自身利益，以自己的名义向人民法院提起诉讼，引起民事诉讼程序发生。因此，有学者指出，既然管辖法院是原告自己选择的，原告就不能成为管辖权异议的主体，因为原告对受诉法院的管辖权如有异议，就不应向该法院起诉。[④] 原告主动向法院起诉，应视为承认、接受受诉法院的管辖。[⑤] 这些看法一般来说是有道理的，通常情况下，提起诉讼的原告不应作为管辖权异议的主体。但在另一方面，司法实践中民事诉讼的情形十分复

① 杨荣新主编：《民事诉讼法学》，中国政法大学出版社 1997 年版，第 143 页。

② 刘家兴主编：《民事诉讼法学》，北京大学出版社 1994 年版，第 119 页。

③ 徐瑞柏、汤树华主编：《经济审判实用全书》，中国经济出版社 1995 年版，第 498 页。

④ 周溯、吴远阔：《试论管辖权异议的主体和客体》，载《法学》1995 年第 3 期。

⑤ 肖晗、王茜：《浅析管辖权异议》，载《江西法学》1994 年第 1 期。

杂，在有些情况下，按照上述公平原则和当事人意思自治原则，应当允许原告提出管辖权异议，否则就难以保障当事人的诉讼权利平等。

本书认为，在下面两种情况下，应当承认原告的管辖权异议主体地位：（1）原告起诉后，其他当事人未提出管辖权异议，但受诉法院主动裁定将案件移送其他法院。其他当事人（如被告）提出管辖权异议的，法院作出裁定后，根据《民事诉讼法》第 164 条的规定，原告对受诉人民法院的裁定不服的，有权在接到裁定书后 10 日内向上一级人民法院提起上诉。但是，受诉人民法院依职权将案件移送其他法院的，原告如认为受移送的法院没有管辖权，法律没有规定原告可以获得什么救济。在这种情况下，依理显然应当给原告一个行使诉讼权利的机会，即允许原告提出管辖权异议。（2）诉讼开始后，依法被追加的共同原告。当事人被追加作为共同原告的，虽为原告，但并未主动起诉，受诉法院非其自主选择，理应允许其提出管辖权异议，始为公平。

至于原告误向无管辖权的人民法院起诉，法院受理后，原告方知道受诉法院对案件无管辖权的，能否提出管辖权异议，值得研究。原告向人民法院起诉应当慎重地作出准确的选择，其主动起诉的行为应当视为接受受诉法院的管辖。因此，这种情况下原告不宜主动提出管辖权异议，可由被告提出管辖权异议或由受诉法院依职权将案件移送至有管辖权的法院。

2. 被告

民事诉讼的被告作为管辖权异议的主体，理论界和实务界一致持肯定的态度。但在司法实践中，下面三个问题仍然值得引起特别注意。

其一，我国《民事诉讼法》第 127 条第 2 款规定，当事人未提出管辖异议，并应诉答辩的，视为受诉人民法院有管辖权，但违反级别管辖和专属管辖规定的除外。被告未在规定期限内提出管辖权异议即对案件的实体问题进行答辩的，应视为放弃了提出管辖权异议的权利，此后不得再提出管辖权异议。但是，如果其他当事人提出管辖权异议或者受理法院依职权重新确定管辖法院的，已经答辩的被告如认为该法院没有管辖权，仍应有权提出管辖权异议，因为被告进行的答辩是以原定的受诉法院为前提的，管辖法院变更后，应当给被告一个重新行使管辖异议权的机会，由其决定是否针对新的管辖法院提出管辖权异议。

其二，被告如有正当理由，未能在规定的期限（提交答辩状期间）内提出管辖权异议的，可否延期提出？根据《民事诉讼法》第 83 条规定的精神，被告确有正当理由，未能在规定的期限内向受诉法院提出管辖权异议的，应当允许其在障碍消除后 10 日内申请顺延期限，并在法院确定的顺延期限内提出管辖权异议，因为被告未能如期提出管辖权异议有客观上的正当原因，非被告的主观、真实的意思表示。

其三，在规定的答辩期间，即提出管辖权异议的期限届满后，人民法院在审理过程中追加的被告，应当看成一个新的被告，法院应当指定一个合理的期限，由其决定是否提出管辖权异议，而不能以答辩期已过为由，取消追加的被告提出管辖权异议的权利，因为在此之前，人民法院追加的被告没有机会对受诉法院提出管辖权异议，而且其答辩期并未届满，剥夺其提出管辖权异议的权利，显然是不公平的。

3. 共同诉讼人

共同诉讼，是指一个案件的当事人一方或双方有两人以上共同参加的诉讼，分为普通共同诉讼和必要共同诉讼。普通共同诉讼，是指诉讼标的为同一种类的案件，人民法院可以应当事人的要求分别进行审理；但符合下列条件的，也可以合并审理：（1）案件均属人民法院主管，且受诉法院有管辖权；（2）诉讼能适用同一诉讼程序；（3）符合合并审理的目的；（4）当事人同意合并审理。可见，普通共同诉讼属于可分之诉，当事人认为必要的，可由人民法院分别审理；只有当事人各方均表示同意，才能合并审理，形成共同诉讼。因此可以说，共同之诉是当事人的选择，其中包括对受诉法院的选择，所以，共同诉讼人不应存在提出管辖权异议的问题。当事人对受诉法院的管辖权有异议的，可不参加共同诉讼，另行向其认为有管辖权的法院提起诉讼。

必要共同诉讼，是指同一方当事人之间具有共同的诉讼标的，当事人必须共同参加的诉讼。共同诉讼人对诉讼标的有共同的权利义务，必须一同起诉、应诉。因此，必要共同诉讼属于不可分之诉。其中，一个人的诉讼行为，只有取得其他共同诉讼人的承认，才能对其他共同诉讼人产生效力。

必要共同诉讼的原告可否成为管辖权异议的主体，目前尚有争议，主要有两种观点。一种观点认为，必要共同诉讼的原告参加诉讼有两种情况：（1）如系原告申请参加诉讼，说明他已经承认其他共同原告的诉讼行为，应当受到约束，不应再对其他共同原告选择的管辖法院提出异议；如有异议，可不申请参加诉讼。（2）如原告系法院依职权追加的，则存在两种可能性：一种可能是，原告既放弃实体权利又放弃诉讼权利，既然原告的实体权利都放弃了，自然也不存在对管辖权的异议了；另一种可能是，原告不放弃实体权利但又不愿参加诉讼，这说明他放弃了诉讼权利，当然也不能成为管辖异议的主体。[①] 另一种观点也承认必要共同诉讼的原告可以成为管辖权异议的主体，但同时认为，自己申请参加诉讼的共同原告享有管辖异议权，但他放弃这一权利自愿参加到已进行的诉讼中，理应接受受诉法院对案件的管辖。对于那些既放弃实体权利又放弃诉讼权利，不愿意参加诉讼，法院可不予追加的人，以及那些不放弃实体权利但又不愿参加诉讼，而由法院追加为共同原告的人，由于其放弃了诉讼权利，当然也就放弃了管辖异议权。但放弃不等于不享有，他们享有管辖异议权，只是放弃了该项权利

① 周溯、吴远阔：《试论管辖权异议的主体和客体》，载《法学》1995 年第 3 期。

而已。[①]

本书认为，必要共同诉讼作为一种不可分之诉，当事人不能依其选择单独行使诉讼权利。共同诉讼的原告无论是自己申请参加诉讼，还是被法院依职权追加的，实际上都没有选择权，因为他不能另行起诉，如不参加诉讼，势必影响其实体权利，因而只能选择参加已经开始的诉讼。在这种情况下，如不允许其提出管辖权异议，其合法权益的维护就会受到影响，也难以体现当事人之间的诉讼权利平等。《民事诉讼法》第 52 条第 2 款规定，共同诉讼的一方当事人对诉讼标的有共同权利义务的，其中一人的诉讼行为经其他共同诉讼人承认，对其他共同诉讼人产生效力；对诉讼标的没有共同权利义务的，其中一人的诉讼行为对其他共同诉讼人不发生效力。据此，先行参加诉讼的共同诉讼人对法院管辖权的认可，并不当然地成为追加的共同诉讼人之意愿。既然必要共同诉讼的原告是不得已才申请参加诉讼的，或者是被法院依职权追加而被迫参加诉讼的，就应当赋予他们管辖异议权主体地位，允许其提出管辖异议权。也就是说，被追加的必要共同诉讼人有权在收到应诉通知之日起 15 日内，向受诉法院提出管辖权异议，人民法院不得以该异议未得到其他共同诉讼人附和为由而裁定驳回。

4. 诉讼代表人

诉讼代表人是在当事人一方人数众多的诉讼中，为方便诉讼的顺利进行，由众多当事人推选或由法院指定，代表众多当事人进行诉讼的人。代表人诉讼实质上也是一种共同诉讼，但诉讼代表人与共同诉讼人的行为效力和法律地位都存在十分重要的区别。根据《民事诉讼法》和相关司法解释的规定，在代表人诉讼中，诉讼代表人的诉讼行为当然地对被代表人发生效力，除非在起诉人人数确定的情况下，被代表人明确向人民法院表示反对，并且取消了代表人代表该当事人进行诉讼的资格。与此相反，共同诉讼人之一人的

① 叶仁文、魏鸣镝：《谈管辖异议的主体》，载《人民司法》1996 年第 1 期。

诉讼行为，须经其他共同诉讼人承认，才对其他共同诉讼人发生效力。因此，在能否提出管辖权异议的问题上，两者也应当区别对待。

诉讼代表人既然是被推选或指定代表众多当事人进行诉讼之人，理应有权向法院提出管辖权异议，法院据此作出的裁定，对全体被代表人均有法律约束力。而且，根据《民事诉讼法》第 53 条的规定，诉讼代表人“变更、放弃诉讼请求或者承认对方当事人的诉讼请求，进行和解，必须经被代表的当事人同意”，并未规定提出管辖权异议应经被代表人同意。所以，应当认为，诉讼代表人可以不经全体被代表人同意，直接以自己的名义，向受诉人民法院提出管辖权异议。

5. 诉讼第三人

诉讼第三人，包括有独立请求权的第三人和无独立请求权的第三人。有独立请求权的第三人，是对原告和被告之间争议的诉讼标的有独立请求权的人。最高人民法院在《关于第三人能否对管辖权提出异议问题的批复》中明确指出，有独立请求权的第三人主动参加他人已开始的诉讼，应视为承认和接受受诉法院的管辖，因而不发生对管辖权提出异议的问题。如属受诉法院依职权通知他参加诉讼的，他有权选择是以有独立请求权的第三人身份参加诉讼，还是以原告身份向其他有管辖权的法院另行起诉。因此，理论界一般认为，有独立请求权的第三人对于是否接受受诉法院管辖享有自主选择权，不宜作为管辖权异议的主体。这种观点未免有些太绝对化。现实生活中各类民事案件错综复杂，有独立请求权的第三人的具体情形也可能各有不同，不宜一概而论。本书认为，在以下两种特殊情况下，有独立请求权的第三人应当享有管辖异议权：（1）存在共同第三人。被遗漏的共同第三人在人民法院受理参加之诉后，如被追加参加诉讼，则受诉法院并非由其选择，而且在此之前他也没有机会对受诉法院提出管辖权异议，理应允许该共同第三人依法提出管辖权异议。（2）在参加之诉中，如发生移送管辖、指定管辖、管辖权的转移等情形，管辖法院发生了变更，有独立请求权的第三人应当与其他当事人一样，有权对新确定的管辖法院提出管辖权异议。

无独立请求权的第三人，是对原告与被告之间争议的诉讼标的没有独立的请求权，但与案件处理结果有法律上的利害关系，因而申请参加诉讼或由法院通知参加诉讼的人。无独立请求权的第三人参加他人已开始的诉讼，通过支持一方当事人的主张来维护自己的利益。对于无独立请求权的第三人能否作为管辖权异议的主体，理论界普遍持否定态度。[①] 主要理由是，无独立请求权的第三人在诉讼中始终辅助一方当事人，并以该方当事人的主张为转移，对当事人之间争议的标的没有独立的请求权。法院对案件有无管辖权，是依据原告、被告之间的诉讼而确定的，无独立请求权的第三人既非原告亦非被告，无权行使本诉当事人的诉讼权利，故无权提出管辖权异议。[②] 最高人民法院《关于适用中华人民共和国民事诉讼法若干问题的意见》第 66 条也明确指出，无独立请求权的第三人在一审中无权对案件的管辖权提出异议。

本书认为，上述传统观点需要重新考虑，并应当确定无独立请求权的第三人为管辖权异议的主体。主要理由是：(1) 理论上，有利于贯彻诉讼权利平等原则。无独立请求权的第三人参加诉讼存在两个诉，一个是原告、被告之间的本诉；另一个是第三人与本诉中原告和被告之间形成的参加之诉。在参加之诉中，无独立请求权的第三人的法律地位相当于被告之被告，但却不能享有被告的诉讼权利，这显然不符合民事诉讼的当事人诉讼权利平等原则。因此，在参加之诉中，应当赋予无独立请求权的第三人管辖权异议主体地位。(2) 在实践中，有利于防范和克服地方保护主义。在审判实

---

① 参见杨路：《管辖权异议基本问题探讨》，载《法学评论》1998 年第 5 期；刘志英、李富堂：《论管辖权异议》，载《河北法学》1993 年第 6 期；肖晗、王茜：《浅析管辖权异议》，载《江西法学》1994 年第 1 期。

② 常怡主编：《民事诉讼法学》，中国政法大学出版社 1999 年版，第 117 页。

践中，有些法院出于地方保护的目的，随意追加与被告之间根本不存在法律关系的外地当事人作为第三人参加诉讼，并判决第三人承担民事责任，以此不正当地扩张自己的管辖权，为本地当事人谋取不正当利益，损害外地当事人的合法权益。赋予无独立请求权的第三人管辖权异议主体地位，可以防止和遏制强拉硬扯第三人参加诉讼、非法强迫其承担责任的现象，防范司法实践中的地方保护主义，促进司法公正。

（二）明确管辖权异议涉及的管辖种类

明确管辖权异议涉及的管辖种类，实际上是管辖权异议的客体问题，即诉讼主体之间权利与义务所指向的对象。简单地说，就是指当事人能在什么范围对哪个或哪级法院提出管辖权异议。根据我国《民事诉讼法》的规定，人民法院审理民事案件，实行两审终审制度。我国的人民法院有四级，即最高人民法院、高级人民法院、中级人民法院和基层人民法院，每一级人民法院都受理第一审民事案件。当事人不服第一审人民法院对民事案件所作的判决、裁定，可以上诉至第二审人民法院，第二审人民法院所作的判决、裁定为终审判决、裁定，当事人不得就此再进一步提出上诉。此外，人民法院依照特别程序、督促程序、公示催告程序和企业法人破产还债程序审理的案件，实行一审终结。总的来说，我国的民事审判实行两审终审制是基本制度，一审终结是例外情况。人民法院的管辖依法分为级别管辖、地域管辖、移送管辖、指定管辖四大类。其中，地域管辖又进一步分为六小类，即一般地域管辖、特殊地域管辖、专属管辖、共同管辖、选择管辖和协议管辖。法律对于人民法院对民事案件的主管也作了规定。但是，对于当事人能在什么范围内、对哪个或哪级法院提出管辖权异议，法律没有作出明确规定，导致司法实践中的困难和混乱，迫切需要从立法上加以完善。[①]

① 民事诉讼当事人不服人民法院的地域管辖，可以提出管辖权异议。对此，有关立法、法学理论界和司法实务界的认识基本是一致的，故这里不再赘述。

1. 主管

主管一般是指国家机关的职权范围。人民法院的主管，是指人民法院受理民事案件的权限范围。民事诉讼中的主管具有两个方面的功能：一是划定法院对民事诉讼的受案范围，以确定哪些纠纷属于、哪些纠纷不属于人民法院民事审判权的作用范围；二是解决法院和其他国家机关、社会组织在解决民事纠纷上的分工和权限问题，以便他们按照各自职责范围有条不紊地受理和解决民事纠纷。[①] 人民法院的主管和管辖不同，管辖解决的是法院系统内部处理第一审民事案件的分工和权限。但管辖与主管也有联系，主管是确定管辖的基础，管辖是主管的体现，只有确定属于人民法院主管，才能落实由哪一个法院管辖。在通常情况下，不属于人民法院主管的案件，人民法院在审查起诉阶段就不应当受理。

但是，民事纠纷错综复杂，人民法院有时可能难以在立案前的短时间里对案件作出全面、准确的审查，结果可能作出错误的受理决定，或者在某些情况下，人民法院认为案件应当由自己主管，被告却认为不应由人民法院主管，而应当由其他国家机关或有关组织解决。在这些情况下，被告能否对受诉法院的管辖提出异议，这是否属于管辖异议的范围，我国法律没有明确的规定。《民事诉讼法》第127条规定，人民法院对当事人提出的异议，应当审查。异议成立的，裁定将案件移送有管辖权的人民法院；异议不成立的，裁定驳回。这一规定似乎表明，管辖权异议的范围仅限于人民法院内部，即只解决已经确定由人民法院主管的案件，在不同人民法院之间的管辖争议，不涉及案件的主管问题。

本书认为，当事人提出管辖权异议的范围，不应当只限于人民法院系统内部的分工和权限，对于民事案件的主管问题，当事人也可以提出管辖权异议。因为社会矛盾和纠纷是错综复杂的，有的适

---

① 江伟主编：《民事诉讼法》，高等教育出版社、北京大学出版社联合出版2002年版，第68页。

合作为法院民事审判权的对象，有的未必适宜采用民事审判的方式解决。正是出于这样的考虑，法律明确规定，除人民法院外，其他国家机关和社会组织也具有依法解决纠纷的职能。有关的各个国家机关和社会组织各尽其能、各司其职，相互配合，才能构成完整的纠纷解决体系，使不同的纠纷采取最适宜的方式予以解决；才能打消当事人的顾虑，使纠纷尽可能地按照当事人所期望的方式得到圆满解决，真正做到定分止争，使当事人息诉，促进社会的和谐。因此，应当完善相关立法，把人民法院的主管也纳入管辖权异议的范畴，并明确规定：当事人不服人民法院的主管，可以提出管辖权异议。人民法院对当事人提出的管辖权异议，应当审查。异议成立的，人民法院应当将案件移送其他主管机关处理解决；异议不成立的，裁定驳回。对于人民法院的移送，受移送机关应当接受。

2. 级别管辖

对于级别管辖，当事人能否提出管辖权异议，理论界和实践中的争议都很大。一种观点认为，管辖权异议应当包括级别管辖在内，因为《民事诉讼法》关于管辖和管辖权异议的规定，都没有明确地排除级别管辖。另一种观点认为，当事人对级别管辖不服的，不能提出管辖权异议。这个问题在司法实践中具有重要意义，有必要进行深入研究，得出正确结论。

本书认为，案件的受理违反级别管辖规定的，应当赋予当事人管辖异议权。主要理由是：（1）《民事诉讼法》关于级别管辖的规定，综合考虑了案件的性质和复杂程度、各级人民法院的审判力量和分工等因素，目的就是保证案件，特别是重大疑难案件的审判质量，其前提就是较高级的人民法院具有较强的审判力量和较高的审判水平。据此，当事人有权根据案件情况获得一定级别的案件审理权，依法要求由相应级别的人民法院审理其纠纷。如果案件本应由级别较高的法院审理，却交由级别较低的法院审理，可能受到审判力量、审判水平、地方利益、人情等方面因素的影响，降低案件的审判质量，损害当事人的合法权益。（2）在某种程度上，审级利益会直接影响实体裁判的内容。管辖法院级别的下调，很有可能使终审法院的层级也相应地降低，从而意味着当事人本可以向更高级别法院表示不服而上诉的机会，也随着级别管辖的改变而丧失。(3) 司法实践中确实存在人为降低案件审级，损害当事人合法权益的现象。某些当事人从个人利益出发，故意向级别较低的法院起诉；个别基层法院乃至中级法院出于地方保护主义甚至徇私枉法，故意违反级别管辖的有关法律规定受理案件。(4) 1995 年 7 月 2 日最高人民法院《关于当事人就级别管辖提出异议应如何处理问题的函》中规定，当事人就级别管辖权提出管辖异议的，受诉法院应认真审查，确无管辖权的，应将案件移送有管辖权的法院，并告知当事人，但不作裁定。

由此可见，《民事诉讼法》并未将管辖权异议限于地域管辖，最高人民法院的司法解释对当事人的级别管辖异议权作出了明确的规定。在审判实践中确实存在级别管辖权错误的情形，因此，允许当事人对级别管辖权提出异议既是法理之所在，也有利于人民法院正确执行《民事诉讼法》关于级别管辖的规定，更有利于维护当事人的合法权益。

3. 指定管辖

指定管辖，是指上级人民法院以裁定方式指定下级人民法院对某一案件行使管辖权。根据我国《民事诉讼法》的规定，指定管辖主要适用三种情形：(1) 受移送的人民法院认为自己对移送来的案件无管辖权；(2) 有管辖权的人民法院由于特殊原因，不能行使管辖权；(3) 法院或当事人通过协商未能解决管辖权争议。对于指定管辖是否属于管辖权异议的范围，有些学者认为，指定管辖属于人民法院内部的分工和协调问题，因此，当事人不能对管辖提出异议。①

本书认为，对于指定管辖当事人亦应享有管辖异议权。主要理

① 周朔、吴远阔：《试论管辖权异议的主体和客体》，载《法学》1995 年第 3 期。

由是：(1) 司法实践中存在指定管辖错误的情形。根据法律规定，在司法实践中，一旦出现管辖权争议，人民法院或者当事人通过协商未能解决管辖权争议的，应当由上级人民法院指定管辖。在这种情况下，由于地方保护主义的现实影响，当事人之间通常要争夺管辖权，尽可能使案件由本地法院审理。在这种客观环境下，上级法院确有可能出现指定管辖的错误。即使上级法院的指定管辖决定是正确的，当事人仍可能认为是错误的。不论是哪种情况，只要当事人对指定管辖有异议，都应当允许其提出管辖权异议。因此，应当赋予当事人管辖异议权。(2) 指定管辖应当便利当事人进行诉讼。便利当事人进行诉讼，便利人民法院审理案件，是《民事诉讼法》确定管辖应当遵循的原则。受移送的人民法院认为自己对移送来的案件无管辖权，或者有管辖权的人民法院由于特殊原因不能行使管辖权，需由上级人民法院指定管辖的，上级法院作出指定管辖决定时，应当按照便利当事人诉讼的原则，考虑当事人的诉讼成本。如果指定管辖的结果给当事人参加诉讼带来不便，或者明显增大了当事人的诉讼成本，那么，当事人理应有权提出管辖权异议。

4. 移送管辖

移送管辖，是指人民法院在受理民事案件后，发现自己对案件并无管辖权，依法将案件移送给有管辖权的人民法院审理。移送管辖是为人民法院受理案件发现错误时提供的一种纠错办法，它只涉及案件的移送，不是管辖权的移送。我国《民事诉讼法》有关移送管辖的规定比较原则，司法实践中对于法院依职权移送案件，没有时间和诉讼阶段的限制，只要案件尚未作出裁判，法院随时可以依职权移送案件。有的法院在案件审理过程中，发现案件复杂棘手、不容易结案，并且可能存在移送情节的，便赶快将案件移送出去。在这种情况下，当事人也无法行使权利予以制约。

那么，移送管辖是否适用管辖权异议的规定呢？本书认为，对于移送管辖，应当区分不同情况分别予以处理：(1) 人民法院受理案件后，当事人提出了管辖权异议，受诉法院裁定异议成立，并将案件移送给另一个法院管辖的，该当事人对受移送的法院不得再提出管辖权异议，因为当事人对管辖权异议的诉权已经行使，人民法院已经作出裁决并移送了案件。（2）人民法院受理案件后，当事人没有提出管辖权异议，受诉法院发现自己对案件无管辖权，将案件移送另一个法院。在这种情况下，当事人可以对受移送的法院提出管辖权异议，因为当事人对管辖权异议的诉权还没有行使，而且，当事人原本未提出管辖权异议，表明他默认了受诉法院的管辖，现案件被移送其他法院，并非出于当事人的申请或意愿，因此，应当允许当事人提出管辖权异议，由受移送的法院对管辖权异议作出裁定。

5. 管辖权转移

管辖权转移，是指依据上级人民法院的决定或经上级人民法院同意，将案件的管辖权从原来有管辖权的人民法院转移至无管辖权的人民法院，使无管辖权的人民法院因此而取得管辖权。有学者认为，按照《民事诉讼法》的规定，上级人民法院可以将自己审理的第一审民事案件交由下级人民法院审理，也有权审理下级人民法院管辖的第一审民事案件；下级人民法院认为需要的，也可以将自己审理的第一审民事案件报请上级人民法院审理。据此形成的管辖，是人民法院内部上、下级法院之间对第一审民事案件的分工与协调，是法律赋予人民法院的权力，所以，不适用管辖权异议的规定。①

管辖权的转移包括上调性转移和下放性转移两种情形，它实质上属于人民法院变更管辖权的另一种形式，是对级别管辖的变通和补充。管辖权转移虽属法律规定的上级人民法院享有的一项职权，表面看来是人民法院内部对案件的分工和协调，但是，这项职权的行使直接关系到当事人的审级利益，应当区分不同情况区别对待。

① 参见前引周朔、吴远阔文：《试论管辖权异议的主体和客体》；载《法学》1995年第3期。

(1) 下放性转移。管辖权的下放性转移，使原来由上级人民法院依法享有的管辖权移交下级人民法院行使，当事人如不服一审判决，要求提出上诉的，上诉法院的级别也将随之下移，即当事人原本可以向更高级别法院上诉，但随着管辖权的下移，丧失了这种可能性。由于案件的审理涉及当事人的切身利益，无论从司法实践来看，还是从当事人的角度来说，案件由不同级别的人民法院审理，在现实和观念上都会影响当事人的利益，因此，应当允许当事人向作出管辖权转移决定的人民法院提出管辖权异议。当事人提出的管辖权异议被驳回的，可以向作出决定法院的上级人民法院提出上诉。[①] (2) 上调性转移。由于审级利益在某种程度上会影响实体裁判的内容，从现实和当事人的观念上看，管辖权的上调性转移对当事人来说应当是利大于弊的，一般认为会更有利于保护当事人的合法权益，因此，可以规定当事人不享有管辖异议权。

(三) 确立附带诉讼模式的争议解决机制

附带诉讼模式，是指因当事人提出管辖权异议或管辖权抗辩之诉所引起的民事管辖权争议，被看作一种与本诉相连的附带诉讼，由法院运用诉讼程序审理。解决管辖权争议被看作一种附带诉讼程序，当事人向法院提出的管辖权异议，就是当事人向法院提出的管辖权抗辩之诉。对民事诉讼采取当事人主义的一些国家，如德国、日本、美国、法国等，在其民事诉讼中均将管辖权异议视为抗辩之诉，纳入附带诉讼程序，运用民事诉讼程序方式进行审理解决。这种做法，被称为附带诉讼模式。

与其他国家相比，我国民事诉讼管辖权异议的处理程序存在很大的差别，主要体现是处理程序的行政化。我国《民事诉讼法》

---

① 我国新修改的《民事诉讼法》第 38 条规定，上级人民法院有权审理下级人民法院管辖的第一审民事案件；确有必要将本院管辖的第一审民事案件交下级人民法院审理的，应当报请其上级人民法院批准。下级人民法院对它所管辖的第一审民事案件，认为需要由上级人民法院审理的，可以报请上级人民法院审理。可见法律规定严格适用案件管辖权自上而下的转移，需要经过报批手续，体现了立法对当事人利益的维护。

第 127 条规定，人民法院受理案件后，当事人对管辖权有异议的，应当在提交答辩状期间提出。人民法院对当事人提出的异议，应当审查。异议成立的，裁定将案件移送有管辖权的人民法院，异议不成立的，裁定驳回。第 164 条又规定对管辖权有异议的，可以上诉。当事人不服地方人民法院第一审裁定的，有权在裁定书送达之日起 10 日内向上一级人民法院提出上诉。这些法律规定说明，我国管辖权异议的处理程序带有鲜明的职权主义色彩，处理管辖权争议的程序带有浓重的行政化色彩。这种行政化处理模式的主要特点是，法律规定的内容十分简单，强调国家意志、法院职权和法院的权威作用，当事人对于管辖权争议的解决缺乏主导性，虽然允许当事人提起管辖权异议，并赋予当事人上诉权，但是，当事人对管辖权争议的解决结果影响甚微，解决管辖权争议的结果以法院的裁定为主要形式，既不举行听证，也不进行法庭审理，当事人缺乏参与的机会。结果导致法院在解决管辖权冲突的过程中发挥主导作用，法院即使违法管辖也不影响对诉讼结果的评判，而当事人在管辖权异议中的诉讼权利义务虚无。这种处理程序造成了明显的弊端，一方面，过分强调法院职权主义，导致法院对管辖权异议的处理具有较大的自主性和随意性；另一方面，当事人对解决管辖争议的参与缺乏明确的法律依据和应有的机会，当事人的意志无法体现，导致处理结果往往不为当事人所理解，使案件的审理从管辖开始就可能失去当事人的信任。

同行政化处理模式相比，附带诉讼模式的主要特点是，核心内容在于当事人提起管辖权抗辩之诉，由法院适用相对简易的审判程序进行审理。但是，法院即使是适用简易程序，其简易的程度也不能超出正当程序允许的合理限度。由于程序的普遍形态是按照某种标准和条件整理争论点，公平地听取各方的意见，因此，当事人要到场陈述，法院在当事人可以理解或认可的情况下作出裁定。① 同

① 参见季卫东：《法律程序的意义》，载《中国社会科学》1993 年第 1 期。

时，围绕核心内容，法律再详细规定附带诉讼模式的各项诉讼规则。

针对我国管辖权异议存在的问题，结合外国立法和司法实践经验，本书认为，应当完善我国《民事诉讼法》有关管辖权异议的规定，确立附带诉讼模式的争议解决机制，并详细规定诉讼规则。具体来说，主要应当从以下几个方面考虑：

1. 确立当事人的主导地位

如前所述，我国管辖权异议的解决模式具有鲜明的职权主义和行政化色彩。为了片面追求审判效率，人民法院在解决管辖权冲突时起主导作用，当事人的参与和影响都十分有限，忽视了管辖权异议的程序功能。附带诉讼模式则由当事人在争议解决中占主导地位。例如，《法国民事诉讼法》规定，提交两个法院受理的数个案件之间相互有联系，将其合并审理和判决有益于正确司法时，得要求其中一个法院放弃管辖，并将案件移送另一法院。当法官就管辖权事由作出宣告，但并未就争议实体作出审理裁判时，对其裁判决定仅能经管辖权异议途径攻击之；即使法官已对管辖权所带来的实体问题作出了裁判，亦同。当事人上诉时虽然不得对二审案件的管辖权提出异议，但如果认为一审法院对案件无管辖权，仍然可以将此作为程序违法的上诉理由。除有关鉴定的特别规则之外，当法官就管辖权事由作出宣告并且命令采取审前预备措施或临时处分措施时，对其裁判决定，亦仅能经管辖权异议途径就有关管辖权事由攻击之。

参照附带诉讼模式完善我国《民事诉讼法》，应当针对我国管辖权异议成立径由法院依职权移送案件处理方式存在的问题，明确规定：管辖权异议成立，需向有管辖权的法院移送案件时，应当根据当事人的申请或者征得当事人同意后，移送指定的法院。当事人既不申请又未同意的，法院可以依职权移送案件；但当事人不服的，可以提出上诉。依据这些规定，确立当事人在管辖权异议中的主导地位，变法院主导为当事人主导，弱化法院的职权，彰显当事人的意思。

2. 明确中止诉讼规则

中止诉讼的主要目的，是防止诉讼资源的浪费。对此，《法国民事诉讼法》规定：如法院宣告其有管辖权，至可以提出管辖权异议的期限届满，诉讼中止；在提出管辖权异议的情况下，至上诉法院作出裁判，诉讼中止。我国《澳门民事诉讼法典》也规定：裁判书制作人认为出现管辖权冲突，且属于积极冲突者，应命令以公函通知牵涉入冲突之各法院中止有关诉讼程序之进行，并于指定期间内作出答复。牵涉入冲突之各法院需以公函答复，并得随函附上有关诉讼程序卷宗之任何证明。① 我国《民事诉讼法》对管辖权异议中止诉讼的情形没有作出规定，应当予以完善。在修改《民事诉讼法》时应当明确规定，管辖权异议期间，法院及任何人不得实施促进诉讼的措施或行为。法院在管辖权异议合法解决前，不得对案件作出判决；当事人也不得实施任何使诉讼进一步发生的行为。管辖权异议期间，法院必须履行告知义务，将当事人提出管辖权异议的情况告知相关当事人和有关法院。

3. 设立听证程序

听证，是指为了解案情或其他特殊事件的真相，听取当事人的证词与说明。听证程序是附带诉讼模式的一项重要内容。设立听证程序，能够为当事人诉讼权利的行使提供一个机会和场所，是正当程序的基本要求。《美国联邦民事诉讼规则》规定：对管辖权异议的申请，对所有当事人都应当提供合理机会；法院应当根据当事人申请进行听证并作出决定。② 我国《澳门民事诉讼法典》也规定：法院在收到答复或将答复附入卷宗之期间届满后，如已提出人证，须随即进行对证人之调查；继而，让委托之律师查阅卷宗，以作书面陈述；最后，作出判决。

---

① 《澳门民事诉讼法典》，中国政法大学出版社 2000 年版，第 14 页。

② 白绿铉：《美国民事诉讼法》，经济日报出版社 1998 年版，第 102 页。

应当说，设立听证程序是改革和完善我国民事诉讼管辖权异议制度的一项重要内容。一方面，听证程序为当事人行使诉讼权利提供了一个机会和场所，体现正当程序的要求和程序正义；另一方面，通过听证，使管辖权异议的解决与其他制度相衔接，因为从证明对象理论的角度看，管辖权异议属于程序法上的事实问题，当事人应当提出证据加以证明，并需要在法庭上进行质证和认证；审判组织应当在法庭上听取管辖权异议申请人的陈述，通过当事人参加庭审，达到确定和落实案件管辖权的目的。因此，我国《民事诉讼法》应当设立听证程序，增加规定：当事人提出管辖权异议的，人民法院根据当事人的申请，应当在10日内组织听证，在充分质证的基础上进行认证，并作出决定。

4. 保障当事人的上诉权

根据我国《民事诉讼法》的规定，当事人不服人民法院管辖权异议裁定的，可以向上级人民法院上诉，上诉法院的处理决定也采取裁定的方式。但是，对于谁可以提出上诉，即谁享有上诉权，在司法实践中还有不同认识。主要有两种观点：一种观点认为，上诉人只限于管辖权异议申请人。因为当事人提出管辖权异议，是不服法院对案件的管辖权，上诉抗争的对象也应当是法院程序性审查的职权。确定管辖是法院依职权确认当事人诉讼要件是否完备的程序性事项，强调的是法院的职权。当事人对管辖不服，实质上是对法院就诉讼要件程序性审查后，作出的处理结果有不同意见。因此，上诉人应只限于管辖权异议申请人。另一种观点认为，上诉人包括各方当事人。因为当事人提出管辖权异议，不是对案件管辖权不服，而是对原告起诉时管辖法院的选择权不服。实际上，当事人提出的管辖权异议是对原告选择管辖权的抗辩。在管辖权异议案件的审查过程中，异议申请人与相对方应当进行辩论，在此基础上，由人民法院作出裁决。因此，对人民法院的裁决，各方当事人如有不服，均可提出上诉。这种观点强调辩论原则。

笔者赞同第二种观点，并且认为，应当从维护多数当事人的利益出发，保障多数当事人的上诉权。对当事人不服管辖权异议裁定而提出上诉的案件，二审法院也不适宜用径行裁决的方法作出裁定，而是应当询问当事人，在充分听取当事人陈述后，再作出裁决。

5. 防止当事人滥用管辖异议权

赋予当事人管辖异议权，有利于保障人民法院正确行使管辖权，防止地方保护主义。同时，管辖权异议的解决由行政化变为司法化程序，无疑更有利于保障当事人诉讼权利的行使，维护当事人的合法权益。另外，需要注意的是，按照上述建议赋予当事人较为广泛的管辖异议权，同时也应当要求当事人正当地行使管辖异议权，防止个别当事人滥用管辖异议权，以达到拖延诉讼等不正当目的。因此，应当建立一套合理有效的防止当事人滥用管辖异议权的机制，确立相关的制度，以保障诉讼的顺利进行。以法国为例，为防止当事人滥用异议权，主要采取以下三项措施：(1) 交纳诉讼费。在一审程序中，当事人如提出管辖权异议，应当交纳诉讼费。当事人对管辖权异议的裁定不服而提出上诉的，还要交纳等额的费用。根据《法国民事诉讼法》规定，书记室如果要求对提出的管辖权异议收取费用，那么，只有提出管辖权异议的当事人存交费用之后，其递交的异议才始予接收。[①] (2) 罚款。在审理不服管辖权异议裁定的上诉案件时，当事人如属无理上诉，原审法院对案件有管辖权的，上诉法院将对提起管辖抗辩的当事人予以罚款。(3) 赔偿损失。一方当事人对法院无管辖权的抗辩如有过失，并给对方当事人造成损失的，上诉法院还可以发出命令，要求该当事人赔偿对方当事人的损失。[②] 这些规定和措施被证明是行之有效的，可供我国修改《民事诉讼法》时予以参考和借鉴。

---

① 我国《诉讼费用交纳办法》第 3 章（案件受理费交纳标准）第 13 条第 6 项规定：当事人提出案件管辖权异议，异议不成立的，每件交纳 50 元至 100 元。

② 张卫平、陈刚：《法国民事诉讼法》，中国政法大学出版社 1996 年版，第 55 页。

总之，管辖权异议是我国民事诉讼的一项重要制度，它与人民法院对案件管辖权的确定、审判权的行使以及对当事人诉讼权利的保护，都有密切联系，在案件进入实体审判前的程序审理中，具有至关重要的地位。针对目前存在的地方保护主义、司法腐败和滥争管辖权的现象，在修改《民事诉讼法》时，应当按照公平原则和当事人意思自治原则，拓宽管辖权异议主体的范围，确定原告、被告、共同诉讼人、第三人的管辖权异议主体地位；明确管辖权异议涉及的管辖种类，规定对主管、级别管辖、地域管辖、指定管辖、移送管辖、管辖权转移等，根据具体情况，均可提出管辖权异议；确立附带诉讼模式的争议解决机制，明确规定中止诉讼、听证程序等诉讼规则；同时采取措施，防止当事人滥用管辖异议权。这些修改对于完善我国民事诉讼法律制度，维护当事人的合法权益，遏制地方保护主义，保证人民法院公正裁决，都具有重要的现实意义。

五、民事证据法功能的再定位

梅特兰曾将法律发展的轨迹比喻成没有接缝的网，并预言“任何探寻它的努力必将是武断的，那张网必定被扯破”。[①] 这样的比喻警示我们，任何试图发现法律发展的历史路径与未来趋势的尝试都是危险的，因为法律成长的过程漫长而复杂，在这一过程中，哲学、社会、政治、经济等诸多因素发挥着作用。此外，还有某些偶然发生的事件，可能影响甚至改变法律发展的进程与方向。但是，事实证明，这样的尝试又是必需的，特别是对法律制度的任务与未来加以描绘，这种理性的思考不仅可以避免法律制度构建过程中的盲目与冲动，而且也可以使现实的制度更符合制度本身的理想化模式，更能够迎合历史与社会发展的需要。

---

① 转引自［美］哈罗德·J. 伯尔曼：《法律与革命》，贺卫方等译，中国大百科全书出版社 1996 年版，第 67 页。

（一）传统理论对证据法功能的认识

证据制度作为一个国家司法制度的重要组成部分，人们对其任务的定位在很大程度上受制于统治阶级设置司法制度的目的。在原始社会，部族成员之间的纠纷往往通过暴力方式解决。后来随着国家的出现，统治阶级意识到实现纠纷解决过程的有序化对于维护其统治的重要意义，由此产生了由国家设立的，专门负责解决各类纠纷的司法机关。当然，受制于较低的生产力发展水平，在原始的司法制度中充斥着建立在原始信仰基础上的非理性因素。然而可以理解的是，在当时的情况下，对于统治阶级而言，“权威”地解决纠纷比“公正”地解决纠纷更有吸引力，这样，原始的司法制度得以存在并发展。然而随着生产力的发展和科学技术的进步，人类的认识能力有了大幅度的提高，仅仅“权威”地解决纠纷，已无法满足人们的需求，解决结果的“公正性”受到越来越多的关注。原始司法制度中的非理性因素被逐步排除，直至神明裁判制度最终被驱逐出司法证明程序，传统的证据制度因此而获得第一次空前发展的契机。此后，如何在证据制度的指引下，通过司法程序再现案件事实，并提高认识结果的精确性和确定性成为证据制度发展的主题。

资产阶级革命的胜利为证据制度的发展提供了第二次契机。资产阶级所倡导的自由、民主、人权等观念转化为司法制度中的“正当程序”理念。这一理念主张，纠纷不仅要被解决、正义不仅要被实现，而且要通过公正的程序得以实现。“正当程序”这一理念的注入，为证据制度的发展充实了新的内容。资产阶级革命胜利后，产生了许多以“正当程序”为基础的证据规则和制度，其中以非法证据排除规则为典型。

综上所述，证据法的两次发展契机确定了传统证据法的使命，即实现事实认定的精确性、确定性和认识结果的正当性。

1. 实现事实认定的精确性与确定性

在实现事实认定的精确性和确定性方面，传统证据法主要通过排除可能导致错误认识的证据以及抑制认识过程中的非理性因素两种途径实现其使命。

（1）排除可能导致错误认识的证据。欲提高司法证明的精确性，确保作为推理前提的证据真实、可靠，这一点无疑至关重要。因为并非所有的证据都能将认识带向正确的方向，为了避免事实审理者被错误的证据迷惑，传统证据法认为有必要将可用于证明的证据限定在一定范围内。英美法系国家由于在诉讼中采用了陪审制，因此对排除易导致陪审团产生错误认识的证据格外重视。比如，《美国联邦证据规则》第 403 条就明确否定了那些虽与案件事实具有某种程度的关联性，但却有可能导致偏见或误导事实审理者的事实材料具有可采性。此外，对于某些证据，由于难辨真伪，因而有关规则明确排除对这一类证据的使用。比如，著名的传闻证据排除规则。该规则的存在即与传闻证据的不可靠性密切相关。

此外，各国证据法学理论普遍认为，通过审理者的亲自观察获得对证据的直接印象是正确认定事实的重要前提。因此，无论是英美法系国家还是大陆法系国家，都十分重视从法律上保障审理者直接接触证据的权利。大陆法系国家在民事诉讼中贯彻直接审理原则，使法官可以直接面对原始的陈述人或原始的证据而不是证人的书面证言或证据的替代品。英美法系国家在证据立法中的最佳证据规则和传闻证据规则也都发挥了类似的作用。英国著名学者边沁虽然反对以证据的证明力低为由一概地排除某一类证据的做法，但是他在其著作《司法证明原理》中着重论述了许多可以提高证据可信性的措施。比如，边沁认为口头证据是重要的："这里只存在一种完美的恰当的获得证言的方式——在公开的程序中用口头的方式向法官提供证言……其他的收集证言的方式都只具有较低的效力，只有在最好的收集方式（指用口头方式提供证言——笔者注）可能导致混淆、浪费或拖延时才能使用其他方式替代之。"① 这一论述实际上体现了大陆法系国家的直接审理原则所要表达的思想，即只有以直接的方式提供给法庭的证据才具有证据能力，证据的替代品只在例外的情况下才可能被采纳。

(2) 抑制认识过程中的非理性因素。在西方，理性是哲学领域的重要话题。从哲学的角度看，理性是指逻辑推理的一种能力，这种能力的运用过程与感性、知觉、情感、欲望不同，是人类特有的天赋。理性追求主体与客体的一致性，使主体的思维获得与客体的物质活动相一致，它的本质是求真，使主观思维符合客观存在。正如黑格尔所言，理性是"真理的概念"，是"基本的精神规定"。② 正因为具有求真的本质，同时具有增进事实认定结果的确定性、可预见性的作用，理性成为证据制度发展的最初动力，对理性的追寻构成了证据制度发展的主旋律。

非理性与理性相对，主要指不受理性约束的人的欲望、情感和意志，指那些真正属于每个人的、具有个性的东西。由于非理性在内容上具有偶然性、主观性和易变动性的特征，所以与理性的崇高地位相反，非理性的价值长期被忽视、贬低。比如，黑格尔就只承认理性的价值，认为非理性尽管存在，却没有任何价值。他说："凡是被称为不可言说的东西，不是别的，只不过是不真实的。""只有理性才是精神世界中唯一的、最高的内容。"③ 受到理性至上哲学观念的影响，"非理性"一直被认为是证据制度发展的障碍，它不仅被认为是审理者正确认定事实障碍，而且大大降低了事实认定结果的确定性与可预见性，因此各国的立法者都试图通过证据制度排除司法证明过程中的非理性因素，实现纯粹"理性"的事实

① See William Twining, *Rethinking Evidence: Benthem and Wigmore on Evidence*, 1985, p. 31.

② ［德］黑格尔：《小逻辑》，贺麟译，商务印书馆1981年版，第212页。

③ ［德］黑格尔：《精神现象学》（上），贺麟、王玖兴译，商务印书馆1979年版，第73页。

认定。

为排除司法证明中的非理性因素而设置的规则体现在不同国家各个历史时期的证据制度中。欧洲中世纪盛行的法定证据制度试图将法官认定案件事实的过程简单化为数学上的加减运算，从而避免法官个人的喜好及主观倾向危及司法证明的确定性。今天，法定证据制度已经被自由心证制度所取代，但是不难发现，以心证公开为特征的现代自由心证制度亦将限定司法证明过程中的非理性因素作为其主要内容。

英美法系国家虽然在证据制度的历史发展过程中没有经历法定证据阶段，但是追寻理性的热情却丝毫不逊色于大陆法系国家。在英美法系国家司法证明的过程中，对事实问题与法律问题的划分具有重要的意义。众所周知，理性在司法中的运用集中体现在法官主要运用逻辑三段论的方式作出判决，即首先根据证据查明案件事实，然后寻找适用该事实的法律规范，最后通过逻辑推理将法律规范中的结果适用于已发现的事实中。司法证明的核心任务就在于发现三段论推理中的小前提，并使其涵摄于作为大前提的法律规范所确定的事实类型中。在英美法系国家，法律的适用由法官负责，而事实则由陪审团认定。之所以有这样的分工，是因为法律的适用是一个高度专业化的过程，需要经过特殊训练的专业人员完成。但是事实的认定则要简单许多，非专业人员经过适当的指引即可完成。区分事实认定与法律适用的主要意义在于二者所追求的目标不同。法律适用的过程以实现立法者的意图为要旨。然而由于法律的滞后性以及语言的模糊性等多种原因，立法者的原意往往隐晦于法律条文中，司法者的任务即在于发现、解读法律的原意并将其适用于现实的事件中。在这一过程中，逻辑的作用受到抑制，某些非理性因素不可避免地发挥着作用，正如卡多佐所言："历史或者习惯、社会效用或某些逼人的社会情感，有时甚至是对渗透在我们法律中的精神的半直觉性领悟，必定要来援救焦虑不安的法官，并告诉他向何方前进。”① 虽然在如何避免或减少法律适用的不确定性方面许多学者作了有益的探索，但是现有的研究成果尚无法解决这一问题。相反，越来越多的研究者不得不承认，法律解释过程中的主观因素是必然会存在的，所以我们最好学会和它“友好相处”。

与法律的适用过程不同，事实认定以精确性为首要任务。在绝大多数立法或司法者的眼中，事实认定是一个“认识”而非“评价”的过程。两者的区别即在于“认识”以客观性为特征，追求认识结果的“真”，为了实现“真”必须剔除认识主体对客体的主观价值评价，而“评价”却不能把主体的需要与价值观念排除在外。如果说法律的解释与适用过程更倾向于一个“评价”的过程，那么事实的认定过程则被视为一个纯粹的“认识”过程，这一过程只有在理性的指引下才能实现结果的精确性。正是基于此种理念，英美法系国家设计了一系列旨在排除事实认定过程的非理性因素制度。比如，在陪审员的选择方面，美国的民事诉讼制度在选择陪审员的过程中，通过预先审查程序对每位未来的陪审员询问一系列问题，旨在发现陪审员是否具备资格，是否存在偏见。法律还赋予了当事人就陪审员的资格提出无因异议的权利，这种异议可以使具有职业或个人态度的陪审员丧失资格。② 此外，英美法系国家的品格证据排除规则也在很大程度上避免了此类证据可能引发的非专业人员的憎恨、同情等非理性的情感因素对事实认定结果的影响。

总之，通过对证据的严格筛选以及在证明过程中对事实认定主体的主观、心理因素的剔除，传统证据法努力维系着理性在该领域的绝对统治，并不断提高事实认定结果的精确程度。

2. 实现认识过程的形式化

如果说在证据制度产生之初，追求认识结果的正确和确定是证

① ［美］本杰明·卡多佐：《司法过程的性质》，苏力译，商务印书馆1998年版，第22~25页。

② ［美］杰克·H. 弗兰德泰尔等：《民事诉讼法》，夏登峻等译，中国政法大学出版社2003年版，第518~524页。

据法的唯一目标，那么随着法治的不断发展以及理论研究的不断深化，事实认定程序本身的重要性引起人们的关注。最初，程序的重要性仅从工具的角度被认识，因为科学合理的事实发现程序有助于得出正确的事实认定结果，但是，自“正当程序”这一法律概念于1215年第一次出现在英国的《大宪章》中以后，人们逐步意识到程序的意义还不仅限于此。程序不仅仅是引导我们认识过去的桥梁，更是使诉讼证明的结果获得正当性的必由之路。按照学者的理解，程序在判决结果正当化方面的作用可以概括为三个方面：第一个方面，使由于程序的进行而蒙受不利结果的当事人不得不接受该结果。由于程序参与与中立原则保证了该方当事人在事实认定过程中被给予了充分表达自己意见、提出证据的机会，并且相信是由中立无偏的裁判者对己方的意见和证据予以了充分的考虑并进行了理性的判断，所以其对结果的不满也就失去了客观的依据而只能接受。第二个方面，使其他诉讼参与者对该结果予以接受或信赖。由于程序人道原则保证了这部分诉讼参与人的基本权利和自由，这增强了他们对这一程序能够产生正当性结果的信任，同时由于他们亲眼目睹了程序的进行过程，对于该程序是否保证了当事人的诉讼参与权以及该结果是否体现了当事人的诉讼参与效果有较为客观的认识，从而能够对程序及其结果的正当性作出自己的判断。第三个方面，使社会整体对结果的权威产生信任。社会公众判断案件事实认定结果的正当性一般只能从制度上的正当程序是否得到了保障来看。“如果法院在制度性的正当程序方面得到了公众的信赖，自己的决定也就获得了极大的权威。”① 上述观点代表了传统的证据法对程序在判决结果正当化方面作用的理解，这一认识促使司法证明不断沿着制度化、技术化的方向发展，最终塑造了一个具有明显“形式化”特征的证明程序，具体表现为以下几个方面：

---

① ［日］谷口安平：《程序的正义与诉讼》（增补本），王亚新、刘荣军译，中国政法大学出版社2002年版，第11页。

首先，英美法系国家自 18 世纪起经历了一次声势浩大的证据法的法典化运动，通过法典化，经过几百年判例法积累而成的证据规则形成了逻辑清晰的规则体系，实现了马克斯·韦伯所称的“形式理性”。所谓“理性”，意味着法律制度本身实现了高度的系统性，法律的具体内容均可从一个清晰的法律概念或法律原则中推导出来，法律条文之间的逻辑关系清晰，也即法律实现了高度的确定性。所谓“形式性”，借用马克斯·韦伯的理解，是指法律制度可以像技术性的理性机器那样运行。因而，“能够保证个人或团体在相对宽泛的自由制度里活动，并可以预料自己行为的法律后果”。“形式性”的法律保证了判决的作出“不是以具体的道德、政治考虑或社会正义的情感为基础的，而使用内在于这种法律制度中的决策标准”。[①]

其次，司法证明过程在很大程度上被仪式化、剧场化。这一现象在古老的神明裁判时期就已经初露端倪。在当时的诉讼程序中，原告、被告以及所有的证人都必须以法定的形式、姿态陈述事实或进行抗辩，对程序的丝毫违背都将导致魔法技术无法提供正确的答案。[②] 在司法证明发展至理性阶段以后，这种形式化的特征保留了下来并在近代的诉讼制度中得以强化。与古代司法证明的形式化特征不同的是，现在证据制度中的形式化特征不仅仅是法官获得对事实认识的方法，更是使这一认识获得正当性的途径。总体而言，“形式化”对民事证据制度的影响表现在以下几个方面：

第一，所有参加诉讼的主体都严格依据法律界定的身份行事，不能超越权限。例如，在英美法系国家法官不能扮演事实探知的角色，而陪审团则不能左右法官如何适用法律，证人只能客观陈述其

---

① ［德］马克斯·韦伯：《论经济与社会中的法律》，张乃根译，中国大百科全书出版社 1998 年版，第 225~230 页。

② 参见［英］S. F. C. 密尔松：《普通法的历史基础》，李显冬等译，中国大百科全书出版社 1999 年版，第 33 页以下；以及［美］孟罗·斯密：《欧陆法律发达史》，姚梅镇译，中国政法大学出版社 1999 年版，第 39 页以下。

感知的案件事实，至于如何理解、分析这些事实，如何在这些事实的基础上进行推理，则不能发表任何意见。另外，对于当事人任何程序性权利的非法剥夺或限制都有可能导致程序性制裁或使相应的行为无效。例如，根据《美国联邦民事诉讼规则》的规定，当一方当事人以不到场接受询问或不答复质证等方式，违反证据开示的强制性规定时，另一方当事人有权要求法院给予制裁。

第二，审理者对事实的所有认识都必须按照法定的方式、通过法定的程序获得，在程序之外不允许形成认识。例如，事实审理者只能在法庭审理的过程中，在双方当事人对席的情况下听取当事人陈述、证人证言，证人或鉴定人被科以出庭的义务。审理者在法庭审理以外的时间会见当事人或证人的做法是不被允许的，如果必须在庭外调查证据，则应事先通知双方当事人，当事人有到场权。

第三，证据提出的时间以及形式成为影响可采性或证明力的一个重要因素，表现为举证时限制度已经成为两大法系国家证据制度普遍的选择。在证据的形式方面，英美法系国家格外重视口头证据，因此，证人证言以及当事人陈述必须以口头的方式提供给法庭才是有效的。而在大陆法系国家，书面证据的证明力备受重视，《法国民法典》第 1341 条规定，一切物体的金额或价值超过五十法郎者，即使为自愿的寄存，均须在公证人前作成证书，或双方签名作成私证书。证书作成后，当事人不得就与证书内容不同或超出证书所记载的事项以证人证明，亦不得就证书作成之时、以前或以后所声明的事项以证人证明，如物件的金额或价值不足五十法郎者，亦同。① 许多国家都规定，在证人做证之前应当经过宣誓程序，经过宣誓的证人的证言还被赋予了更高的证明力。

第四，在司法证明的过程中，事实审理者被要求严格依据法定的规则行事，不允许擅自解释、改变、创设规则，并且在形成对事

---

① 参见萧榕编:《世界著名法典选编》（民法卷），中国民主法制出版社 1998 年版。

实的认识的过程中也不允许考虑规则以外的因素，司法证明严格贯彻“价值无涉”的原则。同样，检验事实认定结果是否正确的标准也并不存在于规则或程序之外，而是内化于规则与程序之中。从美国学者罗尔斯的角度看，即实现纯粹的程序正义。①

综上所述，传统证据法对理性以及事实认定程序正当性的追寻，不仅使证据制度摆脱了原始的非理性因素的困扰成为一门“真正的科学”，更重要的是，传统的对证据法使命的理解极大地推动了证据立法的发展，促进了证据法制的繁荣。

（二）传统证据法面临的挑战

如前所述，证据制度自产生之后即沿着理性、程序正当性的道路发展并逐步走向繁荣。然而，人类社会在进入20世纪以后，传统证据法所赖以存在的哲学、法学以及社会学基础发生了一系列的变化，这些变化形成了一股合力，正在悄然改变着证据制度的发展轨迹。

1. 自然主义认识论的兴起

自然主义是20世纪西方哲学发展的基本趋势，它认为“每一事物都是自然世界的一部分，都可以用自然科学的方法加以解释……它赞成科学，反对神秘主义……从认识论方面来看，自然主义认为认识论上的证明与解释是与自然科学相伴随的持续过程，并论证说科学的方法是我们获得知识的唯一方法”。② 总之，自然主义的认识论坚持要把关于知识的哲学理论视为不仅仅是一个先验的纸上谈兵，而是与经验科学并蒂并且依存于经验科学的活动。对于自然主义认识论者而言，证据法的绝大多数规则都将事实的导出作为其主要目标，因此证据法规范的就是一种认识活动，这一认识活动从两个意义上与经验科学联系在了一起：（1）我们需要知道什

① 参见［美］约翰·罗尔斯：《正义论》，何怀宏等译，中国社会科学出版社1988年版，第84~90页。

② ［英］尼古拉·布宁、余纪元：《西方哲学英汉对照词典》，人民出版社2001年版，第659页。

么样的认识论规范，以在事实上能导致知识的获得；以及（2）我们需要辨识出哪些认识规范是能为我们这样的生物所实际使用的。[①]

自然主义的认识论的出现，引发了大幅度削减现有的证据规则的呼声。改革者认为，理性的认识不能被规则束缚，理性本身即规则，对于经验事实的确定，法官或陪审团除了理性以外不需要其他的规则。规则只适用于对于价值问题的争议，此类争议因为没有先行确定的解决方法，需要法官在不同价值之间进行优先性的选择，此时，用适当的规则指导法官的价值选择才是必要的。[②] 但是，在依据经验就能解决绝大多数问题的事实认定领域，规则是无法起到任何富有成效的作用的。

事实上，早在1825年出版的《司法证据原理》一书中，边沁就提出了一种类似的证据法思想。在他的论述中，处于核心地位的是建立自然化的司法证明模式的构想。这种模式存在于自然化的程序中，该类程序的主要特点是以实现判决的公正为目的，在程序进行的过程中，法官的作用如同负责处理家庭纠纷的父亲，他可以不受任何形式规范的影响，采用一切他认为有帮助的证据探询事实真相。[③] 自然化诉讼程序中的证据制度致力于真相的发现，其主要特征是较少排除证据，较少受到规则的限制。与此相对的是技术化的司法证明模式，其显著特征是法官的行为受制于成文法的规定，即受制于立法者的意图并同时被由法官与律师构成的利益集团所控制，这些邪恶的利益与诉讼程序所追求的终极目标以及社会利益截

---

① ［美］罗纳德·J. 艾伦、布赖恩·雷特：《自然化认识论和证据法》，王进喜译，载何家弘主编：《证据法学论坛》（第七卷），中国检察出版社2004年版，第516~521页。

② Alex Stein, The Refoundation of Evidence Law, *The Canadian Journal of Law & Jurisprudence*, 1996, pp. 280, 285.

③ See Bentham, Rational of Judicial Evidence, *Works of Jeremy Bentham* (Vol. vii), Thoemmes Press, 1995, pp. 196, 199.

然对立。[1] 因此，边沁提出了一种“推翻一切，重新开始”的证据法改革思路。

英美法系国家证据制度的发展恰恰迎合了边沁的这一设想。通过观察不难发现，这些国家对证据使用的限制性规定正呈现逐步减少的趋势。以传闻证据为例，《美国联邦证据规则》1997 年增加了一条对传闻排除规则例外情况的原则性概括，赋予法官在满足下列情况下采纳传闻证据的自由裁量权：A 该陈述是作为重要事实的证据提出的；B 该陈述对于证明案件事实来说，比提供者通过其他的合理努力能获得的证据具有更强的证明力；C 如果将该陈述作为证据采纳，则本证据规则总的宗旨和司法公正将达到最佳效果。[2] 英国甚至在民事诉讼中取消了使用传闻证据的限制。

自然化的认识论对传统证据法的立法思路及调整方法提出了质疑。我们不得不思考，证据法是否应当以排除规则为核心，排除证据是否真的有助于形成正确的认识呢?

2. “理性”的困境及司法证明确定性的动摇

(1) “理性”的不足与困境。如前所述，在证据制度发展的早期阶段，去除司法证明中的非理性因素是证据法的主要任务。随着科学技术的进步，人类的认识能力不断提高，理性在司法证明中的统治地位得以确立。然而在司法证明的过程中，绝对“理性”的方法并非真的如其鼓吹者所声称的那样完美无缺。

首先，理性思维方式的特点是从最基本的概念或判断出发，对感性对象进行逻辑的定性、分类与量化。不难看出，理性的思维方式是以静止描述运动、以抽象表达具体、以有限概括无限的思维方式，因此，这种思维方式内部存在无法回避的矛盾，体现为处于争

---

① See Bentham, *Scotch Reform*, *Works of Jeremy Bentham* (Vol V), Thoemmes Press, 1995, p. 7.

② G. 希尔贝克、N. 伊耶：《西方哲学史》，上海译文出版社 2004 年版，第 849 页。

议状态的事实往往是复杂的，而裁判者往往面临着判断信息不足或虚假的困境，即使拥有足够的证据，理性的思维方式受制于自身的特点，也可能无法形成对事实的正确认识。

其次，理性追求认识结果的确定性与唯一性，并将此作为划分科学与非科学思维方式的尺度。然而，如果片面强调确定性与唯一性就有可能导致司法证明的僵化与封闭。因为为了保障认识结果的确定性与唯一性，以绝对理性为基础的证据规则往往要求事实认定者在司法证明的过程中排除先见、不考虑“真”以外的任何情感、意愿、社会政策，实际就是要求认识主体以一种“空白”的状态进行思维活动，这不仅是不现实的，而且往往会以牺牲个案的公正为代价。失去了与社会政策、普遍的价值观与共识的联系，司法证明将陷入封闭状态，蜕变成一种僵化的逻辑游戏，从法治发展的长远角度看甚至是有害的。

最后，绝对理性的证明方式忽视了认识的主体要素对认识结果的影响。主体的需要决定了证明的方向并为证明提供动力支持，主体的能力决定了证明结果可能达到的精确程度。如果抛弃对主体要素的考虑，就可能对司法证明的结果提出不切实际的过高的要求，或者选择了不正确的证明激励机制。比如，在证明标准的问题上，我国《民事诉讼法》一度秉承的“客观真实”的证明标准，忽略了人的认识能力的有限性，对司法证明的精确程度提出了过高的要求，其结果必然会增大了民事案件当事人证明事实的难度与负担。再如，我国最高人民法院颁布的《关于民事诉讼证据的若干规定》（以下简称《证据规定》）中对证人不出庭的“正当理由”作出了比较严格的界定，同时规定，无正当理由拒绝出庭的证人提供的书面证言不能单独作为认定案件事实的依据。这种激励证人出庭的方法忽视了证人出庭是服务于当事人证明的需要而非证人本人的需要，因此法律的规定虽然会激励当事人加倍努力地劝说证人出庭，但是，由于证人本人缺乏出庭的动力，因此无法从根本上解决证人出庭难的现实问题。

（2）“非理性”因素的渗透及影响。当理性在司法证明领域陷入困境的同时，非理性在认识过程中的作用受到越来越多的关注。

首先，认识主体的作用凸显出来。传统证据法在追求理性的过程中试图排除主体的因素对认识结果所产生的影响，并以此达到绝对逻辑化、形式化的“纯粹”理性。这种以“理性至上”为哲学基础的制度安排，在19世纪随着非理性主义哲学思潮的涌动，受到质疑。如果说理性主义的出现标志着人类对自身生存的客观意义的追寻，那么非理性主义的产生则意味着人对生存意义的寻求已转向了主观性，即转向了人类自己。非理性主义强调人在认识过程中的决定性作用，强调人是通过直觉和情感等非理性因素来把握世界的。非理性主义认识论虽然具有明显的片面性，但是其对证据制度发展的启示性作用也不容忽视。理性并非人们形成认识的唯一方式，在司法证明过程中，如何调动非理性因素的积极作用，是我们应当思考的问题。已经有学者指出：“情感与认识是统一的，认识融于情感之中，而不是外在于情感。因而在认识活动中，作为人的主观态度的情感总是具有一定的目的性和倾向性。它不仅理解和评价着认识对象……情感以它的目的性决定了主体对认识方向的选择；情感又以它的倾向性规定了主体对认识对象的选择。”① 上述认识对司法证明的意义已经开始受到关注。比如，已有研究表明，非理性的直觉因素在证据判断的过程中就发挥了快速辨别证据真伪、初步判定行为动向、预投案件事实的结论的重要作用。②

其次，非理性因素向司法证明领域的渗透离不开现代心理学的发展。传统的证据法受到理性主义的影响，排斥认识主体的心理因素对认识活动的影响。非理性主义者极力强调心理因素对认识活动的决定性作用。一些学者专门从心理学的角度对事实认定的模式进

① 何颖：《非理性及其价值研究》，中国社会科学出版社2003年版，第257页。

② 参见龙宗智、衡静：《直觉在证据判断中的作用》，载《证据法学论坛》（第二卷），何家弘主编，中国检察出版社2001年版，第403页。

行重新的构建，如根据“裁决的故事模型”理论，事实认定者根据其从审判程序中获得的对事实的信息（证据），他对于类似事件的一般常识及其对于故事构造的一般知识，构筑一个关于案件事实的叙事性结构。审理者构造的故事可能不止一个，然而只有一个故事被认为是“最佳”的，决定某一故事是否被“确信”的标准是全面性和一致性。故事越全面，它作为对证据的解释就越容易被接受。而解释的一致性又显示了解释本身和社会认知的连贯性。根据故事模型，审理者裁决的第二个阶段是理解和学习各种裁决的备选方案，即对于某一行为进行法律定性应具备的条件。最后，事实审理者用分类的方法将接受的故事与各种判决定义相匹配，决定接受的故事的要件与判决范畴要件的最佳匹配方案。① 由此可见，将司法人员构筑案件事实的过程解释为一种心理活动无疑使得司法证明变得更加复杂且难以从外部加以观察和把握，这不仅增强了司法证明的非理性色彩，而且增加了实现证明结果的确定性的难度。传统证据制度所追求的目标失去了有力的理论保障。

（3）“事实认定”与“法律适用”的融合及其对司法证明确定性的影响。“事实认定”与“法律适用”两个过程的区分在传统的证据法领域具有重要的意义。因为将审判者的某一具体行为归类为“事实认定”或“法律适用”的不同领域，意味着对这一行为适用两种完全不同的评价标准。“事实认定”追求结果的“确定性”，不允许主体对事实加以解释或评价，“法律适用”则以“妥当性”为标准。在法律适用的过程中裁判者对法律的解释是必不可少的，“解释”是连接抽象的法律条文与具体的案件事实之间的桥梁和纽带。

然而，现实的情况是，“事实认定”与“法律适用”的界限，

---

① 参见［美］南希·彭宁顿、里德·黑斯蒂：《陪审员裁决的故事模型》，载［美］里德·黑斯蒂主编：《陪审员的内心世界》，刘威、李恒译，北京大学出版社 2006 年版，第 233~262 页。

无论是在理论上还是在司法实践中都从来没有清晰过。从理论上来看，作为司法推理小前提的“事实”并非我们日常生活中的“自然事实”，而是对该“自然事实”进行法律解释以后的结果。为了说明事实认定过程中法律解释的作用，英国学者麦考密克将法律推理中的事实分为两个层次：“基本事实”与“二级事实”。基本事实类似我们前文所称的“自然事实”，它在消除证据之间的冲突和矛盾后即可获得，“基本事实”的获得无须对法律进行解释；“二级事实”将构成适用规则所需的“效果事实”，即使我们已经形成对“基本事实”的确信，在很多情况下，仍需要通过解释的方法确定“二级事实”。在其著作中，麦考密克举了以下的例子来说明其观点：在麦克伦南先生诉麦克伦南夫人一案中，原告要求与妻子离婚，理由是她与别人通奸，他们最近的一次会面在一年前，而在这之后她生了一个小孩。被告在辩护中承认以上事实，但是声称孩子是通过人工授精的方法怀上的，精子来自一个志愿者的捐献，并没有不贞洁的行为发生。在这个案件中，如果特定的基本事实——妻子通过人工授精的方法怀孕已经证实，那么法官还必须再确定一个“二级事实”，即已认定的基本事实是否能够构成法律上所称的离婚的理由——“通奸”。在“二级事实”确定的过程中，如何对法律上的“通奸”的含义加以解释，就成为判决的关键。[①]

在事实与法律相互区别的基础上，普通法国家设立了陪审制。由法官负责高度技术化的法律适用与论证，由普通民众负责事实的认定。但是与这一设想相矛盾的是，法律规定法官在陪审团进行评议之前要对其进行指示，指示的内容既包括法律关于证明责任的负担及证明标准的问题，也包括与当事人的实体请求与抗辩相关的实体法的规定。这一规定恰恰说明，事实认定与法律适用的过程是不可分的。将二者隔绝开来的做法是不现实的。

---

① ［英］尼尔·麦考密克：《法律推理与法律理论》，姜峰译，法律出版社 2005 年版，第 82~92 页。

总之，“事实”与“法律”的严格区分几乎是不可能实现的目标。因为“事实认定”过程绝非一个“法律真空”的领域。正如学者所言：“法律事实并不是自然生成的，而是人为造成的，正如一位人类学者所言，他们是根据证据法规则、法庭规则、判例汇编传统、辩护技巧、法官雄辩能力以及法律教育成规等诸如此类的事物而构设出来的，总之是社会的产物。”① 法律适用、事实认定与司法推理中大前提和小前提的确立不是一一对应的简单关系，而是一个交织、往复、融合的过程，这就意味着在事实认定的过程中，主体的价值判断因素是无法排除的。这难免使司法证明过程陷入扑朔迷离的不可知论，从而与法律所追求的确定性、可预见性目标相去甚远。然而，正是这一矛盾提示了当代证据法发展的方向。

3. 程序的反形式化趋势对证明结果正当性的挑战

传统的证据制度构筑了一个高度形式化的、严谨的证明程序，不仅保证了司法证明的科学性，而且使得证明结果通过一个可视的程序得以正当化。但是，自 20 世纪开始，发生在民事诉讼领域的全球范围的程序简化运动，却大大削弱了司法证明的形式化特征。产生这一现象的原因可以归结为案件数量的迅猛增长及福利国家的兴起。

全球范围的案件数量急速增长的态势导致各个国家的司法机关都面临着司法资源相对不足的困境。为了保障公民获得平等的接近正义的机会，各国司法制度不约而同地选择了一定程度上简化原有的诉讼程序的应对措施，以降低司法成本。英国的“快捷程序”、法国的“紧急救济程序”以及荷兰的“简易程序”和“初步禁令程序”等，都代表了各国在程序简化方面的努力。② 简化后的司法证明程序在总体上有以下两个特征：

---

① ［美］克利福德·吉尔兹：《地方性知识：事实与法律的比较透视》，邓正来译，载梁治平主编：《法律的文化解释》，三联书店 1998 年版，第 80 页。

② 参见［英］阿德里安 A. S. 朱克曼主编：《危机中的民事司法》，傅玉林等译，中国政法大学出版社 2005 年版，相关章节。

第一，更加关注协调公正与效率的关系，对法官的作用作出不同的理解。在诉讼过程中法官不是作为一个消极的审理者，而是肩负着维护双方当事人之间力量对比平衡，保证司法程序在真正公平的基础上进行。法官在诉讼过程中的活动更加积极、主动，“法官释明权”“管理型法官”等概念的出现是这一转变的典型标志。

第二，诉讼程序对事实认定过程的“形式性”要求被逐步降低。比如，英美法系国家一直强调法庭审理以口头的方式进行，证人必须亲自出庭陈述，书面证言的使用受到严格的限制。但是，近些年来，这些国家不仅传闻证据排除规则的适用范围日益缩小，而且在诉答程序、上诉审程序中口头原则的贯彻也呈现出松动的迹象。在大陆法系国家，出于提高诉讼效率的考虑，在民事诉讼中也出现了放宽书面证据使用限制的趋势。比如，在德国原来的民事诉讼法制度中，只有证人需要从其商业记录中提供信息或法院认为书面证言足以使法官获得对事实的认识，并且在双方当事人均同意的前提下，证人才可以用书面证言代替出庭做证。但是 1990 年颁布的《民事诉讼法》第 377 条却规定只要法院认为证人提出书面回答足以，无须当事人同意就可以命令证人提出书面回答。①

除了案件数量的压力以外，福利国家的出现也推动了司法证明的反形式化倾向。从政治经济学的角度看，“福利国家”是一种国家形态，它的主要特征是强化现代国家的社会功能，这些国家通过立法及行政和经济政策干预私有制经济、改善贫困者的社会处境，为公民提供广泛的社会保障，维护社会平等。②“福利国家”的出现对司法证明产生了深远的影响，其中以下几个方面特别值得关注：

第一，立法中原则性规定不断增加，这些原则性规定在司法证

① 《德意志联邦共和国民事诉讼法》，谢怀栻译，中国法制出版社 2001 年版，第 93 页。

② 顾俊礼主编：《福利国家论析》，经济管理出版社 2002 年版，第 68 页。

明的过程中赋予了法官在各种利益和价值之间进行平衡取舍的权力，使得法官在个案公正以外，有可能将更广泛的利益和目标纳入其考量的范围。比如，《美国联邦证据规则》第 102 条指引法官："解释本证据规则应注意到确保执法的公正，消除不合理的费用与拖延，促进证据法的成长与发展，以实现确定事实真相，公正处理诉讼。"① 美国许多学者对证据法中类似的规定给予了较高的评价，认为第 102 条的价值体现在两个方面：一方面，在法律没有明确规定或规定含混不清时，它给法官的判断提供了依据；另一方面，该原则性规定的存在使证据规则成为一个开放的体系，可以随着实践的发展不断充实、完善。②

第二，在某些案件中，"事实真相"本身对作出正确判决的意义被淡化。福利国家的出现促进了司法推理从形式性推理或规范实施型推理向政策实施型推理或目的性推理的转变，这一转变被学者们称为法律的"实质化"倾向。按照昂格尔的理解，当仅仅乞灵于规则，并从规则推导出结论被认为足以进行每一个权威的法律选择时，法律推理就是形式主义的。当如何适用规则的决定依赖于如何才能有效地促进规则所要达到的目的时，这种推理就是目的性的，即实质性的。③ 在政策实施型的推理中，事实真相的意义远不及它在形式性推理中的意义重大。因为后者以严格地在现实生活中重现法律为目的，所以必须在事实与法律之间形成准确的一一对应的关系。但是，在政策实施型的推理过程中，作为裁决依据的往往不是具有高度确定性的规范，而是相对灵活和可变的"政策"或"价值观"。所以，事实的意义被淡化，事实审理者所关心的并不是过去究竟发生了什么，而是过去发生的事实对今天的社会将会产

---

① G. 希尔贝克、N. 伊耶：《西方哲学史》，上海译文出版社 2004 年版，第 566 页。

② See Thomas M. Mengler, *The Theory of Discretion in the Federal Rules of Evidence*, 74 Iowa L. Rev. 413 (1989).

③ ［美］R. M. 昂格尔：《现代社会中的法律》，吴玉章、周汉华译，译林出版社 2001 年版，第 187 页。

生怎样的影响。因此，在福利国家的背景下，越来越多案件中的裁判者的主要任务是笼统地对当事人的行为是否“合适”或“恰当”作出个案性的判断，这使得此类程序的真相取向被弱化，证据法在规范事实认定过程中的作用也受到抑制。即使在一些尚无法用“福利国家”描述的国家，司法证明的实质化趋势同样明显，以我国为例，“能调则调、当判则判”“案结事了”等司法政策的提出也体现了纠纷解决的政策性，同样带有明显的实质化色彩。民事案件的处理不再是一个纯粹的认定事实并适用法律的决策过程，而是一个为了实现特定社会政策的交涉过程。可以想象，在这样的司法制度中，“事实真相”本身对于判决的意义必然被淡化。

总之，随着司法证明的形式化特征的淡化，证明结果正当性的获得却日益成为问题。高度形式化的证明程序一直被视为传统司法证明正当性的重要保障，当今司法证明的“实质化”趋势却在某种程度上危及着证明结果的正当性。

（三）当代证据法的功能

综上所述，由于传统的证据法在其发展的过程中受到来自社会的、哲学的以及法律本身变革等因素的影响，其发展的原始目标受到极大挑战。在这个变革的年代里，我们必须迎接挑战，重新定位证据法的功能，以更好地完成时代赋予它的历史使命。我们认为，当代证据法的功能应当包括以下几个方面：

1. 限定司法证明过程中的“非理性”的范围的功能

在司法证明的过程中，绝对的“理性”是不可能的。我们认为，以“理性”和“非理性”作为评判司法证明方式是否文明、进步的标准，这种做法本身的科学性就有待进一步论证。事实是，无论我们怎样敌视或贬低它，并竭尽所能地排斥它，非理性因素从未真正离开过司法证明的过程。一直被认为是野蛮、落后的司法证明方式典型代表的神明裁判制度并非我们想象的那样“非理性”。神明裁判的心理学基础是人对神的无可争议的信仰，因此不难理解，在相信有报应或惩罚会降临的心理压力下，那个时代的人是比较不可能在诉讼中说谎的。而且神明裁判也并非诉讼中的通常证明方法，一般只有在双方当事人各执一词，审理者无法判断是非的情况下才会使用这一方法。所以神明裁判只是当时在案件事实真伪不明时使用的一种裁判手段，其作用类似于我们今天的举证责任分配规则。

在科学技术高度发达、我们认为理性已经在司法证明过程中确立了牢固统治地位的今天，非理性因素仍无法被完全去除。以法官对专家证言的判断为例，在诉讼过程中经常会出现两个甚至几个意见完全相左的专家证言。此时，对于一个完全没有相关专业领域知识的法官而言，他对专家意见的权衡与取舍在多大程度上比以抛硬币决定胜负的方法更理性呢？由此可见，司法证明过程中所谓的“理性”，如一名学者所言，也许仅仅指“一种理性的态度”，也就是“在既定情形下努力达成最好的结果”。① 我们在强调理性对于证据法发展的作用与意义的同时，必须为非理性因素留下必要的一席之地。

首先，应在一定程度上承认主体的差异将会影响司法证明的结果。法定证据制度力图构筑的“无主体”的司法证明过程已经被历史淘汰，即使以高度同质化的司法队伍为基础，也无法完全杜绝因主体差异而导致的司法证明结果的不确定性。因此，必须在一定程度上承认由于主体的差异导致的证明结果的误差。当今，许多国家都确立了上诉审法院的有限审查原则，使下级法院对事实认定的结论可以在绝大多数情况下得到上级法院的尊重与支持。比如，在英美法系国家，上诉法院在审理过程中可以考虑的事实部分在很大程度上限定于下级法院关于事实的记录和关于事物的一般常识中，如果陪审团或初审法官已经对相互矛盾的证据作出了判断，那么上

① ［美］米尔吉安·R. 达马斯卡：《比较法视野中的证据制度》，吴宏耀、魏晓娜译，公安大学出版社2006年版，第36页。

诉法院不得对此重新作出判断。[①] 这一做法的合理之处即在于，不同的审理者对同一事实很难形成绝对一致的认识，初审法官最直接、最全面地接触了证据和相关信息，因此他对事实的认识最有可能是正确的。

其次，承认认识主体的心理因素对司法证明过程的影响。即使是最苛刻证据排除规则也无法完全杜绝认识主体的心理因素对司法证明的影响，有学者曾形象地描述事实审理者裁决的理论，应当是“介乎自上而下的理性规则和自下而上的心理学原则之间的妥协”。[②] 因此，当代的证据法应当充分吸收心理学研究的先进成果。从心理学的角度看，法律在规范人的行为方面是可以奏效的，但是在规范人的心理活动时却往往显得无能为力。因此，在制定证据规则时，我们就应当充分考虑哪些规则可能对事实审理者产生确实有效的约束力，哪些规则是违反心理学的基本原理因而应当取消的。在英美法系国家，已有学者怀疑法官就采纳或排除某些证据所作的指示是否能对陪审团产生确实的心理约束力。比如，按照“唤醒记忆”（refreshing memory[③]——笔者注）的做法，如果一个证人记不清他在几个月前飞快地看到的一个车牌号时，一般允许他根据他记下的车牌号唤醒记忆。然而，法律规定必须指示陪审团，关于号码的证据不是记下的字条，而是重复字条内容的证言，无视证人记不起字条内容的事实。再如，有时陪审团被指示，他们可以考虑被告人以前的犯罪，但在确定他有罪时却不能使用他的犯罪记录。人

---

① ［美］卡尔·N. 卢埃林：《普通法传统》，陈绪纲等译，中国政法大学出版社2002年版，第29页。

② ［美］里德·黑斯蒂主编：《陪审员的内心世界》，刘威、李恒译，北京大学出版社2006年版，第6页。

③ 唤醒记忆的规则是传闻排除规则的例外。按照传闻排除规则，证人在做证时是不能宣读任何事先准备的书面材料的。但是如果由于某些证据的细节或技术特征，证人在做证时需要参考某些书面文件，此时不认为证人是在宣读庭外陈述而是在读给自己听，即“唤醒记忆”。

们怀疑陪审团是否真的会像法官指示的那样去相信某一证据而不信另外一些证据。[①] 同样，在那些审前准备程序与庭审程序没有实现完全分离的国家，要求主持庭审的法官不得考虑某一他通过审前准备已经获知的信息的要求，从心理学的角度看，也是不切实际的。

当代证据法对非理性作用范围的界定意味着我们对理性的作用有了更深刻的认识，同时也提示了证据法的规范内容。当代证据法应当将法官与当事人收集、使用证据的行为作为规范的主要内容。行为具有可视性，对于行为的规范易于落实，效果也更明显。因此，证据制度的重心应当放在确保那些对作出正确的判决所必需的证据以真实、可靠、完整的形式被提出，保证法官有充分机会接触一切他认为有价值的证据，同时应尽力避免由于证据的采纳而可能给诉讼造成的拖延、干扰和浪费。至于法官应如何使用和评价已有的证据构筑案件事实则属于形成认识的心理过程，在这一领域，法律很难发挥切实的作用，即使作出规范，规范方法也应当是“指导性”的而非“强制性”的。二者的区别主要表现为：“指导性”规范主要表现为立法中的原则性规定，它们赋予了法官较大的自由裁量空间，同时限定了上级法院的审查范围；而“强制性”规范则以限制或削弱的法官的裁量权为目标，强调的是事实认定结果的唯一性与确定性。

综上所述，与传统的弘扬理性的作用相比，当代证据法对非理性因素的关注具有更为现实的意义。承认司法证明过程中“非理性”因素意味着我们对证据法与“理性”之间的关系以及司法证明可能达到的理性程度有了更客观的认识。这种认识上的转变不仅不会危及理性在证据制度发展过程中的地位，反而更有利于捍卫其疆域并抵制非理性思潮的侵扰。

---

① A. A. S. Zuckerman：《英国证据法上的事实认定》，魏晓娜译，载《研究生法学》2002 年第 2 期。

2. 协调司法证明过程中价值冲突的功能

法律本身就是一种价值选择与重构的产物。当代司法证明过程中的价值冲突主要表现为公正与效率的冲突以及司法证明的确定性与灵活性之间的冲突。如前所述，随着时代的变迁，证据法的协调功能日益受到关注，其中对公正与效率关系的协调以及司法证明的确定性与灵活性的协调尤为重要。

（1）公正与效率的协调。尽管人们对何为公正或正义有不同的阐释，但在诉讼程序应当是能够保障公正实现的程序这一点上却达成了共识。不过在将公正与另一个程序价值——效率进行平衡选择时，我们的思路就不总是那么清晰了。在一般情况下，严谨的证明程序有利于形成正确的认识，但是却要支付更高的司法成本。风行世界各地的简化诉讼程序的趋势虽然降低了司法证明的成本，却被怀疑是否有利于实现司法证明结果的公正。对于公正与效率关系的协调，两大法系国家采取了不同的策略。英美法系国家的证据收集与提供由当事人负责并最终被律师掌控，为了增加胜诉的筹码，律师总是竭尽全力收集一切证据，哪怕其价值极其微弱。以当事人主义为基础的证明程序虽然有利于真相的发现，但是往往要支付高额的诉讼成本。为了解决这一矛盾，《美国联邦证据规则》第 402 条规定，有关联性的证据可采纳；无关联性的证据不可采纳。其中有关联性证据指具有下述盖然性的证据，即任何一项对诉讼裁判结果有影响的事实的存在比，若有此证据比缺乏此证据时更为可能或更无可能。同时该规则第 403 条规定，法官可以以证据易导致偏见、混淆、浪费时间为由排除证据。① 美国学者波斯纳认为上述规定确认了证据可采性的一个明确的成本——效益方式，这具有重要的经济学意义，它可以在保障司法公正的前提下抑制当事人过度投资于无意义的证据收集的冲动，并进而有效平衡了公正与效率之间

① G. 希尔贝克、N. 伊耶：《西方哲学史》，上海译文出版社 2004 年版，第 598 页。

的关系。[①] 在大陆法系国家，法官在收集证据过程中拥有更多的权力，因此法官能够较好地控制证据收集方面的成本投入。在民事诉讼中当收集到的证据所形成的证据体系可以盖然性地证明某一方的主张时，法官就会停止再继续收集有利于这一方当事人的证据。这样可以减少由于过度地收集证据所造成的司法资源的浪费。并且，法官也比当事人更容易预见到哪些证据与证据能力规范的要求不符，从而可以大大增加证据收集的针对性，减少不必要的成本支出。这一切都使证据收集行为本身更加高效。但是，由于法官缺少收集证据的利益激励，因而从理论上讲，不会像当事人那样竭尽全力，这使人们对法官收集证据的质量及凭借这些证据作出的事实认定的质量有所怀疑。所以，大陆法系国家各国基本上都采用三审制，以保证事实认定的公正性。不同的公正与效率的平衡模式的背后，起决定性作用的是特定国家的法律传统与司法制度的现实状况。因此，很难对不同模式的优劣作出概括性评价，一般而言，适合的就是最好的。

（2）司法证明确定性与灵活性的协调。如何协调法律的确定性与灵活性之间的关系一直是法学理论中的难题。非理性因素的渗透以及事实认定过程中随处可见的价值判断都直接增加了司法证明结果的不确定性。这似乎是一个令人沮丧的消息，但是，付出代价后我们得到的却是司法证明不再是一把僵硬、缺少灵性的尺子，而是一个开放的体系，可以包容更多的价值目标与利益追求，可以不断追随时代发展的脚步。当然，司法证明的确定性仍然是我们不能放弃的阵地，目前我们的问题就是如何将确定性与灵活性结合起来，使司法证明在保持严谨、科学特征的基础上，同时具有整合与重构各种价值与利益的功能与潜质。我们认为，解决问题的关键即在于区别对待诉讼证明中的“认识”行为与“评价”行为。

---

① 参见［美］理查德·A. 波斯纳：《证据法的经济分析》，徐昕、徐昀译，中国法制出版社 2001 年版，第 123 页。

由于事实认定与法律适用过程的不断融合，因此，司法证明的过程日趋复杂化，通过简单地适用证据规则即可“正确”地认定事实越来越成为一种司法神话。按照前述昂格尔的观点，法官的任务不仅仅是发现基础事实，而且要根据社会政策的需要去剪裁、解释、评价已知的基础事实，形成可以作为裁决依据的“二级事实”。在这一过程中，“评价”的因素必不可少。因此，当代证据法的功能正日益多元化，不仅要规范审理者认定事实的行为，而且要指引他对事实作出正确的评价。但是，对“认识”与“评价”两类行为加以规范的方法却应当有所区别。

事实的“认识”行为，主要指法官获得基础事实的行为。对此类行为加以规范应以实现事实认定的“精确性”，保障司法证明的“确定性”为目标，认识的结果应具有唯一性。在对认识行为进行法律调整时，应着重针对认识的程序而非如何形成认识的心理过程。这就意味着司法证明的程序性规定应当成为证据法的主要内容，程序是由一系列行为构成的时间上的连续体，具有可观察的外部形态，对程序加以规范即意味着对事实认定者的行为加以规范，严格的程序使行为具有可重复性与可检验性，这使此类规则的效果易于确定。因此，证据法应将其规范的主要要点限于保障当事人与法官尽可能多地获得与案件事实相关的信息方面，保障事实认定者的裁决是在充分接触证据的基础上作出的。至于在证据收集后，如何使用或评价证据，则应当主要依据事实认定者的经验与常识，对此类心理过程，法律很难有用武之地。

事实的“评价”行为，主要指法官形成二级事实的行为。对此加以规范意味着指引法官通过解释法律的方法对基础事实加以法律评价，或在缺乏对基础事实进行评价的法律依据时，如何在各种价值观、利益之间进行选择，形成对基础事实加以评价的标准。此类规范与“认识”规范的不同之处在于前者主要是指导型规范而后者主要为命令型规范。指导型规范往往体现为抽象的原则性规定，其适用具有相当的灵活性，适用结果也会因人而异，无法实现严格的“确定性”与“唯一性”。

总之，将评价因素引入事实认定的过程使诉讼证明具有了区别于日常生活中的“自然”证明的明显特征。在司法证明领域，价值判断成为不能缺少的因素。又因为价值判断者要解决的不是“存在”而是“应当”的问题，所以价值判断往往是因人而异的，在涉及价值判断或依据主体评价作出决定的领域，“唯一正确的”结果是不存在的。也就是说，当事实认定的过程复杂化以后，事实认定的最终目的不是寻找唯一正确的答案，而是寻找的对基础事实加以解释的最“合理”方法，这也就同时决定了上级法院对评价行为的审查应当重点放在结论的“合理性”方面。

对证据法协调功能的关注意味着证据法中排除规则的设置应主要基于协调各种价值与利益的考虑，证据法中的协调性规则应占据相当的比例。其中最为典型的即在两大法系国家的证据立法中均有体现的保密特权原则。该原则规定在存在特定的以某种信赖为基础的社会关系的前提下，有关人员可以拒绝做证。比如，《法国民事诉讼法》第 205 条规定，在任何情况下，对夫妻为支持自己的离婚请求或分居请求援引的伤害均不得听取直系卑血亲的证言。① 该法第 206 条规定，一方当事人的直系血亲或姻亲或者其配偶，即使已经离婚，得拒绝到庭做证。② 英美法系国家的法律亦普遍规定了律师、神职人员、夫妻以及国家机关工作人员的保密特权。③

除了保密特权规则以外，协调性规则还应包括法官在进行价值比较或利益权衡后决定排除本应采纳的证据的规则，即赋予法官基于利益平衡的考虑排除证据的自由裁量权。按照通常的理解，证据制度的首要目的在于帮助发现事实真相，促进判决的实体公正。但是，实体公正的实现与其他诉讼价值或社会价值之间的关系不总是

---

① 参见罗结珍译：《法国新民事诉讼法典》，中国法制出版社 1999 年版。

② 参见罗结珍译：《法国新民事诉讼法典》，中国法制出版社 1999 年版。

③ 参见纪格非：《证据能力论——以民事诉讼为视角的研究》，中国人民公安大学出版社 2005 年版，第 92~100 页。

协调一致的，有可能存在冲突和矛盾。此时就必须在不同的价值之间进行衡量和取舍。利益平衡型自由裁量权就是要求法官在采纳某一证据时，综合考虑该证据的采纳可能对其他诉讼价值或社会价值产生的负面影响，当采纳该证据给诉讼公正带来的收益小于该证据给其他价值造成的损害时，就应当排除该证据。比如，在对待民事诉讼的非法证据的问题上，英美法系国家普遍采用了利益衡量的方法。在英国的民事诉讼中，在决定非法取得的证据的可采性时，由法官根据实际情况，综合考虑证据的性质、使用该证据的目的、取得该证据的方式、采纳该证据是否会对被取证方造成不公正以及该证据的采纳是否会对法院查明事实作出公正的判决有所帮助等方面的因素作出裁决。[①] 美国对待普通公民通过违法手段取得的证据也并不绝对地禁止，除非该证据的取得方式使证据的可靠性受到影响。[②]

我国《证据规定》严重忽视了证据法的协调功能。比如，保密特权制度的缺失就是我国证据制度缺乏对“真实”以外的其他利益的关注的明显证据。再如，我国《证据规定》第 68 条规定，以侵害他人合法权益或者违反法律禁止性规定的方法取得的证据，不能作为认定案件事实的依据。该规定使用了“合法权益”和“法律禁止性规定”两个有待进一步界定的法律用语，但是，在遇到诸如离婚案件的一方当事人私自调取的音像证据的可采性的问题时，对方当事人往往以该证据侵犯了其隐私权为由主张排除。如果严格从概念上分析，“隐私权”确属“合法权益”的范围，但是，法官如果在此种情况下一律排除这样的证据则很可能造成对取证方

① 该原则体现在 1963 年的 Duke of Argyll v. Duchess of Argyll 案中，审理该案的法官认为：“这里没有绝对的规则，应当根据每个案件的特定情况决定是否采纳某一用非法手段取得的证据，这些应当考虑的具体情况包括：相关证据的性质、使用该证据的目的、取得该证据的方式、采纳该证据是否会对被取证方造成不公正以及该证据的采纳是否会对法院查明事实作出公正的判决有所帮助。”

② 周叔厚：《证据法论》，三民书局股份有限公司 1995 年版，第 883 页以下。

的明显不公的结果。显然，英美法系国家以赋予法官利益平衡型自由裁量权的方法解决这一问题具有更明显的合理性。

3. 为更注重“实质”而非“形式”的司法证明提供正当化途径的功能

在传统的证据法领域，程序一直被视为司法证明结果正当化的重要途径。然而这一思路越来越难以适应正在发生变化的社会及制度基础。

首先，在简化程序及福利国家的背景下，司法证明出现了反形式化的倾向。事实认定的结果往往难以通过一个可为外界观察的、具有高度形式化特征的诉讼程序得以正当化。

其次，自由裁量权的客观存在以及事实认定与法律适用的不断融合，使得在事实认定的过程中也无法避免地存在价值判断因素。与单纯“认识”行为的结果比较，价值判断的结果更难以通过可检验的程序实现正当化。

最后，连接基础性事实与二级事实的法律可能处于空缺状态，在此种情况下，二级事实的形成遇到障碍，基础事实无法与能够直接产生法律效果的法律事实形成一一对应的关系。此时，法官的任务不仅体现为探明基础事实，还要构建对基础事实加以评价的依据，使基础事实转化为二级事实。如何使法官构建的评价依据得以正当化也是必须解决的问题。

如何使实质化的司法证明结果实现正当化的研究尚处于起步阶段，从目前的研究结果来看，学者们提出的解决方案大致可以分为三种：

其一，通过裁决主体的权威化实现证明结果的正当化。此种正当化途径在证据法发展的早期阶段发挥了重要作用。比如，在成文法发展的初期，判决常由公认的“智者”或“精通法律的人”作出。[①] 判决主体由于被赋予了优越于普通人的崇高地位，因此，他的决定任何人都不能质疑。现代社会，类似的方法依然存在，可以通过建立高度同质化的司法阶层，提高法官的素质和司法的权威的方法使判决结果获得正当化。这一解决方案的优势是具有普适性，但是实施的成本偏高，很难在短期内奏效。

其二，将某些社会政策上升为法律或者通过价值排序的方法使裁判依据客观化，从而使证明结果实现正当化。通过立法的方式将社会政策转变为法律可以使法官执行该政策的行为直接获得正当化，但是，并非所有的政策都有可能转化为法律，所以这一思路的适用范围受到了限制。在现代社会越来越多的事实认定过程中的疑难案件，体现的是不同价值或利益之间的冲突，而非简单对如何适用法律的不同认识。比如，某未成年人诉至法院，要求确认其与被告之间存在父子关系，并且要求被告支付抚养费。原告在诉讼中提供了若干能够证明存在父子关系的间接证据。但是被告拒绝承认存在父子关系，同时也拒绝作亲子鉴定。在此案中，法官就必须在保护未成年人利益与当事人不自我归责的权利之间寻求平衡，从而决定是否可以在被告无正当理由拒绝作亲子鉴定的情况下依据《证据规定》第75条推定亲子关系存在。在处理类似案件的过程中，司法人员不得不对不同的价值观进行排序、选择。这使得司法具有了与立法类似的功能，造成司法权对立法权的侵蚀。为了给司法能动主义提供正当的理由，以立法的方式将可能发生冲突的价值加以排序，指导法官确定不同的价值之间的先后顺序，不失为一种好的选择。

其三，通过在当事人之间寻找“共识”实现证明结果的正当化。哈贝马斯即这一方案的倡导者，按照他的观点，我们不能通过独白式的判决理由证明法官在不同价值观之间的选择具有正当性。

① ［美］孟罗·斯密：《欧陆法律发达史》，姚梅镇译，中国政法大学出版社1999年版，第41~43页。

司法判决正当性应来源于司法审理过程中的商谈性结构，即通过设置公正的程序以及合理的论辩规则，从实体上存在争议的当事人中寻求“共识”，并以此作为判决的依据。[①] 哈贝马斯的商谈型司法为事实认定过程中的价值选择提供了正当化途径，适用于必须通过价值选择或利益平衡的方式认定事实的疑难案件。哈贝马斯的观点已经得到现实立法的支持，证据契约的出现即一个有力的证明。所谓证据契约，是指所有关于认定事实和如何认定事实的当事人合意，内容涉及举证责任分配、证据的方法、证据采纳和证据证明力等事项。比如，当事人对证人的约定、对鉴定人的约定或者对书面证据的约定以及对取证、举证、质证的约定等。[②] 证据契约的合法化增加了事实认定过程中的合意色彩和可参与程度，使“事实”越发成为一个相对确定的、可由当事人塑造和改变的协商结果。

笔者认为，哈贝马斯的观点很具有启发性。他再次将事实认定结果正当化的希望寄托于程序。只不过此时的程序被赋予了不同的意义与作用。传统的纠纷解决过程被按照竞技原理设置成追求各自利益的各方的竞赛，不具有合作地探寻解决方案的商谈性结构。欲构架这种商谈性结构，当代民事证据法应做以下努力：

首先，对参与商谈过程的参与者的地位、职责加以明确定位。对法官作用的定位，应与传统诉讼制度有所区别。法官应是一个积极的商谈的组织者与商谈秩序的维护者，只有这样，才能营造出一个相对独立的商谈空间，也才能保证商谈富有成效地进行。

其次，应当加强司法证明程序的可参与性，使当事人有机会对法官价值选择的结果施加影响。对此我国民事证据制度应从两个方面加以改进，一方面，应当切实落实和保障当事人及其律师的取证权，为当事人参与诉讼程序提供方便和可能；另一方面，应当规范

---

① ［德］哈贝马斯：《在事实与规范之间》，童世骏译，三联书店 2003 年版，第 273 页以下。

② 参见汤维建：《论民事证据契约》，载《政法论坛》2006 年第 4 期。

当事人与法官之间的信息沟通方式，当事人对事实认定结果施加影响必须通过规范的诉讼程序实现。比如，应使庭审成为法官认定案件事实的主要场所，减少法官在庭下与当事人的非正式交流。

再次，证据法应以允许法官尽可能地接触更多的信息为核心思想，排除规则不应成为证据规则的主要内容，只有在信息充分的基础上才更有可能作出正确的判断。

最后，在事实与现行法律无法完全匹配，当事人也无法达成共识时，允许法官从现有的规范出发对基础性事实加以修正，如在一定范围内允许法官用类推的方法作出判决。所谓类推，就是把一条法律规则扩大适用于一种并不为该规则的语词所涉及的但却被认为属于构成该规则之基础的政策原则范围之内的事实情形。① 类比推理扩大了法律所规范的事实范围，将原本未被列入法律调整范围的事实涵盖在已有规则的范围内，可以帮助法官在立法没有规定的情况下认定案件事实。

总之，当代的证据法正担负着比传统证据法更复杂且艰巨的历史使命，这一使命可以概括为在重新构建司法证明的理性主义的基础上，调和司法证明的公正与效率、确定性与灵活性的关系，为事实认定结果提供新的正当化途径，使证据法成为一个开放的、可以不断发展的法律体系，使司法证明活动成为沟通立法者意图与社会现实需求的桥梁与纽带。

六、我国民事诉讼中当事人真实陈述义务之重构

（一）“真实”的困境

1. 当事人真实义务的起点

在大陆法系对当事人在诉讼中真实义务的要求是伴随协同主义诉讼观的兴起而出现的。在协同主义的指引下，当事人在诉讼中的

① ［美］E. 博登海默：《法理学：法哲学与法律方法》，邓正来译，中国政法大学出版社 1999 年版，第 494 页。

真实义务具有以下两方面的特征。一方面，真实义务为诉讼双方当事人共同负担之义务，不受举证责任分配之基本原则的限制。法官在诉讼过程中可以询问双方当事人，即使不承担证明责任的当事人，在接受法官询问的过程中也同样负担真实陈述之义务。另一方面，真实义务对法官询问当事人的范围并没有明确的限制，不受制于当事人已经提出的诉讼资料的范围。法官可以根据认定事实的实际需要，对当事人证据资料之外的事实，通过询问的方式获得认识。

在协同主义框架下的真实义务的实现需要来自具体制度的支撑。一方面，真实义务的实现以当事人在诉讼过程中的“一般事案阐明义务”为前提。该义务人以保障当事人“对事实证据的平等接近”为目标。认为民事诉讼程序应肯定和保障当事人取得相关事证的“证明权”。因此，“当事人对于事实厘清负有对于相关有利及不利事实之陈述（说明）义务，及为厘清事实而提出的相关证据资料（文书、勘验物等）或忍受勘验之义务”。[①] 另一方面，在协同主义的框架下，真实义务的实现还有赖于法官在诉讼中的释明权。该权利的行使有助于法官积极主动地介入当事人的证明活动中，使当事人明确表述其主张、请求，澄清事实，启发、提醒当事人充分提供相关证据，从而便于法官查明案件事实，使案件的裁判更接近客观真实，实现实体公正。[②] 在民事诉讼中，当事人的“一般事案解明义务”和法官的“释明权”可谓落实真实义务的两大利器，直接决定了“真实”理想的实现程度和实现范围。

2. 真实义务在我国的困境

我国《民事诉讼法》一直将当事人陈述作为一种独立的证据形式，但是在2012年之前，立法并没有对当事人陈述的真实性在

① 姜世明：《举证责任与真实义务》，新学林出版社2006年版，第110页。

② 骆永家等：《阐明权》，载《民事诉讼法之研讨》（四），三民书局1993年版，第219页。

立法层面提出要求。2012 年修订后的《民事诉讼法》明确将诚实信用原则作为我国民事诉讼的基本原则。以此为契机，2015 年最高人民法院《关于适用〈中华人民共和国民事诉讼法〉的解释》(以下简称《民诉法解释》)，对当事人真实陈述的义务作出了明确规定。然而一项法律制度是否能够或在多大程度上转化为司法实践中的现实，除了立法依据，还取决于该制度是否可以与其所处的立法体系中的基本原则和其他制度紧密衔接密切配合，以及该制度本身的设计是否有助于实现立法的目标。以此角度观察，不难发现，真实义务在我国的实现，还面临着以下问题：

(1) 真实义务与辩论原则的关系不明确。在民事诉讼中真实义务的出现受到协同主义诉讼观的直接影响，无限的真实义务必将导致协同主义的确立和辩论主义的终结。因此，如何处理真实义务与辩论原则的关系，真实义务是否应当受到辩论原则的约束，直接关系到当事人承担真实义务的界限与范围。

在我国现行的民事诉讼制度中，辩论原则和协同原则都有一定程度的体现。《民事诉讼法》及相关司法解释对自认的规定、对法院调查收集证据权力的限制均体现了在我国民事诉讼中当事人对于待证事实和证据资料的处分权，是辩论原则的核心内容。如果在此框架下解释当事人的真实义务，则法院不能超越当事人提出的事实和证据的范围询问当事人，当事人对于超出双方已经提出的争议事项和证据事项的事实，不承担真实义务。

然而，协同主义在我国民事诉讼中也有一定程度的体现，我国《证据规定》第 75 条规定，有证据证明一方当事人持有证据无正当理由拒不提供，如果对方当事人主张该证据的内容不利于证据持有人可以推定该主张成立。该规定不以举证责任的负担为前提，一般性地规定了当事人在诉讼中的协力解明案情的义务。在《民诉法解释》规定了当事人的真实义务后，如果不负证明责任的当事人拒绝签署保证书、拒绝陈述，是否可以依据《证据规定》第 75 条作出相反推定，《民诉法解释》并没有作出清楚的说明。但是最高人民法院在《民诉法解释》颁布后的相关解释中给出了肯定的回答，认为“在审判实践中如果出现不负举证责任的当事人拒绝接受询问的，人民法院可以根据案件的具体情况，将其拒绝接受询问的行为视为妨碍举证的行为，根据《证据规定》第 75 条的规定处理”。[①] 这种理解显然将真实义务纳入协同主义的框架之下，并可由此推导出法官可以不受辩论主义原则、举证责任分配规则的限制，要求当事人承担真实陈述的义务。

由上可见，如何协调真实义务与辩论主义的关系，关系到对真实义务内容的解读，也关系到在民事诉讼中当事人承担真实义务的界限和范围。如果立法不对此问题予以明确，必将造成对真实义务在理解和操作过程中的混乱。

（2）过分倚重于制裁，制度的促进与保障不足。由于长期受到当事人不诚信行为的困扰，我国自 2012 年《民事诉讼法》修订后，就一直致力于强化当事人在诉讼中的诚信义务、真实义务。《民事诉讼法》及相关司法解释赋予了法官对不诚信行为采取强制措施的权力。同时，对真实义务的强调随着《中华人民共和国刑法修正案（九）》（以下简称《刑法第九修正案》）的颁布达到高潮。根据该修正案，当事人捏造事实进行诉讼的，将有可能被追究刑事责任。上述立法的完善固然有进步意义。但是，完全倚重于惩罚性的规定实现真实义务的思路是否可行，尚需更充分、审慎的论证。当事人违背真实义务所应当承受的责罚的轻重或承担不利后果的严重程度与当事人能够接触的证据的范围的大小有直接的关系。一般而言，法律赋予了当事人越多的接触、获得证据的权利，当事人就应当承担更多的真实义务，同时，违背该义务所应承担的法律责任也应当越严苛。这也是在英美法系国家，对当事人虚假陈述行为的法律制裁较大陆法系国家更为严格的原因所在。

---

① 沈德咏主编：《最高人民法院民事诉讼法司法解释理解与适用》，人民法院出版社 2015 年版，第 365 页。

因此，当事人在诉讼中真实义务的落实不仅仅取决于立法是否对违反真实义务的当事人给予制裁，而在于是否能够以制度化手段促进、保障当事人在诉讼中的真实陈述，使其不得不“真实陈述”，同时亦不会因“真实陈述”而过分加重其负担。然而，在我国目前立法的状况是，对当事人真实陈述的制度保障与促进措施明显滞后，严重依赖惩罚机制实现“真实”，表现在：

第一，当事人的资讯请求权没有得到切实的保障。我国《民事诉讼法》赋予的当事人调查收集证据的手段极为有限，加之当事人调查取证能力较弱，公众对当事人之取证行为配合程度较低，极大地影响了当事人在诉讼中能够接触的事实与证据范围，也影响了当事人对案件事实形成正确认识的范围与程度。如若不能保障当事人对事实的一定范围与程度的获知权，则对当事人真实义务的要求将成为无源之水。此外，更为重要的是，由于证据收集手段有限，虚假陈述被揭穿的可能性也随之降低，从而使得一部分当事人在利益的驱使下敢于铤而走险，虚构事实。

第二，真实义务可能会加重当事人的负担，压缩当事人自由诉讼的空间。在我国，《民事诉讼法》赋予原告的自由诉讼的空间极为有限。诉讼的预备合并制度尚未得到立法与司法实践的认同；对于原告在起诉状中提出的假定性的主张，在实务中也很有可能以“请求不明确”为由被驳回；真实义务与诚实信用原则中的禁反言原则结合，也可能影响当事人灵活地选择诉讼策略的权利。因为按照禁反言原则的要求，当事人在诉讼中的前后陈述与行为应当保持一致，这就意味着当事人不能在诉讼中随意改变先前的陈述。“不仅要真实陈述，同时必须保持陈述的一致性”的要求使当事人必须在诉讼的早期阶段就充分预见事实陈述的后果，并确定相应的诉讼策略。这对当事人而言，无疑是巨大的风险与负担。真实义务很可能束缚当事人在诉讼中的竞争行为，使承担真实义务的当事人在诉讼中举步维艰。

（3）惩罚性措施与职权主义相结合，易导致真实义务的异化。

在我国，辩论主义在民事诉讼立法中虽有一定程度的体现，但是在司法实践中辩论主义并没成为严格约束法官行为的准则。由于《民诉法解释》没有对法官询问当事人的范围作出明确的限制性规定，因此可以推知只要法官认为需要即可行使询问权。这样，我国当事人的真实义务事实上包含了完全性义务。如果允许超出辩论主义的框架解读完全性义务，则我国民事诉讼中当事人的真实义务将很有可能直接导致诉讼模式向职权主义倒退。同时值得注意的是，在司法实践中，我国的法官素有在非正式开庭的场合，通过询问方式向当事人了解案情的做法。立法对法官在庭外询问当事人的程序缺乏必要的规范，直接导致了法官询问当事人的失范。① 虽然《民诉法解释》明确规定对当事人进行询问，应当在通知当事人“到庭”后进行，在询问过程中当事人承担真实义务。然而该司法解释也并没有明确禁止法官于庭外询问当事人。因此笔者担心，《民诉法解释》对当事人真实义务的规定很有可能被扩张性地适用于庭外对当事人的询问过程中，此种趋势很容易促使法官更加依赖通过非正式开庭的方式询问当事人，并围绕询问当事人的成果而展开事实调查的审案思路，届时不仅我国固有的职权主义倾向将被进一步强化，而且我们通过多年努力构建起的证明责任制度的基本体系也将受到严重挑战。

（二）真实的实现：辩论主义对真实义务的抑制

虽然学界关于协同主义的探索已经进行到相当深入的程度，协同主义的诉讼模式也不缺乏坚定的拥趸者，② 但是到目前为止，我们难以找到一个协同主义民事诉讼程序的典型例证。即便在德国，协动主义也从未取代辩论主义的地位。在协同主义的理想并没有得到立法的全面支持的背景下，真实义务不得不对辩论主义作出妥

① 王福华：《直接言词原则与民事案件审理样式》，载《中国法学》2004 年第 1 期。

② 参见邱联恭：《程序制度机能论》，台湾三民书局 1996 年版，第 43~47 页。

协，接受辩论主义的约束和限制。学界通常认为，真实义务并非要求当事人陈述真实的积极性义务，而仅仅具有禁止当事人在不知的前提下提出主张或作出否认的消极内容。笔者认为，我国《民事诉讼法》对当事人真实义务的理解与运用，应当始终以辩论主义为界限，体现在以下两个方面：

1. 坚持主观真实标准

在大陆法系国家，对于当事人是否履行真实义务的判断标准，德国理论界有过真实义务“无限说”与真实义务“有限说”的争议，前者认为《德国民事诉讼法》第138条第1款不仅包含消极的禁止性规定，即禁止有意的不真实，同时还要求当事人对主张的真实性进行仔细详尽的调查。① 目前通说采用真实义务“有限说”的观点，也称主观真实说，即不允许当事人为加重对方负担而主张自己明知不真实或不确信的事实；不允许他辩驳对方当事人的主张，如果他知道或者确信该主张是正确的。当事人可以主张他不知道的事实，只要不是明知其为不真实；当事人即使相信对方主张可能是真实的也可以辩驳。② 在英美法系国家，理论界与实务界对于当事人作出虚假陈述时应当给予何种程度的制裁长期争论不止，但是从现有的判例中可以发现，法官对于当事人虚假陈述的态度相当宽容。几乎所有的法官都认为只有当事人多次的、明显故意实施的虚假陈述，才会被追究责任。当事人基于错误认识而作的不实陈述，不会受到制裁。③ 主观真实标准使得对当事人的真实的要求，更多停留在“善意”“诚信”这一层面，避免由于这一义务使得当事人承担过重的探明事实的责任，也使当事人的诉讼利益得到最大限度的保护。

---

① 任重：《民事诉讼真实义务边界问题研究》，载《比较法研究》2012年第5期。

② 邱联恭：《当事人本人供述之功能——着重于单论其思想背景之变迁》，载《民事诉讼法之研讨》（三），三民书局1990年版，第636~638页。

③ Andrews, Andrews on Civil Process, 2013, pp. 104, 106.

2. 对完全义务的内化

真实义务中的完全义务要求当事人必须将对事实的认识全部提供给法院，不能有所隐瞒和保留，因此完全性义务与建立在当事人对诉讼资料的控制权的基础之上的辩论原则产生直接的矛盾。对此，虽有学者主张承认这种矛盾，而将完全义务作为对辩论主义的修正，但是，多数学者的观点是淡化完全义务的效力，使其成为真实义务的一个部分。只有当事人基于隐瞒部分事实而作出的不完全陈述从整体上看违反主观真实时，才会被禁止进行这样的陈述。相反，如果当事人刻意隐瞒某一事实，但是缺乏该事实并不影响法官对整个事实的认识时，不能认定当事人违背了真实义务。[①] 不难看出，这种理解弱化了完全义务在真实义务中的作用，可以在最大程度上协调真实义务与辩论原则的关系，并试图使真实义务在现行法的框架下获得更大的存在空间。笔者完全赞同这种务实的态度。我国《民事诉讼法》在处理完全陈述义务与真实义务的关系时，也应当保持相同的立场，当事人故意所为的不完全陈述只有在违背主观真实标准，并且有可能危及法官对事实的正确理解时，才会被视为违法。

（三）我国民事诉讼真实义务的具体构建

1. 真实义务范围的界定

（1）以询问当事人制度的构建为契机，明确当事人承担真实义务的范围。我国《民诉法解释》虽然规定法院可以根据审理案件的需要，询问当事人。但是，对于法院依职权询问当事人的条件和范围，《民诉法解释》的规定相当笼统，根据该规定，法院在认为“有必要时”可以询问当事人，至于询问所针对的事实的范围，司法解释没有作出明确规定。法律规定的不明确极易导致法官询问当事人行为的失范以及当事人真实义务的不恰当扩张。因此，必须

---

① ［日］高桥宏志：《民事诉讼法——制度与理论的深层分析》，林剑锋译，法律出版社 2003 年版，第 375~376 页。

在明确法官询问当事人的范围和条件的基础上，对当事人承担真实义务的范围作出限制性规定。对此笔者认为，询问当事人制度的构建必须严格遵循辩论原则。在司法实践中，法官依职权询问当事人往往基于两种可能的目的，其一，澄清法官对于当事人已经提出的事实主张、已经提交的证据的模糊认识，帮助法官形成心证，在此种情况下法官询问当事人是法官事实认定权的必要组成部分，只要法官认为有必要，就可以询问，当事人应当接受询问，如实陈述。但是，法官的询问应当限于当事人已经提出的事实主张或证据资料的范围内。法官不能超越当事人对诉讼资料的处分权而询问当事人。其二，法官将当事人作为证据调查的对象而主动进行询问，此种情况下的询问当事人将等同于法官主动依职权调查取证。因此，应当满足《民诉法解释》第 96 条对法官依职权调查取证权的要求，即只有对于符合询问条件和询问范围要求的事实，法院才能依职权询问当事人，当事人也才有真实陈述的义务。所谓的当事人真实陈述的义务，实则指当事人在接受法院询问过程中的真实义务，而非泛指当事人在民事诉讼过程中所有言辞、书面陈述的真实义务。

在确立、完善询问当事人制度的基础上，《民事诉讼法》应当进一步规定，可以作为证据采纳的当事人陈述是指法院在询问当事人的过程中，当事人所作的陈述。这一规定看似缩小了作为证据的当事人陈述的范围，实则通过法院职权的介入，规范了当事人陈述的取得程序，并通过真实义务的要求，提高了当事人陈述的证据价值，是一种比较务实的选择。

（2）坚持询问当事人的补充性。关于是否应当贯彻询问当事人的补充性原则，不同国家的民事诉讼制度作出了不同的回答。德国是当今大陆法系少数坚持询问当事人的补充性原则的国家。学界一般认为，只有某种事实主张存在一定的“起始盖然性”，到目前为止还没有得到完全证明以及其他认知渠道不能够再使用时，才能询问当事人，也才能要求当事人真实地陈述事实。[①] 日本和我国台湾地区原本采补充性原则，但是近来由于受到协同主义诉讼观的影响，已经逐次缓和或放弃该原则，允许法官享有广泛的询问权。但是对于此变化，学界并非没有争议。质疑非补充性原则的主要理由在于，当事人受到自身利益的局限，其陈述的可靠性较弱，放弃补充性原则，鼓励法官询问当事人，对于提高事实认定的客观性并无助益。[②] 笔者认为，我国《民事诉讼法》之所以应当坚持当事人询问的补充性，主要原因在于，我国《民事诉讼法》虽然将当事人陈述作为一种独立的证据形式，但是立法同时规定，当事人对自己的主张，只有本人陈述而不能提出其他相关证据的，其主张不予支持。根据这一规定，在没有其他证据的情况下，当事人的陈述是不能作为定案根据的。据此，即使立法放弃询问当事人的补充性原则，允许法官在没有其他证据的情况下询问当事人，询问的结果也不能单独成为定案根据，法官事实上也不会有询问当事人的积极性。相反，通过对询问当事人补充性的要求，可以将当事人真实义务限定在特定的范围内，避免当事人承担过重的诉讼负担。

2. 以促进和保障为核心的“真实”

虽然基于与现行规则融合的可能性及我国司法的实际状况的考虑，笔者认为，应当适当限缩真实义务在民事诉讼中的作用，但是，笔者也赞同通过促进和保障机制的完善，逐步强化当事人在诉讼中的真实义务。对此，我国的《民事诉讼法》应做以下几个方面的努力：

（1）丰富当事人的资讯获得手段。不同国家的证据收集制度虽在具体内容上存在较大差异，但是在功能上都具有使当事人接触

---

① ［德］罗森贝克等：《德国民事诉讼法》（下），李大雪译，中国法制出版社2009年版，第928、929页。

② 对立观点参见姚光瑞：《民事诉讼法论》，中国政法大学出版社2010年版，第333~336页。邱联恭：《当事人本人供述之功能——着重于单论其思想背景之变迁》，载《民事诉讼法之研讨》（三），三民书局1990年版，第648页。

到更多的事实与信息的作用。这就意味着，诉讼中作出不真实陈述的当事人必将承担更多的谎言败露的风险。而在我国，目前立法赋予的当事人的调查取证权极为有限。立法的缺失恶化了实践中当事人取证难的困境。在此背景下，当事人虚假陈述的行为被证实的机会大大降低，从而使得当事人敢于在诉讼中违反真实义务。因此，当务之急在于丰富当事人获得证据的手段与途径。《民诉法解释》在此方面作出了有益的尝试，明确规定了当事人的文书提出义务。然而目前的规定将承担提出文书义务的主体限定于当事人的范围内，如果该书证由案外人持有，则当事人应当通过何种渠道获得该书证，司法解释并没有涉及。此外，当事人对于书证之外的其他的证据的调取权，也需要通过更为细致、具体的立法予以体现。

（2）强化当事人的出庭义务和陈述义务。凡是规定了当事人真实陈述义务的国家，无不以强化当事人的出庭义务为前提，落实当事人的真实义务。强化当事人出庭义务的目的在于，敦促当事人积极地配合法院的审理行为，协助法官推进程序。只有在当事人出庭、积极陈述事实的基础上，才有可能对当事人陈述的内容提出“真实”的要求，否则当事人的真实陈述义务将成为无源之水，无本之木。在德国，原告如果缺席法庭审理，法院可以依据被告申请，驳回原告诉讼请求；被告缺席时，法院拟制被告自认原告主张的事实，可以对被告作出缺席判决。英美法系国家应对当事人不到庭的立法在性质上具有一定的惩罚性。在美国，如果针对原告的起诉，被告从未到庭或者从未对原告的诉讼中提出任何答辩，法院可以应原告的请求作出不利于被告而有利于原告的判定。① 而英国的法律则规定，在被告未提出送达认收书或答辩状时，法院可以不经开庭审理径行作出缺席判决。②

① Mary Kay Kane, *Civil Procedure in a Nutshell*, West Publication Co, 2003, p. 167.

② 徐昕：《英国民事诉讼与民事司法改革》，中国政法大学出版社 2001 年版，第 138 页。

反观我国，立法对当事人拒绝出庭或虽然出庭但是不积极进行辩论的行为相当宽容。当事人不会因缺席行为本身而遭受直接的不利益。要改变此种状况，一方面，立法应当规定，如果被告缺席，且在开庭前没有进行任何有效的辩论，可以推定被告对于原告的事实陈述作出了自认；另一方面，民事诉讼程序应当致力于促进当事人的积极辩论。《证据规定》第 8 条通过对默示自认的规定抑制了当事人在诉讼中的消极行为。除此之外，还有必要对当事人进行不知陈述的效力作出规定。不知陈述是介于承认和否认之间的一种表达方式，为了体现当事人的诉讼促进义务，应当规定仅对于“非当事人本身所为行为”和“非当事人自身感知的对象”才可以为不知陈述。从当事人陈述角度来讲，上述规定显然加重了当事人的陈述义务，使得对争议事实不负举证责任和说明义务的当事人不可随意为不知陈述。对于符合上述条件的不知陈述，应当视为当事人对事实的争辩；反之，对自己的行为和感受作不知陈述则应当被认为是不合法的，并因而被看作不争辩，即自认。通过上述规定，当事人在诉讼中通过积极陈述而推动程序的义务得到了体现，以此为前提，强调当事人不得故意为虚假陈述才有意义。

（3）不因“真实”而压制当事人灵活诉讼的空间。在我国，当事人灵活诉讼的空间极为有限。因此，必须在强化当事人真实义务的同时，为当事人提供足够充分的灵活诉讼的手段。立法应当允许当事人在起诉时可以允许提出替代性请求，并不得以替代性的请求之间存在矛盾而认定当事人违背了真实义务。

同时，应当允许当事人在特定条件下修改先前的陈述。当事人在诉讼中的真实义务要求当事人在诉讼中不得违反主观认识对事实作出主张或加以争执。然而，当事人对案件的主观认识有可能随着诉讼程序的推进而发生变化。从真实义务的角度看，既然真实与否以当事人的主观认识为标准，所以自然应当允许当事人基于主观认识的变化而修改陈述。但是，如果放任当事人在诉讼中前后不一致的主张却有可能给程序的安定性造成影响，也与民事诉讼中的禁反言原则发生冲突。因此，较为明智的解决办法是通过立法，对当事人可以修改自己的陈述或作出矛盾陈述的范围和条件作出明确规定。比如，英国民事诉讼中允许当事人在对案件的理解发生错误时，修正诉讼文书。只要这种修正经过全体当事人同意，或者在案情陈述向另一方当事人送达之前修正，或经法院许可并支付修正引起的诉讼费用。[①]《德国民事诉讼法》则允许当事人在不变更诉的原因的前提下，补充或更正事实主张。[②] 参考国外立法的规定，可以考虑允许我国当事人在法庭辩论终结前，在不改变基础事实的前提下修改当事人对案件事实的陈述。

3. 惩罚机制的弱化

（1）惩罚措施的局限。惩罚性规定在一定程度上可以抑制当事人在诉讼中的虚假陈述行为，但是惩罚性规定并非保障真实义务的根本，制度的促进与激励才是实现“真实”的关键。在真实义务实现的过程中，惩罚有以下几个方面的局限：

第一，效果具有不确定性。以经济惩罚为例，当事人虚假陈述的主要动机在于逐利，然而各国关于罚款的数额往往规定有明确的上限，对对方当事人的经济赔偿也会以对方实际受到的诉讼费用的损失为限，在涉及当事人重大利益的案件中，有限的经济赔偿责任或罚款是否足以抑制当事人的逐利冲动是值得怀疑的。

第二，对当事人的虚假陈述行为的惩罚过程，也会耗费一定的司法资源。比如，罚款或追究刑事责任的程序，都是以国家为主导的制裁程序，其实施的主要目的在于维护司法机关的审判秩序和司法权威。在实施制裁的过程中，司法机关应当依职权调查证据，证明当事人实施妨碍行为的主观过错、妨碍诉讼的客观后果等要件。法院在查证和追责过程中投入的司法资源可能会成为抑制法院采取

---

① 沈达明、冀宗儒：《1999 年英国〈民事诉讼规则〉诠释》，中国法制出版社 2005 年版，第 172~173 页。

② 《德意志联邦共和国民事诉讼法》，谢怀栻译，法制出版社 2001 年版，第 63 页。

制裁措施的因素，这都可能对当事人真实陈述义务的落实产生实际的影响。①

第三，受制于法官的司法理念，实际的实施与立法初衷之间存在差距。在英美法系国家，出于对当事人主义弊端的反思，民事诉讼法对当事人违反真实义务的行为规定了比较严厉的制裁措施。然而，实践中的情况是，法官在行使法律赋予的制裁权时相对谨慎和保守，一般而言，只有整个案件都是虚假的，或者当事人的虚假行为导致法官无法认定案件事实，法官才会排除整个案件。这种谨慎的态度与英美法系一直秉持的法官中立、消极的司法理念不无关系。在我国，笔者颇为担心的是，对惩罚性措施的强化将与职权主义的痼疾结合，不仅可能会影响当事人在诉讼中主体地位的实现，更可能阻碍我国民事诉讼模式的顺利转型。

（2）惩罚措施的弱化使用。在我国《民事诉讼法》对当事人的取证权保护不充分，当事人对抗能力较弱的背景下，法官在对违反真实义务的当事人作出处罚时，应当充分考虑当事人作出虚假陈述的原因、虚假陈述使诉讼程序受到影响的程度、消除影响的可能性与成本、对方当事人的利益保护等多方面的因素，决定当事人的责任形式与责任范围。总体而言，笔者认为，对以下几种情形下的虚假陈述行为应不使用或慎重使用强制措施：

第一，当事人虽有虚假陈述的行为，但是并未同时实施其他伪证行为的，应当慎重使用制裁措施。在司法实践中，多数当事人在进行虚假陈述的过程中，会同时出示虚假的证据。因为根据《民事诉讼法》及相关司法解释的规定，某一事实仅有当事人的陈述，没有其他证据支持的，法院不能认定该事实存在。同样，在反驳对方提出的证据与事实时，如果仅有本人陈述，没有其他证据，法院

① Ul-Haq v Shah [2009] EWCA Civ 542; [2010] 1 W. L. R. 616, http: //international. westlaw. com/Find/Default. wl? rs = WLIN1. 0&vr = 2. 0&FindType = Y&SerialNum = 0018942021.

也不能认定反驳事实成立。这样，虚假陈述的行为往往会与诉讼中其他的伪证行为联系在一起。同时，在一般情况下，当事人作出了与事实不符的陈述，同时伴有其他伪证行为，就基本可以认定当事人的虚假陈述具有主观的恶意，法院在此基础上对其采取强制措施是适合的。反之，如果当事人仅有虚假陈述的行为，但是并没有同时实施其他的虚假做证的行为，法院在认定其主观恶意的过程中必将遇到一定的困难，而且在此种情况下，由于当事人本人的陈述也不能单独成为认定案件事实的依据，虚假陈述给案件审理造成的妨碍也相对有限，因此不应当成为制裁措施的重点针对对象。

第二，不应使当事人因承担真实义务而遭受利益的重大损失。在现代社会的民事诉讼中，立法者基于实体公正的考量，对当事人提出真实义务的要求。然而实体公正并非法律的唯一价值追求，真实义务的贯彻，必须与诉讼中的其他价值相互协调，才能取得更好的法律效果和社会效果。从国外立法经验看，如果真实陈述可能导致当事人承担刑事责任或使当事人蒙受财产、名誉的损失，则当事人可以免除真实义务。由于我国《民事诉讼法》没有对当事人免予承担真实义务的特殊情形作出明确规定，因此如果当事人基于前述事由而没有作出真实陈述的，法院应考虑对此免予处罚，以免过分加重当事人的负担。

第三，对虚假陈述的惩罚并非目的，排除由于虚假陈述给诉讼造成的影响才是惩罚性规定的意义所在。比如，《日本民事诉讼法》第209条第3款规定：如果作出虚假陈述的当事人在诉讼系属中承认该陈述是虚假的，法院可以撤销罚款裁定。我国台湾地区和英国也有类似的规定。我国的《民事诉讼法》也有必要对此作出类似规定。这是因为在我国民事诉讼中，法院对当事人采取强制措施的前提之一是，当事人故意实施的某一诉讼行为妨碍了诉讼程序的正常进行。如果当事人作出了虚假陈述，但是在后续的诉讼中愿意纠正自己的错误行为，并且没有给诉讼程序或对方当事人造成实际的损害，此时，制裁本身消耗的司法成本将使制裁的意义大打折扣。

第五章　我国民事诉讼程序的修正与完善

一、审前准备程序

（一）外国审前准备程序比较研究

法国著名比较法学家勒内·达维德指出：比较法有助于更好地认识并改进本国法律。[①] 审前准备程序是民事诉讼程序的一个重要组成部分，由于历史渊源、文化传统、政治经济条件的差异，不同国家分别确立了不同的审前准备程序，但通过比较分析可以看出，各国民事诉讼程序的共同发展趋势是，民事诉讼活动由偏重开庭审理，转向审前准备与开庭审理并重。本章着重比较分析美、英、法、德等具有代表性国家的审前准备程序，为我国确立和完善审前准备程序提供参考和借鉴。

1. 英美法系审前准备程序

英美法系诉讼法的一个显著特征是，审前准备与开庭审理明显分开，形成相对独立的两个组成部分。例如，美、英实行陪审制度，为降低陪审成本，开庭审理必须集中、连续进行，时间较短，必须做好审前准备工作，为此确立了比较完善的审前准备程序。

（1）美国审前准备程序的特点。美国现行的民事诉讼审前准备程序，主要由证据开示程序和审前会议组成。

第一，证据开示程序。证据开示程序是开庭审理前，双方当事

① ［法］勒内·达维德：《当代主要法律体系》，上海译文出版社 1984 年版，第 11 页。

人从对方及第三人处获取有关案情的信息和证据材料的程序制度。1938 年《美国联邦民事诉讼规则》规定了证据开示程序，主要任务是形成争点，寻找、开示并决定在法庭上提交的证据等，直接为开庭审理做好准备，并保证庭审过程中当事人的对抗和争辩更加公平合理。

证据开示的范围是与案件有关的不属于保密特权的信息或证据。开示的内容和方式包括：一是法庭外做证；二是书面询问；三是请求查阅和复制对方当事人所有或保管的文件和实物材料；四是要求对方当事人做体格检查和心理检查。为确保证据开示制度的顺利实施，《美国联邦民事诉讼规则》还明确了当事人违反证据开示应当承担的责任。

证据开示的作用，一是暴露事实，明确双方的争点；二是保全审理时不能出庭的证人证言，或冻结证据，防止伪造；三是双方当事人如发现唯一的争点是法律争点，便于援用简易审判程序；四是经过仔细调查，摸清对方的事实和法律点的分量后，很可能达成和解；即使不能避免法庭审理，也能使审理的事项达到具体化的程度，为审理做好准备。①

第二，审前会议。审前会议是为了保证庭审的顺利进行，由法官传唤双方当事人（一般是当事人的代理律师）参加，旨在明晰诉讼争点和整理证据而召开的协调会议，通常在证据开示程序结束后举行。审前会议归纳总结当事人的准备活动，制订开庭审理计划，同时努力寻求当事人在开庭前达成和解。法官根据会议内容作出裁定，发出命令，确定争点范围、证据目录、证人名单和其他事项。

审前会议命令产生重要的法律效果：一是审前会议未列明的证人不得出庭做证；二是未经审前会议裁定可以采信和可以提供的证据，开庭时不得提供；三是在命令以外提出的事实争议、法律争议

① 沈达明：《比较民事诉讼法初论》，中信出版社 1991 年版，第 90 页。

和法律见解，不得进入审判阶段；四是审前会议确定的无争议的事实和法律适用，当事人受禁止翻供原则的限制，不得反悔。①

总之，美国民事诉讼审前准备程序的主要作用是，加速处理诉讼，避免拖延诉讼，提高开庭审理的质量，促进和解。② 法官在审前程序中只是一个管理者，主要作用是安排日期、日程，对违反规定者进行处理。案件的证据事实和使用完全由双方当事人决定，为确保证据开示如期完成，法律赋予当事人许多权利和义务，通过当事人的活动推动诉讼程序。

（2）英国审前准备程序的特点。英国民事诉讼的模式是典型的当事人主义，审前准备程序非常重要，为审理排除了障碍，更重要的是排除了大量无须审理就能解决的案件。审前程序具有对抗性特征，诉讼当事人的诉讼权利对等、诉讼机会同等。当事人对诉讼发展起主导作用，法院一般不加干预。审前准备程序主要分为四个阶段：

第一阶段，传票令状的送达。原告以传票令状通知被告应诉，要求被告承认送达，并将送达收据送回法院。被告在法定期限内不承认送达或未作防御表示的，法院可以根据原告的请求作出不应诉判决。

第二阶段，诉答阶段。被告针对原告的请求和事实主张作出答辩和驳斥，通常应对原告主张的事实一一进行驳斥，未作驳斥的可视为被告默认，原告无须再予举证。被告提出反诉的，反诉状应在法定期限内送达原告。双方交换的诉讼文书必须载明诉讼请求及其依据的事实主张，便于双方确定共同点，整理争点，避免当事人为对方未主张的事实准备证据，从而使法院审理更加集中，减轻当事人的举证压力，降低诉讼支出。

---

① 孙青平、齐聚峰：《论民事诉讼审前程序》，载《当代法学》2001 年第 9 期。

② 白绿铉、卞建林译：《美国联邦民事诉讼规则证据规则》，中国政法大学出版社 2000 年版，第 36 页。

第三阶段，证据开示。当事人必须在法定期限内将证据清单送达对方，双方都应将自己现有或曾经占有、保管、控制的与诉讼有关的证据资料，向法院和其他诉讼当事人披露。当事人违反这些规定的，对方当事人可以申请法院行使强制开示权，裁定予以开示；当事人不服从的，法官可以命令勾销其请求和答辩书，同时作出该当事人败诉的判决，或者以藐视法庭罪予以制裁。

第四阶段，庭审指导阶段。当事人就一些事项，如修改传票令状和诉讼文书，请求宣誓答复等，向法院申请指示。

一般案件需经过完整的审前程序才正式进入审理登记，等待开庭，但许多案件在原告送达传票令状后，双方发现事实争议不大或没有实质性争议，则可以协商申请法庭不进行正式审理。事实上，绝大多数案件在审前准备程序得到解决，进入审理阶段的案件很少。

2. 大陆法系审前准备程序

大陆法系以德国、法国为代表，审理案件不采用陪审团认定事实，完全由法官对证据进行判断进而认定事实。因而，审前准备程序的结构和内容都与英美法系存在较大差异。

（1）德国审前准备程序的特点。德国审前准备程序的职权主义色彩非常明显，为防止当事人故意拖延诉讼，曾取消审前程序，实行一步到庭，但当事人的审前准备往往不够充分，只得允许当事人在法庭辩论结束前可以随时提出证据，经常造成重复开庭，反而拖延了诉讼。为此，1976年制定的《简化诉讼程序法》将一步到庭改为审前准备与法庭审理两个阶段，明确规定了两种准备程序，即第一次口头辩论程序和书面准备程序，由负责审理案件的法官选择适用。

法官选择第一次口头辩论程序的，应在审查诉状后决定第一次开庭（口头辩论）的日期，通知双方当事人的代理律师届时出庭。双方在第一次开庭前可以通过交换答辩书、再答辩书等文书进行审前准备。第一次开庭主要是整理争点和证据，但法官根据情况可以进行调解或作出缺席判决、中间判决等；案情简单的，经适当的证据调查和辩论后，也可以对案件事实作出最终判断。通过第一次开庭（必要时可以数次开庭）的准备工作之后，法官与双方代理律师协商，对最后开庭集中审理的日期、主要争点、证据等事项作出决定。开庭审理时，当事人以前未提出的主张和证据，原则上不能提出来作为审理对象。

法官选择书面准备程序时，在向被告送达诉状的同时，应规定提出答辩状的日期。被告收到诉状的两周内必须表明自己是否进行争议，决定防御的，必须在法官规定的日期内提出答辩。法官向原告送达被告的答辩状时，可以决定原告提出反驳答辩文书的日期。经过这些书面交换等准备工作之后，法官就集中审理的日期等事项作出决定，正式开庭审理，当事人在书面准备过程中未提出的主张、未事先请求在开庭时予以审查的证据，原则上同样发生失权效果，不能再行提出。①

（2）法国审前准备程序的特点。法国的审前准备程序别具特色。传统的观点认为，英美法系诉讼模式多采用当事人主义，大陆法系采用职权主义。但事实上，1806 年法国制定的《民事诉讼法典》，深受当时盛行的自由主义思想影响，彻底贯彻了当事人主义，法官完全处于消极被动的地位。由于过分依赖当事人的主动性，导致当事人故意拖延诉讼、滥用权利的现象比较严重。因此，1975 年制定《民事诉讼法》专门设立准备程序法官，后经数次改革，强化了法官对诉讼进程的干预，在一定程度上提高了诉讼效率，但随着案件增多，法官也不堪重负，往往非常“节约地”行使权力，准备程序的实际运作与立法还有一定的差距。②

法国的审前程序主要是为使案件达到适合判决的程度，对案件

---

① 王亚新：《民事诉讼准备程序研究》，载《中外法学》2000 年第 2 期。

② 屈广清、郭明文：《法国民事诉讼审前程序评介及对我国的启示》，载《当代法学》2001 年第 7 期。

的内容（即当事人的主张和证据关系）进行准备，主要工作由当事人及代理律师完成。一是向对方律师送达准备书状，这是一份详细说明自己的主张、载明事实上和法律上的攻击防御方法的诉讼文件。二是将本方的书面证据原本送交对方律师。法国民事诉讼实行书证优先主义，书证是最重要的证据。这些文书的送达均由当事人自行完成，法院不加干涉。

审前程序主要包括四个部分：一是审判长指定协议日期；二是双方当事人的代理律师交换准备书和传达书证；三是代理律师进行协议，一个案件经两次协议仍不能达到适合辩论的程度，审判长就会将案件送交准备程序；四是准备程序，在准备程序法官的指挥下进行准备，是审前程序的一个组成部分。

法国审前程序的突出特点是，准备程序法官拥有很大的权力监督和控制审前程序，以免当事人滥用审前程序拖延诉讼，造成诉讼的低效率和不公正。准备程序法官的权力包括：一是有权监督当事人的诉讼活动，对逾期不送达有关书证的，有权予以制裁；二是有权作出证据调查决定，并对实施情况进行监督；三是有权要求代理律师说明攻击防御的方法，明确法律上、事实上的主张，要求当事人提交辩论用的书证原件或副本；四是有权采取必要的措施，保障当事人顺利提出书证或取得相互通知的书证；五是有权对准备程序中发生的附带性争讼问题作出裁判；六是有权确定诉讼程序的消灭。

3. 各国审前准备程序之比较研究

前述四国审前程序的设置虽有不同，但不乏相似之处。概言之，其共性和特点包括以下几个方面：

（1）程序设置目的一致。审前准备程序的设置是基于案件在当事人之间非经充分准备不进入法庭审理的构想，这是各国审前准备程序的共性原则，目的都是要发挥当事人的作用，节省国家的诉讼支出，使某些案件在庭审前可以达成和解或者以其他方式解决；必须开庭审理的，则为庭审做好准备工作，以提高诉讼效率，更好地实现司法公正。

第一，从发挥当事人的作用来看，设立审前准备程序可以充分调动当事人的积极性，减轻法院负担。当事人主义民事诉讼模式的基础是这样一个假设：当事人是自身最大利益的维护者。诉讼过程中当事人为维护自身利益肯定会积极进行审前准备，客观上减轻了法院的工作负担，使法院真正把注意力放在提高办案质量上。

第二，从解决争议的角度看，各国设立审前程序也是为了防止当事人庭审突袭，使对方措手不及，使法官无从准备。通过审前程序，双方当事人始终处于平等的对抗地位，能够就对方的请求、主张和证据进行充分的辩论，明晰争点，双方无争议的部分不再进入法庭审理。经过审前程序，事实暴露无遗，双方充分了解对方持有的证据和信息，开庭审理之胜败可能已经基本明确，法官适当地加以推动，就很可能促使双方达成和解，无须进入法庭审理。在英美，当事人通过交换诉讼文书、证据开示、审前会议等程序，对双方的争议进行整理，若无实质争议或者分歧不大，就可以采取和解等方式解决争议，以节约时间，节省费用。事实上，美国近 95% 的民事诉讼案件经过审前准备程序后，以和解告终，进入法庭审理的不足 5%，这是审前准备程序的一大功效。①

第三，从诉讼成本来看，国家和当事人都要支出一定的诉讼费用。国家的审前程序成本是指这一阶段的人力和物质耗费。案件如果在审前程序得以解决，国家就节省了开庭审理的费用。显然，审前准备程序以当事人为主导，会相应地减少国家的诉讼成本。当事人进入诉讼需要支出的成本主要包括委托诉讼代理人的费用，本人参与诉讼活动的时间和物质耗费，搜集证据、证人做证、交换证据等环节支付的费用，诉讼保全、先予执行、查封扣押等费用。不经审前准备程序，采取一步到庭的办法，边审理边明确争点，很可能

---

① 参见陈桂明、张锋：《审前准备程序比较研究》，载《诉讼法论丛》（第 1 卷），中国检察出版社 1998 年版。

由于准备不足，造成重复开庭，既增加国家的诉讼成本，也会增加当事人的诉讼成本。审前准备充分，会降低诉讼成本。

(2) 程序设置重点突出。第一，证据开示是审前程序的重要组成部分和主要内容。法国实行书证优先主义，证据的交换主要以书面形式进行，即送达准备书和通知书。英美采取言辞辩论原则，更倾向于双方当事人的平等对抗，建立证据开示制度，当事人未依法开示的证据在庭审时发生失权效果。通过证据开示，有利于保全和公开证据，防止当事人庭审时搞证据“偷袭”，维护当事人的对抗秩序，提高审判效率，促进公正司法。

第二，举证时限制度逐渐受到关注。为避免庭审遭遇证据突袭，被迫中断审理予以核实，西方国家逐渐确立举证时限制度，要求当事人在一定时间内完成举证，不能无限期拖延。未如期开示的证据，在庭审时失效。

第三，法官主要发挥引导作用。各国民事诉讼法主要根据国情来确定当事人与法官之间的权利配置。美国、法国早期都采取绝对的当事人主义，法官处于绝对中立地位，司法实践逐渐暴露出一个突出弊端，即当事人借此拖延诉讼。为此，美国增加了审前会议制度，加强法官对审前程序的控制；法国也强化了法官在审前程序的职权。相反，德国采取职权主义，但在当事人主张的事实和证据方面却坚持当事人主义，由当事人举证。总体来看呈现一种相互借鉴、相互融合的趋势，合理确立当事人与法官的权利义务。

第四，充分发挥律师的作用。律师在审前准备程序中占有重要地位，因为当事人的活动构成审前程序的实质内容，当事人通常委托律师代为诉讼，律师的作用显而易见，发达的律师业是建立完善的审前准备程序的一个重要前提。

(3) 审前准备程序的不足。各国审前准备程序存在的缺陷，一是审前准备程序比较烦琐，普通当事人难以掌握和运用，通常必须聘请律师代理诉讼，否则就可能承担不熟悉法律所带来的不利后果；二是审前程序过分刻板、复杂和形式主义；三是英美法系国家的法官对审前准备程序控制较松，仍可能造成诉讼拖延，当事人特别是具有一定经济能力的当事人为获得有利的判决，总希望延长审前准备的时间，从而拉长诉讼期间，增大了诉讼成本。

总之，各国都在不断总结经验和教训，通过司法实践和立法逐步改进、完善审前准备程序，使诉讼模式更趋合理。而且，不同国家确立的审前制度各有特色，但都相互借鉴，共同发展，总的趋势是诉讼程序更完备，结构更合理，内容更规范，值得我国民事诉讼立法和司法实践学习、参考和借鉴。

综上所述，各国的司法实践表明，审前准备活动直接影响开庭审理的效率和公正。审前准备越充分，开庭审理的效率就越高，结果就可能更公正。我国民事审判方式过分强调开庭审理，忽视审前准备，实践中审前程序与庭审程序界限不清，功能发生错位；当事人的诉讼主体地位未能直接真正确立，法官包揽一切，既增大了国家的诉讼投入，也影响了诉讼效率。为解决这些问题，建立审前准备程序势在必行。笔者认为，应当借鉴外国审前准备程序的立法和司法经验，完善我国民事诉讼立法。2002 年 4 月 1 日，最高人民法院发布的《证据规定》，确立了举证时限和证据交换制度，为审前准备程序的确立奠定了基础。2012 年我国新修改的《民事诉讼法》确定了以交换证据、整理争点、分流案件为核心内容的审前准备程序。但需要注意的是，审前准备程序要想真正发挥应有作用，还需要建立配套的实施机制，把当事人作为审前准备程序的主体，设立审前准备程序法官，合理配置当事人与法官的权利义务。同时严格民事诉讼代理人的条件，充分发挥律师的作用，理顺民事诉讼程序，完善民事诉讼制度，以程序公正促进和保障司法公正。

（二）我国民事诉讼审前准备程序之完善

民事诉讼的审前准备，是人民法院受理案件后，开庭审理前，为保证案件审理工作顺利进行所做的各项诉讼活动，主要目的是为开庭审理做好准备，保证庭审顺利进行。① 审前准备程序是指为了使民事案件达到适合开庭审理的目的而设置的，让当事人在开庭审理之前确定争点和收集证据的诉讼程式。② 设立审前准备程序能够保证当事人充分行使诉讼权利，保证法院正确行使审判权，切实维护当事人的合法权益，实现民事诉讼的诉讼价值。

1. 我国有关审前准备程序的法律规定

（1）1982 年《民事诉讼法（试行）》的规定。受长期封建专制主义和苏联诉讼模式的影响，我国的民事诉讼制度实行超职权主义诉讼模式，审前准备工作也充分体现了这一特征。1982 年颁布实施的《民事诉讼法（试行）》涉及审前程序的，主要是第 86 条的规定：人民法院对追索赡养费、扶养费、抚育费、抚恤金和劳动报酬的案件，应当在受理后 5 日内将起诉状副本发送被告；被告在收到后 10 日内提出答辩状。其他案件的起诉状副本，应当在受理后 5 日内发送被告；被告在收到后 15 日内提出答辩状。这一规定涉及的范围很小，内容也很简略，在这种情况下，就审前准备程序来说，当事人基本上完全受法院的制约。

（2）1991 年《民事诉讼法》的规定。1991 年颁布实施的《民事诉讼法》在一定程度上弱化了法院的职权，更多地重视当事人的作用。③ 该法第 113~119 条分别规定了人民法院和诉讼当事人应当进行的审前准备活动，但并未形成一个完整的审前准备程序。这些审前活动主要包括四个方面：一是送达起诉状，被告提出答辩状；二是告知合议庭组成人员，告知当事人有关诉讼权利和义务；三是全面了解案情，调查必要的证据；四是通知共同诉讼人参加诉讼。其中，送达、告知和通知属于程序性事务，调查证据则涉及案件的实质性内容。这些规定一方面将当事人的举证责任纳入诉讼机

① 杨荣新主编：《民事诉讼法学》，中国政法大学出版社 1997 年版，第 325 页。

② 向忠诚：《论我国民事诉讼审前准备程序的构建》，载《求索》2000 年第 4 期。

③ 有学者对此作了很好的总结，参见江伟主编：《中国民事诉讼法专论》，中国政法大学出版社 1998 年版，第 42~47 页。

制，另一方面继续明确人民法院的调查取证权。①

关于举证责任，《民事诉讼法》第 64 条规定：当事人对自己提出的主张，有责任提供证据。当事人及其诉讼代理人因客观原因不能自行收集的证据，或者人民法院认为审理案件需要的证据，人民法院应当调查收集。第 116 条又规定：审判人员必须认真审核诉讼资料，调查收集必要的证据。《民事诉讼法》设置当事人举证责任制度，但这个举证责任是不完全的，因为法律没有规定当事人举证不能或举证不充分应当承担败诉意义上的法律后果。同时，也并不意味着法院不负有查明案件事实的职责。事实上，什么属于"必要的证据"，由法官自由裁量，法官完全可以不受约束地调查收集自认为应当收集的任何证据。这些规定表明，我国的审前准备活动是以法官为主导的，以法官的活动为内容，法官调查、收集必要的证据，审查诉讼材料，明确双方的争点和审理的对象，当事人的活动从属于法官的活动。因此，我国的审前准备活动并不存在程序上的法律效力。2007 年民事诉讼法的修改，未涉及审前准备的相关内容。

（3）2002 年《民事诉讼证据规则》的规定。最高人民法院 2002 年 4 月 1 日颁布施行的《证据规定》，重申了当事人负有举证责任，进一步明确了人民法院调查收集证据的具体范围，并且确立了举证时限和证据交换制度，具有三个特点：一是当事人成为举证责任的主体，人民法院居于次要地位。规定明确指出，当事人对自己提出的诉讼请求所依据的事实或者反驳对方诉讼请求所依据的事实，有责任提供证据加以证明。没有证据或者证据不足以证明当事人的事实主张的，由负有举证责任的当事人承担不利后果。人民法

① 1992 年 7 月 14 日最高人民法院发布的《关于适用〈中华人民共和国民事诉讼法〉若干问题的意见》第 73 条进一步明确：人民法院负责调查收集的证据包括：（1）当事人及其诉讼代理人因客观原因不能自行收集的；（2）人民法院认为需要鉴定、勘验的；（3）当事人提供的证据相互矛盾、无法认定的；（4）人民法院认为应当由自己收集的其他证据。

院应当向当事人说明举证的要求及法律后果，促使当事人在合理期限内积极、全面、正确、诚实地完成举证。当事人因客观原因不能自行收集的证据，可以申请人民法院调查收集。二是规定了举证时限，以及当事人逾期不举证应当承担的法律后果。三是规定了证据交换制度，从而初步形成了以证据交换为主要内容的审前准备程序。

应该说，最高人民法院的这一规定结合民事诉讼审判方式的改革，完善了《民事诉讼法》有关审前准备的规定，有利于人民法院通过证据的具体运用查明事实，分清是非，依法作出裁判，是我国民事诉讼改革的一项重大突破，具有重要意义。但是，一方面，这一规定只是司法解释，法律效力的层次较低；另一方面，证据交换和举证时限只是审前准备程序的部分内容，而且实践中还需要配套的具体规则。因此，我国的审前准备程序仍显得不全面，迫切需要通过修改《民事诉讼法》，确立我国民事诉讼审前准备程序，完善民事诉讼制度。

（4）2012 年《民事诉讼法》的规定。随着国家经济社会和法制建设的发展，司法实践中出现了一些新的情况和问题，为了更好地保障当事人的诉讼权利、促进社会和谐稳定，秉持中国特色社会主义法制理念，总结多年的司法实践，我国立法机关对《民事诉讼法》进行了修改完善。2012 年 8 月 31 日，十一届全国人大常委会第二十八次会议通过了修改《民事诉讼法》的决定，并自 2013 年 1 月 1 日起施行。新修改的《民事诉讼法》第 133 条规定：人民法院对受理的案件，分别情形，予以处理：（一）当事人没有争议，符合督促程序规定条件的，可以转入督促程序；（二）开庭前可以调解的，采取调解方式及时解决纠纷；（三）根据案件情况，确定适用简易程序或者普通程序；（四）需要开庭审理的，通过要求当事人交换证据等方式，明确争议焦点。上述法律规定，将证据交换纳入了法律规定，初步确立了审前准备程序，是立法的一大进步。但需要注意的是，该项法律规定相对简单，比较原则，具体适用还需要相应的配套措施，具体实施方法和步骤还需进一步探讨研究。

（5）2015 年《民诉法解释》的规定。随着我国改革开放和经济社会的快速发展，当前民事审判工作呈现出涉及范围广、案件数量多、增长速度快、新型案件多、审理难度大等特点，对我国民事审判的立法和司法工作都提出了新的要求。为了保证新修改的《民事诉讼法》的贯彻落实，2014 年 12 月 18 日，最高人民法院审判委员会第 1636 次会议通过了《民诉法解释》，该司法解释已于 2015 年 2 月 4 日起开始施行。根据《民诉法解释》的规定，涉及民事诉讼审前准备阶段的内容主要包括：①人民法院可以在答辩期届满后，通过组织证据交换、召集庭前会议等方式，做好审理前的准备。②根据案件具体情况，庭前会议可以包括下列内容：明确原告的诉讼请求和被告的答辩意见；审查处理当事人增加、变更诉讼请求的申请和提出的反诉，以及第三人提出的与本案有关的诉讼请求；根据当事人的申请决定调查收集证据，委托鉴定，要求当事人提供证据，进行勘验，进行证据保全；组织交换证据；归纳争议焦点；进行调解。③人民法院应当根据当事人的诉讼请求、答辩意见以及证据交换的情况，归纳争议焦点，并就归纳的争议焦点征求当事人的意见。上述法律规定，细化了民事诉讼审前准备阶段的内容，将有利于我国审前准备阶段发挥更大的作用。

2. 民事诉讼审前准备程序存在的问题

总体来看，我国民事诉讼审前准备主要存在以下问题：

（1）当事人的诉讼主体地位在审前程序中尚未完全确立。我国民事诉讼法确立了超职权主义诉讼模式，整个审前程序几乎是法院和法官的工作程序，权利义务的配置严重偏离当事人，法官从受理案件开始便全面、充分地接触案件的各个方面，对具体的审前准备工作大包大揽，过分主动。相反，当事人一直处于消极状态，显然容易造成法官专断，因为各国的司法实践都证明，法官的职权越广泛，介入案件越早越深，就越容易形成先入为主的思维定式，导致主观专断。我国一直强调法官的作用，当事人似乎适应了这种诉讼模式，案件审理的一切工作都交给法院，似乎是天经地义的。因此，即使当事人承担举证责任，旧审判模式的长期影响也会使当事人一时难以承担起诉讼主体的重任。

从当事人的自身能力看，绝大部分当事人法律意识薄弱，法律知识缺乏，有些当事人甚至连基本的文化知识都不具备，何谈涉及诉讼的法律知识呢？各国法律发展过程表明，法律越发达、越完备，相应的程序规定就越复杂。面对纷繁的诉讼程序和法律适用，普通公民不可能掌握实质内容。加上我国公民的自我保护意识淡薄，自我保护能力较弱，一旦涉及诉讼，既没有相应的法律知识，也不清楚应当从哪些方面提出有利的证据，因而难以收集有关的证据。

从证据收集的对象看，按照传统的思想意识，我国公民出证的对象只能是司法机关，向私人出证，目前还不能被普通公众所接受，在许多情况下可能行不通。结果，许多证据是当事人收集不到的，只能申请人民法院调查收集；本应属于当事人承担的举证义务又转给法院，当事人的主体地位难以落实。更重要的是，法院如果不收集这些证据，就可能使当事人因为证据不足承担败诉的后果，这个判决结果很可能是不公正的。

（2）审前程序与庭审程序界限不明，功能错位。审前准备程序与开庭审理程序存在不同的制度价值，功能也不相同，准备是相对于开庭而言的。新修改的《民事诉讼法》虽然明确规定了举证时限和证据交换制度，但审前准备程序还应涉及审判人员的配置和审判组织的完善。审判人员配置不当，也可能使举证时限和证据交换的规定流于形式。目前我国民事案件的审理实行合议制，案件一经受理，即交给合议庭，由主审法官主持进行审理，并负责到底，直至最终作出判决。主持证据开示与法庭审理的如果是同一位法官，法官在证据开示阶段就对案情了如指掌，对案件的审理结果成竹在胸或已有定论，那么，开庭审理就会流于形式，产生“先定后审"的弊病。就当事人来说，审前程序的法官就是庭审法官，法官在审前主持调解，当事人如不接受法官的建议，就会担心法官在庭审阶段予以报复，因而心存疑虑，可能违心地作出让步，不利于司法公正的实现。

（3）诉讼代理制度不发达，律师没有发挥应有的作用。民事诉讼制度比较发达的国家，都是以律师业的发达为基础和依托的。当事人为弥补法律专业知识的不足，往往委托律师代理诉讼，律师在诉讼活动中占有重要地位，成为社会活动不可或缺的角色。凡事离不开律师，已经成为西方国家特别是英美的特色。我国律师制度恢复较晚，发展较慢，加上司法制度的影响，在案件审理过程中，律师和当事人处于次要地位，法官居于主导地位，有时甚至可能无视律师的意见，律师在一些案件中事实上成为一种摆设和象征，难以或者没有发挥应有的作用，人们对律师的信心不足，涉及法律事务后能不聘请律师就不请，即使请律师往往也是委托与法官有直接或间接关系的律师，打官司可能变成打关系。

根据《民事诉讼法》第58条的规定，律师、基层法律服务工作者，当事人的近亲属或者工作人员，当事人所在社区、单位以及有关社会团体推荐的公民，都可以成为诉讼代理人，代理人的范围相当广泛。司法实践中有一些案件由普通公民作为代理人参加诉讼，其中不乏出色的代理人，但确实良莠不齐，鱼目混珠的大有人在，他们的所作所为进一步败坏了本来就不高的代理人声誉。

现行民事诉讼制度客观上也不鼓励当事人请律师。因为人民法院受理案件后几乎包揽了庭审前的所有工作，从送达各种诉讼文书，审核诉讼材料，到调查收集证据，国家支出了大量的人力、物力和财力，等于国家替有过错的一方当事人分担了大部分诉讼费用，当事人何乐而不为呢？从这个意义上说，当事人似乎没有必要请代理人参加诉讼。诉讼代理人市场的萧条直接影响民事审判方式改革与发展的进程。因此，完善民事诉讼代理制度和律师制度，是确立和完善审前准备程序的一个重要前提。

3. 完善我国民事诉讼审前准备程序的若干设想

我国《民事诉讼法》规定审前准备工作的目的主要与审判主体的职能相联系，忽视了当事人作为诉讼主体的作用，容易导致将当事人作为诉讼客体看待的倾向。国际民事诉讼法的发展趋势是越来越重视诉讼主体的作用，各国民事诉讼都把诉讼公正和诉讼效率作为理想的目标，并且围绕这些目标改革和完善民事诉讼制度。我国也不例外，目前正在进行审判方式的改革。笔者认为，应当在新修改的《民事诉讼法》的基础上，建立配套的实施机制，理顺民事诉讼程序，以程序公正促进和保障实体公正。

（1）完善民事诉讼审前准备程序的模式选择。大多数学者认为，我国应当尽快确立民事诉讼审前准备程序，但是，对于选择、借鉴英美法系还是大陆法系或者其他模式，明显存在不同意见。

第一种意见认为，我国与英美法系国家的文化差异很大，不能照搬英美。英美的证据开示程序是与陪审制度相适应的。陪审团是人民的代表，是不懂法律的普通大众，因此，必须在事实的认定上采取适当的措施，即证据开示程序，当事人在庭审前进行证据交换、交叉询问，为陪审团的审理做好准备。同时，当事人可以了解对方当事人的意见和论据，无理的一方就会采取和解方式解决纠纷。因此，美国的民事诉讼案件经过证据开示程序后，只有5%左右正式进入庭审程序。大陆法系国家由法官主持事实调查和法律适用，没有陪审团认定事实，因而不必确立证据开示程序。我国法律偏向大陆法系，又是成文法国家，没有必要采用英美的证据开示程序。

第二种意见认为，两大法系的文化背景虽有差异，但发展趋势是两大法系的融合和渗透。我国既非大陆法系，也非英美法系，确立一项制度没有必要追究它来自哪个法系，应当信奉拿来主义，只要对我们有好处，就可以拿来，作为借鉴。美国率先采用的证据开示程序对于我国法官素质的现状是适合的，应当借鉴过来。审判方式改革一直以举证责任为中心，弱化法官的调查取证权，强化当事人的举证责任，把举证与当事人的败诉后果结合起来，这就要保证当事人举证的程序。证据开示程序的采用，就可以起到这种作用。

第三种意见认为，不要在这个问题上纠缠不清。确立一项制度首先要看它对我国是否有用。近几年的审判改革已经广泛地采取了庭前交换证据的做法，实践证明是好的，在一定程度上遏制了拖延诉讼以及一审、二审甚至再审庭审时出示证据等行为，缩短了审限。当然，要根据实践经验合理设计审前程序，不是照搬英美的证据开示程序。

第四种意见认为，可以借鉴日本的做法。日本借鉴美国的证据开示程序时没有照搬，而是建立了当事人照会制度。大陆法系的普遍做法是禁止当事人庭前接触，更不用说交叉询问。日本通过照会制度，允许当事人在庭前将自己的证据照会对方当事人。我们可以借鉴日本的做法，参照美国的证据开示程序，建立一种适合国情的相应制度。

还有学者认为，应当最大限度地使用庭审前准备程序，只有这样才能做到开庭时不出现突然诉讼，并有可能做到50%的案件缺席判决，30%的案件庭前和解，20%的案件进入正式庭审程序，进行公开审理，从而大大减轻法官的工作量，有效地提高法官的审判工作效率。

上述意见都有一定道理，笔者赞同第三种意见，即完善我国民事诉讼法律制度，通过立法借鉴外国的成功经验。发达国家普遍采用的一些制度，只要实践证明是富有成效的，并且借鉴过来有利于完善我国法律制度，我们就可以选择借鉴，不需要过多考虑其法系渊源。正如美国著名大法官霍姆斯的一句经典名言所说："法律的生命不在于逻辑，而在于经验。"① 当然，借鉴不是照搬，而是根据情况加以改造，使之符合我国国情，能够为我所用。近些年来，

① 转引自张茂译、杰弗里·哈泽德和米歇尔·塔鲁伊：《美国民事诉讼法学导论》，中国政法大学出版社1999年版，第79页。

大陆法系国家和英美法系国家一方面不断克服本国法律制度的弊端，完善自身的法律制度，另一方面出现了相互借鉴、融合的趋势。例如，法国是大陆法系的典型代表，其审前准备程序既有大陆法系职权主义的做法，也有英美法系当事人主义的影子，两者有机结合，既充分体现了当事人在民事诉讼方面的意思自治，又赋予法官对审前准备程序的指挥、组织等权限，成为符合现代诉讼要求的法律制度。案件的争点在辩论前得以形成，当事人双方基本上能够做到知己知彼，防止了诉讼过程中"突然袭击"、拖延诉讼等弊病的产生。总之，要结合我国的司法实践，认真、系统、深入地研究国外审前准备程序的不同模式，进行科学、合理的吸收和借鉴。

（2）完善民事诉讼审前准备程序的原则。完善审前准备程序必须始终注意坚持公正与效率的原则。

首先，有利于促进司法公正的原则。司法活动具有特殊的运行规律，一方面，司法机构及其工作人员应当与社会有必要的隔阻，因为法官与当事人在"自由"接触的过程中很容易受到各种不正当因素的影响。因此，法官应当与案件当事人有必要的隔阻。在英美，法律要求法官与外界保持某种不接触状态。在日本，为防止社会成员怀疑法官的公正性，"职业法官体系对中立性、公正性达到了极端程度的制度要求，使法官与一般国民以至律师之间的日常生活中的个人直接接触相当困难"。[①] 我国设立审前准备程序应当将法官的诉讼活动集中于审前准备和开庭审理两个阶段，并且将两个阶段明确分开，使法官的行为规范化，庭审法官必须处于超然、中立地位，树立法官的公正形象，从制度上有利于实现司法公正。另一方面，审前程序的主要内容是当事人之间进行充分的案件信息交换和证据的收集、开示，保证当事人对诉讼程序的公平利用。因此，当事人必须充分开示诉讼资料，未按要求在审前准备程序提出

---

① ［日］棚濑孝雄：《纠纷解决与审判制度》，中国政法大学出版社 1994 年版，第 180 页。

的主张和证据，庭审时不得再提出，从而使双方当事人在掌握公开、可行的信息的基础上进行辩论和质证等，保证当事人庭审对抗的平等性。总之，确立审前准备程序应当注意排除预断和先定后审，合理配置法官与当事人的权利义务，提高当事人的诉讼主体地位，确保当事人充分披露诉讼信息，从法官和当事人两个方面促进司法公正。

其次，有利于提高诉讼效率的原则。审前准备程序的价值主要是程序公正和诉讼效率两个方面。各国有关审前程序的规则体现了两个方面价值的彼此照应。美国的审前会议、英国民事诉讼程序规则规定的法官对案件的管理，以及大陆法系在法官主持下的审前准备程序，无不考虑到诉讼的效率。我国民事诉讼一直实行证据随时提出主义，当事人可以在诉讼的任何阶段提出证据，结果必然造成诉讼拖延，提高诉讼成本。为此，一些法院大胆推进民事审判方式改革，采取“一步到庭”的审判方式，法院受理原告起诉后，在收到被告人发出的应诉通知书的同时，发出确立开庭日期的传票，此后一直到开庭，法官不再接触当事人和证据，当事人之间也不知道对方持有的证据，所有证据都要等到开庭时在法庭上出示、审查、判断。实行“一步到庭”是为了防止法官事先接触当事人和证据，造成先入为主，以保持法官中立和司法公正，从这个意义上说是有益的，但可能带来更大的弊端。“一步到庭”比较适合简单案件，对于复杂案件未必适用。法官和当事人庭审前对证据一无所知，法庭上突然拿出各种证据，很难当场确定证据的真假和效力的大小，结果往往只能是重复开庭，拖延诉讼。新修改的《民事诉讼法》明确规定了举证时限和证据交换制度，要求确定当事人最后的举证期限，在法官的主持下庭前交换证据，这些制度的实施将有利于提高诉讼效率。

总之，公正与效率是民事诉讼制度追求的终极目标，我国民事诉讼确立和完善审前准备程序必须遵循公正和效率的原则。

（3）完善民事诉讼审前准备程序应解决的主要问题。总结外国经验，结合我国国情和民事审判方式改革的现状，笔者认为，进一步完善审前准备程序，重点应当解决好以下几个问题。

第一，完善民事诉讼制度，切实发挥审前准备程序的作用。民事诉讼审前准备程序与庭审程序各有不同的制度价值和功能，外国民事诉讼法律的最大特点，就是审前程序与庭审程序明确分开。我国《民事诉讼法》对审前准备活动的规定比较简单，审前准备与开庭审理两个阶段的任务界限模糊，实践中容易产生两个问题：一是法官在准备程序就出现审理行为，造成先定后审；二是审前准备的规定对当事人没有实质的约束力，当事人在后续开庭审理阶段可以不断主张新争点，提出新证据，使开庭审理继续发挥审前准备的功能。程序、功能的交错势必造成重复、多次开庭，危及诉讼程序的安定性，影响诉讼效率。[①]

最高人民法院《证据规定》确立的举证时限和证据交换，属于证据法规范的内容，审前准备程序属于程序法规范的内容，因此，必须通过修改《民事诉讼法》，全面确立审前准备程序，将审前程序与庭审程序明确分开。随着审判方式改革的深入，一些地方的做法实际上已经变通地执行了《民事诉讼法》的规定。例如，许多法院探索试行将案件审理分为审前准备阶段和开庭审理阶段，并实行庭审前的证据交换制度，取得了良好的效果。事实说明，1991 年《民事诉讼法》的有关规定已经落后于现实的发展。2012 年我国新修改的《民事诉讼法》，首次以立法的形式规定了举证时限和证据交换制度，2015 年《民诉法解释》又进一步细化了民事诉讼审前准备阶段的内容，期望法律的不断修改和完善，对审前准备程序功能的发挥有所裨益。

第二，改革审判制度，设立审前准备程序法官。英国思想家弗朗西斯·培根指出：一次不公正的司法裁判比其他不公正的行为为

① 唐力：《论民事诉讼审前准备程序》，载田平安主编：《民事诉讼程序改革热点问题研究》，中国检察出版社 2001 年版，第 447 页。

祸尤烈，因为这些不公正的行为不过弄脏了水流，而不公正的裁判则败坏了水源。[①] 类似地，专门研究社会现代化的著名学者阿历克谢·英格尔斯也指出：如果一个国家的人民缺乏一种能够赋予这些制度以真实生命力的广泛的现代心理基础，如果执行和运用这些现代制度的人，自身还没有从心理、思想、态度和行为方式上都经历一个向现代化的转变，失败和畸形发展的悲剧性结局是不可避免的。再完美的现代制度和管理方式……也会在一群传统人手中变成废纸一堆。[②] 这说明，一种好制度确立后，还应当有品质优秀的人来执行。我国新修改的《民事诉讼法》虽然确立了以举证时限和证据交换为内容的审前准备程序，但是并没有规定所有的案件都需要进行证据交换，也未单独设置审前程序法官，对逾期举证产生的法律后果的规定更是宽松。要想使审前准备程序真正发挥作用，在完善审前准备程序制度的具体内容，即举证期限和证据交换制度的同时，还应当完善与之相配套的制度，即设置审前程序法官，使审前程序法官与庭审法官相分离，各司其职，各负其责。

目前，有些法院已经在试行分设法官制度，将法官设置为立案法官、排期法官、证据交换法官和庭审法官等几类，但由于缺乏法律依据和规范，在理论和实践上都存在问题。例如，各类法官之间的关系没有理顺。因此，迫切需要通过修改《民事诉讼法》和《法官法》的相关内容，确定审前准备法官的地位，明确划分审前准备法官与庭审法官的不同职责，以有利于法官公正裁判。

第三，合理配置法官和当事人的权利义务，强化当事人主体地位。合理配置法官与当事人在审前准备程序中的权利义务，通过立法明确哪些诉讼活动应当由当事人进行，哪些由法官进行，并且使当事人与法官的权利义务配置达到合理的程度，纠正现行法律对审

---

① 水天同译：《培根论说文集》，商务印书馆 1983 年版，第 103 页。

② 殷陆君编译：《人的现代化》，四川人民出版社 1985 年版，第 4 页。

前权利义务的配置严重偏向法院和法官的倾向。当事人负有举证责任，应当在证据交换中处于主导地位。此外，还可以考虑由当事人完成各类文书的送达。法官居于中立地位，主要作用是在审前准备阶段引导当事人举证，组织证据交换，使案件在审前准备阶段分流，部分案件通过和解结案，部分案件进入庭审，以减轻庭审压力，节省诉讼成本。同时应当注意，权利义务的配置既要保障当事人及其诉讼代理人能够全面、充分地进行审前准备，也要有效地防止当事人滥用诉讼权利。因此，应当赋予法官相应的权力，包括对审前准备活动的指挥权和监督权、对当事人申请财产和证据保全的裁定权和决定权，以及必要的制裁权，以保证诉讼活动的顺利进行。①

第四，严格民事诉讼代理人的条件，充分发挥律师作用。完善审前准备程序与律师制度的发展和完善密切相关。现行民事审判方式在很大程度上把推动诉讼程序的主导权和责任交给法官，没有给当事人及其诉讼代理人的活动留下足够的空间，当事人缺乏聘请律师的动机，律师的代理服务业难以发展。在这种情况下，即使增加法官的数量，仍然会感到人手不够。因此，完善审前程序的一个重要方面就是充分调动当事人的积极性，使当事人成为审前准备程序的主体。当事人为取得较好的诉讼效果，并尽可能地节约成本，比较复杂的案件会聘请律师作为代理人参加诉讼。因此，确立和完善审前准备程序还必须完善律师制度，民事诉讼法应当严格诉讼代理人制度，充分发挥律师的作用。

首先，从严把握民事诉讼代理人的条件。现行《民事诉讼法》规定的代理人的条件和范围过宽，在法院包揽一切的审判模式下尚能适应，确立以证据交换为核心的审前准备程序后显然很难适应，代理人主要应当由律师担任，对普通公民担任代理人应当规定相应

① 张晋红：《审前准备程序及其权利设置》，载姜伟、杨荣新主编：《民事诉讼机制的变革》，人民法院出版社 1998 年版，第 422~423 页。

的条件，使代理人真正担负起自己的责任，发挥应有的作用，维护当事人的合法权益。2012年新修改的《民事诉讼法》，针对实践中存在有些个人以诉讼代理人的名义长期包揽诉讼，甚至滥用诉讼的情形，从既要满足当事人的法律服务需求，也要有利于维护诉讼秩序考虑，进一步明确哪些人可以担任诉讼代理人。但从法律修改的内容看，范围还是比较广泛的，条件也比较宽松。[①] 其次，重大复杂的民事案件应当由律师或者法律专家代理。最后，应当通过立法明确规定，法院可以根据案情，决定胜诉方的律师代理费由败诉方承担，使受害方的诉讼支出由过错方予以补偿。这样规定，既有利于减少当事人的无理诉讼，减轻法院负担，又可以减轻胜诉方的诉讼成本，给受害方提供比较全面的救济，从而鼓励当事人聘请律师代理诉讼。

第五，强化诉讼文书的效力，提高文书制作质量。在英国，诉讼文书是法律判决的重要依据，当事人没有列入诉讼文书的请求和事实主张，在案件审理中不能被接纳和承认。诉讼文书在诉讼中占有重要地位。民事诉讼涉及的诉讼文书范围很广，内容各不相同。目前，一些诉讼文书的质量较差，不仅有些当事人制作和使用的诉讼文书不符合规范性要求，甚至人民法院的判决书、裁定书、调解书的制作也不能完全令人满意，比较普遍地存在起诉状、答辩状叙写请求不明，事实、理由叙述不清，判决书不讲理等现象。确立审前程序，文书的送达、书面证据的交换，都涉及文书制作问题，诉讼文书起着重要作用。可以考虑适当借鉴英国的做法，赋予诉讼文书更强的法律效力，当事人未列入诉讼文书的请求、事实主张和证据，庭审时一般不予接受和承认，同时明确在哪些特殊情况下可以接受。从而促使文书制作者提高文书的制作水平，推动审前准备程

---

① 《民事诉讼法》第58条规定：当事人、法定代理人可以委托一至二人作为诉讼代理人。下列人员可以被委托为诉讼代理人：（一）律师、基层法律工作者；（二）当事人的近亲属或者工作人员；（三）当事人所在社区、单位以及有关社会团体推荐的公民。

序和庭审的顺利进行，为民事审判方式的改革奠定基础。当然，寻求诉讼方式维护当事人的合法权益，是解决纠纷的最后手段。法律制度的完善既要有利于当事人运用法律手段维护自身权益，同时也应当加大力度开展法制宣传教育，让社会公众知法、懂法，学会依法自我保护，避免和减少法律纠纷。

（4）审前准备程序的主要结构和运作方式。从一定意义上说，设置什么样的审前准备程序就有什么样的庭审程序。审前程序的准备活动如何，往往意味着开庭审理的实质和效率。一般来说，审前程序的准备工作越充分全面，开庭审理的效率就越高。因此，完善审前准备程序的核心是确定其结构和运作方式。

第一，审前准备程序的主要结构。审前准备程序的结构主要应当包括传票令状、诉讼文书的送达，证据交换，调查取证，庭前会议，确定开庭日期等项具体内容。

一是传票令状的送达。立案应当由告诉庭负责，立案法官应配备相应的书记员，主要任务是负责送达传票令状。

二是诉讼文书的送达。书记员应当以送达传票令状和起诉状副本的方式通知被告应诉，并要求被告承认送达。被告应当在法定期限内将送达收据送交法院，被告在法定期限内不送达的，法院可以根据原告的请求作出不应诉判决。被告对原告的诉讼请求和事实主张作出答辩的，在向人民法院送达收据时，应当将答辩状一并递交人民法院。被告应当在答辩状里对原告主张的事实一一进行驳斥，未加驳斥的事实可以认为被告默认。被告提出反诉的，反诉状也应当在法定期限内送达原告。此后，告知双方在法定时间内提交证据，进行证据交换。

三是证据交换。证据交换应当由证据交换法官负责。交换证据的时间可以由当事人协商一致并经人民法院认可，也可以由人民法院确定。法院组织当事人交换证据的，交换证据之日举证期限届满。当事人申请延期举证，经人民法院准许的，证据交换日期相应顺延。对当事人没有争议的事实、证据，交换证据法官应当记录在卷；对有异议的证据，按照需要证明的事实分类记录在卷，并记载异议的理由。通过证据交换，确定双方当事人争议的主要问题。证据交换的次数应当根据案情复杂与否的具体情况确定，不应有次数限制。没有证据或者证据不足以证明当事人的事实主张的，由负有举证责任的当事人承担不利后果。通过交换证据，法官可以促使当事人进行和解或者撤诉。我国新修改的《民事诉讼法》主要规定由法院确定提供证据的期限，没有赋予当事人协商确定举证期限的权利，与当事人主义的诉讼模式显然相悖。

四是调查取证。当事人成为审前准备程序的主体后，法院只能依当事人的申请进行调查取证。人民法院应当向当事人说明举证的要求及法律后果，促使当事人在合理期限内积极、全面、正确、诚实地完成举证。当事人因客观原因不能自行收集的证据，可以申请人民法院调查收集。修改《民事诉讼法》可以考虑进一步发挥律师的作用。例如，人民法院给指定的律师开具调查令，由律师依法调查取证。

五是庭前会议。关于庭前会议，2015 年最高人民法院制定的《民诉法解释》第 224 条规定：依照《民事诉讼法》第 133 条第 4 项规定，人民法院可以在答辩期届满后，通过组织证据交换、召集庭前会议等方式，作好审理前的准备。该司法解释第 225 条规定：根据案件具体情况，庭前会议可以包括下列内容：（一）明确原告的诉讼请求和被告的答辩意见；（二）审查处理当事人增加、变更诉讼请求的申请和提出的反诉，以及第三人提出的与本案有关的诉讼请求；（三）根据当事人的申请决定调查收集证据，委托鉴定，要求当事人提供证据，进行勘验，进行证据保全；（四）组织交换证据；（五）归纳争议焦点；（六）进行调解。期望该司法解释的规定，有利于审前准备发挥应有的作用。

六是确定开庭日期。经过审前准备程序后，案件达到适合开庭审理条件的，法官应将案件移送庭审法官，确定开庭审理的日期，进入正式审理程序。

第二，审前准备程序的运作方式。审前准备程序的准备工作，在一定意义上说，仍然是为开庭审理服务的，因此，必须始终围绕辅助庭审的事实审理为中心。审前准备程序的实际运作，应当以能够使庭审达到一次性解决纠纷为主要目的。

从我国民事诉讼的实践来看，运用好审前准备程序，关键在于证据交换。因此，审前准备程序的具体运作方式，根据案件事实，区分不同情况，大体上采取这样的规则：

一是简单的案件，即事实清楚，争执焦点明确，证据不复杂的案件，可以不经过证据开示程序，实行“一步到庭”，直接进入庭审。

二是案情复杂的，即事实不清，争点不明，证据复杂的，必须按照审前准备程序的要求，经过证据开示，做好庭审准备后，方可开庭审理。

采取这样的运作方式，能够使简单的案件尽快进入法庭审理，使复杂的案件通过审前准备程序，为庭审做好准备，发挥审前准备程序的作用，通过更科学、完善的程序，更好地促进司法公正提高司法效率。

二、民事起诉状的功能转型与内容再造

起诉状作为开启司法程序的钥匙，其功能与内容，一直是备受关注的问题。[①] 比较法的研究成果已经显示，不同国家在不同历史时期对起诉状在内容与形式方面的要求有很大的变化。其原因很难简单归结为立法的进步或倒退。笔者认为，起诉状作为诉答程序最为重要的法律文书，它的内容仅是其承载的程序功能在诉讼上的“投影”，而起诉状的程序功能又是由诉讼的构造、审前程序本身的功能及其分化程度、判决效力制度等多方共同作用的结果。因

① 起诉状在各国的诉讼制度中有不同的称谓，日本称为诉状，德国称为起诉书，法国称为传唤状，英国称为案情陈述书，美国则称为起诉书。

此，下文将从决定起诉状的功能与内容的外部因素的分析入手，探讨对起诉状的不同的立法要求形成的原因，并对我国起诉状功能的定位与内容的设计提供参照依据。

（一）民事起诉状功能与内容的决定性因素

1. 民事诉讼程序的构造与传统起诉状之细节提供功能

在当今世界范围内，民事诉讼程序的结构大体分为两种类型，一种是以英美法系为代表的“审前”程序与“审理”程序二元分立型的诉讼结构，另一种是以大陆法系国家为代表的没有严格的审前程序与审理程序区分的一元型诉讼结构。前者强调通过审前程序确定审理对象，准备证据，并通过连续的集中审理而审结案件；后者则是采取边准备边审理的模式，对争点的整理、证据的准备以及审理活动是交替进行的，没有鲜明的界限划分。在不同的审理结构下，起诉状担负的程序功能必然存在差异。二元分立型的诉讼程序有独立于审理程序的争点形成阶段。传统的争点形成是通过诉答程序完成的，在该程序中当事人以交换起诉状和答辩状的方法确定审理的对象，它不仅在结构划分上完全独立于审理程序，而且具有明确的程序功能——形成争点。

英国的诉答程序起于诺曼征服以后，在当时的英国，陪审制已经确立。在诉讼中由陪审团单独负责对案件事实的认定，所以必须通过审前程序形成明确的审理对象，将事实与法律问题作出明确的区分，为审理做准备。审理对象主要是由当事人双方通过诉状的多次交换形成的。原告提交起诉状后，被告必须肯定、否定或提出新的争议的方法予以回应，原告再对被告的答辩予以回应……直至双方在案件某一个具体问题上形成对立的观点，此时法官将宣布案件已经形成争点“at issue”，并就当事人的争点制作书面文件①，提

① 记录当事人事实争点的文件被称为“issue”记录，记录当事人法律争点的文件被称为“demurrer-book”。

交陪审团审理。[1] 由于担负着整理争点的明确任务，所以普通法诉答在起诉状的内容方面，有着严格的要求。这种要求概括起来主要有两个方面，即充分（sufficiency）和明确（certainty）。“充分”意味着支持当事人诉讼主张的所有事实都应被详尽陈述，而不能有所遗漏。[2] “明确”意味着当事人应该以准确的方式陈述其主张的案件事实，使审理者无须使用推断的方法即可获得对事实的认识。为了确保充分与明确，起诉状对于当事人的名称、案件发生的时间、地点、具体情况、要求救济的方法、数额的描述都必须清楚、具体。比如，如果原告认为被告让属于原告的马负载过重，仅仅主张“负载过重”是无法满足明确性的要求的，原告必须对具体的负载重量作出说明。再如，如果原告在起诉状中对于财产赔偿的数额及计算方法没有作出明确的主张，被告提出异议的，原告的主张将不能获得法院的支持。[3] 同时，正是因为普通法诉答对诉状的明确性有严格的要求，所以当事人如果在诉状中提出猜测性的请求或替代性的请求或合并请求、合并当事人，都会被以内容不明确为由，不被允许。[4]

由上可见，由于普通法诉答的主要功能在于明确争点，加之当时令状的形式化要求使得当事人对事实的描述必须符合某一种特定类型案件的特征，以将该事实纳入法院的特定审理程序中，所以普通法诉答对起诉状的内容和形式的要求都是极其严格的。这一方面增加了起诉状书写的难度，造成了程序的复杂和规则的混乱，这一

① Odgers, William Blake, *The Principle of Pleading, Practice and Procedure in Civil Actions in High Court of Justice*, 1897.

② Stephen, Pinder, *A Treatise on the Principles of Pleading in Civil Actions*: "*Comprising a Summary Account of the Whole Proceedings in a Suit at Law*", Spottibwoode and Co, 1860, pp. 62, 65.

③ Edward Lawes, *Elementary Treatise on Pleading in Civil Actions*, C. Roworth, 1806, p. 57.

④ Roy W. McDonald, "Alternative Pleading", *Michigan Law Review*, 48 (1950), pp. 311, 328.

点曾被著名的法学家边沁批评，认为导致这一局面的根本原因在于，程序的设计者没有将实现大多数人的最大利益作为立法的目标，而是将统治者连同极少数受宠者的幸福，当作自己追求的唯一目的。[①] 另一方面，由于对“充分”和“明确”的理解往往会因案而异，当事人特别是当事人的律师，为了避免起诉不符合要求，往往不遗余力地阐述事实的细节，从而使诉状陷于冗长与繁复，极大消耗了司法资源，也同时增加了整理争点的难度。为了使争点明确，原被告之间往往需要进行多轮的请求，答辩，再请求，再答辩的过程。这样，以提高案件审理效率为目的的普通法诉答，却在诉答程序中消耗了大量的资源。

即便在19世纪70年代，普通法诉答由于繁复的规则而为法典诉答取代，英美法诉答程序的功能定位并没有因此而发生根本性的变化。1848年新的诉答规则在美国通过《菲德尔法典》确立。法典诉答致力于促进更加清楚统一的诉答规则，避免诉讼的“偷袭”。原告在诉状中仅需提供“形成诉讼原因的事实”，而非“法律结论或证据事实”，起诉状内容应该“简明扼要”。[②] 但是，法典诉答并没有放弃对当事人的提供事实细节方面的要求，只不过这种要求不再具有形式化的特征，但是仍然要求提出足以支持诉因的全部事实，并且达到使对方足以进行准备的程度。比如，在英国民事诉讼中，如果原告主张被告诽谤，则应当在诉状中详细援引被告使用的具体语言。[③] 同时，由于不再要求原告在起诉状中就事实的法律性质作出判断，起诉状书写的技术难度下降。然而，法典诉答并没有改变诉答程序形成争点的基本功能，并以此划分了其与在美国

① ［英］边沁：《道德与立法原理导论》，时殷弘译，商务印书馆2000年版，第58页。

② Charles E. Clark, “History, Systems and Functions of Pleading”, *Virginia Law Review*, 11 (1925), p. 517.

③ Stuart Sime, *A Practical Approach to Civil Procedure*, Oxford University Press, 2005, p. 139.

形成的新的诉答形式——通知诉答的界限。

大陆法系国家并没有英美法意义上真正的诉答程序，其审前程序也没有形成争点的功能，因此传统民事诉讼制度对起诉状的要求多集中于形式方面，而非事实细节的提供方面。在古罗马民事诉讼程序发展的早期阶段，程序各个环节功能的划分尚不明确，这就决定了在此阶段起诉在民事诉讼中承担的功能比较单一，其主要作用在于确定司法机关对案件进行审理的权限并决定纠纷审理的样式。诉讼自原告的起诉开始，被告与原告同时到庭，当即作出答辩。司法人员往往根据原告的起诉，决定案件是否可以受理，以及应该适用何种程序审理。在古罗马的法定诉讼阶段，程序的形式主义特征显著，当事人必须以法定用语陈述其请求，用语错误不得更正或重复。司法人员会根据原告请求的内容，分别适用“金钱决讼”“指定推事”“请求返还”“拘禁式”和“扣押式”诉讼程序。① 在不同的审理程序中，当事人双方的权利义务、司法人员的审理步骤和裁判的方法均必须严格依据法律的规定，不得有所改变。法定诉讼阶段的诉答没有通知对方当事人应诉或使其对诉讼有所准备的功能，它仅是法院用于选择审理程序的步骤，除此之外，诉状的内容对诉讼程序的实质影响力有限。

古罗马的形式诉答对中世纪欧洲各国的司法制度都产生了一定程度的影响。德国中世纪法院的诉讼也采取严格的形式主义，原告起诉无须书面引用法条，而仅需以简单的口头声明而为之。但是诉讼两造都必须遵守特定的方式与法院习语，否则将可能招致败诉的后果。②

中世纪以后大陆法系国家对于书面的诉答程序也不重视。陪审制的缺席使得争点的界定变得很不重要。在大陆法系诉答是以口头

① 陈朝璧：《罗马法原理》，法律出版社 2006 年版，第 550~556 页。

② 戴东雄：《中世纪意大利法学与德国的继受罗马法》，元照出版公司 1999 年版，第 154~155 页。

为原则的。大陆法系也要求当事人提供某种书面陈述。一般原告被要求陈述他的请求的性质和基础，如德国法要求原告必须列出证人名单和证据。法律一般要求原被告书面诉答，但是这是选择性而非必经的程序。真正的诉答是当事人在开庭时当庭的结论性主张。这些主张可能会被要求记录为文字，但是仅仅是为了记录的需要而已。在这样的制度下，诉答的形式要求是没有意义的。这也就解释了大陆法系诉答程序上法官很少作出裁定的原因。①

两大法系在其他问题上的区别有助于说明此点。英美法系严格区分审前程序与审理程序，而大陆法系没有严格的区分，所以英美法系在审前没有提出的请求，就不会审理，而大陆法系则实行自由顺序原则。大陆法系在更大程度上将争点的确定作为诉讼的一个部分。

大陆法系各国不注重起诉状之细节提供功能的局面直至近现代方有所转变，出于提高诉讼效率的考虑，大陆法各国纷纷通过审前准备程序的构建，设置专门的争点整理环节，以期促进案件审理的集中化。在此基础上，起诉状在整理争点方面的作用才得到重视。立法者要求原告在起诉状中提供更多的细节，以便于被告对案件进行准备并服务于审前程序争点的整理功能。对此，将在后文中具体阐述。

总之，在没有通过审前程序形成争点的压力的诉讼制度中，立法便没有必要对起诉状的详细程度作出硬性的要求，只有在具有独立的诉答程序，并使诉答程序担负争点整理功能的程序中，起诉状的事实细节提供功能才会受到重视。

2. 不同的诉讼标的及判决效力理论与起诉状的法律论证功能

（1）大陆法系。诉讼标的作为大陆法系诉讼法理论，自德国法学家赫尔维希第一个将其与实体法上的请求权加以区别，从诉讼

① Charles E. Clark，“History，Systems and Functions of Pleading”，*Virginia Law Review*，11（1925），p. 517.

的角度加以界定后，其含义一直处于争议状态。[①] 然而，诉讼标的=法院审判权作用的范围=既判力的范围，却一直是大陆法系学界普遍认可的理论公式。在这些国家，民事起诉状的主要功能是界定作为法院审理对象的诉讼标的，并进而决定既判力的作用范围。因此各国均于立法上要求原告在起诉状中明确本案的诉讼标的。诉讼标的对于起诉状功能与内容的影响主要体现为以下几个方面：

第一，决定了事实陈述的“法律性”。尽管关于诉讼标的的理论纷争不断，然而多数学者认为诉讼标的的界定涉及案件事实与诉讼请求两个层面的问题。实务中关于诉讼标的的通常理解认为，诉讼标的构成要素之“案件事实”应为法律事实而非自然生活之事实。同时大陆法系规范出发型的法律推理结构也强化了“案件事实”的法律性。所以原告于起诉状中应当陈述经过法律评价的事实，而不是自然生活事实。在事实陈述的方法方面，大陆法系提供了两种模式，其一为德国模式，原告在起诉状中直接陈述经过法律评价的法律事实，无须单独陈述法律理由；其二则为法国的自然事实与法律评价分列模式。《法国民事诉讼法》要求原告对支持其诉讼主张的各项理由作出“完整的说明”。支持主张的理由既包括事实上的理由，也包括法律理由。[②] 所以原告需于诉状中首先陈述支持其诉讼请求的社会生活事实，再以法律规定评价这些事实，并得出法律结论。以法国巴黎大审法院审理的一件侵犯名誉权的案件为例，在该案的起诉状中，原告在提出诉讼请求后，首先按照自然事件的发生过程陈述了其与被告 RP 公司发生的人格权侵权纠纷的事件全貌。接着，在起诉状的“争议焦点”部分，原告从法律责任的构成与损害程度两个角度论证支持原告诉讼请求的理由，其中前

---

① ［德］罗森贝克等：《德国民事诉讼法》（下），李大雪译，中国法制出版社 2007 年版，第 671 页。

② ［法］让·文森、塞尔日·金莎尔：《法国民事诉讼法要义》，中国法制出版社 2001 年版，第 705 页。

者主要包括被告 RP 公司的过错、原告的损害以及因果关系三方面。由于文章篇幅所限，笔者在此仅节选原告关于 RP 公司存在过错的理由的论证，以说明法国民事起诉状在法律论证方面的特征与方法。

争议焦点：关于 RP 公司对节目的播出及剪辑的相关责任

1. 关于 RP 公司的过错

V-《民法典》第 1382 条规定："因过错的行为导致对他人造成损害的，应对其进行赔偿。"

在此案中，认为 JCE 先生参与的《讨论》节目是为了《被追捕的名人：受害者还是授意者?》的主题。

请求人是冲动和暴力行为的受害者，一个希望用摄像作品表达对《人物》媒体的记者不满的受邀人。这种短暂地暂停了辩论的袭击行为，被摄影平台上的工作人员拍摄下来，放入了剪辑的最终版本，并且被作为节目的广告。通过这种行为，RP 公司《讨论》节目的制作人构成过错。这种单纯为了收视率而忽视请求人名誉的播出行为构成重大过错。在 JCE 先生通过其顾问表达过对相关画面播出的反对之后依然进行播出，这种行为更应受到谴责。

因此，可以确认，为了吸引观众，RP 公司选择过错行为，并且对 JCE 先生造成损害。

……

因此，法院应当判定 RP 公司的行为构成过错。①

显然，法国的当事人应当于起诉状中对自然事件进行法律的梳理与评价，在这方面德国法与法国法并没有本质区别。而对于自然事实进行梳理、评价的内容与角度，取决于法律规范对于某要件事

① 起诉状由法国巴黎律师协会提供，由中国政法大学 2011 级研究生翟春雪翻译。笔者对他们的帮助表示感谢。

实构成要素之规定。规范出发型的推理结构决定了原告欲获得法律上之权利救济，就必须使其事实主张符合法律对某种类型事实的抽象描述。这些为法律类型化的事实即要件事实。[①] 所以原告向法院提供的是经过法律评价的要件事实，而非有待评价的自然事实。

第二，原告在起诉状中界定的诉讼请求（亦称请求的旨趣）限定了司法机关作出判决的类型以及审判权作用量的范围。按照大陆法系国家的诉讼法理论，判决必须与起诉相适应，并且被起诉确定了种类和范围。原告提起给付之诉，法院应为给付判决，原告提起确认之诉，法院应为确认判决。总之，起诉的类型与判决的类型是一一对应的关系。法院只能在原告主张的诉的类型和范围内作出判决。而且，法院对被告履行义务的要求不能超出原告请求的给付额度。

第三，起诉状内容之变更应受到严格的控制。诉讼标的决定了法院的审理范围，进而决定了既判力的范围。由此可知，原告在起诉状中陈述的事实、提出的请求，在大陆法系国家的民事诉讼活动中具有贯穿始终的统摄效果。因此，为了维护诉讼程序的安定，大陆法系各国的民事诉讼法一般不允许当事人在诉讼过程中进行诉之变更，因此使得起诉状对于原告而言，具有极强的拘束力。德国普通法曾长期恪守禁止诉的变更的原则，直至 1877 年《民事诉讼法》亦原则上规定：非经被告同意，原告不得变更诉。但是，以例外的形式对允许变更的情形加以规定。[②] 日本 1890 年的《民事诉讼法》亦采取诉之变更禁止原则，在第一审中原告须经被告同意始得为诉之变更，在第二审则绝对不许为之。我国台湾地区 1930 年制定的“民事诉讼法”，仅限于被告同意或者不妨碍被告防御及诉讼终结的情况下允许原告变更诉。这种情况一直持续到近

① ［日］新堂幸司：《新民事诉讼法》，林剑锋译，法律出版社 2008 年版，第 375 页。

② 陈荣宗、林庆苗：《民事诉讼法》，台湾三一民书局 1996 年版，第 364~365 页。

代，迫于扩大诉讼解决纠纷功能的压力，避免当事人就一个纠纷被迫另行诉讼所带来的诉讼成本提高，减少因法院重复审理而浪费司法资源，大陆法系才逐步放宽诉之变更的条件。[①]

（2）英美法系。与大陆法系国家不同，英美法系国家在理论及立法上均没有诉讼标的的概念。事实出发型的法律推理结构决定了日耳曼诉讼制度的目的在于恢复正义与和平的秩序。当事人的诉讼请求是否能够得到法院的支持取决于当事人对于事实的描述是否符合经先例确定的典型的事实形态，而非当事人是否拥有由法律规定的实体权利。[②] 由此决定了英美法的民事诉状重视的是对事实细节特征的描述，而非对其进行法律性质的分析。

英美法的判决效力理论同样强化了其民事起诉状事实描述的上述特征。在英美法系国家，涉及判决效力的问题主要由直接禁反言（direct estoppel，也称诉因禁反言“cause of action estoppel”）和间接禁反言规则调整。其中直接禁反言类似于大陆法系国家的既判力理论，即在有管辖权的法院对当事人争议的对象作出最终的裁判后，同一诉讼的当事人不得再以任何理由就同一事实提起诉讼。[③] 美国在《第二次判决重述》中以“交易”理论为基础，判断前后诉讼的争议对象是否相同。所谓“交易”是由一系列的事实群构成的，这些事实群通常在起因、时间、地点、动机方面具有一定的相关性，因此形成了一个便于法院审理的诉讼整体。[④] 显然对于“交易”同一性的判断主要依据事实本身的特征及事件之间的关联程度，至于当事人以何种法律理论解释这些事实则并不重要。

---

① 吴英姿：《诉讼标的理论“内卷化”批判》，载《中国法学》2011年第2期。

② ［日］中村英郎：《民事诉讼制度及其理论的法系考察》，陈刚、林剑锋译，载《比较民事诉讼法》，中国人民大学出版社2003年版，第55页。

③ Marriam —Webster's Dictionary of Law, Marriam —Webster's incorporated 1996, p. 170.

④ The American Law of Institute, *Restatement of the Law Second*, *Judgments* 2d (Volume Ⅰ), American Law of Institute Publisher, 1982, p. 130, p. 133.

与大陆法系的情况不同，英美法系国家普遍认为除了判决书主文以外，判决对于争点事实的认定，也具有制度上的拘束力。按照其理论与判例，当某一争点或法律已经实际审理并被终局性的或有效的判决所确定，且该确定对于判决而言是必要的，则在接下来双方的诉讼中，具有终局性效力，无论是否基于同样的诉求。① 从这一规则可见，英美法判决对于事实的作用范围并不取决于当事人在起诉状中提出了哪些事实，而取决于当事人争议了哪些事实，以及哪些事实通过正当的程序被审理过。这样，对于争点效力范围的判断，并非通过阅读起诉状就可以得出结论，而需要通观诉讼的全部过程。

这种判决效力领域的差异在事实上导致了两大法系国家起诉状对事实的描述方法、角度以及起诉状对于诉讼程序的统摄程度的差异。英美法国家注重起诉状事实细节的提供功能，而非法律分析；大陆法系国家传统上更注重起诉状对事实的法律分析，而非事实的细节描述，同时起诉状中的事实陈述对于诉讼程序也具有较强的统摄作用。

3. 审前程序的分化程度对起诉状的影响

即使在存在审前程序与审理程序的明确区分的英美法系国家，审前程序本身功能的分化程度也会对起诉状的功能定位与内容设计产生直接的影响。在 1938 年《美国联邦民事诉讼规则》颁布之前，英国与美国对起诉状内容的要求没有根本的区别。然而在《美国联邦民事诉讼规则》颁布后，证据开示程序正式成为美国审前程序的重要环节，它的主要功能之一即确定当事人之间的争点。这样，争点整理功能从诉答程序中分离出来，由另一专门的程序完成。在此基础上，美国变“法典诉答”为“通知诉答”。《美国联邦民事诉讼规则》第 8 条（a）（2）要求原告以“对表明诉辩人有

---

① The American Law of Institute, *Restatement of the Law Second*, *Judgments* 2d (Volume Ⅱ) [J], American Law of Institute Publisher, 1982, p. 249.

权获得救济的诉讼请求作一个简明的陈述”。[①] 显然，此规则的起草人 Charles E. Clark 欲构建一种“简单、统一”的诉答，并以此扫除传统普通法诉辩中的技术性因素。新规则有意回避了对“事实”的范围的界定，以“通知（notice）”取代之。虽然即使“通知”也无法离开最基本的事实陈述，但是在通知诉答中，原告仅需“通知”对方及法院本案的大体性质，作为基础的情形或事件，并以此区别于其他行为或事件。原告无须在起诉书中为对方提供准备案件需要的事实细节。[②] 不仅如此，美国的民事诉讼规则要求原告应当用简洁、明确的方式陈述其主张，感情渲染是不受欢迎的，因为它会增加司法人员以及对方当事人阅读的负担。美国有些巡回法院甚至对于起诉状的页数的上限提出具体要求。[③]

可见，美国通知诉答规则的确立是以审前程序各个环节分工的细化为背景的。《美国联邦民事诉讼规则》形成的新的诉讼格局是，通过充分的发现程序和审前会议确定争点，再根据争点的具体情况决定是否将案件提交陪审团审理。通知诉答的构建者试图降低诉答程序在整体诉讼中的作用，将争点的形成从诉答程序中分离出来，从而为迄今为止世界范围内对起诉状内容要求最低的“通知诉答”规则的确立创造条件。

与美国的情况不同，英国的民事诉讼程序并没有证据开示阶段，因此诉答程序依然担负着争点整理的功能。在英国现行的诉答程序是根据 1875 年的《司法法》引进的法典诉答规则，它的基本思想是：在诉答中，原告必须以一系列的事实主张——不是用以证明这些事实的证据，也不是由这些事实得出的法律结论——来支持

---

① Ack H. Friedenthal, Mary Kay Kane, Arthur R. Miller：《民事诉讼法》，夏登峻等译，中国政法大学出版社 2005 年版，第 235 页。

② Charles E. Clark, “History, Systems and Functions of Pleading”, *Virginia Law Review*, 11 (1925), p. 517.

③ Christopher M. Fairman, “The Myth of Notice Pleading”, *Ariz. L. Rev*, 45 (2003), p. 987.

其请求。[①] 法典诉答要求原告在起诉状中陈述实质性事实“material facts”而非证据性事实或法律结论。哪些事实是实质性的，往往需要根据案件的具体情况而定，一般而言证明诉因存在的事实就是实质性的，如在合同纠纷中，所签合同是否经过蜡封就属于实质性问题，如果原告主张诽谤，则被告所使用的语言是实质性的。[②] 除了对事实的实质性的要求以外，法典诉答还要求原告的陈述是明确的（certainty）和简洁的（concise）。虽然当今英国已经通过民事司法改革大大降低了诉状书写的技术难度，但是仍然要求原告提交的案情陈述书中包括提出请求所依赖的足够的事实细节，以使案件达到特定化的程度并使对方当事人和法院对即将审理的案件有所准备。[③] 英国在诉答的问题上之所以没有与美国保持一致的主要原因在于，英国的民事诉讼程序中，诉答程序仍然担负着确定争点的使命。所以在英国的民事诉讼程序中，原告仍然需要在案情陈述书中主张对证明诉因必要的全部事实。[④]

由上可见，审前程序的分化程度在很大程度上决定了诉答的功能和起诉状的内容。审前准备程序的功能越强大，程序细化程度越高，诉答程序的功能就越简单，对起诉状内容的要求就越低。反之，诉答程序必将担负更多的程序功能，而立法对起诉状内容的要求也就越高。

4. 提高诉讼效率之压力与起诉状的内容

如前所述，大陆法系国家传统的程序结构中缺乏独立的确定争

---

① ［英］J. A. 乔罗威茨：《民事诉讼程序研究》，吴泽勇译，中国政法大学出版社2008年版，第28页。

② W. Blake Odgers, *The Priciples of Pleading and Practice in Civil Actions in the High Court of Justice*, Stevens and Sons, Limited1897, p. 94.

③ 沈达明、冀宗儒编：《1999年英国〈民事诉讼规则〉诠释》，中国法制出版社2005年版，第162页。

④ Oscar G. Chase etc, *Civil litigation in Comparative Context*, Thomson West , 2007, p. 184.

点的环节，因此对起诉状所陈述的案件事实的具体化程度没有明确的要求。但是在进入20世纪后，源于法院案件审理的压力促进了大陆法系国家审理的集中化趋势。一些国家将明确争点作为审前程序的一项内容，并以此为契机提高了对起诉状事实陈述具体化程度的要求。比如，根据《日本民事诉讼法》对起诉状内容的规定，起诉状除了记载请求的旨趣及原因为必要记载的事项以外，还应记载请求的事实、举证需要的事由以及该事实相关的重要事实和证据。[①]《德国民事诉讼法》则要求原告在起诉时将请求权清楚地标明到可以具体化的程度，亦即达到可以与其他请求权相区别的程度。[②]

在美国，事实和法律结论区分的难题使得法典诉答陷于技术性的陷阱。而通知诉答取代法典诉答的理论基础是：通过发现程序解决技术诉答的问题更加经济。发现程序更有助于筛除没有意义的案件，促进和解。但是实践证明，发现程序并没有起到这样的作用，它不仅没有筛除没有意义的案件，反而吸引了这些案件。一些本没有胜诉希望的案件的当事人，将自己的诉讼请求建立于主观猜想的基础上，利用通知诉答的便利性可以轻易地提起诉讼，然后再利用证据开示程序寻找证据。同时，现代的发现程序很多情况下针对的是电子数据，数量惊人，发现成本昂贵。为了陪审团不受误导，保护被告不被诉讼拖累，保护司法的效率，近年来美国通知诉答的标准也在悄然发生着变化。其标志性的案件是发生在2007年的Bell Atlantic Corp. v. Twombly案。该案涉及消费者提起的反对当地电信运营商垄断行为的集团诉讼。原告主张电信运营商之间存在垄断市场、预谋涨价的内部协议。然而原告并不能指出确实存在着这样的协议，而是认为“可以通过被告从事并行商业行为，以及放弃

---

① ［日］中村英郎：《新民事诉讼法讲义》，陈刚译，法律出版社2001年版，第147页。

② ［德］罗森贝克等：《德国民事诉讼法》（下），李大雪译，中国法制出版社2007年版，第688页。

相邻市场有吸引力的商业机会的行为推断出协议的存在”。联邦最高法院认为，该案被告从事并行商业行为的做法可能确实与存在垄断协议有关，但是原告必须有特定的事实支持这一主张，而不仅仅是猜测。在此基础上，联邦最高法院提出了“有说服力的”诉答标准。Twombly 案审结后两年，联邦最高法院在 Ashcrof v. Iqbal 案中再次重申了这一新的诉答标准。该案原告起诉声称美国中情局在“9·11 恐怖袭击”后违反宪法规定，实施了一系列基于宗教信仰、种族和国籍的歧视政策，从而使原告的利益受到损害。联邦最高法院认为，原告在本案中没有提出任何歧视性政策的具体事实，而是将案件建立在基于现状的推测的基础上，是不符合“有说服力”的诉答标准的。[①] 上述两案反映了美国在避免司法拖延压力下对通知诉答标准的反思与调整，体现了其司法政策“从接近正义”到“关注效率”的转变。美国学界这一变化褒贬不一，但是相当一部分学者至少支持在复杂的案件或者新类型的案件中，应当适用较高的诉答标准的主张。[②]

总之，在提高司法效率的压力下，原本不重视起诉状的细节提供作用的大陆法系国家以及实施通知诉答的美国，均对起诉内容提出了具体的要求。从而使各国在起诉状内容方面，出现了某种程度趋同的趋势。

然而，在这种趋同的背后，仍然隐藏着由于诉讼结构的区别而造成的起诉状功能定位方面的差异。英美法系为控制庭前准备程序中投入的资源，强调通过提高对起诉状的要求或通过诉答程序筛选、过滤案件，并因此使诉答环节成为当事人对抗的第一个战场。

---

① Victor E. Schwartz , Christopher E. Appel, *Rational Pleading in the Modern World of Civil Litigation: the Lesson and Public Policy Benefits of Twomly and Iqbal*, 33 Harv. J. L. & Pub. Pol'y , 2010, p. 1107.

② Victor E. Schwartz , Christopher E. Appel, *Rational Pleading in the Modern World of Civil Litigation: the Lesson and Public Policy Benefits of Twomly and Iqbal*, 33 Harv. J. L. &Pub. Pol'y, 2010, p. 1107.

我们甚至可以认为起诉状在过滤案件方面的作用贯穿于英美诉答程序发展的始终。普通法诉答通过形式主义的规则过滤不属于令状范围内的案件；法典诉答时期如果原告不能在起诉状中提供证实诉因存在的事实，则法院会以 demurrer 为由过滤案件；按照英国现行《民事诉讼规则》的规定，在以下几种情况下，法官可以排除案情陈述书（striking out statement of case），决定案件无须进入准备程序而告终结：（1）案情陈述书揭示没有提出或防御请求的理由；（2）案情陈述书是滥用法院的程序，或阻碍对程序的公正处置；（3）案情陈述书没有遵循规则，实践裁量或法庭的命令。同时，法律也赋予法官在原告的请求没有胜诉希望时，通过简易程序尽早地处理案件。① 即使在美国确立通知诉答规则后，法官也仍然可以通过简易判决过滤不存在真实争议的案件，或者要求律师合理检查诉状要点和诉讼动机，以避免原告提起目的不正当的诉讼。② 总之，由于诉答程序过滤、筛选案件的功能，起诉状在内容上必须提示该案具有进一步审理的价值与意义，这也恰恰是英美法系国家对起诉状功能定位与内容要求的独特之处。

而在大陆法系国家，起诉状的主要作用在于特定审理对象，提示攻击重点，而非帮助法官选择适宜进入准备程序的案件。起诉和答辩更像一个为诉讼而进行“预热”的阶段。法官在此阶段很少积极地行使权力，进行干预。

（二）我国民事起诉状在内容与功能定位方面的问题及原因

1. 存在的问题

根据我国《民事诉讼法》第 121 条的规定，起诉状应当记明下列事项：当事人的基本情况，包括原告的姓名、性别、年龄、民族、职业、工作单位、住所、联系方式，法人或者其他组织的名

① Paula Loughlin, Stephen Gerlis, *Civil Procedure*, Cavendishpulishing, 2004, pp. 365, 366.

② Julia K. Cowles, “Rule 11 of the Federal Rules of and Civil Procedure and the Duty to Withdraw A Baseless Pleading”, 56 *Fordham L. Rev*, p. 697.

称、住所和法定代表人或者主要负责人的姓名、职务、联系方式；被告的姓名、性别、工作单位、住所等信息，法人或者其他组织的名称、住所等信息；诉讼请求和所根据的事实与理由；证据和证据来源，证人姓名和住所。

从立法方面看，我国《民事诉讼法》对起诉状内容的规定似乎与大多数国家的规定没有本质区别。然而，一元化的民事诉讼结构与司法实务中的一些习惯性做法导致我国民事起诉状在内容设计与功能的定位及实现方面存在着以下问题：

(1) 过分关注起诉状的信息提供功能。我国民事起诉状的一个重要功能是提供当事人的相关信息，以便法院对当事人的适格性、管辖权的有无作出判断，同时也为案件受理后的送达工作提供保障。所以在司法实践中，法院对于民事起诉状的此部分内容均会给予高度重视，进而成为审查起诉工作的重点。如果原告不能提供相对准确的被告方的信息，法院往往可能以被告不明确为由，拒绝受理案件。而从国外的立法情况看，起诉状的信息提供功能仅被视为起诉状的一项辅助功能，一般不会成为民事起诉状最为重要的构成部分。比如，按照美国某些州的民事诉讼法的规定，如果原告在起诉时不能准确地确定被告的名称，可以以不准确的指称起诉，如“被告，约翰·杜，真实姓名暂时不知”。在原告提起诉讼后，再通过发现程序确定被告的真实名称。同时，如果被告有数人，也允许原告以能够准确确认身份的被告提起诉讼，并在诉讼过程中在逐步确认其他被告的身份后补充和修改起诉状。① 虽然造成这种差异的主要原因在于，中国的法院担负着送达的工作，而在美国的民事诉讼中，送达则主要是由当事人完成的。因此，我国的法院在审查起诉状的过程中不得不考虑案件送达的可能性和便利性。然而，笔者认为，在《民事诉讼法》明确规定送达工作由法院完成，并且规定了在公告送达这种送达方式的前提下，部分法院完全依赖原告

① Thomas A. Mauet, *Pretrial*, Aspen Publishers, 2005, p. 115.

提供送达信息，不协助进行任何调查即以原告不能在起诉状中提供被告准确信息为由不予受理的做法是值得商榷的。

（2）事实陈述模糊。如前所述，两大法系国家虽然有不同的审理结构，对民事起诉状诉讼功能的地位也不尽相同。然而，在提高诉讼效率的压力下，均要求原告在起诉状中陈述事实的细节，而不是笼统地提出结论性的事实主张。事实的细节不仅是使事实得以特定化的要素，更为对方当事人对案件进行准备提供了机会与可能。“陈述事实的细节而非结论”这一要求几乎已经成为各国的民事诉讼法对起诉状的通常要求。美国即便在实行通知诉答的阶段，其《美国联邦民事诉讼规则》第9条也要求主张欺诈、错误、特定损害的原告详细陈述事实的细节，而非仅仅陈述事实的结论。[①] 比如，在主张欺诈的案件中，原告必须详细陈述被告如何使自己产生错误的认识，而不是简单主张“被告明知自己对财产无权处分仍与原告签订买卖合同”。[②] 在事实陈述的方式方面，美国的规则要求原告对于事实的每一个情境单独分段陈述，这样有助于帮助被告识别原告攻击的重点和角度。

对比我国的情况，立法对于当事人在起诉状中对于事实描述的具体化程度并没有明确的要求。司法实践中，法院对于原告的事实陈述是否足以使案件特定化并使对方当事人有所准备，也没有给予足够的关注。在起诉状的事实陈述方式方面，原告通常按照时间顺序，按照纠纷发生、发展的经过展现事实。从原告的叙述中，被告很难直观地了解原告攻击的重点。同时，原告也习惯于模糊地陈述事实的结论而非支持结论的细节。比如，在离婚诉讼中，原告在起诉状中陈述“被告婚后行为不检，与多名异性有染”，这一主张就是一个模糊的结论性主张，基于此主张，被告几乎无从防御。因为无论从“被告‘从未’与其他异性有染”或“被告未与”多名

---

① Thomas A. Mauet, *Pretrial*, Aspen Publishers, 2005, pp. 124~125.

② Thomas A. Mauet, *Pretrial*, Aspen Publishers, 2005, p. 125.

“异性有染”角度进行防御，其成本都是很高的，甚至是不可能的。正确的陈述方式是具体陈述被告与哪些异性有不正当关系，以便于被告进行防御。在司法实践中，法院在审查起诉状的过程中，对于原告的模糊的结论性的描述也很少予以纠正，而是期待依靠之后的程序澄清模糊，这样做的代价就是难以在诉讼程序进行的早期阶段明确争点，而只能采取边审理边整理争点的分散式的审理方式。

（3）过分强调起诉状对案件事实的法律分析和法律“定性”。在世界范围内，除了法国以外，多数国家的《民事诉讼法》并不会要求原告在起诉时专门陈述支持其诉讼请求的法律理由。[①] 因为按照“法官应当知法”的一般原理，当事人对法律的理解并不能拘束于法院。所以如果在司法实践中出现当事人陈述的法律理由不能够支持其诉讼请求时，法官如果认为其他法律理由可以支持原告的主张，则法官可以不受当事人关于法律理解的拘束，经过释明，直接以其认为正当的法律理由作为判决的基础。而在我国，原告必须在民事起诉状中陈述法律理由的要求显然与大多数国家的立法规定不一致。同时，也与我国当事人法律诉讼普遍不高，律师代理尚不普遍的现状不符。

另外，立法虽然要求原告在起诉状中陈述法律理由，但是司法实践中法院在审查起诉时并不关注原告起诉状中对于法律理由的陈述，而是更加关注原告对于纠纷法律性质的界定。表现为一些法院通过制作格式化的起诉状要求原告在起诉时准确地界定本案的案由。根据2008年最高人民法院《关于实施〈民事案件案由规定〉的通知》，民事案件案由的表述方式原则上确定为“法律关系性质”加“纠纷”。案由制度的存在以及实践中法院要求原告在起诉状中确定案由的做法无形中强化了起诉状在界定争议的法律性质方

① 《法国民事诉讼法》第56条规定，原告向法院提交的传唤状应当写明诉讼标的并陈述理由。罗结珍译：《法国新民事诉讼法》，法制出版社1999年版，第15页。

面的作用。这无疑对原告的案件预判能力提出了很高的要求。不仅如此，在实践中案由一旦确定，一般情况下在诉讼过程中是不允许当事人随意变更的。根据诉讼法及相关实体法的规定，案由的选择将很有可能决定案件审理过程中的举证责任的分配，实体权利的救济方式和救济范围等一系列具体问题，会对当事人的权利产生重大的影响，甚至有可能决定诉讼的结果。而对这样一个重要的问题，要求原告在起诉状中就作出选择，对于原告而言，显然承担着很高的诉讼风险。

（4）起诉状内容欠缺灵活性。如前所述，当今各国民事诉讼法对民事起诉状的基本要求是，起诉状应当提供足够的事实细节，以方便被告对诉讼进行准备。同时，在大陆法系国家由于起诉状界定了法院的审理范围，甚至可能决定既判力的生效范围，因此对于起诉状的变更，必须遵循一定的程序，而不能任意为之。这样，对于提起诉讼的原告而言，必须充分预见其起诉状的内容对其权利可能产生的实质性影响，并有针对性地制定诉讼策略。这使得提起诉讼的原告相较于被动应诉的被告必然承担了更多的诉讼责任与风险。因此为了缓和起诉状对原告诉讼行为的拘束作用，各国的民事诉讼程序中采取了不同的应对措施。比如，《美国联邦民事诉讼规则》第 8 条 d 第 2 项明确允许当事人提出两项或两项以上可替换的或猜测型的事实主张。① 大陆法系国家则通过预备诉的合并制度，明确赋予当事人在同一程序中提出替代性事实主张的权利。②《德国民事诉讼法》允许当事人在不变更诉的原因的前提下，补充或更正事实主张。③ 而日本则在实务中亦允许当事人提出假定性的主张。比如，允许原告提出“自己对于某物所有权的取得是基于买

---

① Thomson Reuters, *Federal Civil Judicial Procedure and Rules*, 2010, pp. 82~83.

② 诉的预备合并是指原告考虑到其所提起之请求有可能一举不足或者理由不能够成立，而同时提起不同的他请求，以备第一位请求无理由时，要求就他请求进行裁判。参见张永泉：《民事之诉合并研究》，北京大学出版社 2009 年版，第 28 页以下。

③ 《德意志联邦共和国民事诉讼法》，谢怀栻译，法制出版社 2001 年版，第63 页。

卖关系，假定不是依据买卖而取得所有权，那么就是依据时效而取得所有权”。法院在审理假定性主张时，不必依据主张在实体法上的逻辑顺序，而可以采用其中易于审理或易于形成判决的主张来作出判决。①

然而，在我国当前情况下，《民事诉讼法》赋予原告的自由诉讼的空间极为有限。诉的预备合并制度尚未得到立法与司法实践的认同；对于原告在起诉状中提出的假定性主张，在实务中也很有可能被以“请求不明确”为由驳回；对于原告修改起诉状内容的时间与程序，《民事诉讼法》亦未作出具体规定，仅在最高人民法院《证据规定》中规定，当事人申请变更诉讼请求的，应当在举证期间届满前提出申请。凡此种种与起诉状对法律分析和法律“定性”的过分强调相结合，强化了民事起诉状对原告的拘束力，限制了原告自由诉讼的空间。加之《民事诉讼法》并未对被告提出强制答辩要求，由此导致了原被告关系的失衡。

由我国民事起诉状存在的上述问题可见，我国立法及司法实践在民事起诉状的功能定位方面更加注重起诉状在法院事务管理方面的作用，而非其对案件审理本身需要的满足。法院对于原告起诉状审查的重点主要包括：当事人是否具有诉讼主体资格，以确定是否具备起诉条件；当事人的信息是否完善，以方便送达；案件的性质是什么，以方便确定案由或帮助法院明确管辖；诉讼请求的金额是否符合受诉法院级别管辖的标准等。而对于起诉状的核心部分，即原告的事实陈述是否足以使案件特定化，是否为被告进行案件的初步准备提供了必要的信息，则不是法院审查工作的重点。由此，必将导致由于起诉状实质内容的空洞化、程序功能的虚化，并进而使得被告难以通过答辩状对起诉状的内容进行实质性的回应，当事人也无法通过诉答程序形成攻防的基本势态。诉答程序作为民事诉讼

① ［日］高桥宏志：《民事诉讼法——制度与理论的深层分析》，林剑锋译，法律出版社 2004 年版，第 375~376 页。

程序起点的“预热”作用难以充分发挥。同时，起诉状内容的灵活性欠佳，也势必导致原告相对于被告将承担更大的诉讼风险。

2. 问题的根源

笔者认为，造成我国民事起诉状内容与功能方面问题的原因主要有以下两个方面：

一方面，审前程序不完善，审前程序的各个环节分工不明确，导致对民事起诉状的诉讼功能定位含混。如前所述，民事起诉状的功能和内容在很大程度上取决于对审前程序功能的理解以及审前程序各个环节分工的细化。在传统的大陆法系民事诉讼程序中，审前与审理程序没有严格区分，也没有真正意义上的争点整理程序，起诉状并没有被赋予争点整理的功能，所以立法者对起诉状的形式化要求和法律论证的要求多于对起诉状提供事实细节的要求。只是到了近现代，出于提高审理效率的考虑，大陆法系各国纷纷加强了审前程序的建构，甚至逐步确立独立的争点整理程序，因此才将起诉状视为为审前程序进行初步准备的文件，对于起诉状内容、细节的要求逐步完善。在美国，法典诉答被通知诉答取代的背景也在于，审前程序各个环节的分工逐步明确，诉答程序不再担负争点整理的功能，因此，法律对于起诉状内容的要求逐步宽松。

然而，在我国审前程序的构建尚未完成，审前程序各个环节的功能区分也未明确。由于此种原因，起诉状在争点整理、事实特定化、提示争议内容方面的功能并未为立法所关注，亦未引起实务部门的重视，起诉状对审判程序的作用没有得到充分的体现。

另一方面，从另外一个角度上看，我国民事起诉状在功能与内容方面存在的某些问题，恰好是我国起诉程序存在问题的一个缩影。按照大陆法系国家的诉讼法理论，诉讼过程在理论上被分为三个阶段：为了让法院就诉讼进行审理、裁决，首先，诉讼必须适法提起（第一阶段），使诉讼适法提起的要件称为“起诉要件”；其次，一旦具备这一要件，事件便系属于法院，其系属在程序上必须适法（第二阶段），使诉讼适法系属所必须具备的要件称为“诉讼要件”；经过以上阶段，最后就原告的请求进行审理、裁判（第三阶段），要使法院裁判原告的请求有理，必须满足实体上的构成要件，使其主张得到认可，称为“权利保护要件”。[①] 起诉要件、诉讼要件与权利保护要件是随着诉讼程序推进而逐步明确、深入的。而我国《民事诉讼法》在起诉条件的规定上，明显违背了诉讼进行的上述基本规律，混淆了起诉要件与诉讼要件的界限。要求法院在原告起诉阶段就对当事人适格、法院的主管与管辖问题作出判断，从而导致了起诉的“高阶化”。[②] 起诉条件设置的错位直接导致法院对民事起诉状内容审查重点的偏移。法院必须通过起诉状确定法院对案件的主管与管辖，判断当事人是否适格，原告是否为实体法律关系的主体。至于起诉状记载的事实在内容上是否足以使案件特定化，并为对方当事人初步准备案件提供必要的信息，则不是法院审查工作的重点，并由此导致了起诉状的程序功能被忽视。

（三）我国民事起诉状的功能界定与内容重构

1. 功能界定

如前所述，我国民事起诉状功能与内容方面存在的问题主要是由民事诉讼程序的结构性缺陷导致的。因此，欲从根本上解决问题，就必须把民事起诉状功能的界定与内容的完善置于民事诉讼程序本身完善的宏观背景之下。唯有如此，才能使起诉状的功能和内容与民事诉讼程序对其的要求相协调。

2012 年我国修订后的《民事诉讼法》明确赋予了审前程序整理争点的功能，这一立法的变化为起诉状功能的转型提供了契机。修订后的《民事诉讼法》第 133 条规定，人民法院对受理的案件，认为需要开庭审理的，通过要求当事人交换证据等方式，明确争议焦点。虽然立法的这一规定仅对审前程序的完善仅提供了一个框架

---

① ［日］中村英郎：《新民事诉讼法讲义》，陈刚译，法律出版社 2001 年版，第 152 页。

② 张卫平：《起诉条件与实体判决要件》，载《法学研究》2004 年第 6 期。

性的构想，但是立法者对审前程序设计的思路已经基本明确：将争点整理纳入审前程序的正式内容，寄希望于通过充分的审前准备并在整理争点的基础上促进审理的集中化。在这一整体的构想下，我国诉答程序的功能定位也逐步清晰：第一，我国诉答程序的主要作用应当致力于促进审理的集中化，提高诉讼效率。起诉状在内容的设计上也应当有利于这一目标的实现。第二，诉答程序并没有整理争点的功能，因此起诉状仅是证据交换与争点整理的初步准备。这是我国诉答程序定位与其他一些国家诉答程序定位明显不同之处。以英国为例，英国的民事诉讼程序中没有证据开示制度，主要依赖诉答程序，通过原、被告之间多轮的诉状交换以确定争点。在此背景下，民事诉讼法对民事起诉状展现案件事实的全面性、明确性以及真实性等方面，必然提出比较高的要求。《英国民事诉讼规则》不仅要求起诉状的事实陈述必须具体、案情声明应当附诉状明细，同时要求当事人通过事实确认的方式保证诉状内容的真实性。未以事实声明确认的，当事人不得依赖案情声明中列明的有关事项作为证据，法院可撤销未经事实声明确认的案情声明。① 而在我国民事诉讼中，诉答程序与争点整理程序是分立的，因此诉答程序的功能定位应为证据交换与争点整理的初步准备。初步准备意味着，起诉状在内容上足以使争议的案件特定化，并提示对方当事人原告拟使用的攻击手段即可。在这一前提下，不宜也没有必要对起诉状所记载内容的全面性、明确性与真实性提出过高的要求。第三，起诉状并没有辅助法官筛选、过滤案件的作用，英美法系国家对诉状此项功能定位不适合我国的情况。原因在于，在我国民事诉讼程序中并不存在一个高度当事人主义，高度消耗司法资源的审前程序。因此无须依赖诉答程序筛选适宜通过审前准备而进入正式审理阶段的案件，以控制司法资源的消耗。已经“高阶化”的立案审查制度，

① 徐昕：《英国民事诉讼与民事司法改革》，中国政法大学出版社 2002 年版，第 134 页。

若再辅之以立案后的案件筛选，则事实上会进一步将起诉难的影响扩大化。

2. 民事起诉状之内容重构

起诉状之功能定位决定了起诉状的内容。为了促进审理的集中化，为争点整理进行初步的准备，起诉状在内容上应作以下几个方面的调整：

（1）弱化起诉状对于法院司法管理工作的作用。如前所述，目前我国民事起诉状的功能主要在于服务于法院的审判业务管理。因此，起诉状的信息提供功能受到较多的关注，由此加重了原告在起诉时的风险与负担。通过将起诉要件与诉讼要件相分离的方法，原告在起诉时的信息提供义务将得以缓解。比如，如果无法在起诉状中提供被告的准确地址或其他信息，但是只要原告能够确定一个"特定化"的被告，即满足了起诉状对于原告信息提供的要求。

（2）强化起诉状对于促进争点整理方面的作用。欲使起诉状发挥这一作用，必须强化其在提供事实细节方面的功能。如前所述，两大法系国家在提高诉讼效率的现实压力下，均要求原告于起诉状中提供案件事实之细节。至于哪些事实的细节应被详细陈述，各国的要求不尽相同，总体而言，英美法对于事实陈述详细程度的要求更高。英国要求事实之详细程度应达到明确说明诉因所依赖的全部事实，并使对方足以进行答辩的程度。[①] 美国近年的标准要求原告的陈述达到使其诉讼请求有"合理依据"的程度。同时立法或实务中对欺诈、诽谤、环境诉讼、就业歧视引发的诉讼、专利侵权诉讼等涉及的重要事实的陈述，达到较高的具体化程度。[②] 德国在理论上曾有"实质性理论"与"具体化理论"之争。前者认为原告在起诉状中的事实陈述应达到"能够推导出诉讼正当性结论

① Stuart Sime, *A Practical Approach to Civil Procedure*, Oxford University Press, 2005, p. 139.

② Christopher M. Fairman, "The Myth of Notice Pleading", *Ariz .L. Rev*, 45 (2003), p. 987.

所必需的”事实，而后者则认为，作为诉讼理由，原告只要能够说明产生自己诉讼的法律关系与其他法律关系相区别的特征即可。德国现在通说的理论认为，原告的陈述应当达到说明哪一个事实发生了诉讼系属，并将该请求权明确到可以与其他请求权相区别的程度。[①] 总之，国外的立法经验提示我们，起诉状的事实描述应达到使案件特定化的程度是对起诉状事实陈述部分的基本要求。我国在没有赋予诉答程序争点整理功能的背景下，不必要求起诉状的事实陈述达到充分、明确的程度。但是，在复杂的案件中或针对某些重要的，或往往会成为争议重点的事实，如对于被告实施侵权行为的方法和经过的事实，可以借鉴美国的立法经验，要求原告详细阐述之。

应当在特定化、具体化的事实陈述与简洁的事实陈述之间取得平衡。要求原告陈述事实的细节而非结论，亦可能导致事实陈述的繁复，增加法院和对方当事人审查、阅读的压力与负担。然而，纠纷发生的背景，某些间接事实，甚至当事人双方为解决纠纷曾做过的努力等信息对于法院进行诉前调解，分流案件，适用不同的程序，是很有价值的信息。对此，日本民事诉讼的做法具有借鉴价值。《日本民事诉讼法》以“训示规范”的方式，要求原告将能够支持其请求的更大范围内的事由或者能够作为请求的间接性原因的事实也记载在诉状上，以使起诉状能够提供案件事实乃至纠纷的背景情况的信息。[②] 我国《民事诉讼法》亦可效仿此种做法，允许当事人在简洁陈述案件事实的同时，以附录形式提供与案件相关的具体信息。

（3）弱化起诉状的法律论证的要求。大陆法系的多数国家要求原告在起诉状中明确诉讼标的，少数国家甚至要求原告陈述支持

① ［德］罗森贝克等：《德国民事诉讼法》（下），李大雪译，中国法制出版社2007年版，第686页。

② 王亚新：《对抗与判定——日本民事诉讼的基本结构》，清华大学出版社2002年版，第31页。

诉讼请求的法律理由。我国的法律推理方法及诉讼标的、既判力理论与大陆法系国家具有更大的相似性。这就决定了，我国民事起诉状更加偏重于对事实的法律论证而非对事实本身的细节化描述。现有的立法将法律理由作为起诉状的一个单独构成要素，部分法院甚至要求原告在起诉状中明确案由。类似要求对原告的法律素质提出了更高的要求，事实上强化了原告进行法律论证的义务，与法国的做法颇为相似。然而，在大陆法系国家，要求原告在起诉状中明确诉讼标的或进行法律论证是以比较完善的律师强制代理制度为保障的。法国是实行律师强制代理的典型国家，在大审法院进行的诉讼，除了亲权丧失案件、商事租赁案件、海关案件、公有财产案件以及税收争议案件之外，都要求当事人必须选任律师代理诉讼。①德国并非在所有的案件中都要求律师强制代理，但是《德国民事诉讼法》第78条规定："在州法院必须有初级法院或州法院许可的律师，在所有上级法院必须由受诉法院所许可的律师作为诉讼代理人进行诉讼。"② 在德国的司法实践中，诉状通常都是由律师起草的。在非属于强制律师代理的案件中，原告可以决定不聘请律师，由法院职员为其起草诉状。③

我国民事案件并未采行强制律师代理，律师人数占人口比例偏低的现实状况决定了绝大多数民商事案件的原告是在没有专业人员的帮助下进行诉讼的。因此，对于起诉状的法律论证提出较高的要求是没有现实基础的。即使在大陆法系国家，除法国外，并无其他国家要求原告对案件事实进行法律论证。《德国民事诉讼法》已不

---

① ［法］洛伊克·卡迪耶：《法国民事司法法》，杨艺宁译，中国政法大学出版社2010年版，第371~373页。

② 《德意志联邦共和国民事诉讼法》，谢怀栻译，法制出版社2001年版，第16页。

③ Dagmar Coester - Waltjen，Adrian A. S. Zuckerman：《律师在德国民事诉讼中的角色》，于春露译，载米夏埃尔·施蒂尔纳：《德国民事诉讼法学文萃》，赵秀举译，中国政法大学出版社2005年版，第451~452页。

再将法律理由作为诉讼合法的必要条件。[①]《日本民事诉讼法》虽然也要求原告在起诉状中指明请求的原因，但是其“请求的原因”仅指使诉讼标的的权利关系之存在（请求），具备理由之事实，而并非指法律上的依据。[②] 因此我国《民事诉讼法》亦应取消要求原告于起诉状中专门陈述法律理由的规定，以减轻原告的诉讼负担。

(4) 根据案件类型的不同，对起诉状的事实陈述方式作出类型化与格式化的要求。大陆法系国家的诉讼传统与思维逻辑似乎决定了我国原告在起诉状中陈述的事实应是“法律事实”而非“自然事实”。然而，当事人的法律素质以及律师代理的现状却并不支持这样的结论。应当如何在逻辑理性与司法现实之间取得平衡是我们在设计起诉状的内容时不得不考虑的问题。对此，我国台湾地区的“民事诉讼法”提供了可供参考的解决方案，为便利当事人使用简易程序及小额诉讼程序，明定原告于起诉时，可以仅表明请求之原因事实，也可将法律关系作为诉讼标的提起诉讼。比如，甲于某日将其所有之车出租给乙，租赁期限届满后，乙拒绝返还。此时，无论原告以请求返还所有物之事实起诉，或以整个纠纷事实起诉，都是可以的。原告只要表明原因事实，诉即为合法，至于该原因事实该当于何项权利义务或法律关系，乃属于法官依职权适用法律之范围，不能因原告未主张某特定权利，即不依其所主张之事实以判断何种权利存在，而违背法官知法原则。[③] 我国台湾地区这一变化以“诉讼标的相对论”为理论支撑，该理论认为诉讼标的的确定，应以两造当事人经由诉讼程序所为之诉讼行为，经审判长阐明权之适当行使，共同决定。首先由原告划定诉讼标的之范围，在诉讼程序进行中，诉讼标的之范围则随着双方当事人之诉讼行为而

---

① ［德］罗森贝克等：《德国民事诉讼法（下）》，李大雪译，中国法制出版社2007年版，第686页。

② ［日］新堂幸司：《新民事诉讼法》，林剑锋译，法律出版社2008年版，第157页。

③ 许士宦：《新民事诉讼法》，北京大学出版社2013年版，第71页。

发生变化，最后在判决时确定其范围，并据以划定既判力之客观范围。①

我国台湾地区理论研究成果的变化提示我们，如果固守旧的理论，坚持以实体法律关系作为起诉状的核心内容，势必会造成理论和立法与实践的脱节。因此可以考虑在简单的民事案件中，或者在原因事实与实体法律关系的具有较强契合性的案件，如婚姻、家庭、继承、劳动争议等纠纷中，允许当事人自由选择以自然事实或法律事实作为诉讼标的提起诉讼，以缓解对事实进行法律分析的苛刻要求。在此类诉讼中，原告只要陈明原因事实（自然事实），即可满足起诉的合法性要求。

对于比较复杂的、专业化程度较高的、实践中律师代理的比例也较高的民事案件，如公益诉讼类案件，海商、海事案件，知识产权争议案件，可以规定原告应当在起诉状中阐明诉讼标的，并就案件涉及的间接事实和证据进行详细的说明。在此类案件起诉状的事实陈述方式方面，应当采用主要事实与间接事实分别陈述的方式，在明确主要事实的基础上，分别陈述证明主要事实的间接事实，而非按照时间顺序陈述争议的发生过程。这样做的好处在于，通过对事实的梳理，明确提示原告的攻击方法和手段，以便被告进行准备。同时，在强化原告的事实主张责任的同时，应当肯定被告的强制答辩义务，否则起诉状在争点形成方面的辅助性功能将无法真正得以体现和落实。

此外，对于常见于各种类型的案件中，并且通常会成为争议焦点的被告存在侵权、违约行为的事实，应当附详细的细节说明，以促进争点的形成，并使被告有可能就此问题进行充分的准备。也可以考虑就常见的民事案件提供格式化的诉状，指引当事人提供特定的信息，以促进明确争点。

---

① 黄国昌：《民事诉讼理论之新展开》，北京大学出版社 2008 年版，第351~357页。

（5）增强起诉状的弹性，为原告提供更加广阔的自由诉讼的空间。如前所述，西方国家对于起诉状虽然从特定审理对象、提供细节甚至法律论证方面提出要求。但是对于原告在起诉状中提出替代性请求、猜想性请求，均持宽容态度，或允许原告一定程度的起诉状内容的变更权。我国亦有必要通过诉的预备合并制度或猜想性请求的许可，赋予原告在诉讼中根据案件的具体情况，灵活实施诉讼策略的空间与可能，以弱化起诉状对于原告的拘束力，降低原告的诉讼风险。同时，对于在诉讼过程中，原告修改起诉状的条件与程序，亦应作出更为明确具体的规定。英国民事诉讼中允许当事人在对案件的理解发生错误时，修正诉讼文书。只要这种修正经过全体当事人同意，或者在案情陈述向另一方当事人送达之前修正，或经法院许可并支付修正引起的诉讼费用。[①]《德国民事诉讼法》则允许当事人在不变更诉的原因的前提下，补充或更正事实主张。[②]从国外立法的趋势可以考虑允许我国原告在法庭辩论终结前，在不改变基础事实的前提下修改起诉状中的诉讼请求或间接事实的权利。

三、民事公益诉讼程序

随着我国经济的快速发展，民事侵权案件日益增多，民事公益诉讼也逐渐成为司法实践和理论研究的热门话题。由于我国《民事诉讼法》起诉条件规定的限制，在公共利益被侵害的案件发生后，存在没有直接的利害关系人或者直接的利害关系人不提起诉讼等情形，使得我国对公共利益的保护一直游离于司法程序之外。2012年新修改的《民事诉讼法》增加规定了公益诉讼制度，但是法律条文规定比较原则，没有设置配套施行的制度体系，与公益诉

---

① 沈达明、冀宗儒：《1999年英国〈民事诉讼规则〉诠释》，中国法制出版社2005年版，第172~173页。

② 《德意志联邦共和国民事诉讼法》，谢怀栻译，法制出版社2001年版，第63页。

讼相关的诸多问题还存在争议。因此，有必要进一步对公益诉讼制度的核心问题进行进一步的研究，包括公益诉讼制度设置的模式、主体资格、范围、适用程序等问题，以期进一步完善立法，指导司法实践，维护社会公共利益。

（一）设置民事公益诉讼制度的价值分析

1. 民事公益诉讼的含义和特征

公益诉讼是相对于私益诉讼而言，是指特定的主体根据法律的授权，就违反法律规定，侵犯国家利益、社会公共利益或不特定多数人利益的行为，向法院提起诉讼，由法院追究违法者法律责任的活动。公益诉讼起源于古罗马时期，以保护社会公共利益为目的，在当时的社会条件下，除法律有特别规定外，凡市民均可提起公益诉讼。① 虽然公益诉讼制度起源于古罗马，但是，到近现代社会才引起人们的广泛关注。在我国，近年来公益诉讼才成为一个热门话题，受到诉讼法学界的广泛关注。根据违法行为的性质不同，公益诉讼分为民事公益诉讼、行政公益诉讼和刑事公益诉讼三种类型。民事公益诉讼，是指在民商事法律活动中，特定主体根据法律的授权，就违反法律规定，侵犯国家利益、社会公共利益或不特定多数人利益的行为，向法院提起诉讼，由法院追究违法者法律责任的活动。与传统的私益诉讼相比，公益诉讼主要具有以下几个特征：

（1）诉讼目的的公益性。随着社会经济的发展和法治建设的不断推进，司法实践中涉及国家利益和社会公共利益的案件日益增多，立法者、司法者以及民事诉讼法学的研究者越来越意识到确立和完善民事公益诉讼制度的重要性。从公益诉讼制度设置的目的看，主要是为了维护国家利益和社会公共利益，制止个别组织和个人滥用权力或权利实施危害国家和社会的行为，保障社会每个成员的共同利益都得以实现，以形成良好的社会秩序。从这一角度看，公益诉讼与私益诉讼存在明显的区别，私益诉讼主要是维护当事人

① 周枏：《罗马法原理》，商务印书馆 1996 年版，第 886 页。

自身受到不法侵害的合法权益。

(2) 诉讼主体的多元性。由于公益诉讼维护的是国家利益和社会公共利益，而在整个社会发展中，国家、社会和公民个人的利益具有一致性，侵害国家利益、社会公共利益，必然会使个人的合法权益受到侵害，维护国家利益和社会公共利益，实际上也是维护公民个人利益。因此，只要特定的组织和个人认为行为人的行为侵犯了国家利益和社会公共利益，均有权向人民法院提起诉讼，并且不以与案件有一定的利害关系为前提条件，这实际上是对传统的当事人适合理论的一种挑战。①

(3) 损害事实的预防性。涉及民事公益诉讼，被告往往都是社会的强势群体，即经济实力强大的组织、从事公共事业的团体，甚至是政府机关。原告可能是权益受到侵害的多数当事人，在表面的利益主体背后隐藏着实质利益主体，利益的共通性使这些主体相互结合，以通过诉讼获得公正的裁判。公益诉讼不应简单地定位为事后的救济手段，防患于未然才是公益诉讼的最佳策略。因为一旦公共利益受到损害，不仅违法者难以有足够的财产弥补损失，而且很多损失是无法弥补的。例如，人的生命、健康等。以环境污染为例，一旦受到致命的打击，往往几十年都无法修复，甚至留有永远的遗憾。因此，公益诉讼不应以财产和人身损害实际发生为要件，只要某种行为可能导致损害发生的风险，就可以提起公益诉讼，这正体现了公益诉讼的预防性功能。②

2. 设置民事公益诉讼制度的必要性

在西方发达国家的司法制度中，民事公益诉讼作为诉讼法律制度的重要组成部分被广泛地接纳和采用。而在我国，2012 年新修改的《民事诉讼法》才刚刚对民事公益诉讼制度作出规定。但是，

---

① 廖中洪主编：《民事诉讼改革热点问题研究综述》，中国检察出版社 2006 年版，第 206 页。

② 林峰：《民事公益诉讼若干问题研究——以无锡太湖蓝藻污染事件为视角》，复旦大学 2008 年硕士学位论文，第 28 页。

需要注意的是，尽管我国法律对该项法律制度规定得较晚，但在司法实践中，为了保护公共利益的诉讼却早有发生。在法律已经出台的今天，重申设置公益诉讼制度必要性的目的是，期望制度设置能够引起司法者的足够重视，得到贯彻落实，而不至于被闲置。

（1）确立民事公益诉讼制度必要性的理论争议。对于我国立法是否应当设置公益诉讼制度，即确立公益诉讼制度必要性的问题，在理论研究中主要存在以下几种观点，即赞成说、反对说、缓行说。赞成说认为，“中国亟须公益诉讼理念和制度”；“无论从什么意义上讲，现行法律中没有公益诉讼的一席之地都是令人遗憾的”；“专家、学者、司法人员对公益诉讼的各种解释和定义，赞扬或否定，似乎并不是最重要的。需要关注的是，倘若没有这类诉讼，他们所涉及的问题，诉讼所指向的社会矛盾，在社会现代矛盾解决机制里是难以解决的。”① 反对说认为，涉及公益侵害及保护的纠纷，完全可以利用现行的民事诉讼、行政诉讼方式解决，因而没有必要创立公益诉讼制度。如果实行公益诉讼制度，允许非官方主体（特别是公民）就与本人无直接利害关系的问题提起诉讼，可能会导致“诉累”和“滥诉”。② 缓行说认为，由于公益诉讼目前在我国名不正言不顺，检察机关和公民个人提起公益诉讼面临着尴尬的境地。因此，当务之急是对公益诉讼加以完善和具体化。在公益诉讼援助制度尚未建立的前提下，从经济角度讲，对于公民个人和国家有限的司法资源来说，都是极大的浪费，毫无疑义，公益诉讼应当缓行。③

（2）设置民事公益诉讼制度必要性分析。从我国目前的实际情况看，随着社会经济的发展和法制建设的不断推进，涉及国家和社会公共利益的案件日益增多，因此有必要建立公益诉讼机制以适

---

① 颜运秋：《公益诉讼理念研究》，中国检察出版社 2002 年版，第 386~387 页。

② 叶明：《公益诉讼的局限及其发展困难——对建立新型经济诉讼的几点思考》，载《现代法学》2003 年第 5 期。

③ 王健：《公益诉讼：缓行还是推行》，载《法律与生活》2002 年第 11 期。

应现实需要。在我国通过立法设置公益诉讼机制主要有以下几个方面的必要性：

第一，构建和谐社会的要求。党的十六大提出了建设社会主义和谐社会的理论，党的十七大首次把“构建社会主义和谐社会”正式写入党章。和谐社会的理念早已深入人心。按照和谐社会的总要求，要把我国社会建设成为民主法治、公平正义、诚信友爱、充满活力、安定有序、人与自然和谐相处的社会。对公共利益的保护，是“以人为本”理念的贯彻落实，社会的和谐在一定程度上依靠公共治理才能实现，如果公共治理不到位，诸多的侵害公共利益的行为没有受到法律制裁，承担相应的法律责任，民主法治就得不到体现，公平正义就难以实现，和谐社会就难以构建。由此可见，要实现公共治理，必须注重公共利益的保护。因此，构建民事公益诉讼制度是非常必要的。

第二，市场经济发展的需要。随着经济体制改革的不断深入，我国早已由计划经济社会转入市场经济社会。经济的转型导致社会发展过程中出现了诸多新矛盾、新问题，诸如假冒伪劣商品、欺诈等侵害消费者权益的案件时有发生。如果受害者以个人的身份对生产者或销售者提起诉讼，根据现行《民事诉讼法》的规定，法院只能针对生产者或销售者对消费者个人造成的损害作出赔偿裁判，难以有效地对损害行为作出惩罚，遏制、根治这种行为。此外，在社会转型中，国有资产流失的现象也相当严重。据有关资料显示，改革开放后的十几年中，国有资产流失 5000 多亿元，即以每天一个亿的速度流失。如何保护国有资产，防止其流失已经成为我国的一个重大问题。从我国现行的诉讼法律制度规定看，诉讼主体缺位，提起诉讼出现盲区。因此，设置民事公益诉讼制度，由法律规定的特定民事主体提起公益诉讼，可以有效地解决上述问题。

第三，诉讼法治化的必然结果。法治包含两重基本含义，即制定法本身是良好的；法律得到了社会普遍的服从和认可。在法律的施行过程中，制定的实体法需要程序法保证实施，通过公正的程序保证使违法者受到制裁，法律的正义得到实现，这才是法治的应有之义。公益诉讼制度的设置，弥补了传统私益诉讼只能由与损害后果有直接利害关系的诉讼主体提起的不足，促进了实体法律制度的充分适用，通过法定的正当程序，使实施了侵害国家利益和社会公共利益的行为人受到应有的制裁，既维护了法律的尊严，也符合司法救济原则。同时，推进法治建设的进程，也是诉讼法治化的必然结果。

3. 设置民事公益诉讼制度的可行性

首先，公共利益与私人利益之间具有相通性。法律设置公益诉讼制度的目的，是为了保护公民个人所享有的社会利益和公共利益不受侵犯。实际上，公共利益与私人利益之间是具有相通性的，当某种个人利益具有社会普遍性时，就不再仅仅是个人利益，而是转变为了公共利益。因为国家的一切权力来源于人民，人民是国家的真正主人，人民可以在法律允许的范围内通过一切正当途径和形式参加管理国家事务。公益诉讼制度的确立，为人们参加管理国家事务提供了新的途径，也为人们权利的行使提供了司法保障。因此，可以说，公共利益与私人利益是可以相互转化的。但是，需要注意的是，公共利益并不是个人利益的简单相加，只有当某种个人利益具有社会普遍性时，才成为公共利益。①

其次，确立公益诉讼制度存在充分的理论基础。在现代法治社会，权利的尊重、保护、救济已经成为时代的命题。在民事诉讼领域，公益诉讼正当性的核心理论基础应当是诉权理论。在权利的视角下，公益诉讼作为一种权利救济的重要途径，应当是以一定的权利保护与救济为前提的。从公益诉讼的内涵分析，公益诉讼不仅包括实体权利，也包括程序权利；从价值上看，公益诉讼不仅指向秩序，还包括社会正义；从结果上看，公益诉权的实现不仅保护公

① 孙笑侠：《论法律与社会利益》，载《中国法学》1995 年第 4 期。

益，而且同时兼顾相关私人的利益。① 可以说，公益诉讼拥有特定的权利基础和前提。任何制度的合理性安排都离不开理论的支持，公益诉讼依赖司法的能动主义，要求对司法权的介入和运行作出理论阐述和制度落实。公益诉讼的权利基础和前提决定，公益诉讼制度在诉讼目的、当事人、诉讼法律关系等方面具有特殊性，在具体程序设置中需要作出合理的制度安排。由于涉及公益诉讼的案件，原告方大多是因为被告方实施不法行为受到侵害或侵害危险的不特定多数人，具有集团型和扩散性的特点，被告方往往是在社会上具有一定影响力的大企业或公共团体，诉讼两造的实力极其不均衡。因此，构建合理的公益诉讼制度，是使权利得到救济的根本保障。

最后，确立公益诉讼制度符合现实需要。随着市场经济的蓬勃发展，传统的诉讼不能完全容纳所有的纠纷，诉讼过程中法的空间与制度的需求矛盾彰显。为了克服单一诉讼的弊端，迎合不特定多数人诉讼的需要，公益诉讼应运而生。近年来，理论界对公益诉讼制度设置的原则、制度进行了不懈的、如火如荼的讨论。司法实践中，也进行了诸多有益的尝试，然而，诸多的公益诉讼案件，要么法院裁定不予受理，要么法院裁定驳回。从社会实际情况看，一方面，随着经济的发展和工业的扩张，现代型纠纷已经大量涌现，公害案件、小额多数案件不断增多，国家利益、社会公共利益和不特定多数人利益遭受侵害却投诉无门；另一方面，1991 年《民事诉讼法》的规定又难以与公益诉讼制度顺利对接，受传统民事诉讼主体理论的局限，诸多间接受害者因与案件没有直接的利害关系，无法独立提起诉讼，被无情地挡在司法救济的大门之外，无法获得

① 郑晨：《有关民事公益诉讼的法律思考》，载《科技创业月刊》2009 年第 1 期。

救济。[①] 这与和谐社会的追求显然不相符。因此，民事公益诉讼制度的确立有利于解除法律困境，理顺法律关系，解决司法实践中存在的问题。

（二）提起民事公益诉讼的主体

究竟哪些主体可以提起公益诉讼，是目前争议比较大的问题，主要存在“广义说”和“狭义说”两种学说。广义说认为，结合我国的国情看，检察机关、公益组织（或公益法人）和具有一定专业知识、社会阅历与社会正义公信度的自然人均可成为公益诉讼的提起主体。[②] 狭义说认为，公益诉讼是为了维护国家利益和社会公共利益而提起的诉讼，因此它的主体只能是国家机关，在我国就是检察院，即由检察院作为公共利益和国家利益的代表提起，而公民个人和相关组织无权提起。[③] 2012 年新修改的《民事诉讼法》将公益诉讼的主体规定为法律规定的机关和有关组织，不包括公民，且法律规定机关和相关组织的规定比较模糊。笔者认为，我国法律确定民事公益诉讼主体，一方面应当明确赋予检察机关提起民事公益诉讼的主体资格；另一方面，也应当赋予法定组织和公民提起公益诉讼的主体资格，这样规定，法定机关确定，可以提起公益诉讼的主体范围广泛，有利于公共利益的保护。

1. 检察机关

由检察机关提起公益诉讼是两大法系国家的普遍做法。例如，《法国民事诉讼法》第 421 条规定：检察机关得作为当事人进行诉

---

① 公益诉讼是为了保护公共利益而引发的诉讼，提起诉讼的原告与案件并不一定存在直接的利害关系。我国 1991 年《民事诉讼法》第 108 条规定，提起诉讼的原告必须是与案件有直接利害关系的公民、法人和其他组织，排除了与案件无利害关系者的诉权，从法律上排除了提起公益诉讼的可能性，使得公益诉讼的提起虽然受到社会各界的关注，但是却得不到法律的支持。

② 韩志红、阮大强：《新型诉讼——经济公益诉讼的理论与实践》，法律出版社 1999 年版，第 27 页。

③ 马守敏：《公益诉讼亟待开放》，载《人民法院报》2001 年 6 月 15 日。

讼，或者作为从当事人参加诉讼，于法律规定情形，检察院代表社会。第 422 条规定：在法律有特别规定之情形下，检察院依职权进行诉讼。第 423 条规定：除法律有特别规定之情形外，在事实妨碍公共秩序时，检察院为维护公共秩序进行诉讼。① 《美国联邦民事诉讼规则》第 17 条规定：在制定法另有规定的情况下，对于保护他人利益的案件，可以以美国政府的名义提起诉讼。②

从我国现行的法律规定看，对检察机关在民事诉讼中的地位和作用规定得比较笼统。《民事诉讼法》第 14 条规定：人民检察院有权对法院的民事诉讼实行法律监督。第 208 条至第 213 条规定了检察机关的抗诉权。第 235 条规定了检察机关的执行监督权。③ 至于检察机关是否属于《民事诉讼法》第 55 条规定的法律规定的国

① 张卫平：《程序公正实现中的冲突与衡平》，成都出版社 1993 年版，第 278 页。

② 在法治发达的国家，检察机关实质上都是作为政府组成部门（行政机关）的一部分。参见肖建华、唐玉富：《论公益诉讼的理论基础与程序建构》，载《河南省政法管理干部学院学报》2008 年第 1 期。

③ 《民事诉讼法》第 208 条规定：最高人民检察院对各级人民法院已经发生法律效力的判决、裁定，上级人民检察院对下级人民法院已经发生法律效力的判决、裁定，发现有本法第 200 条规定情形之一的，或者发现调解书损害国家利益、社会公共利益的，应当提出抗诉。地方各级人民检察院对同级人民法院已经发生法律效力的判决、裁定，发现有本法第 200 条规定情形之一的，或者发现调解书损害国家利益、社会公共利益的，可以向同级人民法院提出检察建议，并报上级人民检察院备案；也可以提请上级人民检察院向同级人民法院提出抗诉。各级人民检察院对审判监督程序以外的其他审判程序中审判人员的违法行为，有权向同级人民法院提出建议。第 209 条规定：有下列情形之一的，当事人可以向人民检察院申请检察建议或者抗诉：（一）人民法院驳回再审申请的；（二）人民法院逾期未对再审申请作出裁定的；（三）再审判决、裁定有明显错误的。人民检察院对当事人的申请应当在 3 个月内进行审查，作出提出或者不予提出检察建议或者抗诉的决定。当事人不得再次向人民检察院申请检察建议或者抗诉。第 211 条规定：人民检察院提出抗诉的案件，接受抗诉的人民法院应当自收到抗诉书之日起 30 日内作出再审的裁定；有本法第 200 条第 1 项至第 5 项规定情形之一的，可以交下一级人民法院再审，但经该下一级人民法院再审的除外。第 212 条规定：人民检察院决定对人民法院的判决、裁定、调解书提出抗诉的，应当制作抗诉书。第 213 条规定：人民检察院提出抗诉的案件，人民法院再审时，应当通知人民检察院派员出席法庭。第 235 条规定：人民检察院有权对民事执行活动实行法律监督。

家机关范围，并未作出明确的规定。因此，不能理解为法律已经赋予检察机关提起民事公益诉讼的权力。在理论研究中，也出现了对赋予检察机关提起民事公益诉讼主体资格的质疑。质疑的理由主要是：（1）国家设置检察机关的主要任务是惩罚犯罪、保障人权。如果让检察机关过多地介入民事公益诉讼，会弱化检察机关自身的力量和职能。公共利益需要保护，但并不是必须要赋予检察机关提起民事公益诉讼的权力，可以通过加大行政机关的执法力度来保护公共利益。①（2）私权自治是民商事法律的灵魂，在民事诉讼中尊重当事人的处分权，使当事人按照自己的意志处分诉讼权利，正是这一基本原则的集中体现。检察机关作为公权机关，以自己的名义作为原告提起民事公益诉讼，存在着不当干涉私权之虞。②（3）社会公共利益理应由政府机构来维护，公益诉讼的原告只能由有权代表社会公共利益的政府行政机关来担任。因此，作为法律监督者的我国检察机关提起民事公益诉讼实有名不正、言不顺之感。③（4）我国《宪法》第129条规定：中华人民共和国检察院是国家的法律监督机关。如果由检察院作为民事公益诉讼的原告，直接提起诉讼和参加诉讼，法院在案件审理中就难以保持中立。另外，检察机关强势的公权背景，也会导致当事人之间的诉讼地位失衡，权利义务不对等，从而影响案件结果的公正性。④

从我国目前的实际情况看，1991年《民事诉讼法》没有规定公益诉讼制度。2011年10月29日起公开征求意见的《民事诉讼法修正草案》（以下简称民诉法草案）规定，对环境污染、侵害众

① 陈兴生等：《民事公诉制度质疑》，载《国家检察官学院学报》2001年第3期。

② 王福华：《我国检察机关介入民事诉讼之角色困顿》，载《政治与法律》2003年第5期。

③ 杨秀清：《我国检察机关提起公益诉讼的正当性质疑》，载《南京师大学报》（社会科学版）2006年第6期。

④ 王福华：《我国检察机关介入民事诉讼之角色困顿》，载《政治与法律》2003年第5期。

多消费者合法权益等损害社会公共利益的行为，有关机关、社会团体可以向人民法院提起诉讼。有学者认为，有关机关包括行政机关，而行政机关不宜被赋予公益诉权，应当把草案中的“有关机关”用“人民检察院”取而代之。[①] 在司法实践中，检察机关作为原告提起公益诉讼的案件已经为数不少，并取得了较大的成效。2012 年新颁布的《民事诉讼法》第 55 条规定：对污染环境、侵害众多消费者合法权益等损害社会公共利益的行为，法律规定的机关和有关组织可以向人民法院提起诉讼。从该条法律规定看，新修改的《民事诉讼法》并没有明确检察机关作为提起公益诉讼主体的法律地位，同时，“法律规定的机关”的规定原则、模糊、缺乏可操作性。

结合我国实际情况，借鉴国外立法经验，笔者认为，应当将“法律规定的机关”替换为“人民检察院”，明确赋予检察机关提起民事公益诉讼的主体资格。[②] 具体理由如下：（1）检察机关提起民事公益诉讼与惩罚犯罪，保护人权的职责不相矛盾。检察机关是国家公权力机关，拥有法定的法律监督权，在相应的人力、物力、财力等权力行使方面，以及资源利用等方面，具有绝对的优势。例如，拥有的调查取证权等。因此，能够更好地维护公共利益。近年

---

① 汤卫建教授认为，行政机关不宜被赋予公益诉权。李湘宁、唐丹妮：《“审慎”公益诉讼》，载《财经》2011 年第 27 期。

② 2017 年 6 月 27 日，第十二届全国人民代表大会常务委员会第二十八次会议审议通过了关于修改《中华人民共和国民事诉讼法》的决定，对《中华人民共和国民事诉讼法》作出了修改，即在第 55 条增加一款，作为第二款规定：人民检察院在履行职责中发现破坏生态环境和资源保护、食品药品安全领域侵害众多消费者合法权益等损害社会公共利益的行为，在没有前款规定的机关和组织提起诉讼的情况下，可以向人民法院提起诉讼。前款规定的机关或者组织提起诉讼的，人民检察院可以支持起诉。该决定自 2017 年 7 月 1 日起施行。从上述法律修改情况看，虽然没有将“法律规定的机关”替换为“人民检察院”，但是明确赋予了检察机关提起民事公益诉讼的主体资格，应当说是立法的一大进步。检察机关提起公益诉讼主体资格的确立，对公共利益的保护，必将起到较大的作用。

来，在较多案件中检察机关已进行了民事公益诉讼的探索，并且取得了良好的成效，积累了丰富的经验。实践证明，民事公益诉讼权的行使，并没有妨碍检察机关惩罚犯罪，保护人权职责的履行。(2) 检察机关提起民事公益诉讼不违反私权自治原则。私权自治虽然是民商事法律的基本原则，但并不意味着当事人依法享有的自治权不受任何限制。在权利行使过程中，民事主体对自己私权的处分应当以不损害国家利益、社会公共利益和他人合法权益为前提。如果公民、法人或者其他组织在行使民事权利或诉讼权利时，损害了国家利益或者社会公共利益，国家就应当予以干预，这种干预并不是对处分原则的反叛，恰是处分原则使然。① 因此，检察机关作为国家利益的代表，在国家利益或者公共利益遭受损害时，无疑最适合作为诉讼主体，代表国家提起民事公益诉讼。② (3) 检察机关提起民事公益诉讼与行使法律监督权并不冲突。检察机关在公益诉讼中，行使的法律监督权是广泛的。在公益诉讼提起时，检察机关法律监督权的行使，主要是为了保障实体法中有关公益诉讼的条款不被违背。在提起公益诉讼之后，检察机关监督的范围还应当包括诉讼法律条款的施行。因此，检察机关提起民事公益诉讼，不仅保护了公共利益不受非法侵害，而且还为提起民事公益诉讼提供了制度上的保障。最主要的是解决了立法中“法律规定的机关”指代不明的问题，有利于公益诉讼制度的切实贯彻与落实。③

---

① 张晋红、郑斌峰：《论民事检察监督权的完善及检察机关民事诉权之理论基础》，载《国家检察官学院学报》2001 年第 3 期。

② 章武生：《论人民检察院发动再审权和对其他民事审判活动的监督权》，载《人大报刊复印资料 · 诉讼法学、司法制度》2004 年第 5 期。

③ 2015 年 12 月 16 日，最高人民检察院第 12 届检察委员会第 45 次会议通过了《人民检察院提起公益诉讼试点工作实施办法》，并于 2016 年 1 月 7 日发布施行。2016 年 2 月 22 日，最高人民法院审判委员会第 1679 次会议通过了《人民法院审理人民检察院提起公益诉讼案件试点工作实施办法》，并于 2016 年 3 月 1 日起施行。这两个试点办法的出台实施，对于人民检察院提起公益诉讼试点工作的开展具有重大意义。期望试点工作能够提供宝贵经验，为确定检察机关提起公益诉讼主体资格提供立法依据。

2. 其他组织和公民个人

其他组织，是指合法成立、有一定的组织机构和财产，但又不具备法人资格的组织。我国《民法通则》没有规定其他组织，为了确保这些客观存在但又不是法人的社会组织的合法利益，我国《民事诉讼法》规定，其他组织可以作为民事诉讼的当事人。其他组织进行民事诉讼活动，是由其主要负责人为代表人。司法实践中，其他组织的形式多种多样，主要有以下几种：（1）依法登记领取营业执照的私营独资企业、合伙组织。（2）依法登记领取营业执照的合伙型联营企业。（3）依法登记领取我国营业执照的中外合作经营企业、外资企业。（4）经民政部门核准登记领取社会团体登记证的社会团体。（5）法人依法设立并领取营业执照的分支机构。例如，领取营业执照的证券公司营业部可以作为民事诉讼当事人。（6）中国人民银行、各专业银行设在各地的分支机构。（7）中国人民保险公司设在各地的分支机构。（8）经核准登记领取营业执照的乡镇、街道、村办企业。（9）符合规定条件的其他组织。

关于其他组织作为民事公益诉讼主体，需要注意以下两点：一是其他组织包括了经民政部门核准登记领取社会团体登记证的社会团体；二是并不是上述所有组织都有权提起公益诉讼，能够提起公益诉讼的应当仅限于法律明确授予诉讼实施权的组织。

在《民事诉讼法》修改过程中，有学者提出，应当赋予社会团体民事公益诉讼主体资格，具体理由是：现在社会关系错综复杂，各种新型社会关系层出不穷。政府作为公共事务的管理机构，不可能对社会生活面面俱到、事无巨细地进行管理。因此，国家通过法律法规将政府公共利益的管理职权部分地分离出来，由社会中介力量来承担以弥补国家力量的不足已成为必然。① 鉴于此，在民

① 刘改新：《民事公益诉讼若干问题研究》，南阳理工学院 2005 年硕士研究生学位论文，第 14 页。

事公益诉讼中，有权提起诉讼的另一类重要主体是社会团体。由于社会团体依法成立，具有团体的章程，具有个人不可比拟的良好组织性、法律性，由社会团体作为原告提起公益诉讼具有较大的优势。社会团体成为公益诉讼的原告，概括有两大类情况：其一，就是该社会团体为目的性法人组织，它的设立就是为了保护某种特定的公共利益，或者其章程中就有以保护某一公共利益为宗旨之一，当该利益受到侵害时，其就可依法以原告资格起诉；其二，是该社会团体虽然不具备法定的公益诉讼原告的资格，但是，根据权利主体的授权，以协议方式取得了原告资格。①

对社会团体作为民事公益诉讼的原告，理论界也有学者持反对意见。理由是：我国的社会团体尚不成熟，存在发展滞后、职位定性不清、独立性和自主性不强等问题，很多社会团体都是依附于行政机关而设立，在经费等问题上受制于行政机关。在诉讼中为维护公共利益，社会团体很可能会与行政机关或者实力雄厚的公司企业对簿公堂，而这些被告可能是社会团体的“衣食父母”，谁又能期望社会团体在这种情形下依然能够全力以赴进行诉讼？由于法律并未赋予社会团体公权力，社会团体的权力极其有限，我们能够想象的是，在相关的案件中，社会组织会因为缺乏相关权力而无法进行调查取证，因而有可能丧失了对整个案件胜诉的机会。因此，由社会团体提起公益诉讼，不利于公共利益的维护。②

我国民诉法修正案赋予了社会团体提起公益诉讼的主体资格，但是，对社会团体的范围没有作出相关的界定。2012 年新颁布的《民事诉讼法》第 55 条规定：对污染环境、侵害众多消费者合法权益等损害社会公共利益的行为，法律规定的机关和有关组织可以向人民法院提起诉讼。全国人大办公厅有关领导在新闻发布会上回

---

① 宋朝武：《论公益诉讼的十大基本问题》，载《中国政法大学学报》2010 年第 1 期。

② 郝霞：《公益诉讼原告资格初探》，中国政法大学 2010 年硕士学位论文，第 14 页。

答有关记者提问时，针对公益诉讼主体的修改作了如下的解释，即民事诉讼修改在第三审稿的时候，还将公益诉讼的主体规定为“法律规定的机关和有关社会团体”，现在正式通过的民事诉讼修改决定，将诉讼主体表述为“法律规定的机关和有关组织”，主要是考虑到社会团体的概念无论是专家，还是社会都有不同的认识，主要分歧是社会团体是一个大概念，还是一个窄概念。如果是大概念，可能把很多都包括进去，但是实际上我国民政部门登记的社会团体只占社会组织的一部分。2011 年在民政部门登记的社会组织有 462000 多个，其中 25 万个左右的名称叫“社会团体”，还有约 20 万个叫“民办非企业单位”，还有 2000 多个是基金会。考虑到上述情况，法律委员会经过慎重研究，把原来的“有关社会团体”改为“有关组织”。哪些组织适宜提起民事诉讼，可以在制定相关法律时进一步明确规定。

从目前情况看，笔者认为，新修改的《民事诉讼法》将“法律规定的有关组织”规定为提起民事公益诉讼的主体，是符合实际情况的。具体理由是：（1）其他组织的范围，法律规定得比较明确、具体，利于了解和掌握。（2）规定其他组织作为民事公益诉讼主体，并不排斥赋予经民政部核准登记的社会团体提起民事公益的主体资格。有些社会团体在相关领域内具有专业性，每个专业性的社会团体中都有较多的专家，这些专家对涉及本领域的案件认知程度比较高，法律保护意识也比较强，其不仅具有参与诉讼的能力、信息、精力，而且由于其成员的特殊性、职责的确定性，其更具有参与相关活动的动力。①以上特点决定，这些社会团体可以为了其所代表的群体利益进行诉讼。同时，由于在日常的业务活动中积累了大量的实践经验，这些社会团体能够更有力地对抗损害社会公共利益的不法行为，更好地维护公共利益。（3）其他组织中的哪些组织享有提起民事公益诉讼主体资格，由法律另行作出规定，

① 颜运秋：《公益诉讼理念研究》，中国检察出版社 2003 年版，第 187 页。

可以防止公益诉讼权的滥用。（4）其他组织中包含的社会团体并非都有权提起公益诉讼，能够提起公益诉讼的应当仅限于法律明确授予诉讼实施权的团体。具体来说，法律授予诉讼实施权的主体，应当是具有相当数量的成员，在本行业具有较高的认知度，具有一定代表性的团体。例如，中国环境保护协会、中国消费者保护协会等。①

按照人民主权理论，人民是一切公共权力或国家权力的所有者，但人民一般不直接行使国家权力，而委托给国家机关及具体的工作人员去行使，人民则保持监督权及在特定条件下直接管理国家事务的权利。这些专门的国家机关及其工作人员在行使国家公共权力时，必须反映和体现人民的意志，否则人民可以启动相应的救济权。具体程序是，先由民选的代议机构指定反映民意的法律，然后由相应的国家机关和公职人员去具体地执行法律，在相关国家机关及工作人员官僚主义、执法不严、违法不究，不能体现和反映民意的情况下，人民可以放弃对他们的委托，直接对违法行为起诉，委托司法机关利用司法审判权来执行法律。同时，国家机关无论如何健全和调整，仅依靠相关机关及公务员来维护社会公共利益是不够

① 2014年3月15日，我国新修订施行的《消费者权益保护法》授权符合法定条件的消费者组织可以提起公益诉讼。该法第47条规定：对侵害众多消费者合法权益的行为，中国消费者协会以及在省、自治区、直辖市设立的消费者协会，可以向人民法院提起诉讼。2016年2月1日，最高人民法院审判委员会通过了《关于审理消费民事公益诉讼案件适用法律若干问题的解释》并于2016年5月1日起施行。该司法解释第1条规定：除中国消费者协会以及在省、自治区、直辖市设立的消费者协会外，法律规定或者全国人大及其常委会授权的机关和社会组织也具有起诉主体资格。这些规定，事实上扩大了可以提起消费公益诉讼的主体范围。2015年1月1日施行的新修订的《环境保护法》进一步明确，符合法定条件的环境保护组织可以提起民事公益诉讼。该法第58条规定：对污染环境、破坏生态，损害社会公共利益的行为，符合下列条件的社会组织可以向人民法院提起诉讼：（一）依法在设区的市级以上人民政府民政部门登记；（二）专门从事环境保护公益活动连续五年以上且无违法记录。符合前款规定的社会组织向人民法院提起诉讼，人民法院应当依法受理。提起诉讼的社会组织不得通过诉讼牟取经济利益。

的。因此法律应授权公民和社会团体来维护社会公共利益以弥补其不足。①

有学者认为，由于公益诉讼涉案人数比较多并具有复杂性，如果允许所有公民都不受限制地提起，可能会导致诉讼拖延、效率低下，甚至使原告在诉讼过程中感到力不从心、进退两难。但是，如果对公民提起公益诉讼加以条件的限制，又极易剥夺公民的诉权，造成不公，甚至减弱公民保护公共利益的热情和积极性。② 我国新修改的《民事诉讼法》，排除了公民作为公益诉讼主体的资格，实质上是剥夺了公民接近司法的权利。笔者认为，从目前我国的实际情况看，应当赋予公民个人提起民事公益诉讼的主体资格，具体理由是：公民个人涉及的范围广泛，对自身的权益也最关心，当利益受损时，应当是最先发觉、最为敏感的，只有具有切身之痛者，才能更具有诉讼需求，才能积极参加诉讼，维护自身的合法权益与社会公共利益。在现代社会，公民作为最基本、最有力的社会监督者，充分运用法律赋予的权利维护公共利益，是名正言顺的。

需要注意的是，赋予公民个人提起公益诉讼的权利是一把双刃剑，其可以防止国家公权力的肆意，也可能鼓励公民为牟取一己之利滥用公益诉权。因此，在制度构建过程中应当加以防范，并建立相关的制约制度。例如，对不同的民事公益诉讼纠纷设置适当的前置程序，设立滥诉的侵权责任制度等。公益诉讼的目的在于保护或者恢复受到侵害的公共利益，根据公共利益的特点，其是与不特定的多数人相关的，因而不得限制人们维护公共利益的权利，不能阻断通向正义之途。因此，立法应当规定凡本国公民，在公共利益受到侵害时，均有权以原告的身份提起诉讼。

---

① 郭道辉：《论公民权与公权力》，载《政治与法律》2005 年第 6 期。

② 廖中洪主编：《民事诉讼改革热点问题研究综述》，中国检察出版社 2006 年版，第 213 页。

（三）民事公益诉讼的案件范围

1. 公益诉讼的司法实践

公益诉讼，是指为了保护公共利益，由法院根据当事人的请求进行审判的制度。公共利益是一种介于国家利益和私人利益之间的权利和秩序，是一个历史性的概念，需要根据不同的语义背景具体考量。

目前，从相关报道看，我国民事公益诉讼主要集中在环境保护领域，比较典型的案例包括：广州石榴岗河污染公益诉讼案；“塔斯曼海”油轮海洋环境污染案；贵州“两湖一库”管理局诉贵州天峰化工有限公司环境污染纠纷案；北京海淀区华清嘉园小区绿地环境公益诉讼案；北大教授代表松花江受污染的鱼向中石油吉林分公司双苯厂提起的诉讼，以及中华环保联合会诉江苏江阴港集装箱有限公司环境污染侵权纠纷案等。

据中国人民大学学者肖建国教授统计，目前全国已经有 40 多个环保法庭，从 2002 年第一起环境公益诉讼开始，共受理关于环境污染的民事公益诉讼 12 件；其中原告是检察院的 6 件，行政机关 3 件，环保组织 3 件。前 9 件都以原告胜诉告终。[①]

近几年来，有些地方出现了一些“新型”的诉讼案件。例如，“3 角钱”如厕费用官司，因春运期间票价上浮的合法性而提起的诉讼，起诉电信局擅自收取代理费的案件等。这些案件之所以称其“新”，是因为当事人在提起诉讼维护自身权益的同时，也涉及“公共利益”，或者有些原告提起诉讼请求保护的权益、维护的利益，与自己没有直接的关联关系，是基于对公共利益的保护。这类案件在社会上引起了轰动，也引起了媒体和社会各界的广泛关注，以一种新型公益诉讼的形式展现在我们面前。

2. 外国有关公益诉讼范围的立法例

民事公益诉讼制度在美国、英国、日本、俄罗斯等国家的民事

---

① 李湘宁、唐丹妮：《“审慎”公益诉讼》，载《财经》2011 年第 27 期。

诉讼法和相关的法律规定中都有反映。其中，以美国的法律规定最为完备。《美国联邦民事诉讼规则》第17条规定：经法律授权的当事人，可以为未参加诉讼的诉讼受益人的权利以自己的名义起诉。如果法律另有规定时，为他人行使权利或为其权利的诉讼可以美国的名义提起。[①] 这一精神在美国的反垄断法、环境保护法中都得到具体体现，并且有规范的程序。例如，1890年《谢尔曼反托拉斯法案》（以下简称《谢尔曼法》）规定，美国检察官可以根据司法部长的指示，以民事诉讼的形式，禁止和限制违反谢尔曼反托拉斯法的行为。由此，美国的民事检察制度得以产生。1914年美国又制定了《克莱顿法》，以补充《谢尔曼法》的不足。该法规定：州司法长官作为政府监护人代表其州内自然人的利益，可以本州的名义，向被告有司法管辖权的美国区法院提起民事诉讼，以确保其自然人因他人违反《谢尔曼法》所获得的金钱救济。对违反反托拉斯法造成的威胁性损失或损害，任何人、商号、公司、联合会都可向对当事人有管辖权的法院起诉和获得禁止性救济。[②] 再如，在环境保护领域，公民被视为“私人检察官”，与政府的职能相对应存在，即在法定情况下，公民可以以美利坚合众国的名义提起保护别人利益的诉讼。[③] 任何公民均可以依法就企业违反法定环境保护义务、污染环境的行为或主管机关没有履行法定职责的行为而提起诉讼，要求被诉者按照国家规定的排放标准排污、赔偿污染造成的损失或者履行法定义务。公民诉讼是美国环境保护法中一套完备而又颇具特色的公益诉讼制度。

在英国，公共权益的保护以检察长提起民事公益诉讼的方式进行。因为根据英国法律规定，检察长是唯一能在法庭上代表公众的

---

① ［美］哈泽德、米歇尔·塔鲁伊著：《美国民事诉讼法导论》，张茂译，中国政法大学出版社1998年版，第2页。

② 阮大强：《论在我国建立经济公益诉讼制度的根据》，载《天津师范大学学报》2001年第4期。

③ 陶红英：《美国环境法中的公民诉讼制度》，载《法学评论》1990年第6期。

人，是公共利益的保护人，私人不能直接提起阻止公共性不正当行为的诉讼。只有在不当行为已经直接使自己的利益受损，或者很可能受损的情况下，私人才可以寻求救助。此外，如果涉及公益性的问题应当引起检察长的注意，但是检察长却拒绝行使其职权，在这种情况下，公民可以请求检察长允许公民以检察长的名义提起民事诉讼。① 为了更好地维护社会公共利益，英国法律进一步规定，地方政府机关在没有征得检察长的同意，也没有使用告发人诉讼的情况下，也能以自己的名义提起与保护、促进本地区居民利益有关的诉讼。②

在法国，《法国民事诉讼法典》规定，检察院得作为主当事人进行诉讼，或者作为从当事人参加诉讼。于法律规定之情形，检察院代表社会。在法律有特别规定之情形，检察院依职权进行诉讼。除法律有特别规定之情形，在事实妨碍公共秩序时，检察院得为维护公共秩序，进行诉讼。检察院在对向其通报的案件中的法律适用问题提出意见，参加诉讼时，为从当事人。下列案件，应当通报检察院：（1）涉及亲子关系、未成年人监护安排、成年人监护的设置与变更的案件；（2）先行中止追诉程序、集体复查负债程序、个人破产程序或其他制裁；（3）涉及法人时，裁判清理或财产清算程序，裁判清算与裁判重整程序以及有关公司负责人金钱性责任的案件；（4）对法律规定检察院应当提出其意见的所有案件，检察院均应得到案件的通报。检察院可以了解其认为应当参加诉讼的其他案件。法官得依职权决定向检察院通报某一案件。向检察院通报案件由法官负责进行，有特别规定者除外。在已经通报案件的情

① 这样的诉讼被称为“告发人诉讼”或“检举人诉讼”，其目的在于宣告或禁止下列情况：危害公共利益者；法人超越法律授予的合法权利，有可能损害公共利益而必须加以遏制者；为防止某一法定罪行重复触犯，而必须发出告诫者。苏文卿：《诉讼法发展的新动向——国外公益诉讼制度鸟瞰》，载《探索》2003 年第 5 期。

② 赵慧：《国外公益诉讼制度比较与启示》，载《政法论丛》2002 年第 5 期。

况下，检察院应得到开庭日期的通知。①

在日本，民事公益诉讼分为两种类型，即民众诉讼和检察机关诉讼。民众诉讼，是指请求纠正国家或公共团体机关不符合法规行为的诉讼。原告以选举人的资格或其他与自己法律上利益无关的资格提起诉讼。1948 年《日本地方自治法》规定，原告得以不涉及自己法律上利益的资格提起的诉讼。这样规定不是为了直接保护、救济国民的利益，而是为了确认行政法规被客观、正当地适用，以确保国家和社会利益的维护。② 20 世纪 90 年代，日本又兴起了以纳税人身份提起的诉讼，在该类诉讼中，享有原告资格的人可以是任何一个纳税人，为了维护公共利益，他们可以要求政府公开公费支出的情况。有关检察官提起的公益诉讼，主要体现在实体法中。根据《日本民法典》的规定，检察机关享有下列权利：禁治产宣告请求权及撤销权；关于不在人财产管理的处分请求权及撤销请求权；不在人财产管理人改任请求权；法人的临时理事、特别代理人、清算人选任请求权；不合法婚姻的撤销请求权；亲权丧失的宣告请求权等。

从上述国家的立法例看，各国设置公益诉讼制度的目的相同，大都是为了处理现代型的群体纠纷，维护国家利益和社会公共利益。但是，在案件适用范围上却存在差异。以美国为例，民事赔偿案件基本上都是损失和所得保持平衡，无论是药品危害还是消费者受害，都不被特别理解为公益诉讼。美国有关公益诉讼的理论和司法实践，之所以将上述类型的案件归入公益诉讼的范围，是从一般的法律形式意义上来说的，是以该类诉讼所要维护和实现的利益以及行为效果为标准所作的划分。其主要出发点，是想利用当事人和

---

① 见《法国民事诉讼法典》第 421～429 条的规定。

② ［日］室井力主编：《日本现代行政法》，吴微译，中国政法大学出版社 1995 年版，第 252 页。

律师对私益的关心，寄希望于在法律援引的结果上具有公益的效果。[①] 在日本，上述类型的案件无疑都属于现代型诉讼案件，从形式和实质上说，都应当纳入公益诉讼的范围。因环境诉讼和消费者权益保护问题而引发的诉讼，既是推动公益诉讼向前发展的强大原动力，又是影响公益诉讼制度本质与特征的深刻内涵。

3. 我国公益案件范围的界定

关于民事公益诉讼的范围，世界各国的法律规定各不相同。有的国家规定得比较宽泛，有的国家规定得比较狭窄。我国有关公益诉讼范围的规定，应当符合我国国情。公益诉讼案件范围规定得过窄，不利于公共利益的维护；公益诉讼案件范围规定得过宽，会导致国家对民事案件干预过多；关键是寻求公益保护范围的合理性。从立法技术上看，应当采取列举式，将能够确定的民事公益诉讼案件确定下来，不能确定的先不予规定，等时机成熟时通过司法解释增加。我国新修改的《民事诉讼法》规定的公益诉讼案件范围，包括环境污染和侵害众多消费者合法权益案件等。有学者认为，案件范围规定过窄。全国人大立法部门同志解释，此次法律修改，确立了公益诉讼制度，对公益诉讼的范围和主体作出了规定，立案范围规定的是环境污染、侵害众多消费者合法权益等损害社会公共利益的行为。这个“等”的意思是先等着，是余地、是法律上的发展空间。社会公共利益应当作宽泛解释，包括国家利益。[②] 从我国目前情况看，法律应当确定以下几类案件属于公益诉讼案件范围。

（1）国有资产流失案件。国有资产流失，是指采取非法手段，将国有资产据为己有或者故意加以毁坏，或滥用职权、玩忽职守，致使国有资产受到重大损失的行为。主要包括：未经法定程序低价变卖国有资产；转制过程中使国有资产大量流失；未经法定程序破

① ［日］棚濑孝雄：《现代日本的法和秩序》，易平译，中国政法大学出版社 2002 年版，第 201 页。

② 李湘宁、唐丹妮：《“审慎”公益诉讼》，载《财经》2011 年第 27 期。

产；利用无效合同造成国有资产流失等。据有关部门统计，自改革开放以来到1994年16年间，国有资产流失大约5000亿元。换言之，在这16年中，国有资产以每天1亿元的速度在流失。[①] 从我国现行法律规定看，对国有资产流失案件无能为力，急需建立相应的法律救济机制，对侵害国有资产的行为人进行制裁，让其承担法律责任。目前，最好的办法是将其纳入公益诉讼的范畴。司法实践中，检察机关对这类案件提起公益诉讼已有成功经验可以借鉴。

（2）垄断及不正当竞争案件。随着市场竞争的激烈，行业和行政垄断现象屡禁不止，不正当竞争行为也愈演愈烈。主要表现为，公共事业单位利用其垄断地位，订立格式条款或者强制搭售附加产品；联合限制价格等。然而，长期以来，我国实行的是经济行政管理单轨运行机制，通过各级政府的经济管理部门以国家名义和法律形式，行使对市场经济的监督和管理职能。这种单凭行政管理排斥公民参与的单行运行机制使我国的垄断问题愈演愈烈。因此，应当畅通民事公益诉讼渠道，建立能够吸收社会公众参与市场竞争秩序管理的反垄断公益诉讼机制。

（3）环境污染案件。环境污染案件近几年逐渐增多，一些企业为了短期利益在生产过程中污染环境，使人类生存环境日益恶化。当地行政机关为本地经济的发展、财政的收入，对环境污染行为视而不见，甚至滥用职权、玩忽职守、徇私舞弊。在这种情况下，受害人或基于诉讼不经济，或基于相互依赖，或感觉胜诉希望渺茫，最终无人起诉，使环境污染情况越来越严重。主要原因是我国现行法律规定的权利主体偏离了社会现实的需要。

（4）侵害众多消费者合法权益的案件。侵犯消费者合法权益的案件多种多样，包括产品质量有瑕疵、价格欺骗等。从侵害形式上看，包括已经造成侵权事实和尚未造成侵权事实两种情况。商家的行为已经使消费者蒙受某种损失的，属于已经造成的侵权事实。

---

① 熊乙麟：《民事公益诉讼制度探讨》，载《法制与经济》2008年第4期。

商家的某些行为在目前还没有给消费者带来损害，但是存在某种隐患，有可能在将来危及消费者利益和安全的，属于尚未造成的侵权事实。由于我国市场经济发展尚未成熟，国家对市场监管不到位，侵害众多消费者合法权益的案件大量滋生。这类案件受害者人数众多，由单个人起诉得不偿失，应当根据我国的现实情况，赋予消费者权益保护协会和个人提起公益诉讼的权利，以切实维护众多消费者的合法权益。①

此外，也有学者提出，将确认婚姻无效案件、亲子关系案件、隐私权案件、禁治产案件等也规定在公益诉讼案件范围内。笔者认为，这些案件中，涉及亲情、友情等因素较多，从目前情况看，检察机关不宜干涉过多，应当尊重当事人的意志，尊重当事人的诉权，由当事人在法定范围内对自身享有的权利进行处分。

（四）民事公益诉讼的程序规则

1. 公益诉讼的立法模式

目前，通过立法的形式确立公益诉讼制度已经成为大多数学者的共识。但是，采用什么样的立法模式确立公益诉讼制度，理论界还存在争议。主要形成了以下几种观点。

一是在《民事诉讼法》中规定公益诉讼制度。主要理由是：

---

① 姚晓霞：《浅议市场经济体制下我国民事公益诉讼制度的构建》，载《科技情报开发与经济》2008年第35期。《消费公益诉讼司法解释》对可以提起消费者公益诉讼的范围作了列举性规定，其第2条规定：经营者提供的商品或者服务具有下列情形之一的，适用《消费者权益保护法》第47条的规定：（一）提供的商品或者服务存在缺陷，侵害众多不特定消费者合法权益的；（二）提供的商品或者服务可能危及消费者人身、财产安全，未作出真实的说明和明确的警示，未标明正确使用商品或者接受服务的方法以及防止危害发生方法的；对提供的商品或者服务质量、性能、用途、有效期限等信息作虚假或引人误解宣传的；（三）宾馆、商场、餐馆、银行、机场、车站、港口、影剧院、景区、娱乐场所等经营场所存在危及消费者人身、财产安全危险的；（四）以格式条款、通知、声明、店堂告示等方式，作出排除或者限制消费者权利、减轻或者免除经营者责任、加重消费者责任等对消费者不公平、不合理规定的；（五）其他侵害众多不特定消费者合法权益或者具有危及消费者人身、财产安全危险等损害社会公共利益的行为。

行政公益诉讼问题可以通过行政复议解决，也可以通过对抽象行政行为提起诉讼，或者建立违宪审查制度等方法解决。公益诉讼可以通过提起民事诉讼的方式予以解决，民事诉讼领域内的诉讼形态最能体现公益诉讼的特点。

二是在《行政诉讼法》中规定公益诉讼制度。理由是：公共利益的保护完全可以通过确认诉讼、变更诉讼、撤销诉讼、履行义务诉讼、给付诉讼和执行诉讼六种行政诉讼形态实现，只要在立法上拓展原告人的资格就可。①

三是制定单独的公益诉讼法。理由是：要想从根本上解决公益诉讼问题，只能建立一种行之有效的新型诉讼制度，即制定单独的公益诉讼法，使一切组织和个人都可以根据法律、法规的授权，对侵犯国家及社会公共利益的违法行为有权向人民法院提起诉讼，由人民法院通过审判程序对违法者给予必要的法律制裁。②

从公益诉讼的总体状况看，公益诉讼是依托社会正义的概念，分为行政公益诉讼和民事公益诉讼两种形态，其特点是超越了个人利益的代表，倡导寻求法律的改变或者适用，从而影响全社会。公益诉讼是在民事诉讼框架内，以目的为导向的概念，从某种意义上说，是为了保护传统三大诉讼未能有效保护的利益而产生的。由于行政诉讼制度源于民事诉讼制度，两者遵循共同的诉讼法理和程序，而且民事诉讼程序更加细化、完善。③ 当行政公共利益受到侵犯，但是行政诉讼法律未予以规定时，完全可以借助《民事诉讼法》的规定使公共利益得以维护。因此，仅需要在《民事诉讼法》

---

① 李桂英：《关于是否设立公益诉讼类型问题的思考》，载《齐齐哈尔大学学报》2003年第4期。

② 舒迪：《公益诉讼困境待解》，载《人民政协报》2005年7月26日。

③ 《最高人民法院关于执行〈中华人民共和国行政诉讼法〉若干问题的解释》第97条明确规定：人民法院审理行政案件，即可依照行政诉讼法和行政司法解释，也可以参照民事诉讼法的有关规定。

之中规定公益诉讼制度即可。① 我国新修改的《民事诉讼法》规定了民事公益诉讼制度。

2. 公益诉讼的诉前程序

公益诉讼制度的设置是一把双刃剑，既有利于公共利益的保护，也可能会导致滥诉。为了防止滥诉情形的发生，有必要设置一套诉前前置程序对公益诉讼案件进行过滤。如果能够通过诉前程序使案件得以解决，就没有必要启动公益诉讼的繁杂程序。具体程序设置如下：在起诉前，提起诉讼的检察机关、其他组织或公民个人对损害国家利益和社会公共利益的行为，认为属于行政机关管辖范围的，应当首先向行政机关进行投诉或者提出处理建议，行政机关接到投诉或者处理建议后，应当立即采取行动，行使行政权力。检察机关、其他组织或公民个人对行政机关处理非法行为的活动可以进行监督。当行政机关拒绝接受检察机关、其他组织或公民个人的意见或建议，不履行职权对违法行为进行处罚，或者处罚不利时，检察机关、其他组织或公民个人可以向人民法院提起民事公益诉讼。如果违法行为不属于行政机关的主管范围，或者主管机关不明确，检察机关、其他组织或公民个人可以直接向人民法院提起公益诉讼。

3. 诉讼的提起方式

综观世界各国公益诉讼的提起方式，主要有三种，即单独提起、参与提起和共同提起。单独提起，是指检察机关、其他组织或者公民个人以原告的身份提起公益诉讼。例如，法国、日本、美国法律都规定，检察院（检察官）有权依法提起民事公益诉讼。参与提起，是指检察机关、其他组织或者公民个人作为从当事人支持原告提起诉讼。法国、日本法律都有相关的法律规定。例如，《日本人事诉讼程序法》第5条第1款规定：检察官应列席婚姻案件的

---

① 肖建华、唐玉富：《论公益诉讼的理论基础与程序构建》，载《河南政法管理干部学院学报》2008年第1期。

辩论并发表意见。第 2 款规定：检察官可列席受命法官或受托法官的审问并发表意见。[①] 共同提起，是指检察机关、其他组织或者公民个人与其他当事人一起以原告的身份提起诉讼。我国在设置公益诉讼制度时，上述三种方式都应当以法定形式加以规定，因为诉讼主体的广泛性决定起诉方式的多样性。公共利益关系重大，设置立体化、多元化的救济方式有利于使受损害的公共利益快速恢复原状。[②]

4. 证明责任分配

民事诉讼中一般的证明责任是“谁主张，谁举证”，即当事人对自己提出的主张有提供证据加以证明的责任，否则将承担不利的诉讼后果。在一般证明责任之外，法律还规定了证明责任倒置规则，即法律将属于原告承担的证明责任规定由被告承担。但是，需要注意的是，证明责任倒置规则不能随意适用，只有在法律规定的情形下，才能实行证明责任倒置。目前，根据最高人民法院的司法解释，证明责任倒置只适用六种特殊类型的侵权案件。

我国立法在设置公益诉讼制度，确定证明责任分配规则时，应当根据不同的诉讼主体情况，确定不同的证明责任分配规则。当检察机关作为原告提起公益诉讼时，由于检察机关具有公诉的职能，享有法定的侦查权，在收集证据上处于有利地位。因此，在证明责任承担上，应当遵循“谁主张，谁举证”的原则，由检察机关对对方当事人侵犯公共利益行为的违法性承担举证责任。当由其他组织或者公民个人作为原告提起公益诉讼时，由于违法行为实施方在社会中往往处于强势地位，原告方收集证据的力量明显不足，为了保障诉讼的公平与公正，在证明责任承担上，应当规定证明责任倒置，即由被告方承担证明责任。但是，对民事权益受到损害的事

① 《日本新民事诉讼法》，白绿铉译，中国法制出版社 2000 年版，第 145 页。

② 肖建华、唐玉富：《论公益诉讼的理论基础与程序构建》，载《河南政法管理干部学院学报》2008 年第 1 期。

实，原告仍然需要承担证明责任。

5. 案件的审理

设置公益诉讼的目的在于维护国家利益和社会公共利益。因此，与通常的民事诉讼程序适用相比，当事人的自由处分权将受到较多的限制。例如，撤诉、和解等。撤诉是指人民法院受理案件后至宣告判决前，原告自愿要求撤回自己诉讼请求的行为。申请撤诉是当事人行使处分权的体现，法律规定当事人应当依法行使处分权，不得损害国家、集体和公民的利益，否则，人民法院将代表国家进行干涉。原告提起公益诉讼后提出撤诉，人民法院应当对原告的撤诉行为进行干涉，除因证据不足，或者被告承认错误并接受处罚外，凡是被告的违法行为事实清楚，证据确实充分，侵犯了国家利益、社会公共利益，扰乱了社会秩序，人民法院应当不允许其撤诉。关于和解，诉讼上的和解是指当事人双方在诉讼中达成的以终结诉讼为目的的协议。涉及公益诉讼案件，原、被告之间进行和解应当允许，但是应当符合法律规定的条件，并且应当在被告受处罚的幅度范围内进行。对此，《民诉法解释》第 289 条规定：对公益诉讼案件，当事人可以和解，人民法院可以调解。当事人达成和解或者调解协议后，人民法院应当将和解或者调解协议进行公告。公告期间不得少于 30 日。公告期满后，人民法院经审查，和解或者调解协议不违反社会公共利益的，应当出具调解书；和解或者调解协议违反社会公共利益的，不予出具调解书，继续对案件进行审理并依法作出裁判。

6. 判决既判力范围的扩张

既判力是大陆法系民事诉讼法学的基本理论研究范畴，是指民事判决实质上的确定力，即确定判决对当事人和法院的约束力。既判力的效力对象是后诉，后诉必须尊重和受制于前诉，判决所确定的权利或法律关系，是当事人和法院必须遵守的内容，当事人和法院不得提出相异的主张或者作出矛盾的判决。公益诉讼从保护公共利益出发，具有判决既判力扩张的特点。对于检察机关单独提起的公益诉讼，判决的既判力不及于未参加诉讼的人。对于其他组织基于法律授权提起的公益诉讼，法院判决的效力及于公益团体和授权的团体成员。对于公民个人提起的公益诉讼，如果当事人未在法定的公告期内向法院主张退出公益诉讼，法院判决对所有利害关系人产生法律效力。

7. 诉讼费用的承担

诉讼费用从含义上讲有广义和狭义之分。广义的诉讼费用，是指当事人进行民事诉讼所支出的一切费用。狭义的诉讼费用，是指当事人进行民事诉讼向法院交纳和支付的费用。本书所称诉讼费用，是指狭义上的诉讼费用。公益诉讼的特殊性，决定诉讼费用的承担也应当区别于普通的民事诉讼。当由检察机关作为原告提起公益诉讼时，由于检察机关提起民事公益诉讼是法定的职责，目的是维护国家利益和社会公共利益，因此检察院提起公益诉讼花费的费用，包括诉讼费用，应当由国库支出。当由其他组织和公民个人提起公益诉讼时，由于公益诉讼具有复杂性，涉及的费用比较高，诉讼费用的数额也相对比较大，提起民事公益诉讼所花的费用往往使其他组织和公民个人难以承受。如果因为诉讼费用问题，使其他组织和公民个人丧失提起公益诉讼的可能性，无疑使法律规定付之东流。因此，对其他组织和公民个人提起民事公益诉讼的诉讼费用承担问题应当作出特殊的规定，即其他组织和公民个人提起公益诉讼时，可以暂时不预交诉讼费用。案件审结后，如果原告胜诉，诉讼费用由被告承担。如果原告败诉，诉讼费用可以从公益诉讼基金中支付。

四、恶意诉讼的规制

（一）恶意诉讼的危害及其成因

民事诉讼制度的设置，犹如一把双刃剑。善意使用，会使受害者的合法权益得以维护；恶意利用，不仅会损害他人的合法权益，而且会导致社会秩序的混乱。因此，如何遏制恶意诉讼成为目前我国面临的重大问题。

1. 恶意诉讼的含义和种类

“恶意诉讼”的概念源于英美，在美国的侵权行为法中有一种侵权类型称为“诉讼程序滥用”。《美国侵权行为法重述》中规定这一侵权类型有三种形式，即恶意民事诉讼、恶意刑事起诉和滥用诉讼程序。对于上述三种诉讼行为，行为人都应当承担侵权责任。[①] 大陆法系国家未在实体法中对恶意诉讼作出规定，只在程序法中或者通过相应的判例对恶意诉讼进行相应的规范，因而恶意诉讼的概念不甚明确。[②]

有关恶意诉讼的定义，我国存在多种不同的观点，其中具有代表性的观点包括：（1）汤维建教授认为，所谓恶意诉讼，是指当事人故意提起一个在事实上和法律上无根据之诉，从而为自己谋取不正当利益的诉讼行为。[③]（2）王加庚认为，恶意诉讼是指当事人明知或者应当知道其诉讼目的是不正当的而仍然诉请保护，以致不正当诉讼的发生，侵害对方合法权益的行为。[④]（3）高志刚认为，恶意诉讼是指当事人主观存有恶意，客观上有伪造证据，虚拟事

---

① 前两种侵权行为的共同点在于，起诉行为人是恶意地启动诉讼程序，可以统称为恶意起诉。在这两种情况下，先前被恶意起诉的人，可以提起滥用法律诉讼的侵权行为诉讼，从恶意起诉人那里获得补偿。第三种侵权行为是滥用诉讼程序，是指被告采用了法律诉讼，不是为了达到诉讼本身的目的，而是通过恶意地、不正当地使用常规诉讼程序实施一种侵权行为，从而导致原告损害。这种侵权行为的特征是，行为人享有诉权而行使诉权的行为不符合法律规定的目的。与前两种类型不同，第三种类型中滥用诉讼程序行为人在启动诉讼程序上不存在恶意。陈桂明、刘萍：《民事诉讼中的程序滥用及其法律规则》，载《法学》2007 年第 10 期。

② 温后钟、沈典松：《对恶意诉讼及其规制的思考》，载《法制与社会》2007 年第 7 期。

③ 汤维建：《恶意诉讼及其防治》，载陈光中主编：《诉讼法理论与实践》，中国政法大学出版社 2003 年版，第 331~335 页。

④ 王加庚：《应设立恶意诉讼赔偿制度》，载《人民法院报》2004 年 7 月 20 日第 4 版。

实，旨在损害被告或案外第三人利益或公共利益的非诚信民事诉讼行为。[①]（4）杨立新教授认为，恶意诉讼，是指明知道没有合法的诉讼理由，意图使他人受到财产上的损害，故意向法院提起民事诉讼的行为。[②]

上述几种定义方式，学者分别从不同的维度对恶意诉讼的特征进行了分析和汇总，但是难免有偏颇之处，不能涵盖恶意诉讼的整体内容。首先，恶意诉讼的核心内容是行为人提起诉讼是出于恶意，“恶意”顾名思义应当是主观故意，定义（2）中的“明知或应当知道”显然包含有过失的含义。行为人因主观过失提起诉讼，不应当属于恶意诉讼范畴。因此，此定义内容显然界定不严密。其次，定义（1）（3）（4）中虽然指出恶意诉讼的核心内容是故意，即“故意”“恶意”“明知”，并列举了相关的构成要件，包括“在事实上和法律上无根据”，“伪造证据、虚拟事实”，“没有合法的诉讼理由”等，但是从诉讼形态来看，仅限于原告提起诉讼。事实上，从司法实践看，恶意诉讼不仅存在于起诉阶段，也存在于诉讼进行过程中，上述定义没有完全涵盖恶意诉讼的整体内容。

从本质上讲，恶意诉讼是一种与法治精神背道而驰的诉讼行为。当代法治社会的基本精神是保障公民的诉讼权利，应当鼓励公民通过合法的途径维护自身的合法利益。如何做到既能保证当事人诉讼权利的充分行使，又能保障每个公民的合法权益不被非法诉讼侵害，是研究恶意诉讼规制的意义所在。因此，对恶意诉讼的范围不能规定得过窄也不能规定得过宽，规定过窄达不到规制恶意诉讼的目的，规定过宽则会抑制当事人的诉讼积极性。据此，笔者将恶意诉讼的定义为，恶意诉讼是指行为人为实现不正当的目的，恶意地、无合理理由地提起诉讼或滥用诉讼程序，使相对人合法权益受到损害的诉讼行为。

---

① 高志刚：《民事恶意诉讼的规制和风险防范》，载《法学论丛》2008 年第 3 期。

② 杨立新：《谈恶意诉讼侵权行为》，载《广西政法报》2004 年 3 月 4 日第 5 版。

依据上述定义，恶意诉讼的构成要件是：（1）行为人实施诉讼行为是为了实现不正当目的；（2）恶意地、无合理理由地提起诉讼或滥用诉讼程序；（3）诉讼的结果使相对人的合法权益受到损害。恶意诉讼的形式主要包括两种形态，即恶意提起诉讼和滥用具体诉讼程序。恶意提起诉讼与滥用具体诉讼程序的区别在于，恶意提起诉讼是指在没有合理依据的情形下提起诉讼，而滥用诉讼程序是指在合理的诉讼进行中实施妨碍民事诉讼顺利进行的行为。

滥用诉讼程序通常表现为以下几种情形：（1）恶意地利用诉讼权利。例如，恶意地利用申请回避权、延期审理权、上诉权、异议权等，以此拖延诉讼。再如，当事人在诉讼中突然提出新的证据，进行证据突袭。（2）实施前后矛盾的诉讼行为。英美法中有禁反言的规定，即当事人在诉讼中所实施的诉讼行为必须前后一致，如果当事人变更其诉讼行为会导致对方当事人遭受不公平的结果时，对其前后矛盾的诉讼行为应予禁止。（3）不当地制造于己有利的诉讼状态。例如，恶意地利用法律漏洞、妨碍对方当事人实施有效的诉讼行为等。（4）在诉讼过程中作虚假陈述或者提供虚假的证据等。①

2. 恶意诉讼的危害

诉讼不仅是纠纷解决机制，也是社会积怨的释放机制，恶意诉讼的出现，导致诉讼机能异化，使诉讼纠纷解决功能削减，诉讼纠纷解决机制难以有效发挥作用。从目前的司法实际情况看，恶意诉讼的危害主要体现在以下几个方面：

（1）侵害相对人的合法权益。恶意诉讼的形式虽然多种多样，但是目的却相对确定，即损害对方当事人和案外人的合法权益。有的利用诉讼侵犯被告的财产权；有的原告与被告恶意串通损害案外第三人的财产权益；有的通过诉讼损害对方的商业信誉，使对方丧

① 陈桂明、刘萍：《民事诉讼中的程序滥用及其法律规则》，载《法学》2007 年第 10 期。

失商业机会，整垮竞争对手；有的为了提高自己的知名度，假借诉讼之名炒作自己；有的则为了发泄不满情绪提起诉讼等。例如，某当事人为了与配偶离婚时能独占大部分财产，与朋友串通，伪造债务提起诉讼，并在诉讼中对证据进行自认，以获得法院不利于己的判决，或者通过法院调解结案，将财产转移，使配偶在后续的离婚诉讼中少分或不分财产，损害配偶的财产权益。再如，凭着一项所谓的专利，江苏吴江市一家阀门厂的厂长李中（个人独资企业）向扬州市同行（通发公司）提出了高额索赔，并请求法院判令同行销毁所有的“侵权”产品及生产模具。扬州市同行出示多项证据证明原告专利是“垃圾”，但原告却置若罔闻，执意要将官司进行到底。无奈之下，被告只好花费大量的人力、财力陪原告“玩”到底，经过长达3年的“诉絮”，原告的专利终被证实为“垃圾”。被拖入“诉累”的被告愤而状告原告“恶意诉讼”，人民法院经审理认为，李中故意以他人受到损害为目的，以恶意申请并应当被认定自始无效的专利权对通发公司提起专利权侵权诉讼，致使通发公司在诉讼中遭受损失，应当赔偿相应的经济损失。依法判定李中赔偿原告通发公司已经付出的律师代理费、公告费等经济损失21500元，案件受理费5520元也由李中全部负担。[①] 从司法实践看，行为人提起恶意诉讼，相对人必然应诉、上诉，以至于申请再审，必然耗费大量的时间、精力和财力，影响生产和生活的正常秩序，给相对人造成物质损失和精神损害。

（2）导致司法资源的浪费。美国学者彼得·斯坦和约翰·谢德指出，法律所存在着的价值，并不仅限于秩序、公平和个人自由这三种。许多法律规范首先是以实用性，即获得最大效益为基础的。[②] 通过诉讼的方式解决纠纷具有一定的效果，但是国家也需要

---

① 智敏：《“恶意诉讼”者为“恶意”买单——全国首例恶意诉讼案件宣判》，载《法治与社会》2007年第4期。

② ［英］彼得·斯坦、约翰·谢德：《西方社会的法律价值》，中国人民公安大学出版社1990年版，第2页。

付出一定的资源代价。受经济实力的影响，国家的司法资源又是有限的。在美国，每年的诉讼费用达到1000亿美元，每年仅州法院系统受理的案件就多达1800多万件，而司法力量的发展相对比较滞后。[①] 在我国，根据最高人民法院工作报告显示，2008年最高人民法院受理案件10553件，全国各级人民法院受理案件10711275件。另据有关报道，江苏省是市场化程度较高的省份，2008年，该省高院受理各类案件8135件，同比增长174.37%，基层法院受理各类案件807391件，同比增长25.75%。[②] 2000年以来，朝阳区法院收案量开始以每年5000件的数量持续攀升。2005年收案、结案双双突破5万件，成为全国基层法院收结案冠军，审判一线人员当年年均结案量达到293件。[③] 从以上数字可以看出，人民法院案件数量呈现各级、各类型案件全面、爆发式增长的态势。案件数量不断攀升，司法资源的投入却相对滞后，呈现出案多人少的状态。恶意诉讼也需要通过正式法律程序来审理，使国家耗费大量有限的司法资源，使司法机关力量分散，实际上是侵占和剥夺了他人合法使用、利用诉讼的权利，也加剧了法院“案多人少”的矛盾。

（3）影响社会秩序的稳定性。在人类社会的发展过程中，社会主体之间的冲突和矛盾是不可避免的。因为社会资源是有限的，人们会对权利、地位、资源提出有冲突的要求，而社会又不可能同时满足这些要求。社会冲突会引起社会主体之间的利益失衡，也会引发社会主体之间的对抗心理。对抗心理需要通过一定的途径予以发泄，适当的对抗心理发泄途径具有一定的“社会安全阀”的作用，这种“社会安全阀”将纠纷纳入合理的解决机制中，通过对敌对情绪的不断排泄，使社会心理趋于平衡状态，从而不至于破坏

---

① 乔耳·歇沃尔滋：《美国民事争端之选择性争端解决方式评价》，李启欣译，载《现代法学》1997年第6期。

② 参见《受理案件破千万法院如何突围》，载《法制日报》2009年3月13日。

③ 参见《调解优先浇灭“诉讼爆炸”引线》，载《法制日报》2009年7月30日。

整个社会结构。[①] 在恶意诉讼中，行为人为了启动诉讼程序，通常会伪造证据、捏造事实或虚构法律关系，使起诉行为符合民事起诉的条件，通过诉讼的进行达到不法或者不正当的目的。从微观角度看，恶意民事诉讼行为直接损害的是诉讼相对人的合法权益。从宏观角度看，行为人实施的伪造证据、捏造事实状告他人的行为，也是对正常民事诉讼秩序的极大妨碍和破坏。恶意诉讼对正常司法秩序的冲击，无疑是对社会基础的冲击，会破坏司法在公民心中的权威性。"任何人都不应从不当行为中获利"，这是一条亘古不变的行为准则，恶意诉讼行为人背道而驰，置法的秩序价值于不顾，严重地背离了诉讼救济合法权益的正当功能，破坏了人们心中既存的法律秩序价值，影响了社会秩序的稳定性，具有较大的危害性。[②]

3. 恶意诉讼的成因

近年来，恶意诉讼案件在我国呈上升趋势，成为社会各界关注的重点问题，究其原因主要体现在以下几个方面：

（1）诉讼本身的消极性。作为人类特定实践的诉讼，无论在客观上，还是在冲突主体以及统治者的主观认识中，都是一项能够产生一定的效果，同时又需要支付一定代价的行为。[③] 日本法学家川岛武宜认为，西方人"健讼"，动不动就上法庭；东方人"厌讼"，喜欢采取调解的方式，把大事化小，小事化了。主要原因是文化差异和法律意识的差异。我国长期处于封建社会，儒家文化居于主导地位，奉行温、良、恭、俭、让的行为规范和道德准则，"和为贵"的观念妇孺皆知，强调绝对的和谐，强调人与人、人与自然乃至整个宇宙间的恰和无间。实现和谐的根本手段是"教化"，使人们出于内心的认识与信念自觉自愿地放弃自己的主张。

① 张胜先、武浩鹏：《"恶意诉讼"的危害性及其对策》，载《河北法学》2002 年第 9 期。

② 焦美丽：《民事恶意诉讼的程序法规制研究》，内蒙古大学 2009 年硕士学位论文，第 10 页。

③ 张建权：《恶意诉讼问题探析》，载《浙江师范大学学报》2005 年第 2 期。

在儒家思想的熏陶下，人们形成了忍让、宽容、怕事的性格特征，能忍则忍，吃亏是福，怕吃官司等，都是这一性格的真实写照，导致了人们怕诉的心理。加之，我国古代法律等同于刑法，诉讼往往与犯罪相关联，在诉讼中不论处于原告地位，还是处于被告地位，都有损名誉和身份。对被告而言，这种负面影响会更大，社会公众一般认为被告隐含一种不正当的含义，恶意诉讼的行为人恰好利用这种消极的影响达到不正当的目的。

（2）社会诚信的缺失。诚实信用是古今中外正当行为的准则，它要求人们在市场活动中讲究信用、恪守诺言、诚实不欺，在不损害他人利益的前提下追求自己的利益。[①] 诉讼作为人类活动的一种，也应当遵循这项原则。在司法领域，诚实信用原则起初是为了弥补法律功能的不足，在民事诉讼领域适用则是为了弥补诉讼功能的局限性。在民事诉讼中适用诚实信用原则，对法院来讲，要求法官不得滥用司法裁量权；对诉讼参与人来讲，要求其实施的诉讼行为必须诚实、善意。然而，当今社会诚信缺失，某些人为了达到不正当的目的，追求不正当的利益，虚构事实、伪造证据提起诉讼。有些人甚至挑起诉讼事端，为自己扬名。从目前案件发生的情况看，恶意诉讼不仅涉及知识产权领域，而且涉及新闻侵权、继承、经济案件等，触及范围之广，令人担忧。诚实信用的缺失，是恶意诉讼出现的内在原因，其使无辜的人无端陷入诉讼，合法权益遭受侵害，某些人甚至对诉讼产生了恐惧、厌恶心理，破坏了人们生活的稳定，使人们丧失了安全感，危害较大，应当通过立法予以惩治。

（3）法律制度的缺陷。法律应当为维护正当的利益被善意地使用，诉讼法的形式性也应当为维护实质正义而设置。然而，诉讼法上形式性的要件很容易被制造出来，诸多恶意诉讼的情形，恰恰是行为人采用了程序法形式合法的诉讼行为，但不是为了维护自己的合法权益寻求司法保护，而是不正当地利用诉讼程序损害对方当

① 梁慧星：《民法解释学》，中国政法大学出版社 1995 年版，第 301 页。

事人的合法权益。在我国现有的法律制度中，只有部分法律对恶意诉讼的形式作出了规定。例如，我国《宪法》第51条，《民法总则》第3条、第176条，《民事诉讼法》第49条第3款、第111条、第114条的规定，以及《刑法》第307条的规定等。[①] 2012年我国新修改的《民事诉讼法》虽然增加了遏制恶意诉讼行为的法律规定，但是，没有形成遏制恶意诉讼行为的法律制度体系，即只是对恶意诉讼、恶意逃避债务行为作出了规定。该项法律制度，只能在有限的范围内对恶意诉讼行为起到惩戒的作用，根本不足以遏制贯穿整个民事诉讼过程的恶意诉讼行为。[②]

（二）外国规制恶意诉讼的立法例

恶意诉讼在世界各国都存在，国外法律对恶意诉讼的防范与规制从来没有停止过。早在古罗马时期，就非常注重防范人们进行恶

---

① 《宪法》第51条规定："中华人民共和国公民在行使自由和权利的时候，不得损害国家的、社会的、集体的利益和其他公民的合法的自由和权利。"《民法总则》第3条规定："民事主体的人身权利、财产权利以及其他合法权益受法律保护，任何组织或者个人不得侵犯。"第176条规定："民事主体依照法律规定和当事人约定，履行民事义务，承担民事责任。"《民事诉讼法》第49条第3款规定："当事人必须依法行使诉讼权利，遵守诉讼秩序，履行发生法律效力的判决书、裁定书和调解书。"第111条规定："诉讼参与人或者其他人有下列行为之一的，人民法院可以根据情节轻重予以罚款、拘留；构成犯罪的，依法追究刑事责任：（一）伪造、毁灭重要证据，妨碍人民法院审理案件的；（二）以暴力、威胁、贿买方法阻止证人作证或者指使、贿买、胁迫他人作伪证的……"第114条规定："有义务协助调查、执行的单位有下列行为之一的，人民法院除责令其履行协助义务外，并可以予以罚款：（一）有关单位拒绝或者妨碍人民法院调查取证的；（二）有关单位接到人民法院协助执行通知书后，拒不协助查询、扣押、冻结、划拨、变价财产的……"《刑法》第307条规定："以暴力、威胁、贿买等方法阻止证人作证或者指使他人作伪证的，处三年以下有期徒刑或者拘役；情节严重的，处三年以上七年以下有期徒刑。帮助当事人毁灭、伪造证据，情节严重的，处三年以下有期徒刑或者拘役。"

② 《民事诉讼法》第112条规定：当事人之间恶意串通，企图通过诉讼、调解等方式侵害他人合法权益的，人民法院应当驳回其请求，并根据情节轻重予以罚款、拘留；构成犯罪的，依法追究刑事责任。第113条规定：被执行人与他人恶意串通，通过诉讼、仲裁、调解等方式逃避履行法律文书确定的义务的，人民法院应当根据情节轻重予以罚款、拘留；构成犯罪的，依法追究刑事责任。

意诬告。根据皇帝宪法令，原告要作出自己绝非诬告的宣誓。在诉讼进行中，任何一方可要求他方作“诬告宣誓”，以表明他不是寻衅好讼的。如果原告不肯宣誓，其诉权即行作废；如果被告不肯宣誓，其拒绝等于自认。被告也可以对原告提起“诬告诉”，原告如果败诉，就处以其请求权的1/10作为罚金。[①] 在我国，恶意诉讼是随着经济的发展，出现的一种新型诉讼形态。如何对恶意诉讼进行规制，需要借鉴外国成功经验。

1. 英美法系

在英美法系，对恶意诉讼的规制，无论实体法还是程序法都作出了具体的规定。其中，实体法中，恶意诉讼被称为滥用法律诉讼，可以构成民事侵权受到法律制裁。程序法中的“正当程序”理论是对恶意诉讼进行规制的法理基础，也是评价恶意诉讼行为的一般性标准。

（1）英国。恶意民事诉讼作为法律上的概念，最初源自英国法中的“滥用法律程序”。在实体法上，英国法律把恶意诉讼作为一种侵权行为进行规制。根据《英国侵权行为法》的规定，恶意诉讼有三种类型：恶意控告、恶意民事诉讼和滥用程序。[②] 其中，恶意民事诉讼，是指行为人没有合理的和合适的理由，提起民事诉讼，法院最终判决相对人胜诉，如果相对人因此遭受损害，还可以对行为人滥用法律诉讼行为提起侵权之诉。在英国早期的普通法中，滥用民事诉讼不被认定是一种侵权行为诉讼。现在，当原告能够证明某种特别损害时，英国法确认存在一种民事诉讼的理由。所谓特别的损害，包括对于原告人身和财产的实体性干涉。[③] 在英国，对恶意民事诉讼的规制和救济主要体现在正当程序中。如果当事人不当地启动和使用了诉讼程序，不但是对程序的滥用，更是滥

① 周枏：《罗马法原论》（下册），商务印书馆1994年版，第885页。

② 李仁玉：《比较侵权法》，北京大学出版社1996年版，第56页。

③ 徐爱国：《英美法中“滥用法律诉讼”的侵权责任》，载《外国法评述》2000年第2期。

用了司法救济的必要性。英国《最高法院诉讼规则》规定："如果诉讼文件是骇人听闻的、荒谬的、折磨人的，法院应予勾销。"英国新《民事诉讼规则》也规定："法庭可以驳回基于下列情形的任何起诉或辩护：第一，起诉或辩护无任何合理的依据；第二，起诉或辩护是轻率的、攻击性的或明显恶意的，或有可能阻碍公正诉讼程序进行的；第三，未遵守民事诉讼规则、判例法和法庭命令。"①

（2）美国。美国法律中没有恶意诉讼的定义，恶意诉讼包含在正当程序中。《美国侵权行为法重述》将恶意诉讼的侵权行为称为"无正当理由的诉讼"，行为人应当就其行为所导致的损害后果承担侵权责任。在美国，基于正当程序原则，当事人启动和适用诉讼程序应当符合正当程序的要求，一旦程序不公正，就是对其权利的滥用。《美国联邦民事诉讼规则》第 11 条规定了当事人和律师对诉讼文书的签字要求和"真实声明"，签字是针对律师的，真实声明是针对当事人的，当事人及律师签名、呈送或随后提出的每一份诉答状、动议书或其他文件，意味着该人已证实，在此情况下，根据合理调查形成的其本人最佳个人认识、信息和信念。由此可知，当事人和律师不仅要基于诚信确保自己提供的文件是正当的，而且还必须经过合理调查，以证明其主张是有合理依据而不是出于任何不正当目的和动机的。该规则第 16 条第 6 款规定："审理前会议中，当事人或当事人的律师未遵守日程安排，或非基于善意参加会议，法官应要求当事人或代理当事人的律师支付由此产生的合理费用，包括律师费用在内。"第 26 条第 7 款规定："发现程序中，提出的要求、答复和异议不是出于任何不合理的目的，例如故意为难或造成不必要的拖延或导致诉讼中不必要的花费。否则，法院可命令支付违反规则所导致的合理费用，包含合理的律师费。"第 34 条第 4 款规定："在录取庭外证言时，法院发现作证人或当事人阻碍、延误或其他有碍正当询问庭外作证人的行为时，可给予责任人

① 沈达明：《比较民事诉讼法初论》（上册），中信出版社 1991 年版，第 250 页。

合理制裁，包括令其支付合理费用及其他当事人由此所花费的律师费。”①

2. 大陆法系

大陆法系国家并没有在实体法中对恶意诉讼作出规定，只是在程序法中或者通过判例对滥用诉讼权利作出了规定。

（1）法国。“恶意诉讼”的含义在法国的法律中并不明确，更多地使用“诉权滥用”这个概念。法国是最先在立法中使用“权利滥用”概念的国家，而“诉权滥用”就源于“权利滥用”。在19世纪以前，“诉权滥用”仅适用于财产法范围，随着人们对社会本位主义重要性的认识日趋加强，“诉权滥用”的含义逐渐超出财产法的范畴，而被赋予更多程序意义上的色彩。② 对诉权是否被滥用的判断标准是：①当事人是否具备诉权，即是否满足诉的利益和主体资格的法定要求；②当事人的主观意图是否恶意。根据此项判断标准，如果当事人在不具备法定的“诉讼利益”和“主体资格”的情况下，向法院提起诉讼，就构成诉权滥用。当事人向法院提起诉讼时，虽然具备法定的“诉讼利益”和“主体资格”，但是如果主观上存在恶意，如拖延诉讼等，也会受到法庭的处罚。需要注意的是，最初法国学者认为，诉权滥用的主观构成要件只有恶意或故意，因为在有些情况下，当事人对自己是否正当地行使诉权缺乏正确的认识，又因在法国诉权的行使具有自由性、任意性，不能对当事人在行使诉权时作严格的要求，因此在法国民事诉讼中，有故意滥用诉权承担责任的判例，但过失除外。后来的判例对这一认知进行了修正，认为一般过错以及可以受到指责的轻率行为都可构成滥用诉权，应当承担损害赔偿责任。《法国新民事诉讼法》第32条规定：“对于拖延或其他不正当手段进行诉讼者，可以处一百至一

① 汤维建：《美国民事司法制度与民事诉讼程序》，中国法制出版社2001年版，第354页。

② 张晓薇：《滥用诉讼权利之比较研究》，载《比较法研究》2004年第4期。

万法郎的民事罚款，并且不影响可能对其要求的损害赔偿。”①

（2）德国。德国法律中没有恶意诉讼的具体规定，《德国民法典》第226条和第242条权利滥用的普遍禁止，似乎使权利滥用成为一条基本的原则。德国学者也反对诉权滥用，由于受实体法的限制，从“滥用诉权”到“滥用诉讼权利”的过渡，在德国持续了良久。学者之间更是争论不休，严格区分实体法与程序法的主流观点，不可能将实体法规定的条款直接用于程序法，有关《德国民法典》第226条能否适用于程序法的争论，直到20世纪30年代才有了新的转机。在1933年后，受意识形态的影响，对公平因素的可接受，导致了程序法范围内认识的变化，刺激了诚实信用扩大适用的趋势，基于诚实信用原则，对当事人的诉讼权利同等重视，一方滥用诉讼权利的行为必将受到否决。在这种情况下，德国修改了《民事诉讼法》，规定了当事人诉讼真实的义务，要求当事人必须完全且真实地就事实上的状态作陈述，若有恶意陈述虚伪事实，或妨碍对方当事人的陈述，提出无理争辩及提出不必要的证据时，法院可以处以罚款。② 至此，“真实义务”作为诚实信用原则在民事诉讼法中的延伸，成为判断诉讼行为合法性、有效性的标准，具有了程序法上的独立意义。

（3）日本。日本学者也主张对恶意诉讼行为进行法律制裁，其基本理念是，行为人虽然以违反法律和契约或者违反公共秩序和善良风俗的行为取得了诉讼上某种权限或者具备某种法律构成要件，但是不允许以行使该权限或使用该法律损害对方当事人的正当利益。③ 关于恶意诉讼的规制，日本学者也试图在实体法中寻找法理依据，将诚实信用原则引入诉讼法，但招来非议。直到第二次世

---

① 罗结珍：《法国新民事诉讼法典》，中国法制出版社1999年版，第9页。

② 刘荣军：《诚实信用原则在民事诉讼法中的适用》，载《法学研究》1998年第4期。

③ ［日］谷口安平：《程序的正义与诉讼》，王亚新、刘荣军译，中国政法大学出版社1996年版，第147页。

界大战以后，在年青一代学者的推动下，日本高等法院在一案件中采用了“程序诚信”的说法，才完成了这一过程。《日本新民事诉讼法》第 2 条规定：“裁判所应为民事诉讼公正并迅速地进行而努力；但是进行民事诉讼，应以诚实信用为之。”该原则适用于禁反言，禁止不当促成有利诉讼状态，禁止程序权利滥用等情形。该法第 384 条第 2 款规定：“在根据前条第一款规定驳回控诉的情况下，认为控诉人提起控诉，仅以拖延诉讼的终结为目的时，告诉法院可命其交纳作为提起控诉手续费而交纳金额的十倍以下的现金。”①该项法律规定从程序上规定了对于恶意诉讼行为人的制裁措施。

3. 评析

比较研究是为了把握制度设置的脉络，避免我国在制度设置时走弯路。通过对上述两大法系国家规制恶意诉讼做法的研究可以看出，大陆法系国家法律体系比较严密，各部门法调整的社会关系领域泾渭分明，对能否适用实体法的规定调整程序法领域的恶意诉讼行为一直持谨慎的态度，因此，大陆法系国家通常没有在实体法中对恶意诉讼作出规定，只是在程序法中或者通过判例对恶意诉讼进行相应的规范，采用的是程序法为主，实体法为辅的方式，因此恶意诉讼的概念不甚明确。例如，德国受实体法的限制，从“滥用权利”到“滥用诉讼权利”的过渡持续了很久。日本学界，对用实体法中的诚实信用原则规制恶意诉讼的提法，在早期也受到非议。与大陆法系国家不同，在英美法系国家，法律重视对公民社会生活和民事权益的保护，对恶意诉讼的规制，采用实体法与程序法应用两者并重的方式。此外，两大法系对恶意诉讼的判断标准也不同，大陆法系从诚实信用原则出发，判断当事人的诉讼行为是否属于恶意民事诉讼，诉讼主体对诉权的行使是否超过诚实信用的范畴。而英美法系以“正当程序”理念作为界定和规制恶意诉讼行为的标准，一般不需要对行为人的主观状态进行考察，一旦行为违

① ［日］兼子一、竹下守夫：《民事诉讼法》，法律出版社 1997 年版，第 320 页。

反了正当程序，就构成恶意诉讼。

(三) 我国立法对恶意诉讼的规制

恶意诉讼是一种特殊的侵权行为，其侵权方式往往具有隐蔽性，不容易被察觉。因此，如果规制不当，极有可能对正常的民事诉讼活动产生消极的影响。虽然我们不能信奉“法律万能”主义，并且对恶意诉讼行为的规制也不应局限在法律层面，但是如果能够建立健全法律制约体系，不仅能够为民事诉讼程序的顺利进行保驾护航，同时也能够提高恶意诉讼行为的法律成本，有效遏制此种行为的发生。从目前的情况看，规制恶意诉讼行之有效的方法是：健全制约体系，强化法律规制力度，增大恶意诉讼的成本，采取制度预防和行为制裁并举的措施。

1. 明确恶意诉讼的构成要件

虽然恶意诉讼行为存在已久，诸多国家纷纷出台相关法律对其进行规制。但是，我国立法却刚刚确立遏制恶意诉讼的法律制度，还没有形成遏制恶意诉讼的法律体系，更缺乏判断恶意诉讼的标准，致使审判实务中难以将某一具体行为界定为恶意诉讼行为。恶意诉讼行为作为一种侵权应当受到法律的制裁，对恶意诉讼行为进行制裁应当符合一定的法律条件，否则，会导致制度适用的扩张，影响正常诉讼的顺利进行。恶意诉讼的构成要件应当包括以下几个方面：

(1) 主观上存在恶意。所谓恶意，是指行为人明知道其诉讼行为不具有正当性，却利用诉讼活动达到诉讼之外的不正当目的，即为实现非法利益利用诉讼损害他人合法权益。从恶意诉讼的目的看，行为人是想通过诉讼损害他人合法权益，因此主观上只能是恶意。过失是指行为人违反了对他人的注意义务，过失行为造成的损失是由于行为人疏忽大意或过于自信造成的。有过失的行为人既不希望也不放任损害结果的发生，心理状态与“恶意”是相矛盾的。如果行为人向人民法院提起诉讼，目的是实现自己的诉讼请求，维护自身受到侵害或与他人发生争议的合法权益，并没有损害他人利益的意思，只不过是在诉讼中由于自身的过失使诉讼产生了不利的影响，这种情形不宜划入恶意诉讼范围内。否则，恶意诉讼的含义过宽，会对当事人诉权的正常行使产生不利的影响，即造成法官自由裁量权过大，使无恶意的人怯于诉讼，或者使一些原本能够进入正常程序的诉讼进入恶意诉讼程序，造成不应有的纠纷，加大诉讼资源和成本。从另一角度讲，将故意作为判断是否是恶意诉讼的标准，也比较利于司法实践中具体操作。

（2）客观上实施了违法行为。除主观具有恶意外，恶意诉讼的构成还需行为人实施了恶意诉讼行为，单纯的思想活动或语言叙述不能构成恶意诉讼。例如，某人在博客里或短信中声称自己要提起诉讼的行为，或者用提起诉讼相威胁而谋取不法利益的行为，都不能称之为恶意诉讼。恶意诉讼必须以实际行动表现出来，其表现形式应当是积极的、主动的作为，不作为不能构成恶意诉讼。恶意诉讼的表现形式是多种多样的，包括利用诉讼制造讼累，损害相对人的财产权益，损害相对人的名誉，损害案外第三人的财产权益等。

（3）存在损害事实。损害事实，是指由于恶意诉讼给相对人或案外人合法权益造成的损害。包括物质损害、精神损害和人身损害。物质损害的范围比较广，主要指相对人为了被迫应诉而支出的各种实际费用。包括相对人为应对恶意诉讼而支出的交通费、住宿费、通信费、材料费等相关费用。精神损害，是指相对人因无故陷入诉讼带来的社会压力在精神上的体现。包括因为诉讼使其名誉、声誉受损，造成的精神痛苦。例如，由于恶意诉讼的进行，使相对人及其家属产生巨大的社会舆论压力，导致其名誉或商誉减损。另外，恶意诉讼有时还会给相对人造成人身损害。例如，恶意民事诉讼行为人利用宣告死亡程序，致使相对人丧失作为父母、配偶的合法身份，使其人身权益受到损害。恶意诉讼产生的危害比较大，即使案件判决受害人胜诉，诉讼所产生的消极影响也往往很难在短时间内消除。

（4）违法行为与损害事实存在因果关系。违法诉讼行为与损害事实之间有因果关系，是指违法诉讼行为作为原因，损害事实作为结果，在它们之间存在前者引起后者的客观联系。在恶意诉讼中，由于行为人借助公权力非法加害相对人或案外人，违法诉讼行为和损害结果之间的因果关系被法院行使职权的表象掩盖起来，比较难以判断。因此，应该采用相当因果关系说对恶意民事诉讼进行判断，[①] 即依照一般社会经验和认识水平，如果违法诉讼行为可能引起损害事实，而在实际上也确实引起了，两者之间就存在因果关系，行为人应承担相应的法律责任。[②]

2. 健全抑制恶意诉讼的法律程序

我国实体法没有对恶意诉讼作出专门的法律规定，1991 年《民事诉讼法》第 50 条第 3 款规定：当事人必须依法行使诉讼权利，遵守诉讼秩序，履行发生法律效力的判决书、裁定书和调解书。该项法律规定，被认为是禁止诉讼权利滥用的原则性规定，但由于规定过于抽象，无法直接用以规制恶意诉讼行为。

2011 年 10 月 29 日起公开征求意见的民诉法草案第 111 条规定：当事人之间恶意串通，企图通过诉讼、调解等方式逃避债务、侵占他人财产的，人民法院应当驳回其诉讼请求，并根据情节轻重予以罚款、拘留；构成犯罪的，依法追究刑事责任。第 112 条规定：被执行人与他人恶意串通，通过诉讼、仲裁等方式逃避法律文书确定义务的，人民法院应当根据情节轻重予以罚款、拘留；构成犯罪的，依法追究刑事责任。以上法律条款，被认为是规制恶意诉讼的法律规定。2012 年新修改的《民事诉讼法》第 112 条规定：当事人之间恶意串通，企图通过诉讼、调解等方式侵害他人合法权益的，人民法院应当驳回其请求，并根据情节轻重予以罚款、拘

---

① 相当因果关系，是指作为侵权行为要件的因果关系，只需具备某一事实，依据社会共同经验，即足以导致与损害事实同样的结果。

② 温后钟、沈典松：《对恶意诉讼及其规制的思考》，载《法制与社会》2007 年第 7 期。

留；构成犯罪的，依法追究刑事责任。该法第 113 条规定：被执行人与他人恶意串通，通过诉讼、仲裁、调解等方式逃避履行法律文书确定的义务的，人民法院应当根据情节轻重予以罚款、拘留；构成犯罪的，依法追究刑事责任。可以看出，上述法律规定，将民诉法草案中规定的内容确定下来，首次在法律规定中使用了“恶意”一词，应当说是立法的一大进步。但是也存在一定的问题。具体体现在以下几个方面：一是法律条文规定较原则，缺乏对恶意诉讼统一的判断标准。二是虽然恶意诉讼的规定涉及审判和执行，但是在恶意诉讼范围的确定上比较狭窄，仅涉及通过诉讼逃避债务、侵占他人财产、逃避执行法律文书确定义务的行为，对于借拖延诉讼，恶意增加对方诉讼成本，以及通过诉讼，损坏他人名誉和信誉等恶意诉讼形式并没有作出规制。三是仅规定了双方当事人恶意串通的恶意诉讼，似乎排除了单方恶意诉讼的情形。四是对恶意诉讼的处罚形式仅涉及驳回诉讼请求、罚款、拘留、追究刑事责任，而没有规定相应的赔偿责任。五是缺乏贯穿诉讼始终的规制恶意诉讼的健全程序。

针对上述存在的问题，建议立法从以下几个方面进一步予以完善：一是明确恶意诉讼的确定标准。二是扩大恶意诉讼范围的规定。三是确立恶意诉讼损害赔偿制度。四是健全抑制恶意诉讼的法律程序。涉及抑制恶意诉讼法律程序的健全与完善内容，主要应当注重以下几个方面：

一是在起诉时遏制恶意诉讼，使诉讼不能进入审判程序。司法实践中，存在大量的当事人虚构案件事实，伪造证据，诬告对方的诉讼，也存在恶意反诉的情形。根据我国现行法律规定，当事人的起诉只要符合法律规定的形式条件，法院即可受理案件，很难在源头把关，会使恶意诉讼流入审判程序。可以考虑在起诉条件上增加诉之利益的规定，对一些具有不良企图和动机的诉讼不予受理，排斥在法院大门之外。

二是发挥审前准备程序的作用，排除恶意诉讼。我国新修改的

《民事诉讼法》规定了审前准备程序，司法实践中，应当科学合理地利用该项程序，不断地通过立法完善审前准备程序，使该项程序的运用起到遏制恶意诉讼的作用。国外一些国家的法律规定中，大都规定有与庭审程序相并列的审前准备程序。设置审前准备程序的目的主要是，收集和交换证据，使双方当事人能够在此过程中充分发表自己的意见、提出自己的主张，确定案件的争议焦点，为庭审做好准备。同时，审前准备程序的设置，也可以发现恶意诉讼行为人的不法企图和动机，及时采取措施进行遏制，排除干扰，保证庭审能够顺利进行。例如，通过审前程序交换证据，可以防止当事人在庭审中突然提出证据，实施诉讼突袭，借此拖延诉讼。再如，对于当事人的恶意举证，可以通过审前准备程序将其排除等。我国新修改的《民事诉讼法》，确立了审前准备程序，期望该程序的运用对遏制恶意诉讼起到重要的作用。①

三是严格撤诉条件，遏制恶意诉讼行为。撤诉，是指在人民法院受理民事案件之后宣告判决前，原告要求撤回起诉的行为。我国《民事诉讼法》第 145 条规定：宣判前，原告申请撤诉的，是否准许，由人民法院裁定。人民法院裁定不准许撤诉的，原告经传票传唤，无正当理由拒不到庭的，可以缺席判决。司法实践中，有些恶意诉讼者并不以胜诉为目的，而是想通过诉讼过程损害相对方当事人的人身和财产权益，所以当达到不法目的后，会通过撤诉来逃避败诉的风险。根据我国现行法律的规定，诉讼程序在启动后可否以诉讼的方式终结，只取决于法院和原告，被告没有任何权利。原告提起诉讼，被告需要被动地为之付出人力、物力、财力和时间，原告撤诉时被告不享有任何异议权显然不公平，属于权利不对等。因

---

① 我国《民事诉讼法》第 133 条规定：人民法院对受理的案件，分别情形，予以处理：（一）当事人没有争议，符合督促程序规定条件的，可以转入督促程序；（二）开庭前可以调解的，采取调解方式及时解决纠纷；（三）根据案件情况，确定适用简易程序或者普通程序；（四）需要开庭审理的，通过要求当事人交换证据等方式，明确争议焦点。

此，建议进一步修改和完善《民事诉讼法》，增加规定：在案件受理后被告提交答辩状前，原告的撤诉请求是否被允许，由人民法院裁定；在被告提交答辩状后，原告申请撤诉的，应在征得被告同意后，由人民法院裁定。[①] 法律如此规定，既能体现双方当事人诉讼地位的平等，也提高了原告撤诉的难度，有利于遏制恶意诉讼行为。

四是限制恶意上诉，防止诉讼拖延。立法设置二审程序的目的，是为了纠正一审不当或者错误的裁判，实现公正司法，维护当事人的合法权益。但是，在司法实践中有时却被恶意利用，损害相对方当事人的合法权益。例如，为了拖延一审判决生效时间，虽然一审判决公正，但是仍然提起上诉，利用上诉的时间段，转移财产、隐匿财产，妨碍将来生效判决的执行。对于当事人实施的此种恶意诉讼行为，应当予以罚款的经济制裁，以杜绝此类诉讼案件的发生。

五是加强对调解协议合法性的审查，避免当事人双方恶意串通损害案外第三人的合法权益。从目前的司法实践情况看，在诉讼中，双方当事人恶意达成调解协议的案件占一定的比例，主要目的是转移财产，非法占有财产和逃避债务，损害案外第三人的合法权益。这类案件隐蔽性强，很难被发现，调解协议一经法院确认，即产生与法院生效判决同等的法律效力，社会危害性也比较大。因此，为避免恶意诉讼行为人达到非法目的，法院应当强化对调解协议合法性的审查，不仅应当审查调解协议内容的合法性，而且应当审查达成调解协议目的的合法性，以杜绝此类案件的发生。

3. 完善规制恶意诉讼的法律制度

根据法律规定内容的不同，可以将法律划分为实体法与程序

① 2015年《民诉法解释》第238条规定：当事人申请撤诉或者依法可以按撤诉处理的案件，如果当事人有违反法律的行为需要依法处理的，人民法院可以不准许撤诉或者不按撤诉处理。法庭辩论终结后原告申请撤诉，被告不同意的，人民法院可以不予准许。上述法律规定，在一定条件下，赋予被告同意权，属于立法一大进步。

法。其中，实体法的内容主要是规定确认权利和义务，以及职权和责任；程序法的内容主要涉及保证权利和职权得以实现或行使，义务和责任得以履行的有关制度和程序。在我国当前的法律框架内，对恶意民事诉讼行为进行规制，应当综合利用程序法和实体法的优势。一方面在实体法中明确恶意诉讼是一种独立的侵权行为，并建立相应的恶意诉讼侵权损害赔偿制度。另一方面应当积极发挥程序法的规制作用，遏制恶意诉讼的产生，剥夺恶意民事诉讼者的程序利益，并对其进行司法惩罚，敦促其合理合法地利用法律程序。

（1）建立恶意诉讼损害赔偿制度。我国现有法律缺乏对“恶意诉讼”及其法律后果的规定，使恶意诉讼的受害者在合法权益受到侵害后，难以寻求国家法律的保护，而实施恶意诉讼的行为人却不需要承担相应的法律责任，客观上纵容了恶意诉讼案件的发生。在英美法中，滥用法律诉讼可以构成一种独立的民事侵权行为责任，其基本含义是：被告恶意地、没有合理的和合适的理由，使原告陷入一种刑事的诉讼或民事的诉讼；诉讼结果有利于原告，即被告造成的诉讼失败；原告因此受到损害。在这些情况下，原告可以提起滥用法律诉讼的侵权行为诉讼，从被告那里获得补偿。①

从我国现行立法看，我国的诉讼费用承担方式承袭了大陆法系的做法，即由败诉方承担，但不包括胜诉方的律师费。诉讼费用的规定，在一定程度上起到了遏制恶意诉讼的作用，但是相对于被诉者心理上、财产上的损失而言，实属微不足道。况且，国务院《诉讼费用交纳办法》出台后，为了降低当事人诉讼的门槛，民事案件的受理费用大幅降低，在当事人享受诉讼便利的同时，诉讼案件的数量也在逐年增加，当事人启动诉讼程序的风险也不断减小，这也为恶意诉讼者提供了契机。恶意诉讼行为人成功地将对方卷入诉讼，耗费了对方大量的时间和精力，在诉讼的过程中获得不法利

① 徐爱国：《英美法中“滥用法律诉讼”的侵权责任》，载《外国法述评》2000年第2期。

益，即使最终败诉，也只是需要承担低廉的诉讼费用，可谓“低成本高回报”。借鉴国外的成功经验，我国如果能够通过法律制度的完善，使少数恶意诉讼的当事人受到应有的惩罚，使之得不偿失，就可以有效地遏制恶意诉讼行为。符合实际的做法是，建立恶意诉讼的损害赔偿制度，对实施恶意诉讼行为者，除驳回诉讼请求、承担诉讼费用外，还应当承担因恶意诉讼行为给对方造成的损失。

关于对恶意诉讼损害赔偿如何规制，程序法学者与实体法学者有不同意见。程序法学者认为，恶意诉讼行为是在程序中产生，从程序规制的角度看，恶意诉讼的民事责任是程序违法的辅助制裁手段。因此，应当在民事诉讼法中规定。具体法律条文内容是：对滥用诉讼权利，违反诉讼义务的行为，可由当事人诉请违反者承担损害赔偿的民事责任。[①] 在大陆法系国家和地区，存在以程序法规制恶意诉讼的先例。例如，葡萄牙、我国澳门特区。[②] 实体法学者认为，恶意诉讼作为一类具体的侵权行为，应当在侵权责任法中规定。中国社科院提交的《民法典·侵权责任法编》第 39 条规定，恶意对他人提起民事诉讼，或者进行违法犯罪告发，起诉或告发的事实被证明不成立，并且给被起诉者、被告造成财产损失的，应当承担赔偿责任。恶意起诉、告发行为对受害人的名誉、隐私或者其他人格尊严构成严重损害的，适用本法第 27 条、第 28 条的规定。[③] 笔者认为，我国对恶意诉讼的规制，应当借鉴英美法系国家的做法，采用实体法与程序法并重的方式，在实体法与程序法中分别作出规制恶意诉讼的法律规定。有关恶意诉讼的损害赔偿制度，在侵权责任法中，应当作为一种特殊的侵权行为，在一般侵权行为

---

① 田平安、罗建豪：《民事诉讼法律责任论》，载《现代法学》2002 年第 2 期。

② 参见《葡萄牙民事诉讼法》第 456 条的规定；《澳门民事诉讼法》第 385~388 条的规定。

③ 梁慧星：《中国民法典草案建议稿附理由·侵权行为编》，法律出版社 2004 年版，第 45~46 页。

之外，对恶意诉讼的侵权行为单独列举，以利于对恶意诉讼的规制。

关于恶意诉讼的赔偿范围和方式。恶意诉讼行为人实施危害行为，侵害了他人的合法权益，应当承担赔偿责任。在恶意诉讼中，财产损失不可避免，人身利益损害和精神损害也大量存在，受害人无端陷入诉讼，被动应诉，需要付出较多的人力、物力、财力和精力，对于相对人参加诉讼支出的合理费用，只要有证据证明，恶意诉讼行为人就应当予以赔偿。具体包括以下费用。第一，诉讼费用。主要有：一是案件受理费。无论恶意诉讼行为人是否败诉都应由其承担案件受理费；二是误工费和差旅费，即被告及其法定代理人或委托代理人为了对抗原告的起诉而耽误工作造成的工资、奖金、补助等财产方面的损失，以及被告方为调查取证、参与庭审所产生的交通费和住宿费等；三是通信费、材料费和鉴定费。包括受害人在诉讼活动中支出的电话费、传真费和邮递费，相关诉讼材料的打印费、复印费，为找到支持己方诉讼请求的证据而向专业机构申请鉴定所支出的费用等；四是咨询费、律师费，即受害人向专业机构咨询的费用、聘请律师的费用等。第二，人身利益损害。如果受害人是自然人，那么恶意诉讼可能对受害人的健康、名誉、信用、隐私等人格利益和身份利益造成损害；如果受害人是企业法人，往往会造成受害人商誉的受损。第三，精神损害。恶意诉讼行为在对被告的人身权益、财产权利造成损害的同时，也会使受害人遭受不明真相人的误会，影响受害人的正常生活，给受害人的精神带来无法量化的痛苦。所以为了更好地保护受害人的合法权益，应将精神损害赔偿纳入恶意诉讼的赔偿范围。在具体操作时需要法官具备较高的专业素质和能力，可以参考最高人民法院《关于确定民事侵权精神损害赔偿责任若干问题的解释》确定赔偿数额。①

（2）完善遏制恶意诉讼的“案外人”司法救济制度。民事诉

① 侯子龙：《恶意民事诉讼初探》，中国政法大学 2011 年硕士学位论文，第 33 页。

讼中的当事人，是指因民事权利义务发生争议，以自己的名义进行诉讼，要求人民法院行使民事裁判权的人。当事人有广义和狭义之分。狭义上的当事人仅指原告和被告。广义上的当事人除原告和被告以外，还包括共同诉讼人和第三人。案外人显然不属于上述当事人范围之列。在恶意诉讼中，除存在当事人恶意提起诉讼，无理缠讼，以此耗费对方当事人人力、物力、财力、声誉等情形外，还存在着以损害案外人合法财产为目的，一方当事人虚构另一方当事人，或者双方当事人恶意串通，虚构债权债务关系，或者以虚假的证据、隐瞒证据等不正当手段进行民事诉讼，获得法院判决，侵害案外人合法财产权益的案件。这类恶意诉讼主要具有以下特征：一是行为人借助合法的方式侵害案外人的合法权益；二是案外人无法进入正在进行的诉讼程序；三是原被告通常采用虚构虚假事实予以自认，或者通过提供虚假证据等恶意串通的方式，利用合法程序，使法院作出错误的裁判。

从司法实际情况看，这类恶意诉讼主要包括以下几种类型：一是逃避债务型，即行为人为了逃避偿还案外人的债务，与对方当事人串通，恶意进行诉讼。例如，丈夫作为债务人为了逃避偿还债务，与妻子恶意串通，向法院提起诉讼，解除婚姻关系，将夫妻共有财产转移给妻子。二是转移财产型，即行为人为了在以后的诉讼中获得本来不应当获得的财产，与对方当事人恶意串通进行诉讼。例如，丈夫为了在以后的离婚诉讼中多分得财产，与朋友串通虚构债务，转移财产，损害妻子的合法权益。[①] 三是规避法律型，即行为人与案外人之间原本存在法律关系，应当履行交付特定物的义务，但为了规避义务的履行，与他人恶意串通进行诉讼，通过法院调解达成协议，将特定物交付对方当事人，损害案外人的合法权益。例如，甲以 70 万元的价格购买一套房屋，转手以 100 万元的

① 邱星美：《论诈害案外人恶意诉讼之程序法规制》，载《法律科学》2005 年第 3 期。

价格卖给乙。后来，房价上涨，甲又将房子以140万元的价格卖给丙。为了逃避向乙履行义务，甲与丙串通，由丙向人民法院提起诉讼，确认甲丙之间的房屋买卖合同有效。在诉讼中甲丙双方达成协议，依据生效的调解书，甲将房屋过户给丙。当乙得知此事时，诉讼已经终结，调解书已经履行完毕，乙的权益受损无法获得司法救济。①

上述几种类型的案件，根据现行《民事诉讼法》的规定，在诉讼进行中，权益受损的案外人即使知道案件的进行情况，也无法以正当的身份进入诉讼程序，维护自己的合法权益。案件审结后，案外人即使知道权益受损，也无法通过正当的手段寻求司法救济。为了有效地遏制此类恶意诉讼，维护案外人的合法权益，应当通过完善相关法律制度，对该类恶意诉讼行为予以遏制。具体完善建议如下：

一是赋予案外人以第三人的身份参加原被告正在进行的诉讼的权利，扩大有独立请求权第三人制度的适用范围；② 或者设立防止恶意损害案外人利益的第三人诉讼参加制度。③

二是赋予案外人对生效的判决、裁定、调解申请再审的权利，即当案外人认为人民法院已经生效的判决、裁定、调解系因当事人恶意诉讼形成，并且侵犯了自己的合法权益时，有权在法定的时间

---

① 徐力英：《民事再审程序中设立第三人异议制度之构想》，载曹建明主编：《程序公正与诉讼制度改革》，人民法院出版社2002年版，第674页。

② 2012年我国新修改的《民事诉讼法》第56条第3款增加规定，第三人因不能归责于本人的事由未参加诉讼，但有证据证明发生法律效力的判决、裁定、调解书的部分或者全部内容错误，损害其民事权益的，可以自知道或者应当知道其民事权益受到损害之日起6个月内，向作出该判决、裁定、调解书的人民法院提起诉讼。人民法院经审理，诉讼请求成立的，应当改变或者撤销原判决、裁定、调解书；诉讼请求不成立的，驳回诉讼请求。上述法律规定，有利于维护案外人的合法权益，期望在遏制恶意诉讼行为方面能够起到较大的作用。

③ 邱星美：《论诈害案外人恶意诉讼之程序法规制》，载《法律科学》2005年第3期。

内，向人民法院申请再审，请求撤销已经生效的判决书、裁定书、调解书。2015 年《民诉法解释》第 423 条规定：根据《民事诉讼法》第 227 条规定，案外人对驳回其执行异议的裁定不服，认为原判决、裁定、调解书内容错误损害其民事权益的，可以自执行异议裁定送达之日起 6 个月内，向作出原判决、裁定、调解书的人民法院申请再审。第 424 条规定：根据《民事诉讼法》第 227 条规定，人民法院裁定再审后，案外人属于必要的共同诉讼当事人的，依照本解释第 422 条第 2 款规定处理。案外人不是必要的共同诉讼当事人的，人民法院仅审理原判决、裁定、调解书对其民事权益造成损害的内容。经审理，再审请求成立的，撤销或者改变原判决、裁定、调解书；再审请求不成立的，维持原判决、裁定、调解书。① 以上法律规定，有利于保护案外人的合法权益，遏制恶意诉讼。但是，司法解释的效力毕竟比较低，并且其合法性长期以来受到质疑，且规定的内容限于执行阶段。因此，建议修改《民事诉讼法》时，将其列入法律规定内容，并且扩大适用阶段。

三是赋予检察机关对调解书抗诉的权利。我国 1991 年《民事诉讼法》没有赋予检察机关对调解书的抗诉权。② 立法存在的问题是，由于法律没有赋予案外人申请再审的权利，因此案外人向检察机关请求抗诉也会被拒绝。即使检察机关不拒绝案外人的申请，但是对于涉及调解结案的案件，因法律未赋予检察机关对调解结案案

① 《民事诉讼法》第 227 条规定：执行过程中，案外人对执行标的提出书面异议的，人民法院应当自收到书面异议之日起 15 日内审查，理由成立的，裁定中止对该标的的执行；理由不成立的，裁定驳回。案外人、当事人对裁定不服，认为原判决、裁定错误的，依照审判监督程序办理；与原判决、裁定无关的，可以自裁定送达之日起 15 日内向人民法院提起诉讼。

② 我国 1991 年《民事诉讼法》第 187 条规定：最高人民检察院对各级人民法院已经发生法律效力的判决、裁定，上级人民检察院对下级人民法院已经发生法律效力的判决、裁定，发现有本法第 179 条规定情形之一的应当提出抗诉。地方各级人民检察院对同级人民法院已经发生法律效力的判决、裁定，发现有本法第 179 条规定情形之一的，应当提请上级人民检察院向同级人民法院提出抗诉。

件的抗诉权，检察机关也不能抗诉。而司法实践中，较多的恶意案件发生，恰恰是双方当事人恶意串通诉讼达成调解协议的结果。为了从诉讼的源头和结果上遏制恶意诉讼，立法应当一方面赋予案外人申请再审的权利；另一方面赋予检察机关对调解结案案件的抗诉权。2012 年新修改的《民事诉讼法》赋予了检察机关对调解书的抗诉权，但仅限于调解书损害国家利益、社会公共利益，范围狭窄，期望通过立法，完善相关法律制度，切实遏制恶意诉讼。①

五、股东代位诉讼

股东代位诉讼，是指公司的合法权益受到董事、监事、控制股东、经理等高级管理人员的不法侵犯，公司怠于起诉或拒绝起诉时，公司股东依法代位公司以自己的名义，为公司的利益提起的诉讼。② 在我国公司的运作过程中，股东平等原则是公司得以存在的基础，它对于维护股东的权益，防止股东的专横和独断具有重要意

① 2012 年新修改的《民事诉讼法》第 208 条规定：最高人民检察院对各级人民法院已经发生法律效力的判决、裁定，上级人民检察院对下级人民法院已经发生法律效力的判决、裁定，发现有本法第 200 条规定情形之一的，或者发现调解书损害国家利益，社会公共利益的，应当提出抗诉。地方各级人民检察院对同级人民法院已经发生法律效力的判决、裁定，发现有本法第 200 条规定情形之一的，或者发现调解书损害国家利益、社会公共利益的，可以向同级人民法院提出再审检察建议，并报上级人民检察院备案；也可以提请上级人民检察院向同级人民法院提出抗诉。

② 股东代位诉讼在英美称为股东派生诉讼（derivative action），国内有的学者称为股东代表诉讼或股东代位诉讼，有的直接译为股东派生诉讼。股东派生诉讼是由英文翻译而来，翻译方法也不一样，有的翻译为派生诉讼，有的翻译为衍生诉讼，还有的翻译为第二级诉讼，译法不一，且晦涩难懂。按照我国《民事诉讼法》的规定，这种诉讼制度不同于现行的代表人诉讼制度，因为代表人诉讼中的代表人既是当事人，也是其他被代表人的代理人，其诉讼权利因此受到一定的限制；而股东仅是诉讼当事人，不是代理人，所以不宜称为股东代表诉讼，以免与代表人诉讼制度相混淆。另外，这种诉讼类似于债务人对到期债权不起诉时，由债务人的债权人代位进行诉讼的情形。因此，称为股东代位诉讼比较符合我国民事诉讼法规定的诉讼类型。下文均称股东代位诉讼，但在涉及其他国家的法律规定或者相关引文的，有时仍用股东派生诉讼、股东代表诉讼，实际上均指股东代位诉讼。

义。但是，公司法既明确了股东平等原则，即同股同权，同股同利，一股一票表决权；同时还规定了资本多数决原则，客观上导致享有不同股权和持有不同股份的股东事实上不可能享有同样的权利，持有少量股份的股东显然处于弱势地位。而且，随着现代公司制度的发展，董事会在公司决策方面实际居于中心地位，股东会作为公司名义上的权力机构，受自身运行机制的限制，其地位日趋弱化。因此，在公司的实际运作中，董事、大股东等利用优势地位操纵公司活动，损害小股东权益的行为时有发生，小股东合法权益的保护问题日益突出。对此，各国相继确立了一些保护小股东利益的机制或制度，股东代位诉讼制度便是其中之一。

顺应完善公司法律制度的要求和司法实践的迫切需要，2005年10月27日，第十届全国人大常委会第八次会议通过了新修订的《公司法》，明确规定了股东代位诉讼制度。2012年第十二届全国人大常委会第六次会议，通过了对《公司法》进行第三次修订的决定，修订后的《公司法》已于2014年3月1日起开始施行。其中，对股东代位诉讼制度也进一步进行了完善。这一制度的确立和施行，是我国公司法律制度创新的一个亮点，对于保护少数股东的合法权益，制约公司董事、大股东的违法和不当行为，维护证券市场的良性运转，必将发挥重要的积极作用。

股东代位诉讼的提起，是当事人行使诉权的结果。而当事人行使诉权与人民法院行使审判权的结合，形成一定的诉讼法律关系。所以，诉讼法律关系的形成离不开各方当事人及其他诉讼参与人。因此，股东代位诉讼的当事人是研究股东代位诉讼制度的逻辑起点。在此，在股东代位诉讼制度和程序的研究中，笔者特以股东代位诉讼的当事人为视角，抛砖引玉，以此展示股东代位诉讼不同于通常诉讼的特殊性，引起学界及立法部门对该项制度的重视，期望加强制度研究，细化立法，使该项法律制度切实发挥应有的作用。

所谓股东代位诉讼的当事人，是指在股东代位诉讼中享有权利和承担义务的人，主要包括穷尽内部救济的股东（原告）、不法行为的实施者（被告）、公司和其他股东等。笔者拟结合我国新修订的《公司法》关于股东代位诉讼的规定，分别研究这四类当事人，并提出完善《公司法》，以及与之相配套的《民事诉讼法》的立法建议，以期厘清股东代位诉讼的诉讼法律关系，推进股东代位诉讼制度的顺利实施。

（一）股东代位诉讼的原告

股东代位诉讼作为一种非典型的诉讼，其原告需要具备什么条件是首先应当解决的问题，因为没有原告就没有诉讼。因此，首先应当确定股东行使代位诉讼提起权的资格。

我国新修订的《公司法》第151条第1款规定：董事、高级管理人员有本法第150条规定的情形的，有限责任公司的股东、股份有限公司连续180日以上单独或者合计持有公司百分之一以上股份的股东，可以书面请求监事会或者不设监事会的有限责任公司的监事向人民法院提起诉讼；监事有本法第150条规定的情形的，前述股东可以书面请求董事会或者不设董事会的有限责任公司的执行董事向人民法院提起诉讼；第2款规定：监事会、不设监事会的有限责任公司的监事，或者董事会、执行董事收到前款规定的股东书面请求后拒绝提起诉讼，或者自收到请求之日起30日内未提起诉讼，或者情况紧急、不立即提起诉讼将会使公司利益受到难以弥补的损害的，前款规定的股东有权为了公司的利益以自己的名义直接向人民法院提起诉讼。第3款规定：他人侵犯公司合法权益，给公司造成损失的，本条第1款规定的股东可以依照前两款的规定向人民法院提起诉讼。

这一规定从法律上确立了我国的股东代位诉讼制度，并且规定了提起股东代位诉讼的原告应当具备的条件，具有制度创新的意义。但从目前我国公司运作的实践来看，上述规定有关股东资格的要求还存在两个方面的问题。

1. 对原告资格的规定过于严格

确立股东代位诉讼制度，主要是为了保护小股东的合法权益。

同时，为了平衡股东的利益关系，避免小股东滥诉，维护公司的正常运转，确立股东代位诉讼制度的国家都对原告的股东资格作出了一定的限制，因而，并不是所有股东均能提起股东代位诉讼。

对此，美国的股东派生诉讼对原告资格的要求采取同时拥有股份原则，即起诉的股东必须是在被告造成公司损失的不法行为之时以及起诉时两个时间，都具有公司股东身份。根据《美国模范公司法》第7条、第41条的规定，原告须满足下列条件：(1) 在起诉的作为或不作为发生时是公司股东，或者由于法律的实施从上述时间内的股东手中取得股份成为股东（如继承人取得股份）；(2) 强制行使公司的权利时能够公正、充分地代表公司的利益。① 美国大部分州都采纳了这个原则，要求提起股东派生诉讼的股东必须是在被告造成公司损害的不法行为发生时，直到起诉时，都具有股东身份，方可提起诉讼；并且要求一直持续到法院作出判决时都必须具有股东身份。确立这一原则，主要是防止有人借提起股东派生诉讼而谋取不正当利益。其立论基础，一是防止投机者在不法情形发生后收购公司股份，并借以提起诉讼，勒索公司而谋取私利；二是没有人可以预知何时会有不法行为发生，因此，股东购买股份不可能只是为了等待提起诉讼并以此谋利，即没有人购买股票以等待公司董事发生不法行为后提起诉讼。

日本采取最低限度持有股票期间原则，即要求提起代位诉讼的股东必须持有该公司股票达到一定的期限。《日本商法典》第267条第1款规定：6个月连续持有股份的股东可以书面方式提起追究董事责任的诉讼。其主要目的是防止无关紧要的股东滥行诉讼。为了证明自己连续6个月持有股份，记名股东在股东名簿上登记为股东的期间必须超过6个月，无记名股东必须将股票存于公司达6个月以上。但如果公司成立不足6个月，则只要在公司成立后连续持

① 刘俊海：《股份有限公司股东权的保护》，法律出版社2004年版，第324～330页。

有股票，即可提起诉讼。除持股时间限制以外，日本没有最少持股数量的限制。即使股东只持有一股，只要持有期间超过6个月，即有权提起诉讼。

我国台湾地区对持股时间的规定更为严格，采取最低持有期间和最低持股份额的双重限制原则。我国台湾地区“公司法”第214条规定：连续一年以上持有已发行总数5%以上的股东，得以书面请求监察人为公司对董事提起诉讼。监察人在30日内不起诉的，股东得为公司提起诉讼。2001年我国台湾地区修订“公司法”时，将最低持股要求从5%降为3%。

综上所述，对提起代位诉讼的股东资格加以限制是公司法的普遍性规定，各国家和地区根据具体情况，限制的方式和程度有所不同。我国《公司法》第151条采取双重限制，既要求原告股东持有公司1%的股份，又要求连续持股180日以上。从立法层面上看，这些限制是为了防止个别股东随意起诉，造成公司董事、监事和高级管理人员疲于应付诉讼，影响公司的正常生产经营活动。① 但从我国公司治理和公众持股的现实情况看，这些限制未免过于严格，不利于小股东提起诉讼和保护小股东权益。这是因为：一方面，目前在我国，公司董事、大股东侵害小股东利益的现象普遍存在，现实情况是小股东难以依法获得应有的救济，合法权益得不到保护，而董事、大股东有恃无恐，导致公司治理较为混乱，大多有其名而无其实，因而迫切需要鼓励小股东通过合法途径强化对公司董事、大股东的监督；另一方面，我国上市公司的股份尚未实现全流通，部分上市公司的股份还包含相当一部分不能上市流通的法人股，真正在市场上流通的股份有的还不到一半，在这种情况下，要达到持股1%以上才能起诉，对于分散的社会公众持股人来说，无疑是十分困难的。而且，由于我国证券市场还不成熟，监管不到位，社会

---

① 参见安建主编：《中华人民共和国公司法释义》，法律出版社2005年版，第218页。

公众持有股份的主要目的是通过股市操作取得收益，投机的成分很高，真正进行理性投资特别是长线投资的不多，要持有股份达到180日，并且持股达到1%，显然更加困难，很难真正达到通过代位诉讼保护小股东利益的目的。

2. 缺乏可操作性

前述《公司法》第151条规定比较原则，实践中可操作性不强。例如，该条规定的180日持股期限，起止时间如何计算就不明确。对此有三种理解：第一种意见认为，是指在侵权行为发生之前已连续持股180日；第二种意见认为，发生侵权行为时持股不一定要求达到180日，只要起诉时持有180日即可；第三种意见认为，发生侵权行为时尚未持股，但到诉讼时持股达到180日即可起诉。① 实践中究竟采用哪种解释，很难在上述规定中找到法律依据，这一规定在操作上面临困难。

针对上述问题，笔者认为，我国《公司法》对股东代位诉讼的原告资格的要求过于严格，且缺乏可操作性，客观上阻碍了小股东依法起诉，不利于实现立法目的。为此建议：（1）应当取消持股比例达到1%的限制，股东只要持股时间达到180日，即有权起诉。一方面使个别股东在认为必要时有权起诉，另一方面鼓励真正的投资者（持股时间较长的股东）利用股东代位诉讼监督公司董事、高管人员，以保护小股东的合法权益，真正实现保护小股东利

① 见陈晓芳：《一个不可回避的问题——股东持股时间应该怎么算》，载《法制日报》2005年12月20日公司法务专刊。为了在实践中解决这个问题，2006年3月27日最高人民法院审判委员会第1382次会议通过的最高人民法院《关于适用〈中华人民共和国公司法〉若干问题的规定（一）》第4条规定：公司法第152条规定的180日以上连续持股期间，应当为股东向人民法院提起诉讼时已期满的持股时间；规定的合计持有公司1%以上的股份，是指两个以上股东持股份额的合计。这一解释虽然在一定程度上便于该法律条文的具体操作，但毕竟只是一种司法解释，与全国人大常委会通过的法律相比，效力不高，权威性不强，而且，这一解释允许在侵害行为发生后取得股份并连续持有股份180日以上的股东提起代位诉讼，是否合理，尚有疑问。因此，还需要完善这方面的立法，制定出比较准确、完善的具体规定。

益的制度设计目的。至于可能出现的个别股东滥诉现象，可以通过其他制度设计（如要求败诉的原告承担诉讼费用，并要求原告对诉讼费用提供担保）予以限制。（2）应当明确持股180日是指股东在起诉时已经连续持股180日，并不要求在侵权行为发生前持股达到180日。（3）增加规定，原告在侵权行为发生时应为股东，以防止有人在侵权行为发生后获得股东身份再提起诉讼，即不允许为诉讼而购买股份或者“购买诉讼”。同时增加规定，原告在诉讼期间，直到法院判决之时，一直应当保持股东身份，以防止有人起诉后转让股份和诉讼权利，谋取不正当利益。

（二）股东代位诉讼的被告

股东代位诉讼的被告，是指对公司实施不正当行为因而对公司负有民事责任的人。我国《公司法》第149条规定：董事、监事、高级管理人员执行公司职务时违反公司法律、行政法规或者公司章程的规定，给公司造成损失的，应当承担赔偿责任。第151条第1款规定：董事、高级管理人员有本法第150条规定的情形的，符合法定条件的股东可以书面请求监事会（监事）向人民法院提起诉讼；第151条第2款规定，监事有第150条规定的情形的，前述股东可以书面请求董事会（执行董事）向人民法院提起诉讼。第151条第3款还规定，他人侵犯公司合法权益，给公司造成损害的，前述股东可以请求董事会（执行董事）、监事会（监事）向人民法院提起诉讼，或者直接向人民法院提起诉讼。这些规定表明，股东代位诉讼的被告包括董事、高级管理人员和第三人。同时，该法第148条还规定了被告的客体范围。这些条款分别对股东代位诉讼被告的主体、客体作出了原则规定，使诉讼程序的启动有法可依。但是，结合我国的实际来看，这些规定存在如下两个问题。

1. 被告的主体范围过宽

各个国家和地区对股东代位诉讼被告主体范围的规定不尽相同，主要有两种立法例：

一种是以日本和我国台湾地区为代表的立法例。《日本商法典》第267条和我国台湾地区“公司法”第214条都规定，股东代位诉讼的被告限于公司的董事，对其他人不能提起股东代位诉讼。因而，股东代位诉讼被告的主体范围较窄。另一种是以美国为代表的立法例，规定代位诉讼的被告是从事违法行为而对公司造成损害的人。因此，其主体范围相当广泛，不仅公司董事，而且公司的大股东、控制股东、经理、雇员，甚至公司以外的第三人，只要对公司实施了不正当行为，损害公司利益的，均可以成为派生诉讼的被告。

我国《公司法》规定的股东代位诉讼被告的主体范围比较宽，既包括董事、监事、高级管理人员等公司内部人员，也包括公司以外的其他人（《公司法》第151条第3款）。表面上看有利于股东提起代位诉讼，但从法理上讲，股东代位诉讼制度的宗旨，主要在于遏制公司内部的不法行为，完善公司内部治理和监督机制，更好地维护小股东的权益。当公司内部的董事、大股东、高级管理人员的违法行为损害公司利益时，出于人类自私的天性，他们不太可能代表公司起诉自己的不法行为，正如通常所说的“一个人不能咬自己的鼻子”，因而不能要求董事、经理和高级管理人员起诉自己，所以法律才赋予公司股东代公司提起诉讼，维护公司利益。因此，股东代位诉讼的被告不应扩大到公司以外的第三人。第三人侵犯公司权益给公司造成损害的，一般情况下，公司董事、经理和高级管理人员会依法提起诉讼；即使他们不提起诉讼，股东也可以要求他们起诉。如果公司以外的第三人侵犯公司合法权益时允许股东提起代位诉讼，同时对于公司董事、经理、高级管理人员应当起诉而不起诉的不作为又缺乏相应的处罚规范，客观上势必导致公司管理层人员懈怠履行职责，使正常的诉讼程序转化为股东代位诉讼程序，对于公司和股东的利益都是不利的。

2. 被告客体范围的规定过于原则

所谓客体范围，是指公司股东据以提起代位诉讼的理由。我国《公司法》第147条第1款原则规定：董事、监事、高级管理人员应当遵守法律、行政法规和公司章程，对公司负有忠实和勤勉义务。第 148 条还具体列举了违反忠实义务的 8 项具体行为。① 这些义务作为董事、监事、高级管理人员必须履行的法定强制性义务，应当说对忠实义务的规定比较具体、详细，便于实务操作；但对谨慎义务只作了原则规定，缺乏具体可操作的规范。综观国外特别是英美国家的公司实践，公司董事作为受托人违反谨慎义务，不仅经常发生，而且一旦出现这方面的纠纷，往往也是最难以处理的，因为对谨慎义务的标准和内容很难针对各种不同情形作出具体规定。在英美国家，主要是通过长期积累的公司法和信托法的大量判例，分别针对不同案件作出先例判决，指导司法实践，规范公司董事的行为。日本、我国台湾地区也对善良管理人的标准作出了原则规定。

我国公司法规定公司董事、监事、高级管理人员负有勤勉义务，一般认为，这种勤勉义务就是谨慎义务（或称注意义务）。但我国公司法既未概括、抽象地规定勤勉义务的定义，也未像忠实义务那样具体地列举违反勤勉义务的行为，司法实践中必然面临如何认定违反勤勉义务的难题。加之我国的大陆法系传统，法院没有通过判例创制法律的权力，更使解决这个问题缺乏明确的法律依据，使法律规定的勤勉义务徒具形式，难以真正实施。

针对上述两方面问题，笔者建议：（1）我国公司法应将股东代位诉讼的被告限定为公司董事、监事和高级管理人员，不包括公司以外的第三人。（2）采取大陆法系与英美法系相结合的办法，

---

① 这 8 项行为是：（1）挪用公司资金；（2）将公司资金以其个人名义或者以其他个人名义开立账户存储；（3）违反公司章程的规定或者未经股东会、股东大会、董事会同意，将公司资金借贷给他人或者以公司账户为他人提供担保；（4）违反公司章程的规定或者未经股东会、股东大会同意，与本公司订立合同或者进行交易；（5）未经股东会或者股东大会同意，利用职务便利为自己或者他人谋取属于公司的商业机会，自营或者为他人经营与所任职公司同类的业务；（6）接受他人与公司交易的佣金归为己有；（7）擅自披露公司秘密；（8）违反忠实义务的其他行为。

对公司董事、监事和高级管理人员的勤勉义务作出规定，在对勤勉义务作出抽象定义的基础上，具体列举违反勤勉义务的主要行为，要求公司董事、监事和高级管理人员在特定的情形下，按照一个理性的商人在那种情形下所做的那样采取行动。这样，结合《公司法》第148条规定的忠实义务，健全公司董事、监事、高级管理人员的行为规范，既使他们的行为有所遵循，有利于他们依法积极开展经营活动，也有利于维护公司和股东的利益。（3）按照上述设想修改和完善公司法，可先由最高人民法院通过案例的形式，针对特定案件的具体情形，就公司董事、监事和高级管理人员在特定情形下是否违反勤勉义务进行个案规范，以便下级法院遵循，并引导和规范公司董事、监事和高级管理人员的行为。

（三）公司的诉讼地位

在股东代位诉讼中，公司和其他股东居于何种地位，是原告、被告或者第三人？对此，不同国家的规定有所不同，我国法学理论界的认识尚有分歧。从实践的观点来看，这是一个无法回避又迫切需要解决的问题。

对于公司在股东代位诉讼中的地位问题，我国《公司法》没有明确规定。但是，不论在理论上还是实践中，在股东代位诉讼中都必须涉及如何确定公司的诉讼地位的问题。

股东代位诉讼案件是股东代位公司提起诉讼的，因此，公司的诉讼地位颇为微妙。对此，各个国家和地区的立法例作出了不同的规定。以美国和日本为例。在美国，公司在股东代位诉讼中具有双重地位：一方面，由于公司拒绝作为原告就其遭受的损害而提起诉讼，所以，在法律上是作为名义上的被告而参加诉讼的；另一方面，事实上公司又是代位诉讼的真正原告，因为如果提起诉讼的股东胜诉，直接受益的是公司而非股东。[①] 这种做法似乎出于对公司利益的保护。相反，在日本，为防止因股东原告的诉讼行为不当而

① 刘俊海：《股份有限公司股东权的保护》，法律出版社2005年版，第320页。

导致败诉，以及股东原告与被告串通一气恶意败诉从中牟取私利，《日本商法典》第 268 条第 2 款规定：原告股东在提起代位诉讼后，公司或其他股东可以作为共同诉讼参加人参加诉讼，但无理拖延诉讼或者使法院显著增加负担的除外。[①] 这一规定包含三方面含义：一是公司可以参加代位诉讼，但公司既非原告，亦非被告，而是一种诉讼参加人；二是公司可以参加，也可以不参加代位诉讼；三是如果公司参加诉讼而导致诉讼拖延或者使法院明显地增加了诉讼负担，可以不允许公司参加诉讼。

比较两国的立法例可以看出，两国都允许公司为自己的利益参加诉讼，不同的是，美国强制公司参加诉讼，由法院追加列为当事人；日本却允许公司自主决定是否参加诉讼。而且，在美国，由于公司拒绝作为原告提起诉讼，因而在股东代位诉讼中被列为名义上的被告；日本则将参加诉讼的公司列为原告一端。

在我国，公司参加股东代位诉讼应当处于什么地位呢？对此，我国法学理论界有不同主张。第一种观点认为，应当参照美国的立法例，出于方便和技术上的考虑，将公司列为名义上的被告。[②] 第二种观点认为，应当结合我国民事诉讼法学理论，在我国现有民事诉讼法框架内将公司列为无独立请求权的第三人，因为另行确立一种新制度涉及其他各种法律的配套问题，而且制度建设也需要耗费一定时间。[③] 第三种观点认为，应当参照日本的立法例，设立诉讼参加人制度，以解决公司的诉讼地位问题。[④]

笔者赞同第三种观点。根据现行民事诉讼法的当事人制度，无论如何都不能把公司在股东代位诉讼中的地位恰当地归入原告、被

---

① 翟春雷：《股东派生诉讼的几个问题研究》，载《黑龙江省社会主义学院学报》2004 年第 9 期。

② 刘俊海：《股份有限公司股东权的保护》，法律出版社 2005 年版，第 321 页。

③ 胡静静：《论我国公司股东派生诉讼制度的构建》，载《法治论丛》2004 年第 5 期。

④ 罗培新：《股东派生诉讼若干问题探讨》，载《学术交流》1999 年第 3 期。

告或者第三人，因为按照民事诉讼法有关当事人的规定，参照国外相关立法，可以认为，在股东代位诉讼中，公司既具有原告的地位，又具有被告的某些特征，同时也部分地符合关于第三人的有关规定，甚至还可以成为诉讼中的证人。① 因此，把公司归为原告、被告或第三人，都不合适。（1）把公司作为原告，就实质而言是有道理的，因为股东是代公司提起诉讼的，诉讼的直接目的是为了维护公司的利益，如果原告股东胜诉，胜诉权益也属于公司，即股东代位诉讼的诉权实质上是属于公司的。而且，不论原告股东胜诉还是败诉，法院的判决均对公司具有约束力。但是，从民事诉讼的形式上说，原告是依法提起诉讼的当事人，而在股东代位诉讼中，正因为公司未能提起诉讼，才由股东代位起诉的，没有起诉的公司怎么能作为原告呢？公司作为原告，明显存在着实质与形式的矛盾。（2）把公司作为名义上或形式上的被告也有一定道理，因为公司应当起诉而不起诉，股东代位诉讼直接针对侵害公司权益的当事人，间接地也有针对公司不起诉的因素。但是，公司作为被告，一旦诉讼被判败诉，应当承担败诉的不利结果。实际上股东代位诉讼的股东原告是为了公司利益而提起诉讼的，股东即使胜诉（也就是说，作为形式被告的公司败诉），诉讼利益还是属于公司。这样一来，作为形式被告的公司在自己败诉时却可以享受胜诉的裁判利益，显然，公司的程序地位和实体地位之间存在矛盾。（3）公司作为第三人，也符合诉讼第三人的某些特征，如对诉讼标的有独立的请求权，主动参加或者被法院追加而参加到已经进行的股东代位诉讼之中。但公司作为第三人也存在问题，因为公司参加诉讼并未针对原告、被告争议的诉讼标的提出独立的诉讼请求，其请求权已被原告股东代位行使，显然不符合有独立请求权第三人的特征。同时，如前所述，从实质意义上说公司是诉权的实际享有者，对诉

① 汤维建、戈琦：《股东代表诉讼制度的建立与完善》，载《人民法院报》2004年3月3日。

讼标的享有独立的请求权，所以，公司也不符合无独立请求权第三人的构成要件。

综上可知，公司在股东代位诉讼中的诉讼地位比较复杂，无论公司作为原告、被告或者第三人，它都不是完整意义上的当事人，只是部分地具有当事人的地位，同时又具有多个当事人的部分特征。而且，公司可以对原告的主张或诉讼行为提出异议，请求法院审查，但不能提出新的诉讼主张，不能请求撤诉，不能请求和解，也没有上诉权。同时，公司本身必须保持中立，不能倾向于任何一方。正因如此，把公司归类于现行民事诉讼法框架下的哪一种诉讼当事人都不合适。因此，笔者认为，既符合民事诉讼法理论，又比较现实可行的办法可能是，明确公司在股东代位诉讼中属于独具特色的诉讼参加人。并且建议，在修改《民事诉讼法》时，增加这类诉讼参加人的规定。

（四）其他股东的诉讼地位

原告股东提起代位诉讼后，诉讼的结果如何，与其他股东的利益也是密切相关的，因为其他股东依法也必须承受判决的既判力效果。所以，确立其他股东在代位诉讼中的地位，使其有充分的机会维护其合法权益，也是确立股东代位诉讼制度所必须解决的问题。遗憾的是，我国《公司法》对此没有作出明确规定。

在美国，股东代位诉讼提起权是单独的股东权，对被告的范围也没有特殊限制。那么，如何保护未提起诉讼的其他股东的利益呢？《美国联邦民事诉讼规则》第 23 条第 2 款规定：如果原告很显然有不能公正和充分地代表其他同样地位的公司或社团权利的股东，或社团成员利益的情形，代位诉讼则不能继续进行。未经法院许可，诉讼不应撤回或者和解，已经提出撤诉或和解提案的，通知按照法院规定的方式告知股东或社团成员。这一规定表明，美国主要由法院对原告股东是否可以公正、充分地代表其他股东的利益进行审查，并对原告股东的诉讼行为是否符合其他股东的利益进行监督。因此，美国股东派生诉讼中未起诉的其他股东的地位，类似于我国代表人诉讼中被代表的原告方当事人。① 当然，法律并未禁止其他股东参加诉讼，但是否准许，由法院决定。并且，《美国联邦民事诉讼规则》第 24 条第 1 款明确规定：申请参加诉讼的，申请人的利益已由现有当事人给予充分代表的，不准许参加诉讼。

在日本，根据《日本商法典》的有关规定，其他股东可以参加诉讼，但如果因此导致延迟诉讼或者法院负担显著增加的，法院可拒绝其参加诉讼。其他股东参加诉讼的，如果与原告股东具有同样的权利和义务，属于共同诉讼当事人；其他股东并未申请参加诉讼，或者因为可能延迟诉讼或者使法院负担显著增加而未被准许参加诉讼的，判决的效力扩张于他们。但是，日本相关法律只规定了原告股东对公司的告知义务，没有规定对其他股东的告知义务。这似乎表明日本不鼓励其他股东都参加诉讼。未参加诉讼的股东的地位，类似于我国代表人诉讼中被代表的原告方成员。

可见，对于其他股东的诉讼地位，美国和日本的法律采取了相似的观点，即允许其他股东参加诉讼，但出于诉讼效率的考虑，又施加了一定的限制。参加诉讼的其他股东人数较少的，可以作为共同原告；其他股东人数众多的，适用的规则与我国民事诉讼中人数众多的代表人诉讼比较相似。

基于以上分析，根据我国建立股东代位诉讼制度的需要和现行《民事诉讼法》的有关规定，笔者认为，可以借鉴美国和日本的立法例，对其他股东参加股东代位诉讼采取既允许参加，又适当限制的原则，在公司法或者民事诉讼法中，对于公司其他股东在股东代位诉讼中的地位采用如下规则：（1）股东提起代位诉讼后，公司的其他股东可以参加诉讼；（2）为防止股东拖延诉讼以提高诉讼效率，或者为防止因股东参加诉讼不必要地增加法院的诉讼成本和其他负担，其他股东申请参加诉讼的，法院可以拒绝其参加；

① 刘桂清：《公司治理视角中股东诉讼研究》，中国方正出版社 2005 年版，第 137 页。

(3) 其他股东依法参加股东代位诉讼的，如果其他股东人数较少，适用共同诉讼的规则，其他股东作为共同原告参加诉讼；如果其他股东人数较多，适用人数众多的代表人诉讼制度，应当选举代表人，代表参加诉讼的其他股东进行诉讼。

总之，股东代位诉讼制度在我国是一种新型的诉讼法律制度。我国新修订的《公司法》确立了股东代位诉讼制度，是我国公司法律制度不断健全、法律更加适应经济发展需要的一种体现，这种大胆借鉴和创新也是我国近年来商事立法的一大进步。当然，股东代位诉讼制度不仅是一项新的法律制度，而且，这一制度既具有实体法上的内容，更需要程序法的细化和完善。我国《公司法》作为实体法只对股东代位诉讼制度作出了原则性规定，一方面，还需要在实体法上加以完善，特别需要对公司董事、监事和高级管理人员的谨慎义务的含义和内容作出更具体的规定；另一方面，这一制度的实施更需要得到程序法的保障，特别是对于相关诉讼程序方面的内容，还需要从程序法的角度进一步深入研究，提出具体可行的操作程序和规则。其中，当事人的确定不仅至关重要，也是必须首先解决的问题。笔者根据现行《民事诉讼法》的有关规定，结合国外主要是美国和日本两个代表性国家的股东代位诉讼制度，分析了我国新修订的《公司法》确立的股东代位诉讼制度对当事人的规定，提出了从实体法和程序法方面细化、完善相关制度的建议，期望在《民事诉讼法》和其他相关法律的修改过程中，能够恰当地确立股东代位诉讼各当事人的诉讼地位，保障各方当事人的诉讼权利和实体权利，更好地完善和实施股东代位诉讼制度，使这一创新制度能够充分发挥引导和规范公司行为、完善公司治理和监督机制的作用。

六、言词原则在二审程序中的发展趋势及启示

言词原则是与书面原则相对的诉讼基本原则。所谓书面审理原则指“当事人的辩论须向法院提出书状或由书记官记载于笔录，

始为有效，否则不得采为判决的基础”。[①] 而言词原则则指“凡当事人之辩论及提供诉讼资料，须于法官面前以言词为之，始有效力，否则不得采为判决基础”。[②] 言词审理原则是现代民事诉讼制度的重要组成部分，该原则的确立是司法进步和司法民主的体现，它的贯彻有助于实现实体公正、程序公正、提高诉讼效率。因此受到各国民事诉讼立法的重视，被视为民事诉讼的一项基本原则。

然而，不能由此得出结论，言词原则在民事诉讼的所有程序中都应当受到同等程度的重视。在当今实行复数审级制度的国家，不同的审级被赋予了不同的程序功能。一般而言，初审法院负责事实的认定，而上诉审法院则主要致力于法律的解释和统一适用。法院的级别越高，职能越单一，由此形成了司法程序中的“金字塔”结构。[③] 在初审程序中，出于最大限度地提高事实认定准确度的考虑，应当尽可能贯彻言词审理原则，使当事人陈述及证人证言，以言词的方式呈现于审理者面前，以使其获得对案件的鲜活认识。因此，言词原则在一审程序中的贯彻已经成为近现代各国民事诉讼立法的共同选择，在理论上亦无太多争议。然而，在上诉审程序中，是否亦有必要贯彻言词原则？或者应在多大程度上，以何种方式贯彻该原则？对于该问题的解答关系到上诉审案件的审理样式，有深入探讨的必要。

（一）二审程序功能定位对贯彻言词原则的影响

在当今不同国家的民事诉讼制度中，上诉审程序担负着不同的使命，由此决定了各异的上诉审案件审理样式。无论实行“两审终审”制抑或“三审终审”制，二审作为终审或第一上诉审程序都发挥着重要的作用。按照我国学者的理解，当今各国的二诉审程序可以分为“复审主义”“事后审主义”和“续审主义”三种模

① 陈计男：《民事诉讼法论》，三民书局 1997 年版，第 246 页。

② 同上。

③ 参见傅郁林：《审级制度的构建原理》，载《中国社会科学》2002 年第 4 期。

式。不同的二审模式对于言词原则有着不同程度的要求。

复审主义，是指第二审中，法院全面地重新收集一切诉讼资料，并允许当事人无限制地提出新事实和新证据，对案件进行重新审理。二审程序成为一审程序的简单重复，事实需要重新被认定，法律需要被重新解释。因此此种类型的二审程序对言词审理提出了较高程度的要求，未经言词审理，二审判决将丧失程序上的正当性。

与“复审主义”相反，“事后审主义”将审判的重点放在第一审，第二审仅审查第一审判决是否适当。它要求在二审过程中仅以一审认定的事实和证据为基础，当事人在二审中不得提出新的诉讼资料。当今英美法系国家多采用此种模式。在贯彻“事后审主义”的二审程序中，原则上不允许当事人提出“新”证据，因此，是否仍有必要坚持言词审理原则，抑或书面审理就足以满足实体公正和程序正义的要求，成为有争议的问题。对此，笔者认为，即便在“复审主义”模式下，也允许当事人对一审法院事实认定的结果提出质疑，同时允许上级法院对下级法院认定的事实进行重新的检验与核实。另外，在英美法系国家的二审程序中，在极端例外的情况下，亦允许当事人提出“新”证据。比如，根据判例当该“新”证据“在初审中未被合理勤勉（reasonable diligence）地采纳并使用”，同时该证据“如果被接纳，必须对判决是重要的”，而该证据又“显然是可信的”三个条件同时具备时，二审法院将审理当事人提出的“新”证据。① 因此，从保证事实认定的正确性的角度看，在实行“复审主义”的二审程序中，“言词审理”与“书面审理”相比，也具有更明显的优越性，这是毋庸置疑的。只不过，在采行“事后审主义”模式的国家，因二审程序很少涉及新证据的采纳，因而使言词原则的重要性受到一定程度的削减。

“续审模式”是前两种模式的折中，在这种模式中，第二审以

① 齐树洁：《民事上诉制度研究》，法律出版社 2006 年版，第 50 页。

第一审言词辩论终结时的状态为基础继续进行审理，当事人可以提出新的诉讼资料。对于第一审已认定的事实资料，当事人不提出异议的，对第二审继续有效；第二审不予审理，当事人提出异议的，第二审对当事人异议的部分进行审理。目前，世界上采取续审制的国家较多，如德、日、法、意大利等国。显然，在“续审主义”模式下，二审程序因可能涉及对新鲜证据材料的采纳以及对案件事实的重新认定，因而也有必要坚持言词审理原则，以保证事实认定结果的正确性和程序的正当性。

由上可见，言词原则在二审程序中并非没有存在的空间和意义。“言词”而非“书面”的二审程序，同样有助于审判人员对事实问题作出正确的判断。但是，任何制度或原则都不是完美无瑕的。从历史发展的角度看，言词原则是对书面审理原则的否定，这就容易使人产生前者一定是优越于后者的错误认识。事实上言词原则适用的范围和领域是有限的，在此范围内该原则对民事诉讼程序的正面效用将得到最大程度的发挥，超出此范围则无法正常发挥作用，甚至会抑制民事诉讼某些重要价值的实现。① 比如，为了实现口头审理，司法机关和当事人将不得不支付额外的成本，包括开庭的费用，证人、当事人出庭费用以及法官为准备开庭耗费的时间等。这些成本的支付会使司法资源不足的状况进一步恶化。特别是对于某些无须开庭就能够查清事实的案件，言词审理可能会延长法官作出判决的时间，降低诉讼效率。再如，言词审理与书面审理相比，当事人和证人的语言表达能力、心理素质和诉讼技巧等因素对诉讼结果发挥着决定性的作用。因此，在开庭之前如果没有经过充分的准备，一个不善表达的或情绪不稳定的当事人往往会在言词审理的过程中处于劣势。而书面审理则更容易使审判结果摆脱个体情绪、心理等因素的影响。正是基于对言词原则的价值及上述负面影

① 言词原则的这一特征已经引起学者的关注。相关文章见王福华：《直接言词原则与民事案件审理的样式》，载《中国法学》2004 年第 1 期。

响的通盘考虑，各国在二审程序中对言词原则的贯彻显得更加理性与谨慎。特别是在当今诉讼爆炸、司法资源严重不足的背景下，更有必要重新思考言词原则在二审程序中的适用程度与范围的问题。

（二）言词原则在二审程序中之发展趋势

1. 言词原则在英美法系国家上诉审程序中的发展趋势——“有限言词辩论原则”之形成

众所周知，英美法系国家的民事诉讼程序是以言词原则为主要特征的。不仅法庭审理以口头的方式进行，证人必须亲自出庭陈述，书面证言的使用受到严格的限制。而且在上诉审程序中，言词原则也得到了比较坚决的贯彻。

在英国，原则上在上诉审法院法官面前陈述案件事实是几乎所有上诉人的不可剥夺的权利。20 世纪 80 年代以前，英国的法律并不要求上诉法院的律师提交书面的辩论意见，因此上诉法院的法官在案件开庭审理之前对案件的事实几乎是一无所知的，他们只能通过庭审过程中当事人的口头陈述才能获得对案件的认识。在美国，即使在诉讼爆炸的当今时代，一些州上诉法院的口头审理案件的比例仍接近 40%，堪萨斯州上诉法院甚至达到 60%之多。① 亦有许多上诉审法院的法官明确表示支持在上诉审程序中最大限度地贯彻口头审理原则。因为即便是简短的开庭，也很有可能对法官的判决产生实质性影响。某些实验数据表明，有 13%～30%的案件会因开庭而转变法官最初通过阅卷而形成的案件处理意向。②

即便如此，言词原则在上诉审程序中的贯彻并不是始终如一的。言词审理与书面审理的关系始终处于变化之中，呈现出此消彼长的关系。当今，在英美法系国家，言词原则与书面原则的相互补充、相辅相成的关系更是得到了前所未有的重视。在上诉审程序中

---

① J. Mark White, “Request for Oral Argument Denied: The Death of Oral Argument in Alabama’s Appellate Courts”, *Ala. law*, 69 (2008), p. 121.

② Myron H. Bright, “The Power of the Spoken Word: In Defense of Oral Argument”, *Iowa L. Rev*, 72 (2006), pp. 35, 36.

表现为英美法系国家的上诉审程序越来越多地依赖书面审理。

在当今英国民事案件的上诉审程序中，书面审理已经变得越来越重要了。《英国民事诉讼规则》第52条、第11条规定，所有上诉皆限于对下级法院裁判进行复审，上诉法院不接受言词证据，也不接受下级法院未提出的新证据。[①] 上诉人和被上诉人可以通过提交书面“辩论意见梗概”的方式向上诉法院陈述自己对于初审判决的意见。如证据有关上诉的，则还需要向法院提交有关证据的笔录或备忘录。总之，在上诉审程序中，证据与上诉请求均以书面的方式提出，开庭审理不再具有重大的意义。

美国亦是如此，在美国民事诉讼的上诉审程序中对言词原则的限制始于1795年，当时的联邦最高法院要求当事人在上诉审案件中提交有关事实、法律和上诉请求的书面摘要。经过100多年的发展，书面摘要在美国上诉审程序中发挥着举足轻重的作用。不仅内容日益丰富和详尽，而且对于许多不开庭审理的上诉案件而言，书面摘要成为法官作出判决的重要依据。美国各州上诉审法院对于言词原则的贯彻也呈现出同样的趋势。据统计，美国阿拉巴马州上诉法院在2002年至2008年期间，只用言词审理的方式审理了12起民事上诉案件。对于其余的绝大部分案件，仅凭书面审理作出判决。[②]

上诉审程序中言词原则的衰落在美国还表现为对上诉案件口头辩论时间的限制。1849年，美国联邦最高法院第一次将每一方当事人在上诉审程序中言词辩论时间限制在2小时内。此后，对上诉审案件言词辩论时间的限制不断增加，至1984年，上诉审中言词辩论时间被限制在每方当事人30分钟内。除此之外，自1954年起，上诉审法官还被赋予了选择需要进行言词辩论的案件的权利，

---

① 徐昕：《英国民事诉讼与民事司法改革》，中国政法大学出版社2002年版，第380页。

② J. Mark White, “Request for Oral Argument Denied: The Death of Oral Argument in Alabama's Appellate Courts”, *Ala. law*, 69 (2008), p. 121.

现在的美国联邦上诉审程序规则规定，上诉审法官可以在以下几种情况下不经开庭审理对上诉案件作出判决：（1）上诉请求没有价值；（2）案件的决定性问题近期已经过权威裁决；（3）事实和法律问题已经在案卷记录和案件摘要中表述得很充分，口头辩论对案件的裁决无重要帮助。①

上述变化无疑使言词审理原则在上诉审程序中丧失了主导地位，英美法系国家事实上已经放弃了在二审程序中坚持言词审理，言词审理已经沦为书面审理的补充形式，用于澄清法官通过阅卷无法明确的问题。因此，英美法系国家的一些学者甚至认为，上诉审程序实际是以书面审理为原则的，口头审理早已成为无足轻重的点缀。②

2. 言词原则在大陆法系国家上诉审程序中的发展趋势——“有限书面审理原则”的确立

与英美法系国家相比，大陆法系国家的民事审判制度曾在更大程度上依赖书面审理方式。罗马—教会法时期的诉讼程序就是以书面程序为特征的，所有证人的证言只有转化为书面形式才是有效的，而且在绝大多数正式的常规程序中，法官本人并不亲自听取证人的证言，他只须研究法院中下级官吏对证人进行审讯的书面记录。③ 这就使言词审理原则很难在诉讼程序中得到真正的贯彻。

资产阶级革命的胜利为言词审理原则在大陆法系国家的确立开辟了道路。对案件的审理方式由注重书面审理转变为注重言词审理。一方面，强调法官必须在经过当事人的言词辩论后才能作出判决，书面程序的使用被限制在很小的范围内。《德国民事诉讼法》规定，只有在双方当事人同意并且法院认为合适时才可以不经过言

① Fed. R. App. p. 34（a）（2）.

② Daniel J. Meador，“Toward Orality and Visibility in the Appellate Process”，42 Md. L. 732（2006）.

③ ［美］哈罗德·J. 伯尔曼：《法律与革命——西方法律传统的形成》，贺卫方等译，中国大百科全书出版社 1993 年版，第 303~305 页。

词辩论而直接依据案卷内容作出判决。[①] 言词审理原则大大降低了法院判决对案卷的依赖性，收缩了书面审理的存在空间。另一方面，强调证人必须亲自出庭接受法官与双方当事人的调查、询问，只有在特殊情况下才允许以书面证言代替出庭作证。[②]

但是，对言词审理原则的强调并不意味着书面程序就完全没有存在的必要。特别是近年来，出于提高诉讼效率的考虑，大陆法系的某些国家在民事诉讼的上诉审程序中出现了放宽书面程序使用限制的趋势。

于2002年通过的《德国民事诉讼法改革法》对一审程序与控诉审程序进行了重新的定位。传统观念中"控诉是第二级事实审"的认识不再被接受。经过改革，控诉审级被改造成为错误监督和错误排除的审级。控诉法院现在的任务是监督第一审判决事实认定以及法律适用的正确性。如果发现一审判决中存在错误，就需要排除错误。这样一来，一审法院作出的没有错误的认定原则上对以后的所有审级均有约束力。一审法院已经认定的事实，只有在控诉法院认为一定，而不是大概可能通过新的举证能够推翻时，才能重新调查。[③] 这样，需要通过控诉审程序调查的证据与事实的范围大大缩减，从而为控诉审程序中限制言词审理埋下了伏笔。《德国民事诉讼法改革法》规定了对没有完全胜诉可能性的控诉进行简化处理的方法。根据以前的民事诉讼法，控诉法院对那些虽然允许，但完全没有胜诉可能性的控诉不能不经口头辩论而直接进行裁判。这样，控诉审经常被人利用，以便"赢得时间"。但是，依据《德国民事诉讼法改革法》，法院在上诉手段缺乏胜诉前景、诉讼案件缺

① ［德］奥特马·尧厄尼希：《民事诉讼法》，周翠译，法律出版社2003年版，第355~356页。

② 何家弘、张卫平：《外国证据法选译》（上），人民法院出版社2000年版，第462页。

③ 李大雪：《二战后德国民事诉讼法之改革研究》，西南政法大学2007年博士学位论文。

少原则意义以及控诉法院的裁判不适合于发展法律或保证判例统一的前提下，可以无视控诉理由而不经过言词辩论程序而直接驳回。[①] 民事诉讼制度的这一变革在司法实践中受到很多控诉法院的欢迎。据统计，2002 年以这种方式终结的案件分别为 4.2%（州法院）和 5.7%（州高等法院），2003 年上升到 7.4%和 6%，2004 年继续上升，达到 10.7%和 11%。[②]

在法国，上诉审程序在一定范围内采取强制上诉律师代理制度，从而使上诉双方的实体权利和诉讼权利得到了有效保证。正是基于此种制度设计，在采取律师强制代理的案件中，二审程序通常以书面的方式进行。当然，在上诉当事人向法院提交新的证据的情况下，法院也将开庭审理该新证据，此时言词原则将得到体现。在最高法院受理的上诉案件中，因最高法院仅审查下级法院的法律适用问题，它只能对下级法院的判决能否被合法地接受作出决定，而不能对案件的争点进行审理，即使在原判决的法律适用有错误的前提下，最高法院也不能重新作出一个判决以替代原判决，而只能要求下级法院重审。[③] 所以，由最高法院受理的上诉案件，均是采用书面方式审理的。

在日本的民事诉讼中，口头辩论被明确区分为必要的口头辩论和任意的口头辩论及当事人询问两种类型。必要的口头辩论主要适用于法院作出判决的程序中，法律规定法院必须在经过当事人口头辩论后才能对案件作出裁决。除必要的口头辩论之外，民事诉讼中绝大多数的口头辩论是任意的，也就是说口头方式并不是必须的，

---

① ［德］汉斯-约阿希姆·穆泽拉克：《德国民事诉讼法基础教程》，周翠译，中国政法大学出版社 2005 年版，第 305 页。

② Hommeric Prüttingen，Rechtstatsachliche Udersuchung zu den Auswirkungen der Reform des ZivilProzessrechts aut die gerichtliche Praxis，S. 279. 转引自李大雪：《二战后德国民事诉讼法之改革研究》，西南政法大学 2007 年博士学位论文，第 97 页。

③ 洛克·卡迪特：《民事司法改革：接近司法·诉讼成本·诉讼迟延——法国视角》，载 A. S. 朱克曼：《危机中的民事司法》，傅郁林等译，中国政法大学出版社 2005 年版，第 286 页。

法官可以通过口头的方式收集诉讼资料，也可以以书面审查或以方便的方法询问当事人的方式代替。[①] 这种对言词审理与书面审理的关系的认识深深影响着日本民事上诉案件的审理方式，一般而言，言词审理不是必须的，选择何种方式审理上诉案件，主要取决于案件本身的难易程度。

由上可见，大陆法系国家的二审程序中，言词审理原则虽然有所弱化，但是仍不失为法院审理上诉案件的主要方式。书面审理作为言词审理的补充，只在法律规定的有限范围内得以使用。

同时，从言词原则在二审程序中的发展趋势可以看出，绝对的言词审理原则或绝对的书面审理原则在当今的民事诉讼二审程序中是不存在的。正如有学者所言："只有言词原则和书面原则相互结合并且利用各自的优点时，法院程序的塑造才有意义并且实用。"[②] 这种观点已为绝大多数国家的民事诉讼法所认可，多数国家在二审程序中针对不同的案件分别适用言词审理与书面审理两种方式。因此，我们需要讨论的问题应当是在二审程序中，哪些案件的审理应该贯彻言词原则及如何贯彻该原则，而不是二审程序是否需要言词原则。

3. 限制言词审理的程序保障

虽然受制于案件数量的压力，言词辩论原则的萎缩已经成为各国在上诉审程序中的"实然"现象。但是，诉讼公正对于言词审理的需求不能仅仅以"诉讼爆炸"为由，轻易地搁置。正是由于此种原因，各国民事诉讼立法纷纷加强了程序保障机制，以期在提高诉讼效率的同时，维护当事人的程序利益。从各国立法的情况看，这些程序保障机制主要包括以下几个方面：

（1）初审事实认定功能之强化。无论英美法系国家还是大陆

---

① ［日］中村英郎：《新民事诉讼法讲义》，陈刚等译，法律出版社 2001 年版，第 172~174 页。

② ［德］汉斯-约阿希姆·穆泽拉克：《德国民事诉讼法基础教程》，周翠译，中国政法大学出版社 2005 年版，第 66 页。

法系国家，民事诉讼程序发展的基本趋势都是强化初审程序的事实认定功能，上诉审程序的主要作用在于保证法律适用的统一性。为此，英美法系国家通过完备的证据开示与争点整理制度，确保初审法院有机会审理当事人对于案件的所有主张和争议。大陆法系国家虽然没有发达的证据发现程序，但是举证时限制度的客观存在以及日益强化的集中审理理念，均促使当事人在初审法院尽可能提交所有证据，提出所有主张，初审程序中的言词审理原则得到了全面的强调与贯彻。正是在上述前提下，上诉审法院对言词审理原则某种程度的背离才是可以“容忍的”。

（2）明确、科学地界定书面审理的案件范围。通过前文的介绍不难发现，各国民事诉讼法虽然对不适用言词审理的案件范围的界定有所差异，但是基本的原则却是一致的，即言词审理只适用于那些复杂的案件或经过言词审理可能对判决产生不同影响的案件。一般法律会规定，在上诉请求明显不能成立、没有价值或有拖延时间之嫌时，法院得不经言词辩论而进行书面审理。也有学者提出，言词审理只对那些双方对关键性问题有争议的案件才是有帮助的，此外，在有和解可能的案件中法官也会考虑采用言词审理的方式，使双方当事人有更多的沟通的机会，也使当事人更有可能对法院的判决结果作出预测。①

（3）书面审理决定的审慎性与可参与性。不经言词审理而直接作出判决很可能意味着当事人丧失了扭转诉讼结果的最后机会，将对当事人的权利产生实质性的影响。因此，各国法律对于作出书面审理决定的程序进行了比较严格的规定。法国对上诉案件的审理方式在很大程度上取决于该案的双方当事人是否都由律师代理，只有在律师代理的案件中，法院才有可能不经开庭程序而书面审理。美国的法律则规定，不开庭审理的决定，必须在每名合议庭的法官

---

① Bryan Beaumont, “Written and Oral Procedures—The Common Law Experience”, 21*Australian Bar Review*, 5 (2001).

都参与阅读上诉要点并一致同意时，才能作出，只要有一名法官表示需要进行言词审理，则法院必须安排择期开庭。在德国，上诉审法院对于不经口头辩论即作出判决的决定应事先通知双方当事人，并允许其提出异议。严格的程序促使法官谨慎地作出书面审理的决定，同时也使当事人有机会对法官的决定施加影响。

（4）完善的审前准备程序。即便在上诉审程序中，两大法系国家也均设置了庭前准备程序，该程序虽不具有发现、交换证据的功能，但是却能够帮助法院与双方当事人明确争点，提高言词审理的效率。以德国为例，德国的一审程序中，案件往往要经过数次开庭才能作出判决。但是在上诉审程序中，基本经过一次开庭即可形成判决，这与充分的庭前准备有着直接的关系。美国的上诉法院常常对上诉人言词审理的时间作出限定，因此如何提高听审的效率变得重要。在言词审理前的准备程序中，法官会提示双方合议庭认为有必要着重阐明的问题，以使庭审内容更加集中，更加高效。

由上可见，言词审理在二审程序中的弱化是与完善的程序保障相伴而生的。离开这些保障性措施，二审裁判结果的正当性将受到根本的质疑。同时，也正是由于有了上述保障性措施，言词审理与书面审理的各自优势才能够有机地结合并充分地展现。

（三）言词原则在我国二审程序中的问题及对策

1. 言词原则在我国二审程序中的问题

我国二审程序中的言词审理原则体现在我国《民事诉讼法》第 169 条规定，第二审人民法院对上诉案件，应当组成合议庭，开庭审理。但是，这一原则是有例外的，即“对没有提出新的事实、证据或者理由，合议庭认为不需要开庭审理的，可以不开庭审理”。由此确定了言词审理与径行判决相结合的二审案件审理模式。同时，我国的径行裁判与西方国家的书面审理有着明显的区别，即使径行判决的案件，法院亦需要经过询问当事人的程序。

从立法的规定看，径行判决只是言词审理的补充形式，其适用范围是有限的。但是在司法实践中普遍存在二审法院开庭率低的现象。① 一些学者将其归责于"二审法院迫于案件数量的压力，任意扩大径行裁判的适用范围"。笔者认为此种认识并不全面。言词审理在二审程序中的缺位主要是由立法的不足引起的，实践中法院的不规范行为只起到了将立法缺陷扩大化的作用。对比其他国家的立法，不难发现我国二审案件的审理方式存在着以下几个方面的问题：

（1）径行裁判的范围过于宽泛。我国对二审的功能定位与大陆法系颇为相似，即二审担负着解决一审未竟的对于事实与法律问题的争议的任务，这就决定了我国的二审程序应与一审程序保持大致相似的审理方式——言词审理。对比大陆法系国家对于书面审理的范围的规定，我国立法和司法解释对径行裁判的适用范围的规定还是比较宽泛的。对于可以径行判决的案件范围，《民诉法解释》第333条规定，主要包括以下情况：不服不予受理、管辖权异议和驳回起诉裁定的；当事人提出的上诉请求明显不能成立的；原判决、裁定认定事实清楚，但适用法律错误的；原判决严重违反法定程序，需要发回重审的。

由此可见，立法者的一个基本程序假设是：只要不涉及事实或证据的重新认定，均可径行裁判。在此，笔者无意否定开庭对于事实认定的重要性，然而是否言词审理仅对事实认定有意义？比如，当事人以程序严重违法为由提起上诉，则违法事实是否存在不一定都可以通过阅卷的方式确定。对于类似案件，二审法院开庭审理也是有必要的。

更重要的是，法定事由中的"上诉请求明显不能成立"的规定与径行裁判需要"阅卷和调查，询问当事人"的规定相结合，导致了我国二审开庭率低的现实问题。司法实践中，上诉案件的相

① 参见王亚新等：《对四个中级法院程序运作状况的考察报告》，2002年《比较民事诉讼法国际研讨会论文集》。

当部分是基于当事人对一审判决“事实认定”的不满，一般情况下，只要没有同时提出新证据，即便对原审提交的证据的可采性或证明力有异议，只要法院经过调查，认为原审事实认定没有问题，就以“上诉请求明显不能成立”为由，径行裁判。由此“上诉请求明显不能成立”，没有依立法者的原意，作为“径行裁判”的前提，反而成为通过径行裁判程序最终确定的结果。

（2）言词审理与书面审理界限不清。我国的径行裁判是对书面审理加以改造的产物，颇具中国特色。然而与国外立法对言词审理与书面审理泾渭分明的规定不同，我国的言词审理与径行裁判的界限不甚明晰。径行裁判的案件也必须采用合议制，必须阅卷和调查，询问当事人。由此径行裁判与言词审理的区别就仅在于是否需要“正式开庭”。同时，由于立法并没有对径行裁判案件中“询问当事人”的程序作出清楚的规定，单方询问或仅由合议庭的一名成员询问当事人的现象比较普遍，这种询问方式在程序上的失当显而易见。实践中也有一些法院采用双方均到庭的方式询问当事人，这种做法看似“周到”，却人为降低了径行裁判的效率，同时也造成了“书面审理”中混杂“言词审理”的问题，进一步模糊了言词审理与书面审理的界限。

同时，从言词审理的角度看，我国《民事诉讼法》没有对二审案件的审前准备程序作出规定。实践中，许多法院审理二审民事案件不经准备程序直接开庭，导致庭审效率低下。许多二审案件也需要经过多次开庭，开庭中无法查清的问题则通过庭下的阅卷、调查澄清。这种“无准备的言词审理”不仅造成了言词审理中混杂书面审理的问题，降低了诉讼效率，而且虚化了庭审的作用，使言词审理失去了应有的意义。

（3）径行裁判的程序缺乏必要的约束。从国外立法的情况看，大多数国家对决定书面审理的程序作出了比较严格的规定。美国的合议庭法官“一票否决制”，德国的事先通知当事人并允许其异议的制度都有效控制了书面审理适用的随意性。我国司法实践中的

"主审法官负责制"不仅降低了合议庭其他成员参与审理的积极性，同时也使径行裁判的适用变得随意。另外，"事前通知"与"事后监督"机制的缺位，进一步造成了径行裁判适用的失范，其在司法实践中大行其道也就不奇怪了。而在国外的民事诉讼制度中，并不存在"主审法官"的概念，书面审理是由合议庭全体法官共同决定的。美国在上诉审程序中虽然也会指定一名法官实际负责起草判决，但是该名法官是在庭审结束，合议庭评议案件后才被指定的。法律的基本原则是：合议庭的所有法官均应共同参与决定案件的所有问题。

2. 我国二审案件审理方式的完善——以强化言词审理为核心

从我国一、二审程序的关系以及二审程序的功能定位的角度看，我国的民事二审案件仍应坚持言词审理原则，限制径行判决（书面审理）的适用范围，同时对言词审理与径行判决（书面审理）的关系作出重新的布局与安排。具体包括以下几个方面：

（1）重新定位"径行裁判"，明确言词审理与书面审理的界限。如前所述，造成目前我国言词审理与书面审理界限不清的原因之一在于我们对"径行裁判"的定位不够准确，导致该制度既无法体现书面审理高效、快捷的特征，也无法实现言词审理的程序正当性的要求。因此，有必要简化径行裁判的程序，使之回归书面审理，强调该种审理方式的高效性。立法取消径行裁判案件必须经过"询问当事人"的规定，对于径行判决的案件审判人员仅通过阅卷的方式作出判决。从另外一个角度说，如果合议庭通过阅卷认为需要调查证据、询问当事人的，则应当经过转入正式言词审理程序。通过上述变化，不仅可以解决径行裁判的低效化的问题，而且"径行判决"与"言词审理"的区别将更加明显。二者分别适用于不同类型的上诉案件，有各自鲜明的价值追求。

（2）扩大言词审理的案件范围，坚持以言词审理为主。言词审理应当成为我国二审案件的主要审理方式，经改革的"径行判决"已经不再具有调查、询问当事人的功能，因此必须严格控制其使用范围，以确保二审裁判的正确性。对于裁定的上诉，和法律适用问题的上诉案件，无须开庭辩论，可以书面审理后判决；对于以程序违法为由而提出的上诉，应区别情况对待，对于无法通过阅卷的方式确定是否存在程序违法情形的，二审法院应该在开庭审理后作出判决。对于其他仅需通过阅卷就可以识别是否存在程序违法的情形的案件，则无须开庭审理；对于上诉人基于事实认定问题提出的上诉，如果上诉人对于原审法院采纳的证据的客观性、关联性、合法性没有异议，也没有提出新证据，仅对法院依据现有证据认定的事实结论有异议的，二审法院经阅卷认为没有改判的可能性的无须开庭审理。但是，如果上诉人对于原审法院采纳的证据的客观性、关联性、合法性提出异议，或上诉人在二审程序中提交了新证据的，或二审法院认为可能对事实作出不同于一审法院的认定的，则必须经言词辩论，重新审查证据，认定案件事实；对“上诉请求明显不能成立”的案件，应作出严格的解释，此类案件是仅指上诉人对一审的事实认定没有异议，同时，其提出的上诉请求明显没有法律上的正当性的案件。比如，上诉人提出了没有法律依据的“新颖”请求，要求被上诉人支付“青春损失赔偿费”，要求其以下跪的方式道歉等。再如，上诉人超出法定赔偿限额提出明显“草率”的请求。此时，合议庭无须开庭审理，可以径行裁判。

（3）构建二审的“审前准备”程序，提高庭审效率。通过上述变更，言词审理的案件范围将大幅度提升，但是同时我们面临的问题是，现有的司法资源如何满足高比例的言词审理需求。笔者认为，这一问题的解决只能从提高言词审理的效率入手。综观国外的二审程序，不难发现，多数国家二审案件以一次开庭为原则。为达此目的，审理前的准备程序必不可少。因此，我国民事诉讼法有必要规定，对于需要开庭审理的案件，需要先进行充分的审理前的准备，确定争点，交换证据，明确庭审辩论的内容。同时，二审的庭审不必完全拘泥于一审的庭审样式。我们可以适当借鉴美国上诉审案件的庭审模式。以法官主导提问为主，法官可以在准备程序中向双方当事人提示提问要点，庭审将主要围绕双方争议的问题以及法官的提问进行。这样庭审内容将更加集中，更具有实质性的意义，言词审理的效率将更有保证。

（4）相关程序的完善。完善径行裁判制度，还应规范其适用程序。对于径行裁判的案件，法院应在决定径行裁判后通知上诉人和被上诉人，允许其提出异议并向合议庭陈述意见。同时，也应当允许当事人基于程序选择权，放弃言词审理的权利，通过径行裁判的方式处理上诉请求。同时，可以借鉴国外立法的规定，对径行裁判的案件实行繁简分流，对于裁定的上诉案件的径行裁判，可以采用独任制。

总之，在我国二审程序中言词原则与书面原则的重新定位应建立在对我国二审程序功能通盘考虑的基础上。充分考虑我国的现实国情，作出全面的部署与安排。只有这样，才能保证制度本身的科学性和生命力。

公证的屏障作用与民事执行的保证功能

只要存在财产私有制，民事纠纷就不可避免。民事纠纷得不到及时、有效的解决，社会就难得安宁与稳定，严重起来可能引发刑事案件，甚至危及政权稳定。因此，妥善处理民事纠纷，是执政者必须优先考虑的问题之一。也许正是这个原因，随着人类社会的不断发展尤其是文明程度的不断提高，民事纠纷的解决机制日益丰富和完善。但是，构建和谐社会在建立健全纠纷解决机制的同时，不可忽略纠纷预防机制和纠纷解决结果实现的保证机制的完善，即公证的预防屏障和民事执行的保证功能的完善，从而形成以公证、人民调解、仲裁、民事诉讼、民事执行等为基本手段的、多元化的民事纠纷预防和解决体系。这一体系不但与民事纠纷的多元性、私权的可处分性特征相适应，而且与中国传统文化相协调，具有明显的中国特色。

第六章　预防纠纷的第一道防线——公证的屏障作用

我们已经进入诉讼爆炸的时代，这是到法院门口一看就可以得出的结论。一个社会的纠纷解决机制，应该是多元和互补的，法律机制的运作状况在很大程度上也受社会中存在的其他纠纷解决方式的地位和效果，以及社会成员对它们的认同和利用率的影响。因此，纠纷的解决不可能也不应该只限制在法院内。公证行业以预防而不是事后解决的方式来化解社会矛盾，通过确认市场主体的真实性、意思表示的真实性、市场行为的合法性，通过与有关机关职能的协调，通过公证赔偿制度来保护民事交易安全、预防纠纷、减少诉讼，维护法的稳定性、维护社会经济秩序和社会的稳定。

最高人民法院《关于人民法院进一步深化多元化纠纷解决机

制改革的意见》（法发〔2016〕14 号）中，确定了“合理配置纠纷解决的社会资源，完善和解、调解、仲裁、公证、行政裁决、行政复议与诉讼有机衔接、相互协调的多元化纠纷解决机制”的目标。强调“加强与公证机构的对接”，意见中明确了对公证的五个支持：“支持公证机构对法律行为、事实和文书依法进行核实和证明，支持公证机构对当事人达成的债权债务合同以及具有给付内容的和解协议、调解协议办理债权文书公证，支持公证机构在送达、取证、保全、执行等环节提供公证法律服务，在家事、商事等领域开展公证活动或者调解服务。依法执行公证债权文书。”

在市场经济条件下，公证其实是意思自治与国家干预的有机结合。公证最初表现为自愿公证的形式，人们寻求公证是为了起草文书和予以证明，在民事交易中保障交易的安全。后来，公证在立法上被赋予了确认民事主体的真实性、意思表示的真实性、民事行为的合法性等职责，同时建立起严格的公证人资格制度和公证赔偿制度，高素质的公证人和严格责任制度使公证制度在私权保护领域保持着无可替代的地位。实践表明，我国公证机构通过办理公证遗嘱、财产继承、财产协议、提存、保全证据、赋予债权文书以强制执行效力等公证形式给当事人维护自己的合法权益带来了极大的便利，为维护有关经济和社会秩序作出了重要的贡献，成为预防民事领域社会矛盾的“第一道防线”①。

西方法谚有云：开一家公证处，等于关一家法院。在国际交流中很多大陆法系国家法学家表述过这个意思，就在 2016 年 11 月，由北京市长安公证处承办的中法公证研讨会上，法国教授说，一个公证就意味着减少了一个诉讼。这种认识在拉丁法系是普遍的。在和谐社会背景下，公证的屏障作用是积极的、无法替代的，构成了多元化纠纷解决重要的组成部分。我们可以从多种角度、根据不同种类公证，来分析公证在预防纠纷、减少诉讼上所起的作用。

---

① 杨荣新：《论民事程序法》，载《中国法学》1985 年第 1 期。

一、公证对证明内容的真实性有较高的证明标准

公证的证据效力是其最基础的、最重要的部分。在生活中，有人要卖房，没有时间去办理谈判、签合同、配合对方办理银行贷款、过户等手续，需要委托他人代理，就要到公证处办理委托书公证。某证人急着出国，无法出庭作证，但为了证明证人证言确系本人所为，也需要到公证处证明其在证人证言上的签名属实。在知识产权侵权领域，证据保全公证早已成为共识，不管以后会不会打官司，先到公证处办理保全证据公证，有的拿不准是不是需要办理的，往往有一点理由，就要求办理公证，以致有的法官笑话说：打知识产权官司的律师害了“证据保全病”，由此可见证据保全公证在大家心目中的作用。

公证是确认法律事实和文书的真实性的一种非诉讼活动，它具有法律上的证据效力，在民事活动和诉讼中发挥着重要的作用。从早期公证制度到现代公证制度，从大陆法系到英美法系莫不如此。但公证的证据效力问题在理论上仍有不同的认识，当然，这也与人们对公证的看法不一致，立法上不具体①，可操作性不强有关，从而在实践中公证人员对同一事项可能会采取不同的做法。

（一）公证书的证明力问题

各国民事诉讼法、证据法以及一些国家的公证法都对公证书的证据效力作了规定，如《法国公证法》第 19 条规定：“公证书不仅皆具备裁判上的证明力，而且……”《法国民事诉讼法》在第 286 条、第 303~316 条共计 14 条的篇幅涉及“提出公证文书属于伪造的申明”的情形。在英美法系国家如《美国联邦证据规则》第 902 条第 8 款规定，公证人员遵照法定方式作出的证明书所确认的文件，法律不要求提供具有真实性的外部证据作为可采性先决条

① 如我国只规定了在民事诉讼中的证据效力，对其他民事行政活动中如何采证则没有规定。

件。《英国民事证据法》第 11 条第 4 款规定："在任何民事诉讼程序中，任何文件内容依照上述第二款被接纳为证据时，在保管该文件的法院当局以他们的名义用书面或其他方式加以证明或公证的该文件或其重要部分的副本得接纳为证据。"法国《拉鲁斯大百科全书》在证据条目中说："一项符合规定经过公证之文书，构成一种法律上的证据或完善的证据，有拘束法官的效力。"我国《民事诉讼法》第 69 条规定："经过法定程序公证证明的法律事实和文书，人民法院应当作为认定事实的根据，但有相反证据足以推翻公证证明的除外。"最高人民法院《证据规定》第 9 条第 1 款规定："下列事实，当事人无需举证证明：……（六）已为有效公证文书所证明的事实。"上述规定从法律上确认了公证书的证据效力。

公证证明的事实是法院或民事活动中的相对人认定事实的证据，法院或民事活动中的相对人一般不必再对公证书进行审查，就可以直接采证，法院则可直接作为定案的依据。所以，公证书不仅是一种证据，而且是一种特定的书证，法律赋予其证明的事实以推定真实的效力，当然，这种推定是可以反驳的。

公证书在证据中又有其特殊性，即它属推定证据，法律上的推定是指法律明确规定，当确认某一事实的存在时，就应当据以假定另一事实的存在，而这种被推定的事实不用加以证明。既然推定是一种假定，当然应当允许反驳，可以推翻，只是要推翻该推定的一方负举证责任。公证书所以具有这样的证据效力，是因为它有以下几个特点：

（1）公证证明的认识论基础是辩证唯物主义认识论，公证证明的事实是对已经发生的客观事实的真实记录。辩证唯物主义认识论认为，认识活动中人与世界的统一是通过人对世界的能动反映而实现的，反映是人对于世界的观念的把握，人在实践基础上的认识能动地反映世界，实现自己的认识与客观对象相一致。与民事诉讼过程中法官对案件事实的认识是通过证据规则和当事人提供的证据来发现"法律真实"不同，公证证明的事实是公证人员对已经发生的客观事实的真实记录，在这里，公证人员起到的是照相机的作用，在有的公证事项中，这架“照相机”不仅要照到当事人的外部意思表示，还有义务遵循一定的规则探究行为人的真实意志。

（2）公证书是通过法定程序得出的结论。为保证公证的真实性、合法性，各国均规定了一系列的法律、法规和规章，这是公证人员的操作规程，严格按照公证程序办证，就为保证公证的真实性、合法性打下了良好的基础。实践中，公证员办理签名属实公证，应当亲眼目睹当事人的签字；办理证据保全时，反映在公证书中的都是公证员通过看、听，最后用书证或录音录像形式保存下来的事实。

（3）它表明了公证内容的来源。公证书的内容一般包括法律文书的来源、法律事实或行为的发生时间、地点和具体内容，从而真实地再现公证时的场景。尤其是邮寄法律文书方面比较明显，如某银行要邮寄催款函，公证书中会表明邮寄的时间、地点、内容，并将详情单及所邮寄文件的复印件附在公证书后，使人无可辩驳。

（4）具备了证据的基本特征。公证证明的事实是一种客观事实，是查明案件真实情况的依据，证据的取得过程必须是合法的，同时必须与待证的法律事实有内在的联系。比如，陪同当事人购买侵权产品的公证书是根据当事人的申请，由两名公证人员陪同当事人，由当事人（或代理人）购买涉嫌侵权产品，公证员将该物品封存，并将购买过程写入公证书。这种证明，对有关案件来讲，既是原始证据，又是直接证据；既反映了案件的客观事实，又说明了案件的真实情况。

当然，公证书也不是完美无缺的，即使公证制度有悠久的历史、科学严密的程序，即使各国立法或判例普遍肯定了其可采性，法院在诉讼程序中对待公证书仍应允许对其进行反驳，以确定公证书有无证明力。因为，按照证据法的一般规则，所有证据都应当经过质证才能作为定案的依据。另外，随着科学技术的发展、社会现象的复杂多变，没有什么证据能够做到真实无误地反映客观真实，且不说利用高科技造假[1]，一个最简单的例子就是，某甲持其同胞哥哥的身份证并以后者的名义申请办理委托书公证，这种情况下，公证人员是很难发现其中的问题的。

（二）公证书证据力所及的范围

公证文书作为一种具有推定真实效力的法律文书，在民事活动和民事诉讼过程中有着重要的作用，审理民事诉讼的实质在于查明案情，依法判定有争议的民事权利义务关系，制裁民事违法行为。公证人员的职能是证明法律行为、法律事实和文书的真实性、合法性，公证人员在搜集、判断证据方面具有专业性、客观性，公证书的合法性及明确性、公证书内容的高度真实性、公证书的保存具有完整性等便利条件，由此而出具的公证书的证据效力及于其证明的事项。由于公证事项不同，审查不同，对不同公证事项产生的证明力是不同的。如证明委托书与证明遗嘱，二者在效力上肯定会出现差异，同时，公证的证据力与公证审查的范围、公证书证词详细程度也有关系，一般而言，公证审查越详细，公证书的证据力越强，反之，审查的范围越小，证据力越小。

反映公证人员工作成果的载体是公证书，公证证词体现了公证审查的范围和适用的法律，对公证书证据力所及范围产生直接的影响。从1999年3月开始，司法部组织京、津、沪七个公证处对合同协议类、保全证据类、现场监督类公证文书进行了历时半年的以定式改革为要素式的试点，以期探索总结改革经验，进而在全国推行。此次公证文书改革的原则是：改革、完善、简明、适用，使公证文书内容与证明对象相一致；目标是：规范、完善公证书格式，满足公证发展需要和公证文书使用人的合理要求，提高公证质量，充分反映公证机构的工作成果。要素式公证书是一种全新架构的公证书，它要求公证人员必须根据不同公证事项的不同法律特征，来

[1] 实践中已经出现在计算机证据保全时，当事人利用网络技术改变保全对象的基础环境，从而将其自己制造的图形文件以公证保全的形式嫁祸于他人的案例。

确定公证书的真实性、合法性所需的不同基本要素，采用不同的方式予以查清证实，最终依照法律作出有可靠证据力的要素式公证书证词，做到认定事实准确，适用法律得当。2011 年，司法部发布了《定式公证书》格式，总结了以前的研究成果。另外，中国公证协会还专门成立了公证文书研究会，专门研究公证文书改革问题。这些措施，对提高公证的证据力，扩大证明范围，进而提高公证队伍素质、提高公证整体形象将大有裨益。

（三）合法性是对公证证明内容的内在要求

对于公证的真实性大家都没有什么异议，在合法性上则不然，虽然没有多少人公开反对，但对经济合同公证合法性的态度在审判实践中表露无遗，审判人员一般只采证公证书中认定的事实部分，对用“双方当事人的签约行为符合《民法通则》第 55 条的规定，合同内容符合有关法律的规定”一语概括合同的合法性的内容根本不买账。对方当事人对公证法律事实部分的反驳须提供充分的证明，而对合同成立、生效等方面的反驳、认证则基本上将公证视作可有可无，公证合法性形同虚设。有人认为公证不能证明法律行为的合法性，有人则从举证责任的角度理解合法性公证的意义，其实，这些都是对公证的误解，根源在于人们不相信公证制度，对公证员评价不高，对公证制度了解不多的人（其中包括很多法官）认为公证无法证明法律行为的合法性，公证员也不具备这方面的知识和能力。

对公证合法性的内在要求，我们应当从以下四个层面来看待：

一是从公证的严格程序上来看，公证程序包括收集证据、审查法律文书、必要情况下的调查取证、公证书的论证、对公证人员的惩戒与公证的法律责任等层面，所有这一切都是围绕着保证公证证明内容的真实性与合法性而进行的。

二是从公证的程序法意义上的推定合法角度来看，在民事活动中的当事人包括政府机关、在诉讼中的参与人有相反证据足以推翻公证证明的，公证书不具备证据效力。在民事活动中，公证证明法律行为的合法性是对民事活动安全的监督，类似政府的管理，有国家干预的色彩，在诉讼中免除当事人对已为公证书证明的事项的举证责任。

三是从公证的审查义务与告知义务来看。公证人员行使职权时具有审查义务与告知义务。公证人员为国家公职人员，在执行职务时，应当对申请人予以公正、客观与概括性的告知。公证人员有责任使其所公证的法律行为，在法律上正确与完整，以及关系人所预期的法律效果能够发生。公证的本质在于使所要作成文书的意思表示由表意人以言词提出，而由制作文书人认知其意思表示的内容，并负责审查，以避免错误与疑义，不让没有经验与不熟悉法律的申请人的合法权利受到不利影响。从而实现预防性法律维护的任务，预防纠纷，并有助于法的安定性。公证人员还应让申请人知道其法律行为在法律上的效力与影响。法律关系越复杂，申请人对其在法律上的认识有偏差时，这一义务就显得越重要。

四是从公证的职能角度看，公证人员应确认特定法律行为的真实性、确认行为或文书的日期并保管原件、为物权的可变动性负责、作为准公共职能的法律顾问在准许执业前一般要求通过严格的执业培训。从历史上看，公证人起初只是职业代书人，起草合法的文书更是起码的要求。

通过以上所述，笔者认为，笼统地认为合法性也是公证证据效力的当然组成部分的观点是站不住脚的，合法性其实是公证证明的内在要求，不管是公证人员起草的文书，还是当事人拿来的文书，还有对法律行为，公证人员都必须保证其证明对象的合法性。现阶段对公证证明合法性的质疑是对现实情况的合理反映，其实除某些格式合同外，没有哪个部门或律师起草的法律文书被视为当然合法，类似的情况是人民法院的判决也频遭批判，这是由现阶段我国的国情决定的。我们不应因此而彻底否定公证在证明合法性上的作用，也应正视问题，在公证制度的完善上、在修炼公证队伍的内功上下功夫，到大家对公证人员的素质高度信任、因公证书的疏漏给当事人造成的损害能够得到赔偿时，公证契约的合法性就自然而然地不是问题了。

真实合法是我国公证工作的核心原则，贯穿于我国公证证明活动的全过程。正因为坚决贯彻了这一原则，经过证明的法律行为，有法律意义的文书或事实，才能产生预期的法律后果，达到预防纠纷、减少诉讼的目的，才能保护公共利益和公民身份上、财产上的合法利益。公证中的真实，是指公证所证明的法律行为、有法律意义的文书或事实及其内容是真实的，而不是伪造的或虚构的。所谓合法，是指公证证明的事实内容必须符合国家法律、政策的规定或社会公共利益的要求。从条例规定及实际含义可以看出，真实合法由下列要素构成：

第一，主体真实合法。公证事项的主体，是申请公证的当事人，他们既是法律行为的行为人，又是公证事项的申请人。主体真实是说行为人或公证申请人只能是当事人本人。该当事人是法律行为的权利享有者或义务承担者，有法律意义文书的拥有者和有法律意义事实的发生而产生法律后果的利害关系人。而不是别的其他人，更不是别人的冒名顶替。主体合法，要求当事人必须具有法律规定的民事行为能力，亲自申请。如是代理，必须是法定的或当事人委托的人，否则无效。

第二，客体真实合法。公证事项的客体是当事人申请证明和公证机关进行证明所指向的对象。客体以有形或可知形态表现出来。法律行为如订立协议、立遗嘱等；有法律意义的文书如毕业证书、结婚证书等；有法律意义的事实如人的出生、死亡等。这些行为、文书、事实是已经成立（含拟定举行，如招标、开奖等）、出具或已经发生，而不是将来可能要为的行为或可能会发生的事实，更不是主观想象或伪造出来的任何东西，是依法成立、依法出具、自然（或以外）发生的，有据可查的行为、文书和事实。

第三，内容的真实合法。公证事项所含内容包括实体内容和证据内容两方面。就实体内容而言，法律行为表现在协议的标的数量、质量、转移方式、违约责任等主要条款上，它的真实合法是产生预期目的的物质基础；文书则表现为所证明的事由或事实是真实的；有法律意义的事实则表现为某一事实确实在某个时间、某个地点因某种原因而发生，而不是没有发生或将来可能会发生的推测结果。文书和事实的合法应是通过证明产生的后果是法律政策果断所允许的。从证据内容方面讲，是说各种证据材料所证明的事实，第一，要与实体内容相一致；第二，证据材料的形成是依照法律、政策规定的程序或方式取得的；第三，同一事实的各种证据要相吻合，不能相互矛盾。

真实合法还要求：真实与合法应同时存在，客观事实合法与主观意思表示的真实合法一致，公证证明的事项合乎法律规定的公证业务范围。

（四）公证的证明标准是什么

真实原则是公证制度的基本原则，对真实性的证明是公证诸效力产生的基础。对真实的理解，各方面表述不尽一致。有人认为："所谓真实性，是指当事人申请的公证事项，必须事实清楚，真实可信，而不是捏造的、虚假的。"[①] 有人认为："所谓'真实'，即公证文书中所证明的法律行为、有法律意义的文书、事实及其各项内容都是客观存在的或者曾经发生过的事实，而不是虚假的、伪造的事实。真实就是符合客观实际，反映事物的本来面目。"[②] 这些理解都有些片面，把握公证中的真实必须联系公证的证明标准来谈。

公证的证明标准是公证人员对特定公证事项进行证明所要达到的程度，它是决定公证人员能否认定具体事实的行为规范。根据现有的证据，如果公证员认为这些证据中包含和体现的证明力达到了证明标准，则认为是真，可以出证，反之，则认定该事实为伪，不

---

① 卓萍主编：《公证法学概论》，法律出版社 1988 年版，第 54 页。

② 江伟主编：《公证法学》，法律出版社 1996 年版，第 60~61 页。

予公证，能否公证，在于是否符合公证的证明标准。尽管证明标准是一个很重要的问题，但在我国的公证实践中它还是一个比较陌生的概念，其实，我们在认定事实上所做的大量工作，到了最后环节，实质上就是对证明标准的评判和把握问题，也就是我们常说的“根据现有证据能否认定公证的事实”的问题。我们在把握证明标准方面有大量的经验和成功的实践，但遗憾的是，我们缺少系统的理性思维。对公证员来说主要凭借经验来处理不得不涉及的相关证据问题。公证的证明标准是一个极其复杂的问题，普通的理解是公证人员只应当对发生在他面前的事实进行证明，从这个角度讲，公证的证明标准应当达到“客观真实”的程度，然而，从某些公证事项看，如办理继承权公证和出具执行证书，都是与审判和仲裁类似的，公证是依据收集到的证据进行证明，不可能用客观真实的证明标准来要求。我国公证法律规范没有明确规定公证过程中的证明标准，因此，对于公证证明标准，必须根据相关的法律规定及公证工作的自身规律、公证立法的指导思想和原则界定。

在大部分公证领域里，坚持客观真实的证明标准，是符合公证规律的，同时对提高公证的社会信任度、提高公证质量、增强公证人员的责任心也很有帮助，但在有些公证领域，如继承权公证，不同于一般意义上的认识活动，公证人员意识里总会跳跃着可能出现的、未知的继承人的模糊身影，公证人员其实是裁判人员，要求继承人、关系人提供能够使公证人员对整个继承权事项产生内心确信的证据，这一公证受到程序法的严格限制和规范，包含了一系列法律价值的实现和选择的过程，要求公证人员坚持客观真实的证明标准是不现实的，如果这样，恐怕没有几个继承权公证能够出证。事实上，我国公证界在继承权公证过程中，下意识里适用的是“法律真实”的证明标准，然而，由于没有清楚的认识，在公证内容一旦与客观事实不符时，又按照“客观真实”的证明标准承认错误，赔偿损失。笔者认为，我们对待类似继承权公证等公证事项只能适用“法律真实”的证明标准，同时从程序正义的理念出发，完善有关的程序，如实行公告制度等，公证人员严格履行了法定的程序得出的结论，即可认为达到了法律上真实的标准。

（五）法院对公证证明事实的认定审查的分析

前述两点论述对决定法院采证公证书具有重要意义。

公证证明的认识论基础是辩证唯物主义认识论，辩证唯物主义认识论是能动的反映论，公证人员按照严格的程序规则，通过一系列的询问、调查活动，把他们看到、听到的客观真实予以如实的记录，从而对认识客体达到“客观真实”的认识程度。由于公证证明是与法律行为、法律事实同时发生的、有意识、有针对性的客观记录，与其他证据形式相比自不可同日而语。

由于公证在证据作用上的天然优势以及各国民事诉讼法和民事证据法对证据效力的规定，公证证明的事实具有法律推定真实的效力，当确认公证的存在时，就应当据以假定公证证明的事实的存在，而这种被推定的事实不用加以证明。当然，这种推定是可以反驳的，需要推翻该推定的一方负举证责任。

基于上述理由，公证书在法律上具有特定的证据效力，在诉讼中具有约束法官的效力，但一旦进入诉讼程序，任何证据都面临着法官的采证问题。按法律规定产生证据效力的是经过法定程序出具的公证书，如果公证人员没有严格按照公证程序进行，审查公证内容的真实性和合法性，就有可能影响公证书的效力。例如，2001年4月26日《南方周末》报道了武汉体育彩票作弊的事件。某公证处已公证过了两个“真实”：一是“本次开奖的摇奖器具完整”，二是在球被卡住并被工作人员用手拨下来之后，继续摇奖的中奖号码仍然“真实有效”。如果不是球被卡住，进而有现场彩民检查出乒乓球的问题，作弊者就会在众目睽睽之下得逞，对于这一突如其来的事件，两个公证员面无表情地看着这一切，“迅速和电视台的节目主持人躲进了电视台的直播工作间”。在这一事件中，公证人员没有严格按照法定程序对抽奖的主要工具进行检查是导致丑闻发生的主要原因。同样的问题发生在某公证处对已经过世的人的录音遗嘱进行公证，导致了一场行政诉讼，最终结果以公证违反法律规定为由判决公证无效。因公证违法导致公证无效是审判人员按照“有相反证据足以推翻公证证明的除外”的法律规定而否定公证文书的证明力的结果，问题出在公证机构内部，需要通过提高自身素质，严格执行职务来解决。

有的问题出在社会对公证的片面或错误认识上，对公证的职能、公证书在法律上的效力不了解，也使有些人对合法出具的公证书不予认可其效力。在民事活动中、在行政机关，甚至在人民法院都存在这种现象，其中影响最大的就是某些审判人员置法律规定于不顾，对公证文书的效力不予认可，有的审判人员既不承认也不否认公证书，而是绕开公证，亲自调查，当然，这与我国以前长期宣传的实事求是、追求客观真实的证据理论有关。另外，我国《民事诉讼法》第 64 条第 3 款规定：“人民法院应当按照法定程序，全面地、客观地审查核实证据”。这种规定比较抽象，在实践中一些审判人员往往依靠直觉和经验对证据进行审查判断，自由裁量权过大，既容易造成证据法律效果的不确定，其中就包括公证文书，导致法律适用上的不统一，也容易产生不正之风。2001 年最高人民法院《证据规定》第 64 条规定：“审判人员应当依照法定程序，全面、客观地审核证据，依据法律的规定，遵循法官职业道德，运用逻辑推理和日常生活经验，对证据有无证明力和证明力大小独立进行判断，并公开判断的理由和结果。”这一规定完善了民事诉讼法规定的审判人员判断证据的原则，结合第 9 条第 1 款规定：“下列事实，当事人无需举证证明：……（六）已为有效公证文书所证明的事实”，又以证据规则的形式约束审判人员对公证文书的采证。

根据上述，法院对公证文书的审查应当是将法律问题与事实问题区别对待，原则上只审查公证文书所表现出来的在执行法定程序和在实体法的选择适用上有无错误，如果没有相反证据足以推翻公证证明的事实或公证证明的事实明显不合乎逻辑，法院一般不应对事实问题进行审查。

(六) 对公证证据效力的程序保障

公证书之所以能成为完善的证据，严格的程序保障应是问题的关键。古罗马的“诺达里”就必须遵循在法定地址办公，没有特殊情况不得在外拟定文书等程序规定，后来的公证程序制度渐趋完备，现在的法、德、意、日等国的公证制度，已经发展到几近苛刻的严密程度。我国除《公证法》外，司法部还相继颁布了《公证程序规则》《抵押贷款合同公证程序细则》《提存公证规则》《遗嘱公证规则》和《招标投标公证程序细则》等，加上司法部众多的批复、通知、指导意见等，结合其他法律法规，我国已经建立起了比较完备的程序保障体系，基本上做到了“有法可依”。

每个人都只能对他能以自己的感觉和知识核对的那一部分内容负责，公证员也不例外，如果当事人没有在公证员面前签字，公证员在没有备案材料可以核对的情况下所出的公证书，其证据效力就无法及于该签字。同样的道理，没有依据有关法律规定对证明内容进行审查，公证员也无法对法律事实和文书的真实性和合法性负责。因此，严格按照公证程序的有关规定来操作，坚持真实性和合法性原则是对公证书证据效力的有效保障。

二、遗嘱、继承和夫妻财产协议公证

公证是商品经济的产物，随着商品经济的发展而渐趋完善。欧洲大陆资本主义兴起时，社会经济生活对法律需求的不断增长，使人们对公证提出了更高的要求。1789 年，法国发生了资产阶级大革命，革命者认为，除调解和裁决纠纷的官员外，公众的安定还需要有其他的公务人员，这些公务人员对于当事人既是无私的顾问，也是他们意志的公正的表述人；他们使当事人明了对契约应当承担的全部义务，明白地表述了当事人的这些义务，并赋予契约以公证性质和终审裁决的效力；他们使当事人保持对契约的记忆，并且完整地保管契约文本，防止善意人之间产生分歧，同时，使那些贪婪的人放弃提起不正当要求的念头。这些无私的顾问，这些公正的文书起草人，这些作为使契约当事人信守义务的一种自愿的“法官”，就是公证人，这种制度，就是公证制度。公证人在革命初期可以从三个方面实现公众利益。首先，公证人通过制作和保管财产文书，保护财产所有者免受他人对其财产提出要求所带来的困扰。其次，公证人作为法律咨询者和公证的文书撰写者，使每个被服务对象能够明确其权利，由此推动其实现自己的意愿。最后，公证人处理家庭财产事务，为每个家庭提供了安全保障。

（一）夫妻财产协议公证

在《婚姻法》制定过程中，夫妻财产协议是否需要经过公证，曾经有过激烈的争论，最终立法没有采纳公证方式，也没有规定婚姻机关备案制。背景是当时社会风气相对保守，约定财产制社会认同度不高，婚前财产公证叫好不叫座。现在从总体上来看，赞成婚前财产公证的明显占了上风。2006 年，东方卫视曾做过一个短信调查，在数千名投票者中，支持婚前财产公证的人数占到了近 7 成。新浪网对于年轻网民调查的结果显示，年轻人中赞成婚前财产公证的比例稍低，约为 55%；而新浪网对于年轻适婚女性的调查结果则显示，明确不会做婚前财产公证的人数有 40%之多，准备做婚前财产公证的人数为 16.5%。《婚姻法解释三》出台后，又兴起了一轮婚前财产公证热潮，从实务中可以明显感觉到，婚前财产公证越来越多，婚姻当事人关心，父母比子女更关心。婚姻期间的夫妻财产协议同样日益增多，有的是买了房子，确定一下归属、比例，有的是担心夫妻关系不稳定，或欲以此来保护自己或约束对方，当然也有的是因为配偶出轨，又愿意维持夫妻关系的。

夫妻财产协议公证包括两方面的内容：一是对婚姻双方各自婚前财产的证明；二是对婚后夫妻财产关系内容的约定的公证，具体讲就是对于在不同条件下取得的财产，在夫妻之间如何归属、管理和受益的约定的公证。它可以在结婚前办理，也可以在婚姻期间办，也可以在离婚后办理。前两个很好理解，离婚后的夫妻财产协议怎么办公证？这不是法院的管辖范围吗？其实在实践中，这一类公证数量是很大的，如夫妻双方先离婚，财产问题慢慢谈，谈好了到公证处订立财产协议，也有的是在离婚时遗漏分割，被发现后能够协商解决，就到公证处办理财产协议公证。有些财产是要办理过户手续的，如房产和汽车等，根据公证书就办理过户手续。这些情况在法律中没有规定，在某些“严肃”的学者眼中，这是极不严肃的，但是在现实生活中，行家的工作更可靠，当事人、登记机关和公证行业很默契地处理了这些问题，也没有发现什么大的问题，实际上，对当事人来说，意味着极大的方便，避免了再次对簿公堂。

夫妻财产协议公证的作用主要表现在：婚姻存续期间，婚姻双方对财产的管理支配；离婚时，婚姻双方对财产的分割。

对于婚姻存续期间，婚前财产公证的作用不明显，毕竟夫妻双方共同生活、共同决策。但是从发展趋势来看，从约定财产制的含义以及婚姻法的规定来分析，其意义不仅在于离婚时分割财产，还表现在婚姻期间一方可以单独处分自己的财产，如妻子决定将约定中属于自己的房产赠与父母，无须配偶同意。

离婚时，如果婚姻双方对财产的分割没有约定或对约定的认识有较大分歧，往往会纠缠不清，极易产生纠纷或对彼此更大的感情伤害。这时候夫妻财产协议公证的作用就表现出来了，它可以根据各自经过公证的婚前财产、婚后财产的处分约定，较为清晰地来分割财产。

夫妻财产协议公证有以下好处：首先，排除恶意的以获取财产为目的的婚姻，从另外的角度来讲就是，婚姻更多地回归到以感情为基础的轨道上。其次，虽然夫妻财产协议公证主要是为离婚准备的，它降低了离婚的时间成本和物质成本，它的出现也正是伴着离婚率的逐年攀升而出现的，在实际生活中，有夫妻财产协议公证的夫妻离婚率明显要低。最后，实践中，民政部门登记的夫妻财产协议及当事人自己保留的夫妻财产协议无法公示，真实性难以确认，在民事交易中，伪造、变造夫妻财产协议的现象越来越多，造成大量纠纷，甚至上访、缠讼。现在，很多交易对象已经主动要求提供公证的夫妻财产协议。

（二）遗嘱和继承公证

有意思的是，与夫妻财产协议公证没有法律硬性规定而是社会自然选择一样，遗嘱和继承公证更是自然选择的结果。

继承法规定遗嘱有优先效力，但其他形式的遗嘱种类很多，当事人有很多选择，但我们看到，为了防止纠纷，办理遗嘱公证，已经成为很多老人放心离去的最重要事项。学术界对遗嘱公证的优先效力有很多异议，但大部分人没有调研，也没有实践经验，不知道要确认一份没有经过公证的遗嘱有多麻烦。继承对于绝大部分家庭都是很重大、很复杂的事，没有争议的家庭，即使没有遗嘱或者仅有老人的一句暗示，都不会出问题；有争议的或者子女心思各异的家庭，一个权威的遗嘱能避免很大的问题。从实践操作的角度来说，公证遗嘱更是省却了很多麻烦，公证遗嘱为社会和谐贡献良多。如果真正实践过一次，很多反对的学者就会改变看法。

继承公证缘起20世纪80年代初落实私房政策中。一开始并未要求公证，被继承人家属直接到房管部门办理过户手续，一段时间下来，纠纷多如潮涌，房管部门难以招架，一概支到法院又不现实，就和公证行业协商，引进公证制度，继承人必须办理继承权公证，才给办理过户手续。1991年《司法部、建设部关于房产登记管理中加强公证的联合通知》第1~3条就把实践中这些做法固定下来，规定了房管部门涉及继承和赠与时，要求办理公证。在中国并不是所有规定都能遵守，有的不适应新情况的规定也会改变，这就要看其中的实质要求是否有生命力。在同一个规定里，我们就可以作出对比，该规定第4条“有关房产所有权转移的涉外和涉港澳台的法律行为，必须办理公证证明，然后由房地产管理机关办理房产登记等行政事宜”。在上海，该规定顽强地生存到2016年，在北京、广州、深圳等涉及大量的外销房的地域，基本上没有实施。

而关于继承和赠与公证的规定，虽然社会上有很多争议，但还是一直执行下来，其间个别地方的房管部门短期内没有执行，但不执行的后果还是比较棘手，他们无法要求继承和赠与都必须提供法院判决，被继承人亲属自己到房管局办理继承就可以了，实践中的风险让登记部门防不胜防。我们看看下面一则报道，就可以体会到其中的凶险。

【槐荫半年挡住10余件“假公证”】今年以来，槐荫公证处通过对被继承人、继承人档案进行核实，对村、居民委员会，邻居或其他知情人进行走访、调查，共调查核实244次，发现当事人开具虚假证明材料10余件，及时防止了错证的发生。

近日，公证员邱红受理了一件继承权公证。被继承人辛某在济南留有一笔存款，其子女三人到公证处申请办理继承公证。继承人向公证员提供了被继承人的死亡证明、被继承人生前所在单位出具的家庭情况证明等材料。证明材料中称被继承人辛某与其夫马某是原配夫妻，二人共有三个子女。但公证人员来到存放被继承人辛某档案的济南某医院进行审查核实发现，被继承人辛某与前夫于1961年离婚后又与李某再婚，并且和前夫有四个子女。因继承人提供的证明材料不属实，公证员立即中止办理公证，并告知当事人提供被继承人辛某与其前夫的子女情况。①

上面的情况对大部分公证处来说，是很常见的现象，更恶劣的也不乏其人，公证行业已经习惯了，练就了火眼金睛，当然，漏网的虽然罕见，但肯定会有，结果往往都是影响很坏，如我们听到的标题：“把活人公证死了”。其实，在现实中国的信用状况下，发生这样的情况是必然的，好在公证行业的赔偿机制早已建立，应对

① 吕红：《槐荫半年挡住10余件“假公证”》，载《济南日报》2012年9月27日。

相关局面也有了经验。

2015年颁布的《不动产登记暂行条例》确定了不动产登机机关有权直接办理继承登记。2016年，司法部发布了《关于废止〈司法部、建设部关于房产管理登记中加强公证的联合通知〉的通知》，办理房屋因继承导致的不动产权利转移登记中，继承权公证文书不再是必须的登记申请材料。也就是说，申请人不提交经公证或生效的法律文书，也可以依法办理房屋产权的继承转移登记。

继承人不提供继承权公证书或者法院裁判文书的，由不动产登记机构对被继承人的死亡、继承开始时间、法定继承人范围、遗嘱内容的真实性等进行审查和确认。由于不动产登记机构不具有公证机构的地位、职能、人员和知识经验，面对申请人提交的继承材料，不动产登记机构在审核过程中，有三个突出的难点：一是继承人范围确定难。我国目前人员流动性大，同时，户籍、人事档案管理不够完善和规范，各地区相关职能部门的管理职责和范围不尽相同，因此出具相关证明的机构不具有唯一性，所出具的相关证明的样式、内容表述也是多种多样。这样的现状往往会导致法定继承人存在遗漏或不确定的可能，特别是存在非婚生子女、收养子女等较为特殊的亲属关系的继承人难以确保穷尽。二是难以确定最后的生效遗嘱，即便申请人提交的遗嘱符合我国继承法规定的遗嘱形式，但其内容的真实性和是否为最终的遗嘱，不动产登记机构无从考证；公证的遗嘱也同样难以被查证是否还存在与该份公证遗嘱意思表述不一致的、更晚时间作出的其他公证遗嘱。三是没有调查权。法定继承人提交的所有相关证明材料的真实性，不动产登记机构无从考证。基于当事人伪造相关证明、证照骗取不动产权登记的情况时有发生，登记机构对于当事人提交的各种证明材料的审核职责该如何界定、规范，目前没有可操作、可量化的标准。从司法审判实践看，以“合理审慎”为标准，而这个标准过于原则，在登记实践中难以准确把握，难以避免未审查出伪造的证明材料的情况。

另外，不动产登记机构面临的重大挑战还有登记错误的责任承担。《物权法》第21条规定："当事人提供虚假材料申请登记，给他人造成损害的，应当承担赔偿责任。因登记错误给他人造成损害的，登记机构应当承担赔偿责任。登记机构赔偿后，可以向造成登记错误的人追偿。"现行规范下，不动产登记机构在办理不动产继承登记中将承担关于继承权确定的审核职责，如前所述，不动产登记机构对申请材料仅限于书面材料的审查和对相关当事人的当面询问，对于当事人提供虚假材料、恶意串通作虚假陈述等情况，不动产登记机构由于难以发现和核实，由此导致的错误登记，登记机构是否可以免责，没有明确。而根据上述物权法的规定，即便是当事人故意隐瞒而造成遗漏继承人、伪造遗嘱、伪造亲属关系证明等当事人的过错造成的登记机构的错误登记，受到损害的他人均可向登记机构主张赔偿。该条法律规定释放出的信息就是，即使登记机构不存在任何过错而错误登记，都可以先行向受损害的他人进行赔偿。根据我国现行管理体制，不动产登记机构的定位仍然是行政管理部门，则登记机构产生的赔偿即为国家赔偿，一旦发生国家赔偿，由于"合理审慎"的审核标准仅仅是个原则性标准，则登记机构和登记工作人员就都有可能面临行政问责，承担行政责任。同时，目前我国对于故意造假、虚假承诺等采取各种欺骗手段骗取不动产权的做法，缺乏对行为人法律责任的严格追究和失信惩戒的制度，本身就容易造成当事人不诚信甚至造假骗取了不动产物权，没有受到任何相当的惩罚，反而由登记机构承担败诉、赔偿等法律后果的情况的发生，新规范下，这样的情况不排除有增多的可能，不动产登记机构将不堪重负。

在实践中，多数登记机关认为自己人员少、不具备这方面的专业知识和经验，加之巨大的风险，因此，多是在消极应付，北京市各登记中心在程序烦琐之外，甚至自己制定了《"登记中心不动产继承（受遗赠）办理流程"与"公证处继承（受遗赠）办理流程"对照表》，历数登记中心的烦琐，凸显公证的简便高效，自己为公证做宣传。从其内部制定的程序规则上，则是在人员参与、证明资料、公示时间方面做文章，使一般继承人难以做到或者难以承受，从技术上把绝大多数的确认继承权案件又引导到公证。因此这个途径已经形同虚设。

现实的情况是，当事人有纠纷的去法院，没有纠纷的或者有争议但是可以商量的大多选择办理继承权公证，继承权公证大约承担了确认继承权的90%的案件。具体分析，公证有两大优势，一是期限短，二是调解有优势。

第一个优势，从实践来分析，办理继承权公证期限很短。《公证程序规则》第35条第1款规定："公证机构经审查，认为申请公证的事项符合《公证法》、本规则及有关办证规则规定的，应当自受理之日起十五个工作日内向当事人出具公证书。"实践中，很多发达地区的公证处自己规定的时间更短，有的限制在7个工作日内，这都是建立在证据齐全、没有疑点的基础上的。它的成立基础是当事人提供证据，公证员审查证据、到有关单位收集或核实证据，当事人和公证处携手合作，使得快速办理成为可能。

相比之下，法院审理继承案件时间上要长得多，主要原因有两个：一是法院受理的继承案件大都存有争议，案件审理难度大；二是很多案子到了法院，对抗制更容易让当事人擦枪走火，如果加上有些代理人的因素，本来很简单的事，有可能变得复杂。至于民事诉讼法规定的审理期限远超《公证程序规则》规定的期限只是表面原因，事实上有些法院也在缩短时间、简化程序，但显然不够成熟。2012年9月北京的一份报纸有这样一个报道：

【打官司比走公证还快】一年审结数千起商业案件，判决后当事人无一上访、投诉，这样高效的法庭您知道有多少名法官吗？近日，××法院民三速裁庭庭长对此给出了一个答案——12名。本着"灵活、快捷、高效、便民"的原则，2008年××法院民三法庭建立商事案件速裁工作机制以来，已审结案件2万余件，记者当天也亲眼见证了这种高效率。

半个小时审结案件：当日上午10时30分，于女士告银行存款纠纷商事速裁案在××法院23法庭开庭审理。因父亲去世前未告知银行存折密码，于女士向银行要求给付其父存折中的10万余元存款及5000余美元遭拒，遂将该行诉至××法院。“杨先生的10万元存款不在我支行，存折上写得很清楚，在其他城区的支行。”针对于女士的部分诉讼请求，银行表示其诉讼对象错了。“原告变更诉讼请求吗?”法官问道。“变更，暂时只要求银行给付5000余美元及利息。”于女士代理人说。经过短暂休庭后，法官当庭宣判，银行向于女士交付杨某名下美元及有关利息。接着在法官的监督下，银行按判决内容向于女士的代理人交付了其父名下美元及有关利息，案子审结了。从开庭到原告拿到钱，只用了半个小时。“真没想到，这样的案子打官司比走公证处还快!”原告方代理律师满意地说。

文中最后透露，该庭法官人均结案均在750件以上，个人最高年结案数甚至达到了1141件，得到社会的认同和当事人的广泛好评。

这个案例让笔者感到吃惊，再三分析，大致有如下可能：

(1) 于女士是独生子女，其父亲、母亲以及他们的父母均已去世，则于女士是唯一继承人，并提供了充分的证明。如果是这种情况，在公证行业会怎么处理呢?

首先，判断有关人员的死亡情况，由于可以提供派出所证明、医院证明、火化证明等，因此在死亡证明比较充分可信的情况下，这部分可以通过书面材料进行判断。

其次，要证明于女士是唯一继承人。由于所有材料都是于女士一人提供，来龙去脉也是她一个人述说，因此，即使当事人提供了证明材料，公证员也必须到人事档案部门查档，找被继承人的同事或居委会的人聊聊，是不是只有这一个子女，否则是万万不敢出具公证书的。像该案法官那样，在半个小时内让于女士拿到钱，同样思维方式的公证员，在公证行业是无法立足的，遇到几个心怀叵测的当事人，他就会因出错而受到停止执业或被开除的处分，甚至可能会被追究刑事责任。

(2) 于女士的父亲去世，爷爷奶奶去世，母亲尚在，有其他兄弟姐妹。母亲和兄弟姐妹均放弃继承，出具了书面的放弃继承权声明，同时母亲作为拥有一半份额的权利人，委托于女士办理取款事宜。

假设这种情况出现在公证处，公证员会这样处理：首先要求母亲及兄弟姐妹亲自来签署放弃继承权声明书，母亲当面签署委托书，如果不能来公证处，则必须出具公证书。

(3) 于女士的父亲去世，爷爷奶奶去世，母亲尚在，有其他兄弟姐妹，但没有委托，没有放弃，甚至可能不知情，只有于女士一人来法院索要存款，银行根据法院的判决将遗产及母亲拥有的一半存款交给了于女士。

法院的这种速裁做法是违背民事诉讼法的，不管是哪种程序，都应建立在查清事实的基础上，公证作为办理继承权确认方面的主力军，程序要严格得多，无论是哪种情况，继承公证都不可能这样办理出来。根据目前继承登记部门的程序，则是严谨的让人望而却步，一个案子，没有一两年，一般办不出来。

第二个优势是公证的调解功能在确认继承权方面优势独特。中国人不喜欢打官司，为了争遗产闹到法院会被人嘲笑，不到万不得已，一般不会选择到法院解决遗产问题。公证处已经摆脱了行政机关的色彩，是一个法律服务机构，当事人在法院是坐在对面，各说各的理，法官头顶国徽，庄严地问话。在公证处，则是继承人坐在一起，公证员担当解释法律的人、调解人、帮助继承人实现目的的人，解释法律。公证员根据案件具体情况，使继承人明白自己的权利，避免不切实际的想法和要求，减少了矛盾发生的可能性。在提供法律服务的同时，作为公正、中立的第三方，还可以帮助当事人解决一些发生在继承过程中的分歧与矛盾。笔者曾接触到一个当事人柯大妈，68岁，说话有些冲，脾气不太好，与自己的妹妹有些隔阂，四十多年没有来往。在办理母亲财产的继承时，提供的证据材料不齐，姐妹又不互相配合，给办理公证带来很大困难。针对这种情况，我与承办公证员多次沟通、商讨，通过多次到几个相关部门调查档案、询问知情人，向柯大妈姐妹宣传法律、述说办理公证过程中的问题与解决途径，最后柯大妈姐妹认识到了我们公证人员的真心诚意，积极配合，顺利地办理了公证，继承的房屋也已顺利过户。最近，柯大妈又来办理了自己名下房产的遗嘱。在拿到遗嘱公证书后，她特意找到我，一再感谢我们的公证员认真、负责、不辞劳苦，最后还哽咽地说，由于我们的解释、沟通，她和自己的妹妹彼此取得了谅解，又和好了，她不止一次地说："四十多年啊，我的妹妹又回来了。"

三、公证债权文书

公证债权文书制度兴起于1803年法国的《风月法令》，首次明确规定了公证书的强制执行效力，我国在中华民国时期的民事诉讼法、公证法中都有类似的规定，在1982年和1991年的《中华人民共和国民事诉讼法》中就已经作出了专门的规定。但是，在20世纪90年代之前，这个制度应用得很少，一方面，公证机构都是行政机关，吃大锅饭，没有积极性去推动；另一方面，在实践中，人们往往更习惯了纠纷发生后再考虑解决的办法。

大陆法系和英美法系有个思路是不一样的，大陆法系强调预防纠纷，程序相对复杂，效率偏低，但纠纷少；英美法系特别是美国，强调效率，有什么想法先做，有问题再去法院，喜欢事后解决，近年来大家说的诉讼爆炸，就是这么来的。中国虽然是大陆法系，但是改革开放近四十年来，经济领域政策法规的思路有很大部分是以美国为学习目标的，当然，诉讼爆炸也传染到中国，法院队伍一再扩大，但大家还是累得要死，案子办不完，从企业的角度来看，同样是案子太多，不胜其扰。目前，随着经济纠纷案件的不断增加，特别是金融行业借贷合同纠纷案件的不断增加，银行、担保公司、典当行、信托公司等机构感到打官司很无奈，诉讼程序太烦琐，如借款合同，本来就是欠债还钱的事情，一般老百姓也知道会是什么结果，但因为程序限制，法院必须严格地一步一步走程序，这还不算打官司过程中的猫腻、被告故意拖延、法官强制调解、吃了原告吃被告等不公正现象。这就导致金融机构在重视放贷的安全性的同时，越来越希望有一种无须讼累而直接可以依靠法院的强制执行力追回到期欠债的方法。公证债权文书就是这样一种简单、快捷、有效的解决办法。由于它的性质、特点更适用于金融行业中债权债务关系明确的借贷合同纠纷，因而在银行实现债权中起着特殊的作用。特别是在 2000 年 9 月 1 日最高人民法院与司法部联合下发了《关于公证机关赋予强制执行效力的债权文书执行有关问题的通知》（以下简称《联合通知》），在现有过于原则的法律条文的基础上进一步细化了在实践中的操作与应用，即公证机关如何适用，法院如何执行。同时，《联合通知》以两家联合下发方式，为公证债权文书最终得以执行提供了更为有力的保障。

鉴于强制执行公证发展迅猛，在债权融资、房屋交易领域出现了一些不规范现象，社会舆论针对个别公证处涉入“以房养老”骗局而大加挞伐。2017 年 8 月 14 日，司法部发布《关于公证执业“五不准”的通知》，明确规定：一、不准为未查核真实身份的公证申请人办理公证；二、不准办理非金融机构融资合同公证；三、不准办理涉及不动产处分的全项委托公证；四、不准办理具有担保性质的委托公证；五、不准未经实质审查出具公证书。该通知对不规范的民间借贷、借名炒房和杠杆炒房等现象予以重大打击，迫使大量的融资从地下转到地上，对规范金融秩序、房产交易秩序起到了重要作用。

（一）强制执行公证债权文书与通过诉讼程序解决的对比

通过对比这两种解决纠纷的方式，不难得出强制执行公证债权文书在以下几个方面更有优势：

1. 简化程序

由于公证债权文书属于执行根据，因此，纠纷发生后，可依公证处出具的执行证书，直接向有管辖权的法院申请执行，而进入执行程序。相反，如果通过诉讼解决，就需要经过起诉阶段—立案、受理阶段——一审程序—上诉及二审程序—执行程序等若干环节。

2. 节省时间

对公证债权文书而言，只有执行立案的审查时间（法定 7 日）即可执行，可减少诉累，防止债务人恶意转移资产。而诉讼期限包括立案受理（法定 7 日）；一审程序（法定 6 个月）；上诉（法定 15 日）；二审程序（法定 3 个月）；执行立案（法定 7 日）。此时间仅为可计算的法定时间，尚未包括案件在上下级法院之间的转递时间，以及未考虑诉讼中发生的其他情况。

3. 公证债权文书节省人力、物力，节约开支

相对诉讼而言，公证无须当事人聘请诉讼代理人、律师，减少律师费、诉讼费及其他实际支出。

（二）公证债权文书必须具备的条件

1. 债权文书具有给付货币、物品、有价证券的内容

即一方当事人必须向另一方当事人交付一定的货币、物品或有价证券。例如，还款协议中债务人需向债权人给付一定的货币。强制执行是为了能够实现的确定债权。根据本条规定，具有强制执行效力的债权文书公证仅以给付一定的货币、物品或有价证券为限。只有存在给付内容的债权文书，才具有执行的基础和意义。虽然《民事诉讼法》规定，人民法院强制执行的标的，既可以是财物也可以是行为，但是，在公证赋予强制执行效力的债权文书中，只能以货币、物品或有价证券作为给付的内容，而不能以行为作为给付的内容，这与民事诉讼中的执行标的有所不同。

2. 债权债务关系明确，债权人和债务人对债权文书有关给付内容无疑义

这是指债权人和债务人对债权文书有关给付的内容没有争议，

双方的权利义务关系明确，包括债权的数额、履行债务的期限、地点、方式等。由于公证是通过非诉讼方式实现当事人权利的途径，其制度设计在于避免诉讼环节、缩短权利实现的期间，因而要求当事人双方对权利义务的内容没有争议，不需公证机构对此确权。需要注意的是，这里所指的债权人和债务人对债权文书有关给付内容无疑义，是指当事人各方订立债权文书时就应对其中的债权债务关系无疑义。实践中经常遇到这样的情况：有的债权文书在债务人发生了到期不履行义务的事实后，债权人提出强制执行的申请，而债务人则以此时未向公证机构表示无疑义为由提出异议，试图以此逃避债务。因此公证机构在办理此类公证时，对具有强制执行效力的债权文书进行公证时即应明确债权人和债务人对债权文书的有关给付内容是否无疑义。

3. 债权文书中载明债务人不履行义务或不完全履行义务时，债务人愿意接受依法强制执行的承诺

《民事诉讼法》赋予了平等民事主体可以对因财产或人身关系发生争议提起诉讼的权利，即诉权。而公证机构赋予债权文书强制执行效力，使得债权人为实现债权可以直接进入执行程序，如债务人未放弃诉权，在实践中就会出现诉讼与强制执行之间发生法律冲突。为保护债之双方的合法权益和促进经济流转正常进行，司法解释规定把债务人表示愿意接受人民法院强制执行的承诺作为出具此类公证书的必备条件之一。按照最高人民法院的相关理解，债务人愿意接受强制执行的承诺，是债务人放弃诉讼救济渠道的表示，也是对债权文书中所载内容的承认。

（三）公证机关赋予强制执行效力的债权文书的范围

公证机关赋予强制执行效力的债权文书的范围一般包括：（1）借款合同、抵押贷款合同、保证合同、融资租赁合同；（2）各种借据、欠单；（3）还款（物）协议；（4）给付赡养费、扶养费、抚育费、学费、赔（补）偿金协议。

那么，担保合同可否赋予强制执行效力？《联合通知》很大的

一个问题就是没有明确担保合同是否可以赋予强制执行效力，造成各地法院各行其是，开放积极的地区就理所当然地认为担保合同是从合同，自然可以随主合同一起赋予强制执行效力，其他很多地区就机械地理解《联合通知》中列举的文书类型，绝不越雷池一步，借款合同可以赋予强制执行效力，担保合同公证赋予强制执行效力的则不予执行，造成严重脱节，公证制度无法在金融领域发挥作用，同时，还给很多法院选择性执法提供了空间，想执行的时候是借款合同和担保合同都可以执行，遇到人情案时就可以用这个理由裁定不予执行，很多腐败案件源起于此。从实践来讲，大多数法院均默认了在对借款合同赋予强制执行效力的同时，对其从合同（抵押合同或保证合同）赋予强制执行效力的做法，《中国公证》2010 年第 2 期刊登的徐梁栋同志的《执行名义视角下的赋予强制执行效力公证新思考》介绍了此类案例，刘疆同志的大作《强制执行公证争议问题研究》在开篇用了很大的篇幅阐述这个问题①。

鉴于实践中争议较多，弊端丛生，2014 年最高人民法院《关于人民法院办理执行异议和复议案件若干问题的规定》（以下简称《办理执行异议和复议案件规定》）第 22 条规定：公证债权文书对主债务和担保债务同时赋予强制执行效力的，人民法院应予执行；仅对主债务赋予强制执行效力未涉及担保债务的，对担保债务的执行申请不予受理；仅对担保债务赋予强制执行效力未涉及主债务的，对主债务的执行申请不予受理。

人民法院受理担保债务的执行申请后，被执行人仅以担保合同不属于赋予强制执行效力的公证债权文书范围为由申请不予执行的，不予支持。

（四）相关程序问题

1. 签发执行证书时应否通知债务人、担保人到场

公证机关在签发执行证书时是否必须通知借款人和担保人到

① 刘疆：《强制执行公证争议问题研究》，载《中国公证》2007 年第 2、3、4 期。

场，以及是否再次征询借款人和担保人是否愿意接受强制执行的意见。在个别案件中，被执行人提出这个问题，上述问题涉及对《联合通知》第5条相关内容的理解。《联合通知》第5条规定：公证机关签发执行证书时应当注意审查以下内容：（一）不履行或不完全履行的事实确实发生；（二）债权人履行合同义务的事实和证据，债务人依照债权文书已经部分履行的事实；（三）债务人对债权文书规定的履行义务有无疑义。我们认为，最高人民法院和司法部的上述通知第5条规定内容实质应为在签发执行证书时应审查不履行或不完全履行的事实是否确已发生，合同确定的数额是否已部分履行，债权债务是否真实存在。《联合通知》并未规定必须通知借款人和担保人到公证机关，也并未规定必须征询借款人和担保人对愿意接受法院强制执行有无疑义。该审查应为形式审查，也即对公证债权文书进行审查，并不要求必须通知债务人和担保人到场接受审查。从另一方面来理解，如果必须通知借款人和担保人到场，以及再次征询借款人和担保人是否愿意接受强制执行的意见，则十有八九，借款人和担保人会毫不犹豫地选择不愿意接受强制执行，实际上等于给了债务人否决权，那么公证债权文书的制度设计就名存实亡了。最高人民法院在《执行工作指导》中专门发了一篇指导案例，对不要求必须通知债务人和担保人到场接受审查进行了明确。

2. 出具执行证书时的审查范围

依照《民事诉讼法》第238条以及最高人民法院《关于当事人对具有强制执行效力的公证债权文书的内容有争议提起诉讼人民法院是否受理问题的批复》的精神，人民法院在执行程序中，因被执行人提出不予执行抗辩的，应当对公证债权文书的内容是否确有错误进行审查，该审查应当包括公证债权文书的程序和实体问题。但是有的给付协议涉及基础事实问题，个别当事人在签署给付协议时本来是经过充分协商而签署合同，但在出具执行证书或执行阶段，开始翻旧账，说给付协议与基础事实不完全相符。这个主张是没有依据的，因为公证的协议内容是当事人的真实意愿，即使有妥协也是当事人意思自治的结果，只要不存在明显违背当事人真实意愿以及损害社会公共利益或第三人利益的问题，这样的主张不应支持。

3. 具有强制执行效力的公证债权文书不可诉问题

法释〔2008〕17号最高人民法院《关于当事人对具有强制执行效力的公证债权文书的内容有争议提起诉讼人民法院是否受理问题的批复》规定，具有强制执行效力的公证债权文书的债权人或者债务人对债权文书的内容有争议直接向人民法院提起民事诉讼的，人民法院不予受理，但公证债权文书确有错误，人民法院裁定不予执行的，当事人、公证事项的利害关系人可以就争议内容向人民法院提起民事诉讼。简言之，公证债权文书所确定的内容原则上是不可诉的，只有且仅当被裁定不予执行时才可诉。该司法解释有效缓解了《公证法》第37条关于公证债权文书可直接申请执行与《公证法》第40条关于对公证书的内容有争议的可以向人民法院提起民事诉讼之间的立法冲突。

具有强制执行效力的公证债权文书不可诉具有如下例外：(1) 公证机构拒绝签发执行证书。(2) 债权人和债务人达成新的协议变更公证债权文书关于赋予公证债权文书以强制执行效力的约定的情形，由于变更后的债权文书已不再具有强制执行的效力，在性质上已不再是具有强制执行效力的公证债权文书，当事人自可以直接提起诉讼或者达成仲裁协议后申请仲裁。

4. 公证书债权文书的执行救济

赋予强制执行效力的公证债权文书人民法院必须执行，但是错误的公证债权文书，法律赋予了人民法院裁定不予执行的权利。《公证法》第37条第2款规定："前款规定的债权文书确有错误的，人民法院裁定不予执行，并将裁定书送达双方当事人和公证机构。"《民事诉讼法》第225条规定："当事人、利害关系人认为执行行为违反法律规定的，可以向负责执行的人民法院提出书面异议。当事人、利害关系人提出书面异议的，人民法院应当自收到书面异议之日起十五日内审查，理由成立的，裁定撤销或者改正；理由不成立的，裁定驳回。当事人、利害关系人对裁定不服的，可以自裁定送达之日起十日内向上一级人民法院申请复议。”异议和复议的对象就包括不予执行仲裁裁决或公证债权文书作出的裁定。

异议的事由，是民事诉讼法修改中争议比较大的问题，也是在起草司法解释的时候比较关注的一个问题。很多人提出来，这么宽的条文范围会不会导致当事人和利害关系人动不动就提出异议，如果被执行人滥提异议，会不会使债权人的权力受到影响，反而过犹不及。到底异议的事由限制在什么样的范围内，哪些情况下可以提出异议，这确实是条文在适用过程中的关键。对这个范围如何把握，各地法院都希望能够对这个行为作一定的限制。最终，这个问题还是没有解决，司法解释回避了这个问题。

具体到针对公证债权文书的异议，大致可以列举出以下几类：

(1) 实体错误。《民事诉讼法》规定公证债权文书“确有错误”是不予执行的条件，债权不存在或数量不符合事实属于大家公认的“确有错误”。

实践中，确实存在一些这样的案例，曾有一信用社，签订贷款合同后实际并未放款，在合同到期后就申请执行证书，那个公证处居然就出具了执行证书。这属于债权根本不存在。

还有债权金额不符合事实的，有的债务人已经履行了部分还款义务，执行证书没有查证，执行标的仍然是全部债权。当然，有的执行证书中的利息或违约金的计算方式有误，导致执行的数额不对。

实践中也有保证人或抵押人认定错误的情况，如在签订原保证合同和抵押合同时，虚假的或冒充的保证人或抵押人出面签合同，此种情形虽然已经构成了诈骗，但公证债权文书“确有错误”。在执行过程中，真正的权利人一旦出现并提出异议，自无执行的可能。

（2）程序瑕疵。一方面，“确有错误”这四个字是很艺术的，可伸可缩，可大可小，往大的范围靠，可以涵盖公证的各个环节。虽然具体的列举式的范围没有规定，但大家心中还是有一些基本概念，程序瑕疵有可能影响到当事人或利害关系人的实体权利时，才有可能认定“确有错误”，至于执行证书中错了一个无关紧要的字等问题属于可以补正的范围，即使当事人提出异议，也不会导致人民法院裁定不予执行。

另一个重要的方面是出具执行证书之前的核实问题，虽然没有规定核实是必要程序，但《联合通知》里规定公证机关在出具执行证书之前应当审查“（一）不履行或不完全履行的事实确实发生；（二）债权人履行合同义务的事实和证据，债务人依照债权文书已经部分履行的事实”，审查这些内容应当与债务人核实，而不能仅靠债权人的单方面说辞。实践中发生的执行标的错误的案例，如果公证机关向债务人、担保人核实，就能避免错误，现在很多法院已经将是否核实情况列为受理公证债权文书执行申请的条件。当然，核实问题也比较复杂，找不到人怎么办？债务人不配合或胡说一气怎么办？公证同人对此也有研究：中公协《办理具有强制执行效力债权文书公证及出具执行证书的指导意见》第 9 条规定，公证机构可以指导当事人就出具执行证书过程中双方当事人的举证责任和对债务人（或担保人）不履行或者不适当履行债务的核实方式作出约定，可以约定采用信函核实方式或电话（传真）等核实方式。

第七章　民事执行制度的保证功能及其完善

民事纠纷预防和解决机制是由公证、人民调解、仲裁、民事诉讼、民事执行等构成的完整体系。尽管处于这个体系的末端，民事执行乃是该体系中最为重要的一环。这是因为，当事人通过公证、人民调解、仲裁、民事诉讼等取得的法律文书所确定的具有给付性质的权利，只有在义务人履行义务后，才能变成现实的权利；义务人拒绝履行义务的，只有通过民事执行程序，生效法律文书确定的权利才能变成现实的权利。对当事人来说，只有义务人履行义务，自己的权利变成现实的权利，其为获得有利于自己的结果所付出的努力才是值得的。义务人履行义务，无非是两种方式，即自觉主动履行或者通过民事执行被动履行。即使是自觉主动履行义务，往往也离不开民事执行制度的威慑作用。所以，完善民事执行制度，是完善民事纠纷预防和解决机制不可或缺的内容，也是构建和谐社会不可或缺的内容。

一、和谐社会的构建对民事执行制度的总体要求

从法学的角度看，和谐社会强调的是纠纷的处理方式与结果应当符合公平正义的总要求，确保社会安定有序、国家长治久安。其中，公平正义是和谐社会的基本特征。和谐社会并非没有纠纷，而是有一套完善而权威的纠纷解决机制，各种纠纷都能得到公正解决，正义最终都能得到彰显。因此，构建和谐社会，并非要消灭纠纷，也不是片面强调单一地通过调解方式解决纠纷，而是要建立健全纠纷解决体系，同时树立法律的权威，使各种纠纷解决机制都能

发挥其预设作用，各种纠纷都能得到公正、及时、有效的解决。

民事执行是民事纠纷解决的最后一个阶段。当债务人拒绝履行通过公证、人民调解、仲裁、民事诉讼等取得的生效法律文书确定的义务时，就必须通过民事执行强制其履行义务，落实公证、人民调解、仲裁、民事诉讼等机制形成的结果。可以说，民事执行是民事纠纷解决最为重要的环节。没有这个环节，当事人和相关各方为解决民事纠纷所付出的所有努力都将付之东流，各项实体法律和程序法律规范都将沦为摆设，当事人甚至可能因此不再信任国家设立的纠纷预防和解决机制，转而通过暴力性的自力救济解决纠纷。其结果必然是人的安全感不复存在、人际关系紧张、社会一片混乱，与和谐社会的安全、秩序、法治、正义等基本特征完全背道而驰。

作为民主法治、公平正义、诚信友爱、充满活力、安定有序、人与人及人与自然和谐相处的社会，为了实现人民安居乐业、社会安定有序、国家长治久安，和谐社会必然对民事执行制度提出更高的期待和要求。在全面推进依法治国、建设社会主义法治国家、构建公正高效权威的司法体制的大背景下，与和谐社会相适应的应当是高效的民事执行制度，即能够在最短的时间内、以最小的成本实现经公证、人民调解、仲裁、民事诉讼等机制形成的结果，迫使债务人履行生效法律文书确定的义务、实现债权人的权利，从而彻底解决纠纷，维护法律权威，恢复正常的社会秩序。

高效的民事执行制度有两个层面的含义：一是高效率，也就是在最短的时间内强制债务人履行义务、实现生效法律文书确定的内容，结束民事执行程序。民事执行投入的时间成本过高，强制债务人履行义务的周期过长，即使最终迫使债务人履行了义务，债权人实现的债权的价值也已经打了折扣，法律的权威性已经受到损害，与和谐社会的要求格格不入。二是高效益，也就是以最少的物质成本强制债务人履行义务、实现生效法律文书确定的内容。可见，高效益的实质是低成本。民事执行投入的人力、物力、财力等成本过高，即使强制债务人履行了义务，也会造成债权和司法权威的二次损害，违反公平正义的基本原则，也就不符合和谐社会的要求。总之，只有以最少的时间成本和物质成本实现了生效法律文书确定的内容，法律的权威、社会的公平正义才得以维护，才能实现并确保社会安定有序、人与人和谐相处。离开了高效率和高效益，民事执行制度就难以满足和谐社会的要求。如果投入了时间和物质成本，生效法律文书确定的内容没有实现，即债务人并没有实际履行义务、债权人的债权没有变成现实的权利，不但不符合和谐社会的理想，民事执行制度本身的价值也难以实现。从某种意义上说，民事执行应当追求实质正义而不只是程序正义。

为了满足和谐社会对民事执行制度的期待和要求，构建高效的民事执行体制和机制，必须准确认识民事执行的性质，在此基础上按照民事执行的规律完善民事执行体制和机制，构建科学的民事执行规则体系。

二、民事执行制度在和谐社会构建中的作用

作为预防和解决民事纠纷体系中的一个环节，民事执行在和谐社会构建中的作用主要体现在以下三个方面。

(一) 彻底解决纠纷，恢复法律秩序

民事纠纷争议各方的主张主要有三种类型，即要求确认某种法律关系、改变某种法律关系和要求对方履行一定的给付义务。这些主张形成诉讼之后分别称为确认之诉、形成之诉和给付之诉。一般来说，当事人要求确认某种法律关系、改变某种法律关系的，当事人之间的法律关系在法律文书生效尤其是民事判决、裁定等法律文书生效时确定或者改变，纠纷到此就算解决。但是，当事人要求对方履行一定给付义务的，即使法律文书发生法律效力，只要对方当事人没有实际履行义务，纠纷就不能说得到解决，而必须通过民事执行强制债务人履行义务，纠纷才算彻底解决。因此，当事人主张对方履行一定给付义务的民事纠纷的彻底解决，是以债务人全面履行义务为标志的。债务人没有全面履行义务，债权人的债权没有全

面实现，就不能说民事纠纷已经得到解决，更不能说法律秩序得到恢复。

作为强制债务人履行义务的法律制度，民事执行是彻底解决民事纠纷、恢复法律秩序的重要机制。一方面，民事执行可以通过采取强制性的执行措施迫使拒绝履行义务的债务人履行义务，实现债权人的权利，从而使纠纷得以彻底解决，法律秩序得以恢复。另一方面，民事执行足以对尚未履行义务的债务人产生威慑作用，促使其自觉履行义务，从而使纠纷在进入民事执行程序前彻底解决，法律秩序得以恢复。从某种意义上可以说，如果没有民事执行制度，债务人自觉履行义务的比例将大大降低，甚至不复存在。因此，民事执行是彻底解决纠纷、恢复法律秩序不可或缺的法律制度。

根据不完全统计，人民法院审判的案件中，民事案件占所有类型案件的80%以上，而具有给付内容的民事案件又占民事案件的80%以上。民事执行的重要性由此可见一斑。表7-1是笔者根据最高人民法院2004年至2016年的工作报告、人民法院年度工作报告（白皮书）、全国法院司法统计公报以及最高人民法院网站（www. court. gov. cn）等公布的数据整理出来的2003年至2015年全国各级人民法院审结、执结民商事案件情况（空格为无法找到相关数据）。以2014年为例，当年全国各级法院审结一审民商事案件8010342件，新收各类执行案件达3138509件，执结2906861件，执行案件标的金额达9089. 41亿元。若没有民事执行制度，单这一年内，全国就有数以百万计的民商事纠纷无法彻底解决，近万亿计的财产权利无法实现。在这种情况下，和谐社会显然无从谈起。而且，从表7-1的数据可以看出，从时间的先后顺序来看，民事执行在彻底解决民事纠纷、恢复法律秩序方面的作用一直处于持续上升的趋势。

附表：

表 7-1　2003~2016 年全国各级法院审结和执结民商事案件情况

年份	审结一审民商事案件数量（件）	诉讼标的额（亿元人民币）	执结民商事案件数量（件）	实际执行标的额（亿元人民币）
2003	4834350	7685	2343868	3434
2004	4303744	6390	2150405	3320
2005	4360184	6530	2036717	3120
2006	4382407	6827. 8	2149625	3455. 8
2007	4682737	7938. 9	2115437	3947. 7
2008	5380745	7000. 31	2225419	5260. 94
2009	5797160	9205. 75	2446000（新收） 3407000（清理）	5760. 1（新收） 3430（清理）
2010	6112695	9137. 25	2508242	4781. 93
2011	6558621	10156. 59	2393588	5225. 33
2012	7316463		2465789	
2013	7510584		2717763	
2014	8010342		2906861	9089. 41
2015	9575000		3815560	
2016	11044000		5079000	15000

（二）强制债务人履行义务，维护法律权威

法律的生命在于实行。生效法律文书，尤其是人民法院作出的生效裁判文书，是有权机关或者机构根据法律的规定对当事人之间的实体权利义务关系作出的安排。这种安排其实是抽象的法律规范应用到具体案件而形成的结果。因此可以说，生效法律文书是抽象法律规范的具体化，是法律规定在社会生活中的落实。当事人严格按照生效法律文书确定的内容行使权利和履行义务，既是法治社会的基本要求，又是法律具有权威性的体现。相反，债权人不按生效法律文书确定的内容行使权利，或者债务人不按生效法律文书确定的内容履行义务，都是对法律规定的藐视，对法律权威的极大破坏。

从债权人这一方来看，尽管实践中存在债权人不按生效法律文书确定的内容行使权利，即主张生效法律文书确定的权利之外的利益的情况，但是这只是一种极个别的情形，不具有普遍性。这是因为，债权人超出生效法律文书确定的内容主张权利的，不但其超出部分的主张无法得到公权力的支持，而且会影响或者推迟其经生效法律文书已经确定的权利的实现。于是，债权人往往不会在生效法律文书确定的内容之外提出利益主张，而是按照生效法律文书确定的内容行使权利。

从债务人这一方来看，情况则大不相同。首先，由于各种原因，债务人对确定其义务的判决、裁定、裁决等生效法律文书往往心存不满，甚至还有某种程度的对抗和排斥的情绪，他们往往不愿自动履行义务。也就是说，在债务人一方存在一定的拒绝履行义务的“内部动力”。其次，债务人不履行义务往往能够得到某些利益，至少从短期来看没有因履行义务而减少财产或者带来其他不利益，甚至还可能迫使债权人作出让步而获得更大的利益。于是债务人有了拒绝履行义务的“外部动力”。上述内部的和外部的“动力”相结合，债务人拒绝履行生效法律文书确定的义务的可能性比债权人不按生效法律文书确定的内容行使权利的可能性要大得多。

如前所述，债务人拒绝履行生效法律文书确定的义务，其实就是对法律的藐视，是一种严重损害法律权威的行为。如果放任这种行为而无有效的预防和解决办法，国家法律就会形同虚设，法律权威就会荡然无存。为了维护国家法律的权威和尊严，就必须构建一种强制债务人履行生效法律文书确定的义务的法律机制。民事执行正是这一机制的重要内容。

民事执行以国家公权力为基础，其基本任务是强制债务人履行生效法律文书确定的财产或者行为给付义务。从理论上看，对于以公权力为基础的行为，任何人都无法抵抗也不能抵抗，因此，民事执行具有极大的强制性和权威性。法律文书生效后，债务人未按法律文书确定的内容履行义务的，民事执行机关可以运用公权力迫使其履行义务，从而实现生效法律文书确定的内容。全面实现生效法律文书确定的内容，其实就是维护了法律的权威。换言之，民事执行是迫使债务人履行义务、维护法律权威不可或缺的法律制度。

（三）满足债权人的债权，维护社会公平正义

对于债权人来说，实现生效法律文书确定的内容，使生效法律文书确定的权利变成现实的权利至关重要。如果法律文书的内容不能落实，经法院裁判或者仲裁裁决确定或者公证证明的权利不能实现，那么生效法律文书只是一张“权利凭证”而已，当事人的权利仍然还是“空中楼阁”。即使裁判程序再公正，也只是“空调白判”，当事人通过努力获得的有利于自己的结果就失去了实质意义。法律规定和裁判确定的权利不能落实，社会公平正义也就无从谈起。换言之，实现生效法律文书确定的内容，既是当事人和纠纷解决者的终极追求，也是社会公平正义的保障。

民事执行满足债权人债权的基本方式是采取强制性的执行措施迫使债务人履行义务，也就是当债务人拒绝自觉履行生效法律文书确定的义务时，民事执行机关运用国家公权力、采取强制性的执行措施强制其履行义务。在这个过程中，不管其是否愿意，民事执行机关都可以对债务人的财产采取查封、扣押、冻结、拍卖、变卖等措施以履行生效法律文书确定的给付金钱或者其他特定财产的义务，或者强制其履行生效法律文书确定的行为给付义务，从而实现债权人的债权。

债权人的债权无法实现，从表面来看是债务人没有履行义务，但是在实质上是社会失去了公平正义。失去公平正义的社会，不可

能谈得上是和谐社会。因此，采取强制性的执行措施强制债务人履行义务、实现债权人的债权，只是民事执行的表象，其实质是强制恢复因债务人拒绝履行义务而遭到破坏的社会秩序、维护社会的公平正义。

需要再次说明的是，民事执行在恢复社会秩序、维护社会公平正义方面的功能，并不完全靠直接采取强制性的执行措施而实现，更多的是通过该制度具有的威慑作用而实现的：由于意识到民事执行的强制性和严肃性，也就是迫于民事执行的威慑作用，在尚未采取强制性的执行措施的情况下，部分甚至大部分债务人主动履行义务，从而恢复社会秩序、实现社会公平正义。从人的本性来看，在没有采取强制性的执行措施的情况下，债务人主动履行义务，往往并不是由于该债务人具有多么高的道德水平或者说其品格有多么高尚，而是因为民事执行作为一种法律制度具有的威慑作用：若被采取强制性的执行措施，不但要被动地履行生效法律文书确定的义务，而且还要承受包括财产被低价处理、个人或者企业信用受损、负担执行费用等更多的不利益。经过利弊衡量和成本收益分析，债务人最终选择成本更低的自动履行义务。可以说，在某种程度上，没有民事执行制度，就不会有债务人主动履行义务。民事执行的威慑力既促使了债务人主动履行义务，又节省了大量的司法资源，还形成了诚实信用的社会风尚。

如果说民事实体法通过规定民事权利的内容而保护民事权利，民事诉讼通过解决民事纠纷、确认民事权利而保护民事权利，那么民事执行则是通过强制实现民事权利而保护民事权利。由此可见，民事执行是保护民事权利的不可或缺甚至是最为重要的制度。没有民事执行制度，民事权利的保护始终是虚空的，国家法律制度肯定是残缺的。正因如此，中国共产党第十八届中央委员会第四次全体会议通过的《中共中央关于全面推进依法治国若干重大问题的决定》明确提出：“切实解决执行难，制定强制执行法，规范查封、扣押、冻结、处理涉案财物的司法程序。加快建立失信债务人信用监督、威慑和惩戒法律制度。依法保障胜诉当事人及时实现权益。”

三、以构建和谐社会为背景的民事执行制度的完善

应当说，随着我国法律制度的完善，尤其是《民事诉讼法》的多次修改和最高人民法院相关司法解释的出台，我国的民事执行制度日益完善。但是，从民事执行制度在国家法治体系中的地位来看，我国的民事执行制度仍然存在许多需要完善的地方。笔者认为，从构建和谐社会的角度来看，民事执行制度的完善主要应当在以下几个方面集中发力。

（一）完整配置民事执行权

民事执行是民事纠纷解决的最后环节，是维护社会公平正义的重要制度。这个制度能否发挥其应有的功能，对于能否恢复正确的社会秩序、维护社会和谐具有重大影响。民事执行制度功能是否能够正常发挥，首先取决于民事执行权的配置是否科学与合理。

关于民事执行权的性质和权能，我国理论界已经进行了长时间的争论。尽管目前还没有完全达成一致意见，但是笔者认为，民事执行权是一种处于司法权与行政权之“交叉地带”的相对独立而完整的、边缘性国家权力，它具有执行命令权能、执行实施权能和执行裁判权能三项基本权能。其中，执行命令权能和执行裁判权能是具有较强的决意性和裁断性的权能，执行实施权能则是一种决意性和裁断性较弱的权能。①

根据民事执行权的特殊性质，考虑到民事执行特殊的价值目标，同时为了明确民事执行权与审判权之间的界限，笔者主张将民事执行权的所有权能完整地配置给民事执行机关，尤其是强调将决意性和裁断性较强的执行命令权能和执行裁判权能全面、完整地配置给民事执行机关。在我国，人民法院是国家的民事执行机关，在

① 关于民事执行权的性质与权能的论述，参见谭秋桂：《民事执行权配置、制约与监督的法律制度研究》，中国人民公安大学出版社 2012 年版，第 49~113 页。

人民法院内部又设立了专门的民事执行机构。笔者主张的完整配置民事执行权，包含以下两层意思：第一，民事执行权应当完整地配置给作为国家民事执行机关的人民法院，任何权能都不能“外分”；第二，民事执行权应当完善地配置给人民法院内部的民事执行机构，人民法院内设的审判机构和其他机构不得“分享”民事执行权能。[①] 为了表达方便，以下概称民事执行权完整地配置给民事执行机构。

1. 完整配置民事执行权的必要性

将民事执行权的所有权能全面、完整地配置给民事执行机构，首先，有利于民事执行机构内部的相互配合和协调，提高民事执行的权威性，从而确保民事执行的效益价值的实现；其次，民事执行机构在处理需要决意或者裁断的事项时，不必再“借助”审判权就可以独立地处理，有利于提高效率并最终提高效益。总之，只有完整配置民事执行权，才能确保民事执行机构的独立性，真正实现“审执分离”，提高民事执行效益。

客观地说，我国目前的执行难局面与民事执行权配置不完善存在密切的联系。由于权力不周全，案件执行就难以达到预期的效果；案件执行达不到预期的效果，民事执行制度就没有权威性；民事执行制度没有权威性，必然导致当事人对该制度的不信任和义务人对执行工作的抵制；当事人的不信任和义务人的抵制，导致案件执行更加困难。这样的恶性循环，导致民事执行工作越来越困难，

---

① 党的十八届四中全会决定明确提出“完善司法体制，推动实行审判权与执行权相分离的体制改革试点”。据此，有人认为应当将执行权配置到人民法院之外的其他机关，如司法行政机关或者公安机关。笔者认为，民事执行权是一项独立、复合、完整的国家权力，将其配置给司法行政机关或者公安机关，有将民事执行权“简化”或者“纯化”为行政权之嫌，并不符合民事执行权的固有属性。如果非要实现民事执行机关与人民法院的分离，笔者主张设立独立的执行法院，由执行法院完整地行使民事执行权能。这样既能实现“审判权与执行权相分离”，又能体现民事执行权的独立性、复合性和完整性。如果设立独立的执行法院，民事执行权的完整配置就会顺理成章，本部分关于完整配置民事执行权的具体设想也就更容易变成现实。

民事执行制度越来越没有权威性。因此，全面、完整配置民事执行权，是解决我国执行工作困局的基础。

笔者注意到，自 2015 年 3 月以来，最高人民法院先后批准了广西壮族自治区高级人民法院、广东省高级人民法院、深圳市中级人民法院、浙江省高级人民法院、唐山市中级人民法院、上海市高级人民法院、江苏省高级人民法院提出的、周期为两年的“审执分离体制改革试点方案”。尽管上述各试点方案各有特点，但均为在人民法院内部深化“审执分离”（故也称为“深化内分”方案）。笔者认为，在人民法院内部深化审执分离的总方向是正确的，但现有的各试点方案均没有涉及执行命令权能的配置问题，且有将执行实施权能和执行裁判权能“割裂”的趋势：规定执行实施权能由执行局行使，执行裁判权能（有的法院称为执行裁决权能）则由与执行局地位平行的执行裁判庭（执行裁决庭）行使。人为地将民事执行权的权能割裂，民事执行的效率和效益必然降低，进而可能造成新的“执行难”问题。这一点应当引起足够重视，决策前应当慎重处理。

2. 完整配置民事执行权的具体设想

笔者认为，完整配置民事执行权，应当做到以下三点：

（1）重新配置执行命令权能。执行命令权能长期被我国理论和实践所误解和忽视。但是，也不能说现行体制中完全没有执行命令权能的存在。最高人民法院《关于人民法院执行工作若干问题的规定（试行）》（以下简称《执行规定》）第 18 条规定了受理执行案件的条件，其实就是赋予了对执行申请进行审查的权力，这种权力就是执行命令权能的体现。《民诉法解释》第 463 条规定：“当事人申请人民法院执行的生效法律文书应当具备下列条件：（一）权利义务主体明确；（二）给付内容明确。法律文书确定继续履行合同的，应当明确继续履行的具体内容。”同样体现了执行命令权能的存在：没有执行命令权能就不可能对生效法律文书是否具备上述条件进行审查和作出判断。尽管《执行规定》和《民诉法解释》都不是法律而不具有权力配置的效力，但是该两条规定显然确立了执行命令权的存在。

然而，在实践中，我国人民法院实行“大立案”，即由立案机构决定是否受理执行申请，这样，类似于其他国家的签发执行令状的执行命令权能其实是授予了立案机构。笔者认为，执行命令权能是民事执行工作中不可或缺的权力，应当依法配置给民事执行机关，再由民事执行机关交给内设的民事执行机构行使。也就是说，下列执行命令权能应当全部配置给民事执行机构：①执行程序启动权；②协助执行命令权；③非争议事项决定权，如夜间、节假日执行的决定权；④强制措施决定权；⑤迟延履行责任决定权。

（2）完整配置执行裁判权能。从理论上看，执行裁判权能的存在是毋庸置疑的。目前理论和实践中多主张将程序性事项的裁判权配置给民事执行机构，实体性事项的裁判权不能配置给民事执行机构。然而，对于为什么要这样配置、究竟什么是程序性事项和实体性事项、程序性事项与实体性事项的界限在哪里等诸如此类的问题，又没有作出清晰的说明甚至争议不断。

笔者认为，国家配置民事执行权、建立民事执行体制的目的在于迫使债务人履行义务、实现生效法律文书确定的内容，其首要价值目标应当是效益。执行裁判权能的配置和执行裁判体制的构建同样应当服从和服务于效益价值。因此，效益是立法者在进行执行裁判权能的配置时必须作为其法律政策的重要考量因素。根据其性质，执行裁判权能的配置方式无非两种，一是配置给民事执行机构，二是配置给审判机构。将执行裁判权能配置给审判机构，在执行程序中一旦形成争议或者其他需要裁判权确定的事项，执行案件就必须转到执行机构之外的其他审判机构审理。与将执行裁判权能配置给民事执行机构、在民事执行机构内部处理执行争议或者其他事项相比，必然增加两部分时间成本：一是案件在不同机构之间转送过程的时间成本，二是其他机构审判人员熟悉案件需要增加的时间成本。因此，暂且不说案件从执行机构转到审判机构的人力、物力耗费，单就其增加的时间成本来看，将执行裁判权能配置给审判机构比将其配置给民事执行机构的成本更高，效益更低。此外，如果民事执行机构没有裁判权，一旦形成争议或者涉及实体事项，执行案件就只能交付审判机构审理，民事执行程序就会被迫中断，执行工作不能顺利、流畅地进行。其结果必然是执行效益降低，执行权威性失去保障，执行工作越来越困难。因此，将执行裁判权能配置给执行机构是比较理想的选择。

当然，将裁判权配置给民事执行机构，必须区分执行裁判权与审判权的边界，否则又会造成新的问题。笔者认为，民事执行机构行使裁判权的范围，应当限于与执行程序相关的事项。具体来说，下列执行裁判权应当全面配置给民事执行机构：①程序性争议事项的裁判权，如有关执行管辖争议的裁断权，执行管辖的调整权，有关执行行为合法性争议的裁断权，有关执行程序的暂缓、中止、终结争议的裁断权等；②程序和实体相结合事项的裁判权，如有关执行当事人变化的裁断权，对债权执行的裁断权，执行标的优先权的确定权，对执行担保人承担担保责任的裁断权，替代执行的裁断权，执行回转的裁断权等；③因执行程序引起的实体性争议事项的裁判权，如赋予执行文之诉、第三人异议之诉、债务人异议之诉、许可执行之诉、分配方案异议之诉等的裁断权。

总之，为了确保执行效益，充分利用公权力资源，应当将执行裁判权能完整地配置给民事执行机构。在执行程序中，无论是程序性事项还是实体性事项，都应当交由民事执行机构裁判，同时强化对执行裁判权能的制约与监督。除将执行裁判权能和执行实施权能分别交给不同的人员行使外，还应当将对审判权监督的规范适用于对执行裁判权能的监督。

（3）完整配置执行实施权能。执行实施权不完善也是目前我国执行权力配置的重大不足。执行实施权不完善，其直接后果是案件难以顺利执行。因此，我们主张完整配置执行实施权能。目前尤其是要强调执行调查权、变价权和强制措施实施权的配置。

完整配置执行调查权，应当与协助执行制度的改革联系起来，将不属于协助执行的事项从协助执行中排除出去。协助执行其实仅限于公安、武警等机关协助维护执行现场秩序、登记机关协助办理登记等事项。现行实践中的大部分协助执行事项，其实不属于协助执行的范畴。例如，对义务人的存款执行时，银行等有储蓄业务的金融机构是次债务人而不是协助执行人，相应的执行程序应当进行全面改革。又如，对于提供义务人身份信息、银行账号信息等的公安机关、人民银行等权力机关应当是被调查人而不是协助执行人，执行人员完全有权力对其进行调查，相关机关必须如实、立即提供执行机关需要的信息。另外，为了确立执行机关的调查权，应当明确规定公权力机关掌握的义务人信息向执行机关无条件开放的制度，执行机关可随时要求查看或者调取，相关人员必须配合而不得阻拦。

完整配置执行变价权，应当将司法拍卖与商事拍卖区分开来。执行程序中的拍卖，即司法拍卖属于公权行为，应当由公权力机关即执行机关实施。变价行为是执行行为的重要组成部分，变价权应当交给执行实施人员行使。笔者主张将执行程序中的变价方式规定为招标或者拍卖，由民事执行机构内部的执行实施人员负责实施，而不是交给作为社会中介机构的商事拍卖机构进行拍卖。同时，为了降低拍卖成本、扩大竞买的主体范围，司法拍卖应当尽量采取网络竞价的方式进行。实行网络司法拍卖，最终应当在人民法院建设的网络司法拍卖平台成交，社会网络只能作为进入人民法院网络司法拍卖平台的“通道”，但应当负责竞买人身份确认、保证金冻结等竞买准备工作。人民法院应当为社会网络接入人民法院网络司法拍卖平台建立标准，竞买人可以通过任何符合标准的社会网络参加网络司法拍卖竞价。

完整配置强制措施实施权最重要的是要明确公安机关拘留所、看守所的配合义务。在目前的实践中，经常发生公安看守所拒收执行法院拘留人员的情况，严重影响了执行法院强制措施的适用。协调二者之间的关系，也是执行实施权配置必须解决的问题。

3. 以完整配权为基础的民事执行内部机构设置

根据民事执行权的权能构成理论，民事执行机构内部可以设立四个机构，即执行立案庭、执行裁判庭、执行实施处和综合事务处。其中，执行立案庭、执行裁判庭、执行实施处分别行使执行命令权能、执行裁判权能和执行实施权能，综合事务处行使综合管理职能。

(1) 执行立案庭。执行立案庭的基本职能是行使执行命令权能，审查执行申请，向执行实施人员发出开始执行的命令，向有关机关发出协助执行的命令，批准在夜间和节假日实施执行，受理执行异议、异议之诉及其他处理执行争议事项的申请。此外，与执行程序有关的来访、申诉的立案工作，也可交给执行立案庭处理。

之所以主张设立执行立案庭，从理论上看是为了与执行命令权能的独立性相适应，从实践来看是为了实现以下三个方面的目的：一是严把执行案件的入口关。在实践中，由于没有立案审查机制，一些缺乏执行力的生效法律文书或者不具备执行条件的案件，如依确认之诉作出判决的案件，债务人应当履行的义务不明确的案件[①]等，也被允许启动执行程序。这类案件的执行程序一旦启动，要么是执行人员根据自己的理解强制义务人履行义务，从而引起权利人和义务人双方的不满，要么是由执行人员与该生效法律文书的制作者进行沟通，从而增加执行人员的负担。设立执行立案庭后，通过

① 在实践中，经常可以遇到由于判决主文内容不清而导致“执行困难”的案件。例如，某人民法院判决“被告某某在本判决书生效后7日内将房前围墙北移4米”。进入执行程序后，执行人员感到为难了：是将围墙整体北移4米，还是拆除原围墙后在原围墙以北4米的地方重建围墙？如果是第一种方案，那么该如何实施？如果是第二方案，如果债务人拒绝自己拆除重建，那么由谁来拆除重建，费用如何负担，重建质量由谁把握？又如，某人民法院判决“户名为被告某某的存折内存款30万元，由原告某某与被告某某各分一半”。在执行过程中，债权人除要求分割30万元存款外，还要求分割该30万元存款产生的利息，债务人以判决书没有判决利息的分割为由不同意债权人的要求，执行人员也感到了为难。

对生效法律文书是否具备执行力进行初步审查，只允许符合条件的案件进入执行程序；不符合条件，可以补正的，待补正后进入执行程序，不能补正的，拒绝其进入执行程序。这样既可以防止审执交叉，又可以防止当事人将对裁判程序的不满带入执行程序，还可以防止执行人员滥用权力，通过增强执行程序的纯粹性确保执行程序的顺利进行。二是实现对执行实施权的制约。由执行立案庭向执行实施人员发出执行命令而开始，夜间和节假日执行必须经执行立案庭批准，实现了执行命令权对执行实施权的制约，有利于防止执行实施人员滥用权力。三是规范执行异议和异议之诉的启动程序，防止出现执行程序中的申请难、异议难和异议之诉立案难。

（2）执行裁判庭。执行裁判庭的基本职能是行使执行裁判权，对民事执行程序中的程序性争议事项、实体性争议事项以及程序与实体相结合的事项进行审理与裁判。具体包括：对民事执行程序中的程序性争议事项，如当事人异议、第三人异议、参与分配异议、执行复议等进行审理和裁判；对民事执行程序中的实体性争议事项，如第三人异议之诉、许可执行之诉、债务人异议之诉、参与分配异议之诉等的审理和裁判；对执行程序中程序与实体相结合的事项，如执行担保的成立与生效事项，因执行和解引起的中止、恢复、终结执行事项，执行当事人的变化事项，执行程序的暂缓、中止、终结事项，拍卖成交、以物抵债裁定事项，优先权人对执行标的主张优先权事项等，作出处理结论。

不难看出，笔者主张设置的执行裁判庭是对执行程序中所有争议进行审理和裁判的执行裁判机构，它既能对执行的程序性事项进行审理和裁判，也能够对执行中的实体性争议进行审理和裁判。其目的在于通过将涉及执行程序的所有争议都集中在执行机构内审理和解决，提高强制执行的效益，实现其最高的价值目标。有人可能担心民事执行机构因此权力过大，容易产生腐败的问题，导致执行乱。笔者认为，首先，在民事执行机构内设立执行裁判机构裁判与执行程序相关的纠纷，与在人民法院内设立执行裁判机构裁判与执行程序相关的纠纷，所有可能影响公正裁判的因素基本一致，在公正性问题上，二者几乎没有什么差异。但是，在效益问题上，前者将明显高于后者。其次，笔者设想的民事执行机构改革是一种全面的改革，是以执行法官与执行官完全分开为基础的，在民事执行机构内设执行裁判机构裁判与执行相关的纠纷，不会发生权力过度集中的问题。最后，将执行裁判权能限制在程序性事项争议的处理，不符合执行裁判权能的实际，也与我国《法官法》的规定相冲突，是造成执行法官权威性不强的重要原因。在恢复执行裁判权能的应有作用范围的基础上，将其全面配置给执行裁判庭，是实现民事执行权规范、高效运行的重要措施。

（3）执行实施处。执行实施处的基本职能是采取执行措施，包括调查、查封、变价、交付、采取强制措施、网络司法拍卖平台的维护管理等。但是，在执行程序中需要通过裁定才能处理的事项，如拍卖成交裁定的作出，应当由执行裁判机构行使。执行实施处采取执行措施和强制措施，只需作出决定即可，不需要作出裁定。当事人对执行实施处的决定不服并依法提起异议和复议的，由本院执行裁判庭审查和裁判。

（4）综合事务处。综合事务处的基本职能是执行协调事项的处理、执行案件的数据统计、执行工作的调研与补充规范的制定等，如对下级人民法院执行工作的指导与监督，跨区域执行的协调，跨区域执行力量的调度，本辖区执行工作规范的制定，等等。

总的来说，民事执行机构内设的四个机构相互之间应当体现权力相互制衡，形成有效的制约关系。民事执行机构的内设机构的工作关系可作以下具体安排：

①执行立案庭受理案件后，认为符合执行条件的，应当作出执行命令并将相关案卷材料交执行实施处，由执行实施处指定承办人员实施执行。②执行实施过程中需要行使裁判权处理的争议和非争议事项，由执行实施处移交执行裁判庭审查和处理，执行裁判庭审查处理完毕后，应当立即将相关材料和裁定书移送执行实施处。

③执行当事人、第三人提起执行异议和申请复议的，既可以直接将异议申请书或者复议申请书交执行实施人员，由执行实施人员通过执行实施处交执行立案庭，执行立案庭立案后交执行裁判庭审查和裁判，也可以直接将异议申请书或者复议申请书交执行立案庭，由执行立案庭立案后交执行裁判庭审查和裁判。④执行当事人、第三人提起异议之诉的，应当将诉状提交执行立案庭，由执行立案庭进行审查，符合条件的予以立案并移交执行裁判庭审理和裁判；不符合条件的责令补正或者裁定驳回起诉。⑤执行裁判庭作出裁判后，应当将相关案卷材料以及裁判文书移送执行实施处。⑥在执行过程中形成需要与其他法院协调处理的事项的，执行实施处应当将相关材料以及处理意见交综合事务处，由综合事务处办理相关协调事项。⑦执行当事人、第三人就执行案件提起申诉的，由执行立案庭受理材料，交执行裁判庭审查和处理。

4. 以完整配权为基础的民事执行机构人员配备

民事执行权由执行命令权能、执行裁判权能和执行实施权能等三项基本权能构成。根据权力配置的一般原理，上述三项权能应当分别配置给不同的人员，并使分别行使不同权力的人员之间形成相互制约的关系，才能确保民事执行权的规范、廉洁、高效运行。民事执行权的三项权能分别具有不同的特征：执行命令权和执行裁判权具有司法权特征，执行实施权具有行政权特征。这就要求，分别行使上述三项权能的人员在身份、资质、行为方式等方面应当有所区别。

但是，在目前的实践中，执行人员的身份比较混乱，有“执行员”“执行庭（局）审判员”“执行法官”“执行干警”等不同的称谓。执行员与执行庭（局）审判员、执行法官、执行干警究竟是什么关系，没有统一的规范。改革民事执行机构的人员配备，是我国民事执行权配置必须解决的重大问题。

笔者认为，可以借鉴国外的做法，在我国民事执行机构内部配备执行法官和执行官两种不同身份的人员分别行使民事执行权的三项权能，同时配备书记员记录执行工作的过程。我国现行民事执行机构人员配备改革最为重要的工作是明确执行法官和执行官两种不同人员的身份，并分别规范其任职条件、任免程序和职责范围。

（1）设置执行法官行使执行命令权能和执行裁判权能。从身份来看，执行法官就是法官，实践中多称审判员。执行法官在职责、义务和权利、任职资格与条件、任免程序、等级、培训与考核、奖励与惩戒等方面与审判法官完全一致，同样按照《法官法》的规定进行管理。

执行法官主要担负两个方面的职能：一是行使执行命令权能，二是行使执行裁判权能。执行命令职能主要包括三项：①负责审查和确认生效法律文书的执行力并发出执行命令；②向协助执行机关发出协助执行命令；③向执行实施人员发出在夜间和节假日执行的命令。执行裁判职能主要包括：①对程序性争议事项进行审理和裁判，即对当事人、第三人异议以及参与分配异议的审理与裁判；②对实体争议事项的审理与裁判，即对债务人异议之诉、第三人异议之诉、许可执行之诉、参与分配异议之诉的审理与裁判；③对其他重大执行事项的审查与裁判，如执行担保的成立与暂缓执行的期间的审查和裁判，对执行和解的生效及其对执行程序的影响、拒绝履行和解协议之后的恢复执行的审查和裁判，对变更或者追加执行当事人事项的审查和裁判，对执行中止、终结事项的审查和裁判，等等。

尽管执行命令权能和执行裁判权能均属司法性民事执行权，但它们系两种不同职能的权力。为了形成有效的权力制约机制，该两种权能应当分开行使，我们建议，执行命令权能由执行立案庭法官行使，执行裁判权能由执行裁判庭法官行使。

（2）设置执行官行使执行实施权能。我们认为，我国执行机构人员配备改革必须进行的一项重要工作是对执行员队伍进行全面改革。

首先，改革执行员的称谓，重塑执行人员形象。目前，执行员的身份不明确，地位不高，严重影响了强制执行的权威性。笔者建议，吸收大陆法系国家的立法和实践经验，将从事执行实施工作的人员称为执行官。

其次，重新规定执行官所属系列。现行法律规定执行员参照《法官法》的规定进行管理，也就是执行员是当作法官来看待的，这显然与执行员承担工作的性质不相符。笔者建议，将执行官并入司法警察系列，按照行政级别和体制对其进行管理。具体来说，参考俄罗斯的制度，将国家司法警察分为两个序列，一是保卫系列，二是执行官系列。保卫系列司法警察负责法院和法庭审理的安全保卫工作，其职能维持现状不变；执行官系列司法警察负责执行实施工作，对外不称警察，只称执行官。

最后，重新规定执行官的任用管理体制。执行官按照执行工作的特点和需要进行招录任用，按照行政级别进行管理，其职务可分为主任执行官、执行官和助理执行官等多个级别。执行官配备警服和必要的警具。采取执行实施行为时必须出示身份证件、穿着警服、携带警具，维护执行工作必要的威严。

执行官由执行实施处统一管理。但是执行实施处的处长应当由具有法官资格的人员担任。

(3) 明确执行法官与执行官的关系。执行法官和执行官各自履行自己的职责，互不干涉。从工作流程来看，当事人申请执行后，执行立案庭法官认为符合执行条件的，发出执行命令。申请人将执行命令交给执行实施处，执行实施处安排执行官开始执行工作。在执行过程中，需要协助执行或者在夜间、节假日等特殊时间开始执行的，执行官应当通过执行实施处向执行立案庭执行法官申请发出相关命令；发生需要裁判的非争议事项的，执行官应当通过执行实施处向执行裁判庭的执行法官请求作出指示或者裁判。当事人、第三人形成争议的，由执行官将争议事项通过执行实施处提交执行裁判庭审理和裁判，或者由当事人、第三人直接向执行立案庭递交申请和材料，要求审理和裁判。同时，执行法官对执行官的行为具有监督权。当事人、第三人认为执行官的行为违反法律规定的，可以请求执行法官责令执行官改正。执行官对于执行法官的命令，必须服从。

总之，强调完整配置民事执行权，并不是要简单地强化执行人员个人的权力。我们认可目前实践中“执行乱”的原因之一是“权力过度集中”。[①] 但是，“权力过度集中”并不是“权力过大”。前者是指权力过度集中于某一执行人员之手，权力失去了制约与监督。权力无论大小，只要“过度集中”就容易造成腐败。我们强调完整配置民事执行权，并不是主张将这些权力全部交给某一具体的执行人员，而是要通过制度构建，将其分别由不同的人员行使，形成有效的制约与监督机制，防止权力滥用而形成腐败、造成“执行乱”的问题。

（二）完善民事执行救济制度

前面已经反复强调，和谐社会并非没有纠纷，而是能够且必须公正、有效地解决纠纷。即使到了民事纠纷解决最后阶段的执行程序，同样可能形成各种纠纷，当事人仍然可能产生新的不满。为了妥善解决民事执行过程中形成的纠纷，合理化解当事人的不满，必须构建完善的民事执行救济制度。

1. 我国现行民事执行救济制度存在的问题

完善就是要解决问题、克服不足。分析民事执行救济制度的完善，首先要找到现行立法和司法实践在民事执行救济制度方面存在的问题和不足。只有这样，提出的完善措施和方法才能“有的放矢”，产生实效。笔者认为，我国现行民事执行救济制度存在的问题和不足主要体现在概念混乱、体系不完善和救济程序不明确三个方面。

（1）概念使用不够准确。对于《民事诉讼法》规定的民事执行救济制度，目前仍存在概念混乱的现象。例如，《执行程序适用

---

① 童兆洪：《论民事执行权的构造》，载《法律适用》2003 年第 11 期。

解释》第5条将《民事诉讼法》第225条规定的当事人、利害关系人异议称为执行异议，第16条将《民事诉讼法》第227条规定的案外人异议仍称为案外人异议，从而使执行异议与案外人异议并列起来。但是，从理论研究以及其他法域的立法来看，执行异议是一个属概念，它包括当事人、利害关系人异议、案外人异议和分配方案异议等内容。将“执行异议”与“案外人异议”并列，不但过分缩小了“执行异议”概念的外延，而且使我国立法上的概念无法与其他法域的概念形成对接，造成不必要的表达麻烦。好在《民诉法解释》并没有完全沿用《执行程序适用解释》使用的概念，《民诉法解释》第465条第2款使用的是“案外人执行异议”的概念。《办理执行异议和复议案件规定》更是将《民事诉讼法》第225条规定的当事人、利害关系人异议与第227条规定的案外人异议合称为“执行异议”，从而克服了《执行程序适用解释》造成的概念混乱。又如，《民事诉讼法》第225条规定有“利害关系人”，第227条又规定了“案外人”，但是“利害关系人”与“案外人”外延难以明确，两者之间的界限十分模糊，说明这两个概念也是不准确的。

（2）民事执行救济体系不完善。尽管2012年修改后的《民事诉讼法》对程序性执行救济和实体性执行救济有所区分，且增加了一些民事执行救济制度，如当事人、利害关系人异议制度、案外人异议之诉制度、许可执行之诉制度等，但是，从总体上来看，我国的民事执行救济制度体系仍不够完善。首先，就程序性执行救济而言，通过执行复议制度维护当事人、利害关系人的进一步救济权，既过分强调民事执行权的行政权属性，又不利于发挥上一级民事执行机关的制约功能。其次，就实体性执行救济而言，当事人、第三人因生效法律文书的执行力及其扩张形成的争议，缺乏有效的救济程序。总之，无论是在程序性执行救济制度方面还是在实体性执行救济制度方面，我国现行立法和司法实践均存在不足。

（3）民事执行救济的裁判程序不明确。无论是程序性执行救济还是实体性执行救济，《民事诉讼法》都没有规定具体的受理、审查和裁判程序。尽管《办理执行异议和复议案件规定》在这个方面有所完善，但毕竟效力层次不及法律。正因缺乏统一的程序性规定，在实践中，对于相同的民事执行救济方式，不同地方的民事执行机关的审查、处理程序不同的现象并不鲜见，以致造成国家司法不统一、当事人严重不满的后果，甚至滋生地方保护和腐败的问题。

2. 完善我国民事执行救济体系的建议

我国现行民事执行救济制度存在的问题和不足，已经成为我国民事执行法律制度的一块“短板”，不仅影响了民事执行目的的实现和功能的发挥，而且是引起当事人不满的重要根源。笔者认为，完善我国的民事执行救济制度，应当着重做好以下几个方面的工作。

（1）统一执行异议的概念，完善执行异议制度。执行异议是指在民事执行程序中，当事人、第三人通过异议的方式对民事执行行为声明不服并请求纠正执行程序中的错误，以维护自己的程序和实体利益。它是程序性执行救济的重要方式。根据目前我国法律和司法解释规定了多种异议，但没有统一使用“执行异议”这一概念的现实情况，笔者认为，应当在《办理执行异议和复议案件规定》中将当事人、利害关系人异议和案外人异议合称为执行异议的基础上，将《民诉法解释》规定的分配方案异议作为执行异议的一种情形，并且将利害关系人异议与案外人异议合称为第三人异议。这样，我国的民事执行异议制度就包括当事人异议制度、第三人异议制度和分配方案异议制度三种。其中，当事人异议、分配方案异议的事由可以分别沿用现行法律和司法解释的规定，第三人异议的事由则可在统合现行法律和司法解释规定的利害关系人异议、案外人异议的事由的基础上，重新作出规定。这样整合不但使执行异议的概念更周延，而且更方便各种主体行使异议权，从而维护其程序和实体利益。

（2）废弃执行复议制度，建立民事执行抗告制度。执行当事人、第三人不服民事执行机关就其请求或异议作出的裁定，或者民事执行机关未在法定期间内对当事人、第三人的请求或异议给予答复的，执行当事人、第三人可继续提起异议而获得进一步的救济。我国现行《民事诉讼法》将这种救济称为执行复议。笔者认为，执行复议制度的行政性救济色彩过浓，不符合民事执行权的裁判性和独立性特征。因此，笔者主张借鉴日本和我国台湾地区的执行抗告制度对现行的执行复议制度进行改造。其中，提起执行抗告的事由限定为对民事执行机关就民事执行程序性事项，包括但不限于就执行异议（包括当事人异议、第三人异议、分配方案异议）所作的裁定不服；提起抗告的主体既可以是债权人、债务人，也可以是第三人；执行抗告应当向上一级民事执行机关提出；执行抗告的期限为10日，自民事执行机关的裁定送达之日起计算。

（3）建立债务人异议之诉制度。债务人是直接受执行行为影响的人，其实体权利容易受执行行为侵害。债务人提起异议之诉是债务人请求维护自己的合法实体权益的重要方式。建立债务人异议之诉制度有利于维护债务人的救济权，公平地保护债务人的合法权益。

债务人提起异议之诉的条件可以规定为：①民事执行程序已经开始；②债务人通过执行异议不能阻却执行行为；③债务人认为存在消灭或者妨碍执行的事由；④向执行法院提出。

债务人提起异议之诉主要涉及生效法律文书是否具有执行力以及是否发生执行力扩张的争议。据此，债务人异议之诉的事由可以规定为：①债务人认为债权人的执行请求权已经消灭。执行请求权已经消灭的，债权人就不得申请执行，民事执行机关也就不得采取执行措施。债权人在执行请求权消灭后再申请执行的，债务人得提起异议，其异议被驳回的，就可以提起异议之诉。债务人提起异议之诉应当具有实体法上或者程序法上的理由，如清偿、抵销、执行和解协议已经履行完毕、已过申请执行的期限，等等。②债务人主张存在妨碍债权人行使执行请求权的事由。例如，债务人认为执行名义确定的清偿期限尚未届满、债权人已同意延期执行、债权人尚未为对待给付，等等。这些理由都足以阻却债权人行使执行请求权和民事执行机关采取执行措施。存在妨碍行使执行请求权的事由，债权人仍申请执行且经异议不能阻却执行的，债务人可以提起异议之诉。③债务人认为自己不应受执行。债务人认为自己不为执行名义效力所及，如认为自己不是执行名义所载的债务人或者债务人的继受人；或者认为债权人不为执行名义效力所及，如债权人不是执行名义所确定的债权人或债权人的继受人，自己不应当受执行，民事执行机关仍坚持实施执行的，债务人可以提起异议之诉，请求审判机关判决不得实施执行。

（4）完善许可执行之诉制度。在德国、日本以及我国台湾地区，许可执行之诉制度主要用于解决关于生效法律文书有无执行力以及执行力是否扩张的争议，其称谓也各不相同：在德国称为“发给执行条款之诉”，在日本称为“付与执行签证之诉”，在我国台湾地区称为“许可执行之诉”。在我国大陆地区，根据现行《民事诉讼法》的规定，许可执行之诉则被用于解决关于是否可对特定的标的执行的争议：执行法院认为案外人异议的理由成立并裁定中止对该标的执行的，债权人不服该裁定，认为应当对该标的执行，可以自裁定书送达之日起 15 日内向执行法院提起诉讼，该诉讼就被称为许可执行之诉。因此，我国大陆地区现行法律规定的许可执行之诉与德国、日本以及我国台湾地区的许可执行之诉存在重大差别。最为明显的是，现行的许可执行之诉的适用范围十分狭窄，严重影响了其应有功能的发挥。

笔者认为，许可执行之诉制度的适用范围应当在解决关于是否可以对特定标的实施执行的争议的基础上，扩张至解决关于生效法律文书的执行力是否扩张以及扩张范围的争议。具体来说，具有下列事由之一的，应当允许债权人提起许可执行之诉：①生效法律文书确定的债权人的执行申请被民事执行机关驳回的，债权人可以债务人为被告提起许可执行之诉；②生效法律文书确定的债权转让后，受让人的执行申请由于债务人的抗辩而被民事执行机关驳回的，受让人可以债务人为被告提起许可执行之诉；③因第三人对执行标的主张实体权利，民事执行机关裁定中止对该标的执行的，债权人可以第三人为被告或者以第三人和债务人为共同被告提起许可执行之诉。

此外，笔者主张将现行的案外人异议之诉改称第三人异议之诉，使我国的民事执行救济制度使用的概念与其他法域使用的概念完全对接起来。

3. 规范民事执行救济的审理和裁判程序

尽管《民诉法解释》将“执行异议之诉”作为一个独立的部分加以规定，并明确了执行异议之诉的部分审理和裁判程序，《办理执行异议和复议案件规定》对于执行异议和复议案件的审查程序作出一些具体规定，但是，我国现行的民事执行救济的审理和裁判程序仍不完善，即使存在一些规定，有的规定也过于机械。笔者认为，对于程序性执行救济请求，除执行抗告应当组成合议庭进行开庭审理外，都可由执行法官进行独任审理和裁判，且以不开庭审理为原则，以开庭审理为例外，以确保实现民事执行的效益价值。对于实体性执行救济请求，应当由民事执行机关的民事执行机构也就是执行法院的执行机构组成合议庭进行审理和作出裁判，当事人不服裁判的，可以向上一级民事执行机关提起上诉，由上一级民事执行机关的民事执行机构组成合议庭进行审理和裁判。只有这样，才能既确保民事执行的公正价值，又实现民事执行的效益价值，实现公正与效益的统一。

（三）完善执行和解制度

所谓执行和解，是指在民事执行程序中，经自愿、平等协商，执行当事人就变更执行名义确定的义务履行主体、标的物及其数额、履行期限、履行方式等问题达成协议，从而停止或者结束执行程序的活动。[①] 执行和解是当事人行使处分权的行为。只要和解协议是当事人的真实意思表示，且其内容不违反法律的禁止性规定，不损害国家、集体或者他人的合法权益，民事执行机关就应当准许执行当事人进行和解。执行和解对于减轻执行当事人的负担，缓解社会矛盾，提高民事执行程序的效益具有重要作用。在构建和谐社会的实践中，民事执行和解则更是具有特殊重要的作用：它有助于纠纷的彻底解决，在纠纷形成和解决过程中产生的所有不满，最终都因执行和解而“烟消云散”，和谐社会的基础也就更为牢固了。

然而，我国现行法律对于执行和解的规定十分欠缺，《民事诉讼法》里只有一个条文。法律规定不详，重要原因是理论认识不全，争议较大。同时，由于法律规定不详，缺乏可操作性，实践运用中十分混乱。本来应当成为民事执行强制性的“缓冲器”的民事执行和解制度，引发了新的矛盾与纠纷，引起执行当事人的强烈不满。完善民事执行和解制度，是发挥其应有的制度功能，尤其是发挥其在构建和谐社会中的作用的重要内容。

完善民事执行和解制度，首先必须在理论上明确民事执行和解的性质与效力。由于研究方法存在不足，我国理论界在民事执行和解的性质究竟是公法行为还是私法行为、民事行为还是诉讼行为的问题上一直争论不休，进而导致在民事执行和解效力问题上的观点

① 谭秋桂：《民事执行法学》（第3版），北京大学出版社2015年版，第200页。

严重对立。[①] 笔者认为，从性质上看，民事执行和解既不是民事行为，也不是诉讼行为，而是独立的第三种和解行为，从本质上看具有公法性。因此，关于民事执行和解的效力，现行《民事诉讼法》第230条以及《民诉法解释》第467条的规定是合理的。

以上述基本观点为基础，目前实践中必须解决的问题主要有两个，一是债权人能否对执行和解协议表示反悔而申请恢复执行的问题。根据《民事诉讼法》第230条第2款的规定，债权人因受欺诈、胁迫与债务人达成执行和解协议的，债权人可以申请恢复执行，这是毫无疑问的。但是，在债权人能否对执行和解协议表示反悔，即不履行或者不全面履行和解协议而申请恢复执行的问题上，仍有一些争议。一种观点认为，从《民事诉讼法》第230条第2款的文字表述来看，结论应当是肯定的，即债权人也可以主动反悔，即不履行或者不全面履行执行和解协议而申请恢复执行。另一种观点则认为，债权人主动反悔违反了诚实信用原则的要求。根据《民诉法解释》第467条的规定，一方当事人不履行或者不全面履行执行和解协议的，只有对方当事人才能申请恢复执行。因此，债权人不履行或者不全面履行执行和解协议的，不得申请恢复执行。笔者认为，应当赋予债权人反悔权，即债权人不履行或者不全面履行和解协议的，也可以申请恢复执行。其理由是：首先，从《民

---

① 主要参考文献有：(1) 张立平、李佳：《论执行和解的法理基础》，载《甘肃政法学院学报》2008年第1期；(2) 黄金龙：《〈关于人民法院执行工作若干问题的规定〉实用解析》，中国法制出版社2000年版，第262页；(3) 肖建国、赵晋山：《民事执行若干疑难问题探讨》，载《法律适用》2005年第6期；(4) 李科：《论执行和解协议之执行力》，载《政治与法律》2008年第11期；(5) 张嘉军：《民事诉讼契约研究》，法律出版社2010年版，第396~397页；(6) 金俊银：《对执行和解若干问题的探讨》，载《法律适用》2005年第9期；(7) 常怡、肖瑶：《执行和解制度若干问题研究》，载《甘肃政法学院学报》2010年第5期；(8) 韩萌：《执行和解：定位与到位——论执行和解制度的完善》，载《中国律师》2006年第10期；(9) 刘贵祥：《执行和解纠纷的解决途径与审查范围》，载《人民法院报》2014年6月11日，第8版，等等。

事诉讼法》第230条第2款的文义解释来看，债权人同样可以不履行或者不全面履行执行和解协议而申请恢复执行。其次，赋予债权人反悔权，体现了平等原则的要求。在执行和解程序中，债务人不履行或者不全面履行执行和解协议，其实就是反悔，而且这种反悔随时都可能发生，债权人和民事执行机关无法控制。如果不允许债权人反悔，显然就会造成执行当事人之间的不平等。最后，赋予债权人反悔权，有利于促使债务人与债权人达成期限较短的执行和解协议，从而充分发挥执行和解在提高执行效益方面的功能。

二是执行和解协议是否具有执行力、执行和解协议能否成为恢复执行的执行依据的问题。一种观点认为，债权人与债务人达成和解协议，是其真实意思表示，且往往是经过反复磋商才达成的一致意见。如果执行和解协议不具有执行力，即执行和解协议不能成为恢复执行的执行依据，既不符合执行当事人的内心意思，也因当事人经过努力达成的执行和解协议没有任何约束力而不符合执行经济原则的要求，因此应当赋予执行和解协议以执行力，即恢复执行时应当以执行和解协议为执行依据，至少应当允许执行当事人选择其作为恢复执行时的执行依据。笔者认为，首先，执行和解是当事人处分其民事权利和程序权利的行为，达成的执行和解协议只能拘束执行当事人，不能拘束民事执行机关，赋予执行和解协议以执行力缺乏法理基础。其次，执行和解协议往往在实体上对债务人更有利，一旦赋予执行和解协议以执行力、执行和解协议可以成为恢复执行时的执行依据，就会变相鼓励债务人不履行执行和解协议，从而贬损执行和解的应有功能。最后，赋予执行和解协议以执行力破坏了原生效法律文书的实质确定力，违反了既判力原则的要求。因此，不应当赋予执行和解协议以执行力，执行和解协议不能成为恢复执行的执行依据，现行法律和司法解释在这一问题上的立场是合理的。

（四）完善民事执行威慑机制

1. 民事执行威慑机制的基本含义

在目前的理论和实践中，人们并没有形成关于民事执行威慑机制的统一定义。

有人认为，执行威慑机制是指国家立法和司法机关通过加大执行力度、增强债务人责任、提高债务人强制执行成本等途径，增强强制执行对尚未进入执行程序和已经进入执行程序的债务人的压迫力、约束力和追及力，促使其自动履行债务，从而从源头上解决执行难的法律机制。①

有人将执行威慑机制等同于执行联动机制。“执行威慑机制主要是按照市场经济的原则，采取各种措施，动用社会各方面的力量，加强相互配合和协助，形成强大合力，共同营造迫使债务人自动履行生效法律文书所确定的义务的环境。”② “执行威慑机制，是指国家为了解决民事执行难问题，在立法、司法、行政管理等方面采取各种措施，加大执行工作力度，通过对债务人的生产经营、社会生活乃至名誉、人身自由的严格限制和严厉制裁，造成强大的社会威慑效应，迫使债务人履行生效法律文书确定的义务的一系列方法、手段、制度的总称。”③ “执行威慑机制是人民法院在债务人未履行生效法律文书确定义务的情况下，与检察、政府职能部门、金融系统及新闻媒体之间密切配合、相互协调的一种联动机制。通过限制或禁止债务人融资、投资、经营、置产、出境、注册新公司、日常高消费等措施，促使债务人履行生效法律文书确定的义务。”④

有人将执行威慑机制等同于《民事诉讼法》第255条的规定。“所谓执行威慑机制，指的是在债务人拒不履行生效法律文书所确定义务的条件下，人民法院将对其采取的限制出境、在征信系统记

① 胡志超：《执行威慑机制研究》，人民法院出版社2008年版，第11页。

② 俞灵雨、黄年：《执行威慑体系初解》，载《强制执行指导与参考》2005年第12辑。

③ 李卫国：《论国家民事执行威慑机制》，载《河北法学》2010年第12期。

④ 西安市中级人民法院：《执行威慑机制若干规定》第2条。

录、通过媒体公布不履行义务信息等间接强制执行措施的制度。”①

“威慑”，根据《现代汉语词典》的解释，是指“用武力或声势使对方感到恐惧”。② 也就是通过采取一定的措施或者方法形成一种氛围，使对方产生不安、焦虑、害怕等消极的情绪反应。出于排斥消极情绪反应的本能，对方通常会主动采取一些措施或者方法，避免形成消极情绪反应或者从已经形成的消极情绪反应中脱离出来。对方采取的这些措施或者方法，往往符合采取威慑措施或者方法的人的需要。于是，从外部行为来看，威慑就体现为一方施加压力、另一方就范服从的“和谐”局面。推而广之，执行威慑就是指在执行程序中或者进入执行程序之前，通过采取足以使执行债务人或者可能成为执行债务人的人（以下合称债务人）产生不安、焦虑、害怕的消极情绪反应的措施或者方法，促使债务人自动履行义务，从而避免执行机关采取执行措施强制债务人履行义务。足以使债务人产生不安、焦虑、害怕的消极情绪反应从而促使其自动履行生效法律文书确定的义务的措施或者方法，就是执行威慑措施。规范执行威慑措施的法律规范的总和，就是执行威慑机制。基于“经济人”和“理性人”假设，“趋利避害”“以最少的成本取得最大的收益”是人的本性。因此，执行威慑措施的基本范式就是预先告知债务人不履行生效法律文书确定义务将付出的代价（带来的不利益），而且这种代价（不利益）将远远大于其拒不履行生效法律文书确定义务带来的收益（利益）。“在其最一般的形式上，威慑就是让对手相信，他为采取某种行动而付出的代价或所冒的风险会大于收益。”③

---

① 廖中洪：《民事间接强制执行比较研究》，中国检察出版社 2013 年版，第 353 页。

② 中国社会科学院语言研究所词典编辑室编：《现代汉语词典》，商务印书馆 2012 年版，第 1349 页。

③ Alexander L. George, Richard Smoke, *Deterrence in American Foreign Policy: Theory and Practice*, Columbia University Press, 1974, p. 11.

2. 我国民事执行威慑机制运行中存在的问题

尽管《民事诉讼法》规定了一些具体的执行威慑措施，但是这些执行威慑措施在实践中的运行状况并不理想，仍存在诸多问题。

（1）认识上存在误区。①混淆民事执行威慑措施与妨害执行的强制措施。我国现行法律和司法解释中并没有出现执行威慑的概念，以至于有人在认识上将其归入妨害民事执行的强制措施的范畴。但是，民事执行威慑措施与妨害执行强制措施存在明显的区别：前者的基本功能是使债务人产生不安、焦虑、害怕等消极的情绪反应，最终促使债务人自动履行义务，而后者的基本功能是排除妨害，维护正常的民事执行秩序；前者不以债务人实施具体行为为前提，后者则以债务人实施具体的妨害民事执行的行为为前提。将执行威慑措施与妨害执行的强制措施混淆起来，其结果是对执行威慑机制的作用产生怀疑，认为可以通过其他妨害执行的强制措施代替执行威慑措施，并过于强调执行威慑措施能否得到协助执行而落实。例如，发出的限制高消费令能否实实在在地禁止债务人进行高消费及有关消费，通过媒体公布不履行义务信息是否确实影响其资信水平，等等。②怀疑执行威慑措施的正当性。在认识上，各种执行威慑措施的合理性都曾遭到怀疑。例如，有人认为，限制出境、限制高消费及有关消费涉嫌侵犯公民的宪法性权利，通过媒体公布债务人不履行义务信息涉嫌侵犯债务人的隐私权。由于对执行威慑措施的正当性产生怀疑，实践中运用执行威慑措施的积极性不高，阻抑了执行威慑机制功能的发挥。③成本收益分析不全面。实践中，个别执行人员认为实施执行威慑措施增加了工作负担，如限制高消费及有关消费、通过公布债务人不履行义务信息，都是在实施查封、扣押、冻结、拍卖、变卖等措施之外增加的额外工作。尤其是在责令债务人支付迟延履行利息或者迟延履行金的问题上，有的执行人员甚至认为，将法律文书明确规定的义务执行到位已经不容易了，再要强制债务人支付迟延履行利息和迟延履行金，不但增加了执行工作负担，而且使执行工作更加困难，因此不愿意实施这种执行威慑措施。其实，执行威慑机制一方面可能增加部分成本，但是另一方面可能获得更大的收益：执行威慑措施不但能够促使债务人自动履行生效法律文书确定的义务从而减轻执行人员的工作负担，而且能够促使可能成为执行债务人的人在法律文书生效之前自动履行义务，从而减少诉讼和执行案件。不能正确地进行成本收益分析，同样会打击执行人员运用执行威慑机制的积极性，影响其应有功能的发挥。

（2）相关规定可操作性差，甚至与执行威慑机制的性质不符。根据《民事诉讼法》和相关司法解释的规定，我国现行的民事执行威慑措施主要包括以下五种：①限制出境；②在征信系统记录不履行义务信息；③通过媒体公布不履行义务信息；④限制高消费及有关消费；⑤责令承担迟延履行利息或者迟延履行金。但是，相关规定的可操作性差，为实践运用带来不便。例如，前三项措施规定在一个条文之中，缺乏具体的操作性规范。不但可操作性差，而且有些规定与执行威慑机制的性质不符，无法体现“威慑性”。例如，自 2014 年 8 月 1 日起施行的最高人民法院《关于执行程序中计算迟延履行期间的债务利息适用法律若干问题的解释》第 1 条规定：“根据民事诉讼法第二百五十三条规定加倍计算之后的迟延履行期间的债务利息，包括迟延履行期间的一般债务利息和加倍部分债务利息。迟延履行期间的一般债务利息，根据生效法律文书确定的方法计算；生效法律文书未确定给付该利息的，不予计算。加倍部分债务利息的计算方法为：加倍部分债务利息=债务人尚未清偿的生效法律文书确定的除一般债务利息之外的金钱债务×日万分之一点七五×迟延履行期间。”根据该条规定，生效法律文书没有确定给付债务利息的，迟延履行期间的债务利息仅为日万分之一点七五，折算年利率为百分之六点三九，与同期银行的货款基准利率差不多。这显然与《民事诉讼法》第 253 条规定的“应当加倍支付迟延履行期间的债务利息”的“加倍”本义不符。这一规定不但不能迫使债务人主动履行义务，反而会“鼓励”债务人不主动履行义务，对债务人根本没有“威慑力”可言。这是因为，进入执行程序的债务人多因被列入失信债务人名单而无法从银行获得贷款。换言之，债务人不可能以同期银行贷款利率为代价获得银行资金支持，按照银行同期贷款基准利率支付款项利息，对债务人来说是求之不得的事。按照同期银行贷款基准利率计算迟延履行期间的债务利息，对债务人没有任何压力可言，因此即使有可用于清偿债务的财产，债务人也会优先用于其他目的，而不用于清偿该债务。由此可见，该司法解释关于迟延履行期间债务利息计算方法的规定，完全不符合作为执行威慑机制构成部分的迟延履行利息的基本性质。

（3）配套机制不完善，运行环境比较差。①协助执行体系不完善。尽管就个案而言，执行威慑措施是否最终实现一般不会影响其威慑功能的发挥，但是如果所有的执行威慑措施都没有落实或者大部分没有落实，那么执行威慑措施的威慑效果肯定会下降甚至消失。因此，落实执行威慑措施是十分重要的。执行威慑措施的落实，往往需要其他有关部门或者单位予以协助，如限制出境需要出入境管理部门协助，限制高消费及有关消费需要交通运输企业、消费娱乐场所、房地产登记部门等协助。但是，由于各种原因，我国现行的协助执行体系仍不完善，协助执行效果比较差，影响了执行威慑机制的效果。但是，值得注意的是，这里的“协助执行”并不同于执行措施的“协助执行”。有关单位的拒绝协助，对执行威慑机制的功能发挥有一定影响，但不是说有关单位拒绝协助，执行威慑机制的目的就无法实现。而作为执行措施的协助执行，没有协助执行，执行措施的目的就无法实现。②民众法律意识差，缺乏法律信仰。民众缺乏法律意识，对法律及其权威性认识不足，更谈不上法律信仰，他们对于法律和法院的要求缺乏敬畏感，执行威慑机制的功能也就难以发挥。③信用惩戒体系不完善、效果不明显。我国经济发展了，人民的财富增长了，但是社会管理水平仍相当落后，信用体系不完善，信用的作用不明显，导致人们不重视自己的信用能力和水平，信用意识差，信用惩戒的效果也就不明显。贬低其信用水平的执行威慑机制也就难以发挥作用。

(4) 执行威慑机制与执行联动机制、执行指挥中心建设的逻辑不清。最高人民法院最开始提出国家执行威慑机制建设，然后又提出了执行联动机制的概念，并与十九个部委联合发文，后来又建设执行指挥中心。在这个过程中，最高人民法院的工作思路发生了明显的变化。其实，执行联动机制解决的是协助执行，包括执行威慑措施的协助执行问题，执行指挥中心建设解决的是执行措施的信息化问题，即采用信息化的手段进行执行财产的查控和划拨以提高执行效率。执行联动机制的建立和执行指挥中心建设均与执行威慑机制基本无关。

3. 完善我国民事执行威慑机制的建议

民事执行威慑机制具有的促使债务人主动履行义务的功能与和谐社会的特点完全契合，因此，完善民事执行威慑机制是构建和谐社会的重要内容。针对现行制度运行中存在的问题，笔者认为，根据和谐社会的要求，完善民事执行威慑机制应当着重做好以下几个方面的工作。

(1) 在《执行通知书》中全面预告执行的不利益。执行威慑机制的基本作用方式是预先告知风险，使债务人产生不安、焦虑、害怕等消极的情绪反应，进而促使其履行义务。因此，预告风险的时机至关重要。它既关系到执行威慑机制适用的合理性，又关系到执行威慑机制的功能是否得以充分发挥。

从理论上说，越早预告拒不履行生效法律文书确定义务可能付出的代价，债务人产生不安、焦虑、害怕等消极情绪反应的时间就会越长，执行威慑机制的效果就越好。因此，执行威慑机制的内容应当通过立法或者司法解释的方式予以明确规范并公之于众，使执行债务人和可能成为执行债务人的人在债权债务关系被确定甚至在债权债务关系设立之时，就产生不安、焦虑、害怕等消极情绪反应，进而促使其自动履行义务。但是，就具体的执行案件而言，在何时预告拒不履行生效法律文书确定的义务可能付出的代价，就有判决作出之时、执行程序开始之时和执行程序进行之中三种不同的选择。2007年2月7日，最高人民法院发布《关于在民事判决书中增加向当事人告知民事诉讼法第232条规定内容的通知》（法〔2007〕19号），要求在具有金钱给付内容的民事判决书中增加向当事人告知民事诉讼法第232条（2012年修改后为第253条）规定的内容，即告知债务人应当承担迟延履行利息。笔者认为，执行威慑机制包含的其他不利益，同样应当在判决书中予以明确告知。在执行程序开始之时，应当再次告知，以强化威慑效果。笔者的设想是，民事执行机关向债务人发出的《执行通知书》应当包含《民事诉讼法》第253条和第255条规定的不利益以及司法解释关于限制高消费及有关消费的规定，以强化执行威慑机制的效果。这样也可以消除实践中人们对《执行通知书》作用的诟病。

尽管现行法律并没有明确规定应当在《执行通知书》中包含告知执行威慑机制的内容，但是可以根据诉讼风险告知的相关规定，将执行威慑机制涉及的风险在《执行通知书》中告知或者以专门的书面文件与执行通知书一并送达执行债务人。

（2）债务人一旦未按《执行通知书》的要求履行义务即对其实施执行威慑措施。向债务人预告的风险在何时变成现实的不利益，也就是何时实施执行威慑措施的问题，是执行威慑机制的重要内容。根据现行司法解释的规定，限制高消费措施可以在债务人未按《执行通知书》指定的期间履行生效法律文书确定的义务时实施，公布失信债务人名单是在债务人拒绝履行生效法律文书确定的义务且具有法定事由之一时，也就是在执行程序中实施。笔者主张，除迟延履行利息外，应当在《执行通知书》规定的履行期间届满时实施执行威慑措施，即《执行通知书》规定的履行期限届满时债务人仍未履行生效法律文书确定的义务的，民事执行机关就要对其实施限制出境、在信用系统记录和通过媒体公布不履行义务信息、限制高消费等措施。理由是：

首先，执行威慑机制预告的风险起点是债务人拒绝发生履行生效法律文书确定的义务。当债务人没有按照《执行通知书》规定的履行期限自动履行时，风险变成现实的条件已经成就、时间临界点就已经到来。

其次，债务人没有在《执行通知书》规定的期限内履行生效法律文书确定的义务，是对司法权威和执行权威的破坏，如果此时还不实施执行威慑措施，不但其目的无法实现、功能无法发挥，司法权威和执行权威也将遭受更大的破坏。

(3) 提高执行威慑措施协助执行的要求。执行威慑措施的实施，往往需要有关单位或者部门的协助。协助执行的情况将直接影响执行威慑机制的功能能否正常发挥。因此，执行威慑措施的协助执行问题，一直受到执行机关和执行人员的高度重视。甚至有人认为，与其裁定采取但因协助执行不力而无法落实执行威慑措施，不如不裁定采取执行威慑措施。实践中，限制高消费及有关消费措施已经深深陷入尴尬的境地之中。笔者认为，应当将是否裁定采取执行威慑措施与执行威慑措施能否得到协助执行区分开来，尤其不能以协助执行难为由不采取执行威慑措施。

首先，执行威慑措施的功能是使债务人产生不安、焦虑、害怕等消极的情绪反应。在通常情况下，只要执行机关向债务人预告拒绝履行生效法律文书确定的义务可能承担的风险，债务人就会产生不安、焦虑、害怕等消极的情绪反应，而不是在执行威慑措施落实时债务人才产生此种消极的情绪反应。因此，执行威慑措施对债务人产生威慑作用，并不以有关部门和单位协助执行该执行威慑措施为条件。换言之，有关部门和单位是否协助执行以落实执行威慑措施，与执行威慑机制的功能是否发挥之间并没有因果关系。当执行机关预先告知拒绝履行生效法律文书确定的义务可能承担的风险时，执行威慑的效果已经产生了。

其次，执行威慑措施的协助执行是指有关部门和单位协助民事执行机关落实执行威慑措施，使民事执行机关预先告知的风险变成为现实的不利益。执行威慑措施的协助执行是有关部门和单位的法定义务，在协助执行之前，执行威慑措施的威慑效果，也就是使债务人产生不安、焦虑、害怕等消极的情绪反应已经实际发生了。

最后，有关单位拒绝协助执行，是一种不履行法定义务的严重违法行为，执行机关不能因为这种违法行为而不履行法定职责，拒绝裁定采取执行威慑措施。

（4）科学规定迟延履行利息和迟延履行金的计算标准和支付顺序。《民事诉讼法》第253条规定："被执行人未按判决、裁定和其他法律文书指定的期间履行给付金钱义务的，应当加倍支付迟延履行期间的债务利息。被执行人未按判决、裁定和其他法律文书指定的期间履行其他义务的，应当支付迟延履行金。"自2014年8月1日起实施的最高人民法院《关于执行程序中计算迟延履行期间的债务利息适用法律若干问题的规定》（法释〔2014〕8号）第1条违反上述规定作出解释，显然是不符合法理和法律规定的，必须予以废弃。

笔者认为，我国可以将《民事诉讼法》第253条规定的迟延履行利息和迟延履行金统一称为迟延履行金，其计算标准由国家最高民事执行机关规定一定的幅度范围，由执行法官自由裁量确定具体数额。具体来说，债务人拒绝履行金钱给付义务的，迟延履行金的计算标准为：执行依据确定了利息标准或者利息计算方法的，按照该标准或者计算方法的两倍计算；执行依据没有确定利息标准或者利息计算方法的，按照同期最高银行贷款利率的两倍计算；债务人拒绝履行非金钱给付义务的，迟延履行金为每天人民币100元至1000元。

同时，关于迟延履行金的起算时间，应当根据生效法律文书的类别不同而有所不同。就法院裁判而言，迟延履行金的起算时间，应当根据案件是否经过二审程序以及二审程序是否改变一审裁判分别对待：案件没有经过二审程序的，迟延履行金应当从判决指定的履行期间届满之日的次日起计算；案件经过二审，但二审判决维持原判的，迟延履行金应当从第一审判决指定的履行期间届满之日的次日起计算；案件经过二审且第二审判决全部改判的，迟延履行金应当从第二审判决指定的履行期限届满之日的次日起计算；案件经过二审且第二审判决部分改判的，改判部分按照改判的方式确定迟延履行金的起算之日，维持部分按照维持原判的方式确定迟延履行金的起算之日；案件经过再审维持原判的，分别适用经过二审和没有经过二审的计算方法；案件经过再审改判的，按照再审的结果确定迟延履行金的起算时间。

关于迟延履行金的计算基数，应当是执行依据确定的本金、违约金、利息的总和，而不只是本金。关于迟延履行金的清偿顺序，应当规定优先清偿迟延履行金；分期清偿的，前次未清偿的迟延履行金计入计算新的迟延履行金的基数。

4. 完善限制消费措施的适用

为了充分发挥限制高消费及有关消费这一执行威慑措施的功能，一方面要对其实施方式和程序作出明确、具体、可操作的规范，确保其便于在实践中施行，而不是仅仅具有“宣示性功能”。另一方面要明确规定违反该措施的法律责任、制裁措施以及不服该措施的救济办法等，作为实施限制高消费及有关消费措施的配套规范，并落到实处。限制高消费及有关消费的实施措施与配套措施形成一个完整的体系，综合起来可称为限制消费制度，该措施也可称为限制消费措施。笔者认为，根据限制消费的实质与功能，限制消费制度的构建应当做到以下几点。

（1）明确“高消费及有关消费”的范围。限制高消费及有关消费的实质是限制债务人的财产处分权，从而防止责任财产的不当减少、维护国家法律制度的权威性。但是，由于受“消费”或者“高消费”这两个概念的固有内涵的影响，一般人可能难以全面理解“限制高消费及有关消费”的应有内涵。这就要求在进行立法或者作出司法解释时，尽量明确限制高消费及有关消费的范围。一方面要体现限制高消费及有关消费的实质，尽量扩大限制的范围，尤其是不能局限于“消费”概念的固有内涵，将所谓“投资”或者“经营”行为排除在外，以发挥其作为执行威慑机制的功能。另一方面要尽量明确高消费及有关消费行为的标准，便于当事人、执行人员乃至全社会理解和把握。

（2）明确违反限制消费措施的法律后果。限制消费措施是否能够以及在多大程度上能够促使债务人自觉履行生效法律文书确定的义务，与立法者预设的违反限制消费措施的法律后果有密切关系。限制消费的主要功能在于形成威慑力，促使债务人自觉履行义务，进而维护正常的执行秩序。因此，债务人违反限制消费措施的行为，侵害的客体是正常的执行秩序，其性质是妨害执行，其后果就应当依照现行《民事诉讼法》第102条的规定处理，即自然人违反限制消费措施的，对其根据情节轻重予以罚款、拘留，构成犯罪的，依法追究刑事责任；单位违反限制消费措施的，对其主要负责人或者直接责任人员予以罚款、拘留，构成犯罪的，依法追究刑事责任。有义务协助限制债务人消费的单位或者个人拒不协助的，应当依拒不协助执行的相关规定进行惩处。

（3）设立完善的监管机制。监管难、可操作性差是限制消费措施反对者所持的重要理由之一。确实，要充分发挥这一措施的应有功能，必须建立完善的监管机制，使其足以落实而不是踏空。其中，最为重要的是要建立能够有效发现债务人违反规定进行高消费及有关消费的机制。《限制高消费及有关消费规定》规定了举报制度，即“人民法院应当设置举报电话或者邮箱，接受申请执行人和社会公众对被限制高消费的债务人违反本规定第三条的举报，并进行审查认定”。笔者建议在此基础上设立举报奖励制度，明确规定经查证属实的举报，执行法院应当对举报人进行奖励，奖金额度为债务人消费金额的10%~20%。该奖金由债务人负担，从执行所得财产中优先支付。同时还应当规定接受举报的执行法院应当为举报人保密。

（4）将限制消费措施普适化。《限制高消费及有关消费规定》第4条规定："限制消费措施一般由申请执行人提出书面申请，经人民法院审查决定；必要时人民法院可以依职权决定。"笔者认为，这一规定与执行威慑机制的性质不相符合。作为民事执行强制性的体现和要求，限制消费措施应当实行普适主义，也就是要把限制消费措施普遍适用于所有尚未全面履行金钱给付义务的债务人，执行法院应当一律向尚未全面履行金钱给付义务的债务人发出限制消费命令，同时规定债务人对此不得申明不服。执行法院应当发出而没有发出限制消费命令的，债权人可以依法提出异议，由上一级执行法院审查并直接发出命令。也就是说，限制消费应当成为实现金钱债权执行程序的通常措施。

限制债务人高消费及有关消费是民事执行规律的体现和要求，这一措施与公布债务人名单、限制出境等措施以及社会信用体系建设等结合起来，对于预防和解决目前日益严峻和复杂的民事执行难问题必将产生积极作用。

（五）完善非诉讼法律文书执行程序

根据我国现行法律的规定，作为执行名义的法律文书，除了人民法院的判决书、裁定书、调解书、支付令以外，还包括未经人民法院审判形成的公证债权文书、仲裁裁决书、行政机关作出的行政处理决定书和行政处罚决定书等。这些未经人民法院审判形成的法律文书，一般称为非诉讼法律文书。关于这些非诉讼法律文书的执行程序，《民事诉讼法》只有两条规定，即第237条关于执行和不予执行仲裁裁决的规定和第238条关于执行和不予执行公证债权文书的规定。事实上，关于非诉讼法律文书的执行和不予执行，内容十分复杂，仅靠两个条文是不可能规定清楚的。应当说，关于非诉讼法律文书的执行程序，现行法律规定还存在诸多空白。而公证、仲裁、行政处理等是解决民事纠纷的重要途径。对于这些非经人民法院审判途径形成的法律文书的执行程序不完善，势必影响纠纷解决的效率，也与多元化纠纷解决机制建设的初衷相悖。因此，完善非诉讼法律文书执行程序，是构建多元化纠纷解决机制、建设和谐社会不可或缺的内容。

1. 我国现行非诉讼法律文书执行程序的不足

公证、仲裁、行政处理等非诉讼纠纷解决机制是民事纠纷解决的重要途径，也是我国多元化纠纷解决机制的重要构成部分。为了实现非诉讼纠纷解决机制的实效性、提高其权威性，必须有完善的非诉讼法律文书执行制度配套。也就是必须构建高效的非诉讼法律文书执行机制。非诉讼法律文书执行制度不完善，尤其是如果非诉讼法律文书无法得到高效执行，非诉讼纠纷解决机制的权威性必然遭到致命打击，当事人选择适用该种方式解决民事纠纷的积极性必然显著降低。最后结果可能就是多元化民事纠纷解决机制体系垮塌。因此，重视非诉讼法律文书执行程序，是构建民事纠纷多元化解决机制的重要内容。

但是，我国现行非诉讼法律文书执行程序存在明显的不足。主要体现为：首先，对于公证债权文书执行的程序规定过于简单，缺乏可操作性。《民事诉讼法》第 238 条规定："对公证机关依法赋予强制执行效力的债权文书，一方当事人不履行的，对方当事人可以向有管辖权的人民法院申请执行，受申请的人民法院应当执行。公证债权文书确有错误的，人民法院裁定不予执行，并将裁定书达达双方当事人和公证机关。"但是，对于何为公证债权文书"确有错误"以及按照何种程序审查、认定其"确有错误"，《民事诉讼法》并没有作出明确规定。《民诉法解释》第 480 条规定了可以认定为"公证债权文书确有错误"的四种情形，并规定"人民法院认定执行该公证债权文书违背社会公共利益的，裁定不予执行"，还是没有规定执行机构审查的具体程序，尤其是没有规定执行机构是否应当对公证债权文书确定的债权债务关系进行实质审查，在实践中极易形成争议，对公证债权文书的执行效率产生不利影响。

其次，对于行政决定书的执行程序缺乏规定。根据我国现行法律的规定，行政机关作出的行政处理决定书和行政处罚决定书，法律规定由行政机关执行的，由行政机关执行，法律没有规定行政机关执行的，由行政机关申请人民法院执行。尽管从性质上看，行政决定书的执行与法院判决书或者裁定书、仲裁裁决书、公证债权文书的执行并无差异，但是在具体程序上，两者应当还是有所区别。其中最为重要的是，民事执行机构应当有权对行政决定书的合法性进行审查。但是，现行法律和司法解释并没有对行政决定书的执行程序作出特别规定，以致实践中争议不断，并形成比较严重的执行难问题。

最后，对于实现担保物权案件程序的规定不科学。我国《物权法》第195条第2款规定，抵押权人与抵押人未就抵押权实现方式达成协议的，抵押权人可以请求人民法院拍卖、变卖抵押财产；第220条第1款规定，出质人可以请求质权人在债务履行期届满后及时行使质权；质权人不行使的，出质人可以请求人民法院拍卖、变卖质押财产；第237条规定，债务人可以请求留置权人在债务履行期届满后行使留置权；留置权人不行使的，债务人可以请求人民法院拍卖、变卖留置财产。根据上述规定，实现担保物权案件应当是分别由抵押权人、出质人、债务人直接申请人民法院拍卖、变卖抵押财产、质押财产和留置财产，也就是由有权申请的主体直接申请执行。但是，现行《民事诉讼法》将实现担保物权案件规定在“特别程序”一章，实现担保物权的程序变成了先申请裁定再依裁定申请执行。《民事诉讼法》的规定显然与《物权法》的规定相冲突，增加了实现担保物权的成本，降低了实现担保物权的效率。

2. 完善公证债权文书、仲裁裁决书、行政决定书的执行程序

为了完善公证债权文书、仲裁裁决书、行政决定书的执行程序，笔者认为，应当从立法上完善规定以下三个方面的内容。

首先，应当明确规定执行机构对公证债权文书、仲裁裁决书和行政决定书的审查范围。现行有关执行程序中对公证债权文书和仲裁裁决书进行审查的规定，都十分粗疏，可操作性差，对行政决定书的审查更是缺乏规范。为了确保对公证债权文书、仲裁裁决书和

行政决定书的顺利执行，必须明确执行机关对该三类法律文书的审查范围。原则上，应当赋予执行机构对公证债权文书和行政决定书进行实质性审查的权力，对仲裁裁决书则只是进行程序性审查。无论是实质性审查还是程序性审查，都必须明确审查的事项，而且越具体、越详细越好。

其次，应当明确规定执行机构对公证债权文书、仲裁裁决书和行政决定书的审查程序。主要是要明确审查的组织形式、审查方式、审查期限、当事人在审查程序中的地位与作用等，以便于实践操作。

最后，应当明确规定对公证债权文书、仲裁裁决书和行政决定书执行的救济程序。关于对公证债权文书和仲裁裁决书执行的救济，目前只有两个司法解释条文可以适用。其中，《办理执行异议和复议案件规定》第10条规定："当事人不服驳回不予执行公证债权文书申请的裁定的，可以自收到裁定之日起十日内向一级人民法院申请复议。上一级人民法院应当自收到复议申请之日起三十日内审查，理由成立的，裁定撤销原裁定，不予执行公证债权文书；理由不成立的，裁定驳回复议申请。复议期间，不停止执行。"《民诉法解释》第478条规定："依照民事诉讼法第237条第2款、第3款规定，人民法院裁定不予执行仲裁裁决后，当事人对该裁定提出异议或者复议的，人民法院不予受理。当事人可以就该民事纠纷重新达成书面仲裁协议申请仲裁，也可以向人民法院起诉。"上述两个条文分别规定不驳回不予执行公证债权文书申请和裁定不予执行仲裁裁决的救济，但是对于执行公证债权文书和驳回不予执行仲裁裁决的裁定，当事人是否可以请求救济的问题，现行司法解释没有作出明确规定，显然违反了当事人平等原则，程序设计存在严重瑕疵。笔者认为，民事执行机构裁定不予执行公证债权文书的，应当赋予申请人救济权，具体方法是允许申请人根据最高人民法院《关于当事人对具有强制执行效力的公证债权文书的内容有争议提起诉讼人民法院是否受理问题的批复》（法释〔2008〕17号）和最高人民法院《关于审理涉及公证活动相关民事案件的若干规定》(法释〔2014〕6号）第3条第2款的规定就相关纠纷提起民事诉讼；裁定执行仲裁裁决的，应当赋予被申请执行人救济权，具体方法是向一级人民法院申请复议，复议期间不停止执行。民事执行机构裁定不予执行行政决定书的，应当赋予行政机关向上一级人民法院申请复议的权利；裁定执行行政决定书的，应当赋予被申请执行人向上一级人民法院申请复议的权利，复议期间不停止执行。

3. 扩大非诉讼法律文书执行的范围

针对现行《民事诉讼法》将实现担保物权案件归入特别程序而产生的问题，笔者建议将实现担保物权案件归入执行程序，由相关权利人直接申请执行。具体做法是，通过立法明确规定，根据《物权法》的规定有权申请人民法院拍卖、变卖抵押、质押或者留置的财产的人，可以抵押、质押、留置的合同及相关登记证明为依据，直接向有管辖权的人民法院申请执行。收到申请的人民法院经审查认为符合条件的，应当依法执行。也就是将抵押、质押和留置合同以及相关的登记证书作为执行依据。

事实上，除《物权法》规定有关主体可以直接申请人民法院拍卖、变卖财产外，《合同法》第286条也规定承包人可以直接申请人民法院依法拍卖建设工程以实现其建设工程价款优先权。根据该条规定，建设工程施工合同也可以成为执行依据。因此，《民事诉讼法》应当将建设工程价款优先权的实现程序直接纳入执行程序，将建设施工合同作为承包人主张建设工程价款优先权时的执行依据。

（六）加快民事执行单独立法的进程

作为构建和谐社会的重要内容，民事执行法律制度的完善十分重要。从目前的情况来看，制定单独的民事执行法，是完善民事执行制度必须完成的重要工作，我国制定单独的民事执行法的条件也基本具备。

首先，我国现行的民事执行立法模式既不能满足司法实践的需要，也跟不上民事执行立法的国际潮流。我国现行民事执行立法采取的是与《民事诉讼法》混合立法的模式。一方面，这种立法模式必然导致有关民事执行的条文数量少，相关规定的可操作性差，无法体现民事执行与民事诉讼的程序差异，在适用时极易形成矛盾与争议，无法满足司法实践的需要。另一方面，放眼世界，近几十年来，日本、法国、俄罗斯、韩国等先后制定了独立的民事执行法，并在实践运行中产生了良好的效果。可以说，民事执行单独立法已经成为成文法国家立法的一种潮流与趋势。我国只有跟上这一潮流与趋势，通过单独立法，增加民事执行程序制度的条文数量，才能满足司法实践的需要，从而彻底地解决执行难、治理执行乱等问题，提高我国民事执行的效益，维护裁判和法律的权威性。

其次，我国民事执行单独立法的观念基础已经形成并日益牢固。对于民事执行单独立法的重要性，从学界到实践部门、立法机关，认识越来越统一。目前，只要谈到民事执行问题，尤其是谈到解决执行难、治理执行乱问题，都会论及民事执行单独立法的重要性和紧迫性，在这个问题上几乎没有反对的声音。这就说明，我国已经具备民事执行单独立法的观念基础和舆论环境。因此，尽快启动民事执行单独立法的程序，并争取尽快出台法典，已经是人心所向，大势所趋。

最后，我国已经积累了民事执行单独立法的有益经验，民事执行单独立法的实践基础比较好。目前，我国有关民事执行的法律规范，除《民事诉讼法》执行程序编的 35 个条文外，还有最高人民法院颁布的总数达到上千条的司法解释。这些法律规范已经实践检验，可以成为民事执行单独立法的基础。此外，最高人民法院还草拟了强制执行法的草案,[①] 笔者参加的课题组拟定了民事执行法专家建议稿。[②] 建议稿和专家建议稿的拟定，曾经广泛征求各方意见并经数次修改，是我国民事执行单独立法的试验成果，应当可以作为我国民事执行单独立法的参考意见。“三十余年的执行改革，对于中国执行实践的探索与总结，形成了符合本土的宝贵经验；十余年的立法探索，司法实务界和学术界呕心沥血，为强制执行单独立法作出了卓绝贡献。‘十年磨一剑’，可以想见，在不久的将来，强制执行必将单独立法。”[③]

中共中央 1999 年在《关于转发〈最高人民法院党组关于解决执行难问题的报告〉的通知》中明确提出要“制定民事执行法”，中国共产党第十八届中央委员会第四次全体会议通过的《关于全面推进依法治国若干重大问题的决定》再次提出“切实解决执行难，制定强制执行法”。民事执行单独立法的重要性和紧迫性由此可见一斑。我们有理由相信，一部符合中国国情、能够在和谐中国建设中发挥重要作用的民事执行法典会尽快出台。

---

① 该草案的第五稿和第六稿，详见江必新、贺荣主编：《强制执行法的起草与论证（三）》，中国法制出版社 2014 年版，第 508~621 页。其中，第五稿为“最高人民法院起草的《民事强制执行法（第四稿）》与中国政法大学杨荣馨教授主持制定的《中华人民共和国强制执行法（专家建议稿）》合并产生的过程稿”，共 416 条；第六稿为最高人民法院执行局在第四稿的基础上修订而成，共 248 条。

② 杨荣馨主编：《强制执行立法的探索与构建——中国强制执行法（试拟稿）条文与释义》，中国人民公安大学出版社 2005 年版；杨荣馨主编：《〈中华人民共和国强制执行法（专家建议稿）〉立法理由、立法例参考与立法意义》，厦门大学出版社 2011 年版。

③ 江伟、贺季敏：《论强制执行法的单独制定》，载江必新、贺荣主编：《强制执行法的起草与论证》（三），中国法制出版社 2014 年版，第 39 页。

后　记

作为教育部人文社会科学重点研究基地重大项目《民事纠纷的多元化解决机制与构建和谐社会的理论与实证研究》（项目编号：08JJD820174）的结项成果之一，本书倾注了课题组成员及作者全部的热情和对多元化纠纷解决机制相关理论与实务的研究、探讨和思想。

本书的写作分工如下，以撰写章节先后为序：

李红勃：第一章，第二章，第三章一、二、三（一）（二）；

韩　波：第三章三（三）；

刘金华：第四章一、二、三、四，第五章一、三、四、五；

纪格非：第四章五、六，第五章二、六；

蒋笃恒：第六章；

谭秋桂：第七章。

本书由项目主持人乔欣主编并负责各部分的协调和统稿、定稿。

感谢中国政法大学诉讼法学研究院卞建林院长对本书出版给予的大力支持！感谢中国人民公安大学出版社对本书出版付出的辛苦和努力！

作　者

2017 年 11 月